Estatuto dos Funcionários Públicos Civis do Estado de São Paulo

E LEGISLAÇÃO COMPLEMENTAR

O livro é a porta que se abre para a realização do homem.

Jair Lot Vieira

Supervisão Editorial
JAIR LOT VIEIRA

ESTATUTO DOS FUNCIONÁRIOS PÚBLICOS CIVIS DO ESTADO DE SÃO PAULO

E LEGISLAÇÃO COMPLEMENTAR

LEI Nº 10.261, DE 28 DE OUTUBRO DE 1968
E ATUALIZAÇÕES

SISTEMA DE ADMINISTRAÇÃO DE PESSOAL
LEI COMPLEMENTAR Nº 180, DE 12 DE MAIO DE 1978

REGIME JURÍDICO DOS SERVIDORES ADMITIDOS EM CARÁTER TEMPORÁRIO
LEI Nº 500, DE 13 DE NOVEMBRO DE 1974

SPPREV – NOVA PREVIDÊNCIA
LEI COMPLEMENTAR Nº 1.043, DE 9 DE MAIO DE 2008

REGIME DE PREVIDÊNCIA COMPLEMENTAR
LEI Nº 14.653, DE 22 DE DEZEMBRO DE 2011

APURAÇÃO DE ENRIQUECIMENTO ILÍCITO DE AGENTES PÚBLICOS
DECRETO Nº 58.276, DE 7 DE AGOSTO DE 2012

7ª EDIÇÃO – REVISTA E ATUALIZADA
com a legislação complementar e alteradora até o DOE de 8.8.2012

edipro

ESTATUTO DOS FUNCIONÁRIOS PÚBLICOS CIVIS DO ESTADO DE SÃO PAULO

LEI – REGULAMENTAÇÃO E LEGISLAÇÃO COMPLEMENTAR

LEI Nº 10.261, DE 28 DE OUTUBRO DE 1968

(Atualizada até Lei Complementar nº 1.123, de 1º.7.2010)

Supervisão editorial: *Jair Lot Vieira*

7ª Edição 2012 – Atualizada até o DOE de 8.8.2012

Editores: *Jair Lot Vieira* e *Maíra Lot Vieira Micales*
Coordenação editorial: *Fernanda Godoy Tarcinalli*
Editoração: *Alexandre Rudyard Benevides*
Revisão: *Bruno Miola da Silva*
Arte: *Mariana M. Ricardo*

Dados Internacionais de Catalogação na Publicação (CIP)
(Câmara Brasileira do Livro, SP, Brasil)

São Paulo (Estado).
Estatuto dos funcionários públicos civis do Estado de São Paulo – Lei nº 10.261, de 28 de outubro de 1968 – lei, regulamentação e legislação complementar / supervisão editorial Jair Lot Vieira. -- 7ª ed., rev. e atual. – São Paulo : EDIPRO, 2012. – (Série legislação).

ISBN 978-85-7283-829-0

1. São Paulo (Estado) – Servidores públicos – Leis e legislação I. São Paulo (Estado). [Estatuto dos funcionários públicos civis]. II. Vieira, Jair Lot. III. Título. IV. Série.

99-4641 CDU-35.08(816.1)(094)

Índices para catálogo sistemático:

1. Estatutos : Funcionários públicos estaduais : São Paulo : Direito administrativo ; 35.08(816.1)(094)
2. Funcionários públicos estaduais : Estatutos : São Paulo : Direito administrativo 35.08(816.1)(094)
3. São Paulo : Estado : Funcionários públicos : Estatutos : Direito administrativo : 35.08(816.1)(094)

edipro
edições profissionais ltda.

São Paulo: Fone (11) 3107-4788 – Fax (11) 3107-0061
Bauru: Fone (14) 3234-4121 – Fax (14) 3234-4122
www.edipro.com.br

SUMÁRIO

ESTATUTO DOS FUNCIONÁRIOS PÚBLICOS CIVIS DO ESTADO DE SÃO PAULO

LEI Nº 10.261, DE 28 DE OUTUBRO DE 1968

(Atualizada até Lei Complementar nº 1.123, de 1º.7.2010)

TÍTULO I
DISPOSIÇÕES PRELIMINARES

Art. 1º. Esta Lei institui o regime jurídico dos funcionários públicos civis do Estado.

Parágrafo único. As suas disposições, exceto no que colidirem com a legislação especial, aplicam-se aos funcionários dos Três Poderes do Estado e aos do Tribunal de Contas do Estado.

Art. 2º. As disposições desta Lei não se aplicam aos empregados das autarquias, entidades paraestatais e serviços públicos de natureza industrial, ressalvada a situação daqueles que, por lei anterior, já tenham a qualidade de funcionário público.

Parágrafo único. Os direitos, vantagens e regalias dos funcionários públicos só poderão ser estendidos aos empregados das entidades a que se refere este artigo na forma e condições que a lei estabelecer.

Art. 3º. Funcionário público, para os fins deste Estatuto, é a pessoa legalmente investida em cargo público.

Art. 4º. Cargo público é o conjunto de atribuições e responsabilidades cometidas a um funcionário.

Art. 5º. Os cargos públicos são isolados ou de carreira.

Art. 6º. Aos cargos públicos serão atribuídos valores determinados por referências numéricas, seguidas de letras em ordem alfabética, indicadoras de graus.

Parágrafo único. O conjunto de referência e grau constitui o padrão do cargo.

Art. 7º. Classe é o conjunto de cargos da mesma denominação.

Art. 8º. Carreira é o conjunto de classes da mesma natureza de trabalho, escalonadas segundo o nível de complexidade e de responsabilidade.

• *Art. 8º com redação dada pelo Decreto-Lei Complementar nº 11, de 2.3.1970.*

Art. 9º. Quadro é o conjunto de carreiras e de cargos isolados.

Art. 10. É vedado atribuir ao funcionário serviços diversos dos inerentes ao seu cargo, exceto as funções de chefia e direção e as comissões legais.

TÍTULO II
DO PROVIMENTO, DO EXERCÍCIO E DA VACÂNCIA DOS CARGOS PÚBLICOS

Capítulo I – Do Provimento

Art. 11. Os cargos públicos serão providos por:

I – nomeação;

II – transferência;

III – reintegração;

IV – acesso;

V – reversão;

VI – aproveitamento; e

VII – readmissão.

Art. 12. Não havendo candidato habilitado em concurso, os cargos vagos, isolados ou de carreira, só poderão ser ocupados no regime da legislação trabalhista, até o prazo máximo de 2 (dois) anos, considerando-se findo o contrato após esse período, vedada a recondução.

• *Art. 12 tacitamente revogado pelo art. 115 da Constitucional Estadual.*

Capítulo II – Das Nomeações

Seção I – Das Formas de Nomeação

Art. 13. As nomeações serão feitas:

I – em caráter vitalício, nos casos expressamente previstos na Constituição do Brasil;

II – em comissão, quando se tratar de cargo que em virtude de lei assim deva ser provido; e

III – em caráter efetivo, quando se tratar de cargo de provimento dessa natureza.

• *STF, Súmula nº 11: "A vitaliciedade não impede a extinção do cargo, ficando o funcionário em disponibilidade com todos os vencimentos".*

Seção II – Da Seleção de Pessoal

Subseção I – Do Concurso

Art. 14. A nomeação para cargo público de provimento efetivo será precedida de concurso público de provas ou de provas e títulos.

Parágrafo único. As provas serão avaliadas na escala de 0 (zero) a 100 (cem) pontos e aos títulos serão atribuídos, no máximo, 50 (cinquenta) pontos.

Art. 15. A realização dos concursos será centralizada num só órgão.

Art. 16. As normas gerais para a realização dos concursos e para a convocação e indicação dos candidatos para o provimento dos cargos serão estabelecidas em regulamento.

Art. 17. Os concursos serão regidos por instruções especiais, expedidas pelo órgão competente.

Art. 18. As instruções especiais determinarão, em função da natureza do cargo:

I – se o concurso será:

1. de provas ou de provas e títulos; e
2. por especializações ou por modalidades profissionais, quando couber;

II – as condições para provimento do cargo referentes a:

1. diplomas ou experiência de trabalho;
2. capacidade física; e
3. conduta;

III – o tipo e conteúdo das provas e as categorias de títulos;

IV – a forma de julgamento das provas e dos títulos;

V – os critérios de habilitação e de classificação; e

VI – o prazo de validade do concurso.

Art. 19. As instruções especiais poderão determinar que a execução do concurso, bem como a classificação dos habilitados, seja feita por regiões.

Art. 20. A nomeação obedecerá à ordem de classificação no concurso.

- *Vide art. 115 da Constituição Estadual.*
- *STF, Súmula nº 15: "Dentro do prazo de validade do concurso, o candidato aprovado tem direito à nomeação, quando o cargo for preenchido sem observância da classificação."*
- *STF, Súmula nº 17: "A nomeação de funcionário sem concurso pode ser desfeita antes da posse."*

Subseção II – Das Provas de Habilitação

Art. 21. As provas de habilitação serão realizadas pelo órgão encarregado dos concursos, para fins de transferência e de outras formas de provimento que não impliquem em critério competitivo.

Art. 22. As normas gerais para realização das provas de habilitação serão estabelecidas em regulamento, obedecendo, no que couber, ao estabelecido para os concursos.

Capítulo III – Das Substituições

Art. 23. Haverá substituição no impedimento legal e temporário do ocupante de cargo de chefia ou de direção.

Parágrafo único. Ocorrendo a vacância, o substituto passará a responder pelo expediente da unidade ou órgão correspondente até o provimento do cargo.

Art. 24. A substituição que recairá sempre em funcionário público, quando não for automática, dependerá da expedição de ato de autoridade competente.

§ 1º. O substituto exercerá o cargo enquanto durar o impedimento do respectivo ocupante.

§ 2º. O substituto, durante todo o tempo em que exercer a substituição, terá direito a perceber o valor do padrão e as vantagens pecuniárias inerentes ao cargo do substituído e mais as vantagens pessoais a que fizer jus.

§ 3º. O substituto perderá, durante o tempo da substituição, o vencimento ou a remuneração e demais vantagens pecuniárias inerentes ao seu cargo, se pelo mesmo não optar.

Art. 25. Exclusivamente para atender a necessidade de serviço, os tesoureiros, caixas e outros funcionários que tenham valores sob sua guarda, em caso de impedimento, serão substituídos por funcionários de sua confiança, que indicarem, respondendo a sua fiança pela gestão do substituto.

Parágrafo único. Feita a indicação, por escrito, ao chefe da repartição ou do serviço, este proporá a expedição do ato de designação, aplicando-se ao substituto a partir da data em que assumir as funções do cargo o disposto nos §§ 1º e 2º do art. 24.

Capítulo IV – Da Transferência

Art. 26. O funcionário poderá ser transferido de um para outro cargo de provimento efetivo.

• *Art. 26 regulamentado pelo Decreto nº 4.633, de 1º.10.1974.*

Art. 27. As transferências serão feitas a pedido do funcionário ou *ex officio*, atendidos sempre a conveniência do serviço e os requisitos necessários ao provimento do cargo.

• *Art. 27 regulamentado pelo Decreto nº 4.633, de 1º.10.1974.*

Art. 28. A transferência será feita para cargo do mesmo padrão de vencimento ou de igual remuneração, ressalvados os casos de transferência a pedido, em que o vencimento ou a remuneração poderá ser inferior.

• *Art. 28 regulamentado pelo Decreto nº 4.633, de 1º.10.1974.*

Art. 29. A transferência por permuta se processará a requerimento de ambos os interessados e de acordo com o prescrito neste capítulo.

• *Art. 29 regulamentado pelo Decreto nº 4.633, de 1º.10.1974.*

Capítulo V – Da Reintegração

Art. 30. A reintegração é o reingresso no serviço público decorrente da decisão judicial passada em julgado, com ressarcimento de prejuízos resultantes do afastamento.

Art. 31. A reintegração será feita no cargo anteriormente ocupado e, se este houver sido transformado, no cargo resultante.

§ 1º. Se o cargo estiver preenchido, o seu ocupante será exonerado, ou, se ocupava outro cargo, a este será reconduzido, sem direito a indenização.

§ 2º. Se o cargo houver sido extinto, a reintegração se fará em cargo equivalente, respeitada a habilitação profissional, ou, não sendo possível, ficará o reintegrado em disponibilidade no cargo que exercia.

Art. 32. Transitada em julgado a sentença, será expedido o decreto de reintegração no prazo máximo de 30 (trinta) dias.

Capítulo VI – Do Acesso

• *Capítulo VI, arts. 33 e 34, regulamentado pelo Decreto nº 3.806, de 12.6.1974.*

Art. 33. Acesso é a elevação do funcionário, dentro do respectivo quadro a cargo da mesma natureza de trabalho, do maior grau de responsabilidade e maior complexidade de atribuições, obedecido o interstício na classe e as exigências a serem instituídas em regulamento.

§ 1º. Serão reservados para acesso os cargos cujas atribuições exijam experiência prévia do exercício de outro cargo.

§ 2º. O acesso será feito mediante aferição do mérito dentre titulares de cargos cujo exercício proporcione a experiência necessária ao desempenho das atribuições dos cargos referidos no parágrafo anterior.

• *Vide Lei Complementar nº 115, de 12.12.1974.*

Art. 34. Será de 3 (três) anos de efetivo exercício o interstício para concorrer ao acesso.

Capítulo VII – Da Reversão

Art. 35. Reversão é o ato pelo qual o aposentado reingressa no serviço público a pedido ou *ex officio.*

§ 1º. A reversão *ex officio* será feita quando insubsistentes as razões que determinaram a aposentadoria por invalidez.

§ 2º. Não poderá reverter à atividade o aposentado que contar mais de 58 (cinquenta e oito) anos de idade.

§ 3º. No caso de reversão *ex officio*, será permitido o reingresso além do limite previsto no parágrafo anterior.

§ 4º. A reversão só poderá efetivar-se quando, em inspeção médica, ficar comprovada a capacidade para o exercício do cargo.

§ 5º. Se o laudo médico não for favorável, poderá ser procedida nova inspeção de saúde, para o mesmo fim, decorridos pelo menos 90 (noventa) dias.

§ 6º. Será tornada sem efeito a reversão *ex officio* e cassada a aposentadoria do funcionário que reverter e não tomar posse ou não entrar em exercício dentro do prazo legal.

Art. 36. A reversão far-se-á no mesmo cargo.

§ 1º. Em casos especiais, a juízo do Governo, poderá o aposentado reverter em outro cargo, de igual padrão de vencimentos, respeitada a habilitação profissional.

§ 2º. A reversão a pedido, que será feita a critério da Administração, dependerá também da existência de cargo vago, que deva ser provido mediante promoção por merecimento.

- *STF, Súmula nº 38: "Reclassificação posterior à aposentadoria não aproveita o servidor aposentado."*

Capítulo VIII – Do Aproveitamento

Art. 37. Aproveitamento é o reingresso no serviço público do funcionário em disponibilidade.

Art. 38. O obrigatório aproveitamento do funcionário em disponibilidade ocorrerá em vagas existentes ou que se verificarem nos quadros do funcionalismo.

§ 1º. O aproveitamento dar-se-á, tanto quanto possível, em cargo de natureza e padrão de vencimentos correspondentes ao que ocupava, não podendo ser feito em cargo de padrão superior.

§ 2º. Se o aproveitamento se der em cargo de padrão inferior ao provento da disponibilidade, terá o funcionário direito à diferença.

§ 3º. Em nenhum caso poderá efetuar-se o aproveitamento sem que, mediante inspeção médica, fique provada a capacidade para o exercício do cargo.

§ 4º. Se o laudo médico não for favorável, poderá ser procedida nova inspeção de saúde, para o mesmo fim, decorridos no mínimo 90 (noventa) dias.

§ 5º. Será tornado sem efeito o aproveitamento e cassada a disponibilidade do funcionário que, aproveitado, não tomar posse e não entrar em exercício dentro do prazo legal.

§ 6º. Será aposentado no cargo anteriormente ocupado, o funcionário em disponibilidade que for julgado incapaz para o serviço público, em inspeção médica.

§ 7º. Se o aproveitamento se der em cargo de provimento em comissão, terá o aproveitado assegurada, no novo cargo, a condição de efetividade que tinha no cargo anteriormente ocupado.

- *§ 7º acrescido pelo Decreto-Lei nº 76, de 27.5.1969.*
- *STF, Súmula nº 39 "À falta de lei, funcionário em disponibilidade não pode exigir, judicialmente, o seu aproveitamento, que fica subordinado ao critério de conveniência da administração."*

Capítulo IX – Da Readmissão

Art. 39. Readmissão é o ato pelo qual o ex-funcionário, demitido ou exonerado, reingressa no serviço público, sem direito a ressarcimento de prejuízos, assegurada, apenas, a contagem de tempo de serviço em cargos anteriores, para efeito de aposentadoria e disponibilidade.

§ 1º. A readmissão do ex-funcionário demitido será obrigatoriamente precedida de reexame do respectivo processo administrativo, em que fique demonstrado não haver inconveniente, para o serviço público, na decretação da medida.

§ 2º. Observado o disposto no parágrafo anterior, se a demissão tiver sido a bem do serviço público, a readmissão não poderá ser decretada antes de decorridos 5 (cinco) anos do ato demissório.

Art. 40. A readmissão será feita no cargo anteriormente exercido pelo ex-funcionário ou, se transformado, no cargo resultante da transformação.

- *Sobre provimento de cargo público, vide Despacho Normativo do Governador, de 12.3.1990 – DOE, I, de 13.03.1990.*

Capítulo X – Da Readaptação

Art. 41. Readaptação é a investidura em cargo mais compatível com a capacidade do funcionário e dependerá sempre de inspeção médica.

- *Vide Decreto nº 52.968, de 7.7.1972.*

Art. 42. A readaptação, não acarretará diminuição, nem aumento de vencimento ou remuneração e será feita mediante transferência.

- *Vide Decreto nº 52.968, de 7.7.1972.*

Capítulo XI – Da Remoção

Art. 43. A remoção, que se processará a pedido do funcionário ou *ex officio*, só poderá ser feita:

I – de uma para outra repartição, na mesma Secretaria; e

II – de um para outro órgão da mesma repartição.

Parágrafo único. A remoção só poderá ser feita respeitada a lotação de cada repartição.

Art. 44. A remoção por permuta será processada a requerimento de ambos os interessados, com anuência dos respectivos chefes e de acordo com o prescrito neste Capítulo.

Art. 45. O funcionário não poderá ser removido ou transferido *ex officio* para cargo que deva exercer fora da localidade de sua residência, no período de 6 (seis) meses antes e até 3 (três) meses após a data das eleições.

Parágrafo único. Essa proibição vigorará no caso de eleições federais, estaduais ou municipais, isolada ou simultaneamente realizadas.

- *Sobre remoção, ver art. 130 da Constituição Estadual.*

Capítulo XII – Da Posse

Art. 46. Posse é o ato que investe o cidadão em cargo público.

Art. 47. São requisitos para a posse em cargo público:

I – ser brasileiro;

II – ter completado 18 (dezoito) anos de idade;

III – estar em dia com as obrigações militares;

IV – estar no gozo dos direitos políticos;

V – ter boa conduta;

VI – gozar de boa saúde, comprovada em inspeção realizada por órgão médico oficial do Estado, para provimento de cargo efetivo, ou mediante apresentação de Atestado de Saúde Ocupacional, expedido por médico registrado no Conselho Regional correspondente, para provimento de cargo em comissão;

- *Inciso VI com redação dada pela Lei Complementar nº 1.123, de 1º.7.2010.*

VII – possuir aptidão para o exercício do cargo; e

VIII – ter atendido às condições especiais prescritas para o cargo.

Parágrafo único. A deficiência da capacidade física, comprovadamente estacionária, não será considerada impedimento para a caracterização da capacidade psíquica e somática a que se refere o item VI deste artigo, desde que tal deficiência não impeça o desempenho normal das funções inerentes ao cargo de cujo provimento se trata.

Art. 48. São competentes para dar posse:

I – os Secretários de Estado, aos diretores gerais, aos diretores ou chefes das repartições, e aos funcionários que lhes são diretamente subordinados; e

II – os diretores gerais e os diretores ou chefes de repartição ou serviço, nos demais casos, de acordo com o que dispuser o regulamento.

Art. 49. A posse verificar-se-á mediante a assinatura de termo em que o funcionário prometa cumprir fielmente os deveres do cargo.

Parágrafo único. O termo será lavrado em livro próprio e assinado pela autoridade que der posse.

Art. 50. A posse poderá ser tomada por procuração quando se tratar de funcionário ausente do Estado, em comissão do Governo ou, em casos especiais, a critério da autoridade competente.

Art. 51. A autoridade que der posse deverá verificar, sob pena de responsabilidade, se foram satisfeitas as condições estabelecidas, em lei ou regulamento, para a investidura do cargo.

Art. 52. A posse deverá verificar-se no prazo de 30 (trinta) dias, contados da data da publicação do ato de provimento do cargo, no órgão oficial.

§ 1º. O prazo fixado neste artigo poderá ser prorrogado por mais 30 (trinta) dias, a requerimento do interessado.

§ 2º. O prazo inicial para a posse do funcionário em férias ou licença, será contado da data em que voltar ao serviço.

§ 3º. Se a posse não se der dentro do prazo, será tornado sem efeito o ato de provimento.

Art. 53. A contagem do prazo a que se refere o artigo anterior poderá ser suspensa nas seguintes hipóteses:

I – por até 120 (cento e vinte) dias, a critério do órgão médico oficial, a partir da data de apresentação do candidato junto ao referido órgão para perícia de sanidade e capacidade física, para fins de ingresso, sempre que a inspeção médica exigir essa providência;

II – por 30 (trinta) dias, mediante a interposição de recurso pelo candidato contra a decisão do órgão médico oficial.

§ 1º. O prazo a que se refere o inciso I deste artigo recomeçará a correr sempre que o candidato, sem motivo justificado, deixe de submeter-se aos exames médicos julgados necessários.

§ 2º. A interposição de recurso a que se refere o inciso II deste artigo dar-se-á no prazo máximo de 5 (cinco) dias, a contar da data de decisão do órgão médico oficial.

- *Art. 53 com redação dada pela Lei Complementar nº 1.123, de 1º.7.2010.*

Art. 54. O prazo a que se refere o art. 52 para aquele que, antes de tomar posse, for incorporado às Forças Armadas, será contado a partir da data da desincorporação.

Art. 55. O funcionário efetivo, nomeado para cargo em comissão, fica dispensado, no ato da posse, da apresentação do atestado de que trata o inciso VI do art. 47 desta Lei.

- *Art. 55 com redação dada pela Lei Complementar nº 1.123, de 1º.7.2010.*
- *STF, Súmula nº 16: "Funcionário nomeado por concurso tem direito à posse."*

Capítulo XIII – Da Fiança

Art. 56. (Revogado).

- *Art. 56 revogado pela Lei Complementar nº 575, de 11.11.1988.*

Capítulo XIV – Do Exercício

Art. 57. O exercício é o ato pelo qual o funcionário assume as atribuições e responsabilidades do cargo.

§ 1º. O início, a interrupção e o reinício do exercício serão registrados no assentamento individual do funcionário.

§ 2º. O início do exercício e as alterações que ocorrerem serão comunicados ao órgão competente, pelo chefe da repartição ou serviço em que estiver lotado o funcionário.

Art. 58. Entende-se por lotação, o número de funcionários de carreira e de cargos isolados que devam ter exercício em cada repartição ou serviço.

Art. 59. O chefe da repartição ou de serviço em que for lotado o funcionário é a autoridade competente para dar-lhe exercício.

Parágrafo único. É competente para das exercício ao funcionário, com sede no Interior do Estado, a autoridade a que o mesmo estiver diretamente subordinado.

Art. 60. O exercício do cargo terá início dentro do prazo de 30 (trinta) dias, contados:

I – da data da posse; e

II – da data da publicação oficial do ato, no caso de remoção.

§ 1º. Os prazos previstos neste artigo poderão ser prorrogados por 30 (trinta) dias, a requerimento do interessado e a juízo da autoridade competente.

§ 2º. No caso de remoção, o prazo para exercício de funcionário em férias ou em licença, será contado da data em que voltar ao serviço.

§ 3º. No interesse do serviço público, os prazos previstos neste artigo poderão ser reduzidos para determinados cargos.

§ 4º. O funcionário que não entrar em exercício dentro do prazo será exonerado.

Art. 61. Em caso de mudança de sede, será concedido um período de trânsito, até 8 (oito) dias, a contar do desligamento do funcionário.

Art. 62. O funcionário deverá apresentar ao órgão competente, logo após ter tomado posse e assumido o exercício, os elementos necessários à abertura do assentamento individual.

Art. 63. Salvo os casos previstos nesta Lei, o funcionário que interromper o exercício por mais de 30 (trinta) dias consecutivos, ficará sujeito à pena de demissão por abandono de cargo.

Art. 64. O funcionário deverá ter exercício na repartição em cuja lotação houver claro.

Art. 65. Nenhum funcionário poderá ter exercício em serviço ou repartição diferente daquela em que estiver lotado, salvo nos casos previstos nesta Lei, ou mediante autorização do Governador.

- *Vide Decreto nº 7.332, de 22.12.1975.*

Art. 66. Na hipótese de autorização do Governador, o afastamento só será permitido, com ou sem prejuízo de vencimentos, para o fim determinado e prazo certo.

Parágrafo único. O afastamento sem prejuízo de vencimentos poderá ser condicionado ao reembolso das despesas efetuadas pelo órgão de origem, na forma a ser estabelecida em regulamento.

- *Parágrafo único acrescido pela Lei Complementar nº 1.043, de 9.5.2008.*
- *Vide Decreto nº 7.332, de 22.12.1975.*
- *A competência para autorizar, cessar ou prorrogar o afastamento de funcionários e servidores foi delegada aos Secretários de Estado (Decreto nº 24.688, de 3.1.1986).*

Art. 67. O afastamento de funcionário para ter exercício em entidades com as quais o Estado mantenha convênios, reger-se-á pelas normas nestes estabelecidas.

Art. 68. O funcionário poderá ausentar-se do Estado ou deslocar-se da respectiva sede de exercício, para missão ou estudo de interesse do serviço público, mediante autorização expressa do Governador.

- *Vide Decreto nº 52.322, de 18.11.1969.*

Art. 69. Os afastamentos de funcionários para participação em congressos e outros certames culturais, técnicos ou científicos poderão ser autorizados pelo Governador, na forma estabelecida em regulamento.

- *Vide Decreto nº 52.322, de 18.11.1969.*

Art. 70. O servidor preso em flagrante, preventiva ou temporariamente ou pronunciado será considerado afastado do exercício do cargo, com prejuízo da remuneração, até a condenação ou absolvição transitada em julgado.

§ 1º. Estando o servidor licenciado, sem prejuízo de sua remuneração, será considerada cessada a licença na data em que o servidor for recolhido à prisão.

§ 2º. Se o servidor for, ao final do processo judicial, condenado, o afastamento sem remuneração perdurará até o cumprimento total da pena, em regime fechado ou semi-aberto, salvo na hipótese em que a decisão condenatória determinar a perda do cargo público.

• *Art. 70 com redação dada pela Lei Complementar nº 1.012, de 5.7.2007.*

Art. 71. As autoridades competentes determinarão o afastamento imediato do trabalho, do funcionário que apresente indícios de lesões orgânicas ou funcionais causadas por raios X ou substâncias radioativas, podendo atribuir-lhe conforme o caso, tarefas sem risco de radiação ou conceder-lhe licença *ex officio* na forma do art. 194 e seguintes.

Art. 72. O funcionário, quando no desempenho do mandato eletivo federal ou estadual, ficará afastado de seu cargo, com prejuízo do vencimento ou remuneração.

• *STF, Súmula nº 34: "No Estado de São Paulo, funcionário eleito vereador fica licenciado por toda a duração do mandato."*

Art. 73. O exercício do mandato de Prefeito, ou de Vereador, quando remunerado, determinará o afastamento do funcionário, com a faculdade de opção entre os subsídios do mandato e os vencimentos ou a remuneração do cargo, inclusive vantagens pecuniárias, ainda que não incorporadas.

Parágrafo único. O disposto neste artigo aplica-se igualmente à hipótese de nomeação de Prefeito.

• *Art. 73 com redação dada pela Lei Complementar nº 87, de 25.4.1974.*

Art. 74. Quando não remunerada a vereança, o afastamento somente ocorrerá nos dias de sessão e desde que o horário das sessões da Câmara coincida com o horário normal de trabalho a que estiver sujeito o funcionário.

§ 1º. Na hipótese prevista neste artigo, o afastamento se dará sem prejuízo de vencimentos e vantagens, ainda que não incorporadas, do respectivo cargo.

§ 2º. É vedada a remoção ou transferência do funcionário durante o exercício do mandato.

• *Art. 74 com redação dada pela Lei Complementar nº 87, de 25.4.1974.*

Art. 75. O funcionário, devidamente autorizado pelo Governador, poderá afastar-se do cargo para participar de provas de competições desportivas, dentro ou fora do Estado.

§ 1º. O afastamento de que trata este artigo, será precedido de requisição justificada do órgão competente.

§ 2º. O funcionário será afastado por prazo certo, nas seguintes condições:

I – sem prejuízo do vencimento ou remuneração, quando representar o Brasil, ou o Estado, em competições desportivas oficiais; e

II – com prejuízo do vencimento ou remuneração, em quaisquer outros casos.

Capítulo XV – Da Contagem de Tempo de Serviço

Art. 76. O tempo de serviço público, assim considerado o exclusivamente prestado ao Estado e suas Autarquias, será contado singelamente para todos os fins.

• *Caput com redação dada pela Lei Complementar nº 318, de 10.3.1983.*

Parágrafo único. O tempo de serviço público prestado à União, outros Estados e Municípios, e suas autarquias, anteriormente ao ingresso do funcionário no serviço público estadual, será contado integralmente para os efeitos de aposentadoria e disponibilidade.

- *Parágrafo único acrescido pela Lei Complementar nº 318, de 10.3.1983.*

Art. 77. A apuração do tempo de serviço será feita em dias.

§ 1º. Serão computados os dias de efetivo exercício, do registro de frequência ou da folha de pagamento.

§ 2º. O número de dias será convertido em anos, considerados sempre estes como de 365 (trezentos e sessenta e cinco) dias.

§ 3º. Feita a conversão de que trata o parágrafo anterior, os dias restantes, até 182 (cento e oitenta e dois), não serão computados, arredondando-se para 1 (um) ano, na aposentadoria compulsória ou por invalidez, quando excederem esse número.

Art. 78. Serão considerados de efetivo exercício, para todos os efeitos legais, os dias em que o funcionário estiver afastado do serviço em virtude de:

I – férias;

II – casamento, até 8 (oito) dias;

III – falecimento do cônjuge, filhos, pais e irmãos, até 8 (oito) dias;

IV – falecimento dos avós, netos, sogros, padrasto ou madrasta, até 2 (dois) dias;

- *Inciso IV com redação dada pela Lei Complementar nº 318, de 10.3.1983.*

V – serviços obrigatórios por lei;

VI – licença quando acidentado no exercício de suas atribuições ou atacado de doença profissional;

VII – licença à funcionária gestante;

VIII – licenciamento compulsório, nos termos do art. 206;

IX – licença-prêmio;

X – faltas abonadas nos termos do § 1º do art. 110, observados os limites ali fixados;

XI – missão ou estudo dentro do estado, em outros pontos do território nacional ou no estrangeiro, nos termos do art. 68;

XII – nos casos previstos no art. 122;

XIII – afastamento por processo administrativo, se o funcionário for declarado inocente, ou se a pena imposta for de repreensão ou multa; e ainda, os dias que excederem o total da pena de suspensão efetivamente aplicada;

XIV – trânsito, em decorrência de mudança de sede de exercício, desde que não exceda o prazo de 8 (oito) dias; e

XV – provas de competições desportivas, nos termos do item I, do § 2º do art. 75;

XVI – nascimento de filho, por 1 (um) dia, ao pai, no decorrer da primeira semana.

XVI – licença-paternidade, por 5 (cinco) dias.

- *Inciso XVI acrescentado pelo art. 1º da Lei Complementar nº 445, de 1º.4.1986 e com redação dada pela Lei Complementar nº 1.054, de 7.7.2008*
- *Vide art. 10, § 1º, do ADCT da Constituição Federal.*

Art. 79. Os dias em que o funcionário deixar de comparecer ao serviço em virtude de mandato legislativo municipal serão considerados de efetivo exercício para todos os efeitos legais.

• *Caput com redação dada pela Lei Complementar nº 124, de 11.11.1975.*

Parágrafo único. No caso de vereança remunerada, os dias de afastamento não serão computados para fins de vencimento ou remuneração, salvo se por eles tiver optado o funcionário.

Art. 80. Será contado para todos os efeitos, salvo para a percepção de vencimentos ou remuneração:

I – o afastamento para provas de competições desportivas nos termos do item II do § 2º do art. 75; e

II – as licenças previstas nos arts. 200 e 201.

Art. 81. Os tempos adiante enunciados serão contados:

I – para efeito de concessão de adicional por tempo de serviço, sexta-parte, aposentadoria e disponibilidade:

a) o de afastamento nos termos dos arts. 65 e 66 junto a outros poderes do Estado, a fundações instituídas pelo Estado ou empresas em que o Estado tenha participação majoritária pela sua Administração Centralizada ou Descentralizada, bem como junto a órgãos da Administração Direta da União, de outros Estados e Municípios, e de suas autarquias;

b) o de afastamento nos termos do art. 67;

II – para efeito de disponibilidade e aposentadoria, o de licença para tratamento de saúde.

• *Art. 81 com redação dada pela Lei Complementar nº 318, de 10.3.1983.*

Art. 82. O tempo de mandato federal e estadual, bem como o municipal, quando remunerados, será contado para fins de aposentadoria e de promoção por antiguidade.

Parágrafo único. O disposto neste artigo aplica-se à hipótese de nomeação de Prefeito.

• *Art. 82 com redação dada pela Lei Complementar nº 87, de 25.4.1974.*

Art. 83. Para efeito de aposentadoria será contado o tempo em que o funcionário esteve em disponibilidade.

Art. 84. É vedada a acumulação de tempo de serviço concorrente ou simultaneamente prestado, em dois ou mais cargos ou funções, à União, Estados, Municípios ou Autarquias em geral.

Parágrafo único. Em regime de acumulação é vedado contar tempo de um dos cargos para reconhecimento de direito ou vantagens no outro.

Art. 85. Não será computado, para nenhum efeito, o tempo de serviço gratuito.

Capítulo XVI – Da Vacância

Art. 86. A vacância do cargo decorrerá de:

I – exoneração;

II – demissão;

III – transferência;

IV – acesso;

V – aposentadoria; e

VI – falecimento.

§ 1º. Dar-se-á a exoneração:

1. a pedido do funcionário;

2. a critério do Governo, quando se tratar de ocupante de cargo em comissão; e

3. quando o funcionário não entrar em exercício dentro do prazo legal.

§ 2º. A demissão será aplicada como penalidade nos casos previstos nesta Lei.

TÍTULO III – DA PROMOÇÃO

Capítulo Único – Da Promoção

• *Capítulo Único, arts. 87 a 107, regulamentado pelo Decreto nº 3.807, de 12.6.1974.*

Art. 87. Promoção é a passagem do funcionário de um grau a outro da mesma classe e se processará obedecidos, alternadamente os critérios de merecimento e de antiguidade na forma que dispuser o regulamento.

Art. 88. O merecimento do funcionário será apurado em pontos positivos e negativos.

§ 1º. Os pontos positivos se referem a condições de eficiência no cargo e ao aperfeiçoamento funcional resultante do aprimoramento dos seus conhecimentos.

§ 2º. Os pontos negativos resultam da falta de assiduidade e da indisciplina.

Art. 89. Da apuração do merecimento será dada ciência ao funcionário.

Art. 90. A antiguidade será determinada pelo tempo de efetivo exercício no cargo e no serviço público, apurado em dias.

Art. 91. As promoções serão feitas em junho e dezembro de cada ano, dentro de limites percentuais a serem estabelecidos em regulamento e corresponderão às condições existentes até o último dia do semestre imediatamente anterior.

Art. 92. Os direitos e vantagens que decorrerem da promoção serão contados a partir da publicação do ato, salvo quando publicado fora do prazo legal, caso em que vigorará a contar do último dia do semestre a que corresponder.

Parágrafo único. Ao funcionário que não estiver em efetivo exercício, só se abonarão as vantagens a partir da data da reassunção.

Art. 93. Será declarada sem efeito a promoção indevida, não ficando o funcionário, nesse caso, obrigado a restituições, salvo na hipótese de declaração falsa ou omissão intencional.

Art. 94. Só poderão ser promovidos os servidores que tiverem o interstício de efetivo exercício no grau.

Parágrafo único. O interstício a que se refere este artigo será estabelecido em regulamento.

Art. 95. Dentro de cada quadro, haverá para cada classe, nos respectivos graus, uma lista de classificação, para os critérios de merecimento e antiguidade.

Parágrafo único. Ocorrendo empate terão preferência, sucessivamente:

1. na classificação por merecimento:

a) os títulos e os comprovantes de conclusão de cursos, relacionados com a função exercida;

b) a assiduidade;

c) a antiguidade no cargo;

d) os encargos de família; e

e) a idade;

2. na classificação por antiguidade:

a) o tempo no cargo;

b) o tempo de serviço prestado ao Estado;

c) o tempo de serviço público;

d) os encargos de família; e

e) a idade.

Art. 96. O funcionário em exercício de mandato eletivo federal ou estadual ou de mandato de prefeito, somente poderá ser promovido por antiguidade.

Art. 97. Não serão promovidos por merecimento, ainda que classificados dentro dos limites estabelecidos no regulamento, os funcionários que tiverem sofrido qualquer penalidade nos dois anos anteriores à data de vigência da promoção.

Art. 98. O funcionário submetido a processo administrativo poderá ser promovido, ficando, porém, sem efeito a promoção por merecimento no caso de o processo resultar em penalidade.

Art. 99. Para promoção por merecimento é indispensável que o funcionário obtenha número de pontos não inferior à metade do máximo atribuível.

Art. 100. O merecimento do funcionário é adquirido na classe.

Art. 101. (Revogado).

• *Art. 101 revogado pelo art. 13 da Lei Complementar nº 318, de 10.3.1983.*

Art. 102. O tempo no cargo será o efetivo exercício, contado na seguinte conformidade:

I – a partir da data em que o funcionário assumir o exercício do cargo, nos casos de nomeação, transferência a pedido, reversão e aproveitamento;

II – como se o funcionário estivesse em exercício, no caso de reintegração;

III – a partir da data em que o funcionário assumir o exercício do cargo do qual foi transferido, no caso de transferência *ex officio*; e

IV – a partir da data em que o funcionário assumir o exercício do cargo reclassificado ou transformado.

Art. 103. Será contado como tempo no cargo o efetivo exercício que o funcionário houver prestado no mesmo cargo, sem solução de continuidade, desde que por prazo superior a 6 (seis) meses:

I – como substituto; e

II – no desempenho de função gratificada, em período anterior à criação do respectivo cargo.

Art. 104. As promoções obedecerão à ordem de classificação.

Art. 105. Haverá em cada Secretaria de Estado uma Comissão de Promoção que terá as seguintes atribuições:

I – eleger o respectivo presidente;

II – decidir as reclamações contra a avaliação do mérito, podendo alterar, fundamentalmente, os pontos atribuídos ao reclamante ou a outros funcionários;

III – avaliar o mérito do funcionário quando houver divergência igual ou superior a 20 (vinte) pontos entre os totais atribuídos pelas autoridades avaliadoras;

IV – propor à autoridade competente a penalidade que couber ao responsável pelo atraso na expedição e remessa do Boletim de Promoção, pela falta de qualquer informação ou de elementos solicitados, pelos fatos de que decorram irregularidade ou parcialidade no processamento das promoções.

V – avaliar os títulos e os certificados de cursos apresentados pelos funcionários; e

VI – dar conhecimento aos interessados mediante afixação na repartição:

1. das alterações de pontos feitos nos Boletins de Promoção; e
2. dos pontos atribuídos pelos títulos e certificados de cursos.

Art. 106. No processamento das promoções cabem as seguintes reclamações:

I – da avaliação do mérito; e

II – da classificação final.

§ 1º. Da avaliação do mérito podem ser interpostos pedidos de reconsideração e recurso e, da classificação final, apenas recurso.

§ 2º. Terão efeito suspensivo as reclamações relativas à avaliação do mérito.

§ 3º. Serão estabelecidos em regulamento as normas e os prazos para o processamento das reclamações de que trata este artigo.

Art. 107. A orientação das promoções do funcionalismo público civil será centralizada, cabendo ao órgão a que for deferida tal competência:

I – expedir normas relativas ao processamento das promoções e elaborar as respectivas escalas de avaliação, com a aprovação do Governador;

II – orientar as autoridades competentes quanto à avaliação das condições de promoção;

III – realizar estudos e pesquisas no sentido de averiguar a eficiência do sistema em vigor, propondo medidas tendentes ao seu aperfeiçoamento; e

IV – opinar em processos sobre assuntos de promoção, sempre que solicitado.

• *Capítulo Único, arts. 87 a 107, regulamentado pelo Decreto nº 3.807, de 12.6.1974.*

TÍTULO IV – DOS DIREITOS E DAS VANTAGENS DE ORDEM PECUNIÁRIA

Capítulo I – Do Vencimento e da Remuneração

Seção I – Disposições Gerais

Art. 108. Vencimento é a retribuição paga ao funcionário pelo efetivo exercício do cargo, correspondente ao valor do respectivo padrão fixado em lei, mais as vantagens a ele incorporadas para todos os efeitos legais.

Art. 109. Remuneração é a retribuição paga ao funcionário pelo efetivo exercício do cargo, correspondente a 2/3 (dois terços) do respectivo padrão, mais as quotas ou porcentagens que, por lei, lhe tenham sido atribuídas e as vantagens pecuniárias a ela incorporadas.

Art. 110. O funcionário perderá:

I – o vencimento ou remuneração do dia, quando não comparecer ao serviço, salvo no caso previsto no § 1º deste artigo; e

II – 1/3 (um terço) do vencimento ou remuneração diária, quando comparecer ao serviço dentro da hora seguinte à marcada para o início do expediente ou quando dele retirar-se dentro da última hora.

§ 1º. As faltas ao serviço, até o máximo de 6 (seis) por ano, não excedendo a uma por mês, em razão de moléstia ou outro motivo relevante, poderão ser abonadas pelo superior imediato, a requerimento do funcionário no primeiro dia útil subsequente ao da falta.

• *§ 1º com redação dada pela Lei Complementar nº 294, de 2.9.1982.*

§ 2º. No caso de faltas sucessivas, justificadas ou injustificadas, os dias intercalados – domingos, feriados e aqueles em que não haja expediente – serão computados exclusivamente para efeito de desconto do vencimento ou remuneração.

• *Vide Decreto nº 52.054, de 14.8.2007.*

Art. 111. As reposições devidas pelo funcionário e as indenizações por prejuízos que causar à Fazenda Pública Estadual, serão descontadas em parcelas mensais não excedentes da décima parte do vencimento ou remuneração ressalvados os casos especiais previstos neste Estatuto.

Art. 112. Só será admitida procuração para efeito de recebimento de quaisquer importâncias dos cofres estaduais, decorrentes do exercício do cargo, quando o funcionário se encontrar fora da sede ou comprovadamente impossibilitado de locomover-se.

Art. 113. O vencimento, remuneração ou qualquer vantagem pecuniária atribuídos ao funcionário, não poderão ser objeto de arresto, sequestro ou penhora, salvo:

I – quando se tratar de prestação de alimentos, na forma da lei civil; e

II – nos casos previstos no Capítulo II do Título VI deste Estatuto.

Art. 114. É proibido, fora dos casos expressamente consignados neste Estatuto, ceder ou gravar vencimento, remuneração ou qualquer vantagem decorrente do exercício de cargo público.

Art. 115. O vencimento ou remuneração do funcionário não poderá sofrer outros descontos, exceto os obrigatórios e os autorizados por lei.

Art. 116. As consignações em folha, para efeito de desconto de vencimentos ou remuneração, serão disciplinadas em regulamento.

Seção II – Do Horário e do Ponto

Art. 117. O horário de trabalho nas repartições será fixado pelo Governo de acordo com a natureza e as necessidades do serviço.

Art. 118. O período de trabalho, nos casos de comprovada necessidade, poderá ser antecipado ou prorrogado pelo chefe da repartição ou serviço.

Parágrafo único. No caso de antecipação ou prorrogação, será remunerado o trabalho extraordinário, na forma estabelecida no art. 136.

Art. 119. Nos dias úteis, só por determinação do Governador poderão deixar de funcionar as repartições públicas ou ser suspenso o expediente.

Art. 120. Ponto é o registro pelo qual se verificará, diariamente, a entrada e saída do funcionário em serviço.

§ 1º. Para registro do ponto serão usados, de preferência, meios mecânicos.

§ 2º. É vedado dispensar o funcionário do registro do ponto, salvo os casos expressamente previstos em lei.

§ 3º. A infração do disposto no parágrafo anterior determinará a responsabilidade da autoridade que tiver expedido a ordem, sem prejuízo da ação disciplinar cabível.

Art. 121. Para o funcionário estudante, conforme dispuser o regulamento, poderão ser estabelecidas normas especiais quanto à frequência ao serviço.

- *Vide Decreto nº 52.054, de 14.8.2007.*

Art. 122. O funcionário que comprovar sua contribuição para banco de sangue mantido por órgão estatal ou paraestatal, ou entidade com a qual o Estado mantenha convênio, fica dispensado de comparecer ao serviço no dia da doação.

Art. 123. Apurar-se-á a frequência do seguinte modo:

I – pelo ponto; e

II – pela forma determinada, quanto aos funcionários não sujeitos a ponto.

Capítulo II – Das Vantagens de Ordem Pecuniária

Seção I – Disposições Gerais

Art. 124. Além do valor do padrão do cargo, o funcionário só poderá receber as seguintes vantagens pecuniárias:

I – adicionais por tempo de serviço;

II – gratificações;

III – diárias;

IV – ajudas de custo;

V – salário-família e salário esposa;

VI – (Revogado);

- *Revogado pelo Decreto-Lei de 27.2.1970.*

VII – quota-parte de multas e porcentagens fixadas em lei;

VIII – honorários, quando fora do período normal ou extraordinário de trabalho a que estiver sujeito, for designado para realizar investigações ou pesquisas científicas, bem como para exercer as funções de auxiliar ou membro de bancas e comissões de concurso ou prova, ou de professor de cursos de seleção e aperfeiçoamento ou especialização de servidores, legalmente instituídos, observadas as proibições atinentes a regimes especiais de trabalho fixados em lei;

IX – honorários pela prestação de serviço peculiar à profissão que exercer e, em função dela, à Justiça, desde que não a execute dentro do período normal ou extraordinário de trabalho a que estiver sujeito e sejam respeitadas as restrições estabelecidas em lei pela subordinação a regimes especiais de trabalho; e

X – outras vantagens ou concessões pecuniárias previstas em leis especiais ou neste Estatuto.

- *Ver art. 7º e incisos da Constituição Federal, de 5.10.1988*

§ 1º. Excetuados os casos expressamente previstos neste artigo, o funcionário não poderá receber, a qualquer título, seja qual for o motivo ou forma de pagamento, nenhuma outra vantagem pecuniária dos órgãos do serviço público, das entidades autárquicas ou paraestatais ou outras organizações públicas, em razão de seu cargo ou função nos quais tenha sido mandado servir.

§ 2º. O não cumprimento do que preceitua este artigo importará na demissão do funcionário, por procedimento irregular, e na imediata reposição, pela autoridade ordenadora do pagamento, da importância indevidamente paga.

§ 3º. Nenhuma importância relativa às vantagens constantes deste artigo será paga ou devida ao funcionário, seja qual for o seu fundamento, se não houver crédito próprio, orçamentário ou adicional.

Art. 125. As porcentagens ou quotas-partes, atribuídas em virtude de multas ou serviços de fiscalização e inspeção, só serão creditadas ao funcionário após a entrada da importância respectiva, a título definitivo, para os cofres públicos.

Art. 126. O funcionário não fará jus à percepção de quaisquer vantagens pecuniárias, nos casos em que deixar de perceber o vencimento ou remuneração, ressalvado o disposto no parágrafo único do art. 160.

Seção II – Dos Adicionais por Tempo de Serviço

Art. 127. O funcionário terá direito, após cada período de 5 (cinco) anos, contínuos ou não, à percepção de adicional por tempo de serviço, calculado à razão de 5% (cinco por cento) sobre o vencimento ou remuneração, a que se incorpora para todos os efeitos.

Parágrafo único. O adicional por tempo de serviço será concedido pela autoridade competente, na forma que for estabelecida em regulamento.

- *A Lei Complementar nº 792, de 20.3.1995, que alterava esse Parágrafo único, foi considerada inconstitucional pela ADIn STF nº 3167, voltando assim à sua redação original.*

Art. 128. A apuração do quinquênio será feita em dias e o total convertido em anos, considerados estes sempre como de 365 (trezentos e sessenta e cinco) dias.

Art. 129. (Vetado).

Art. 130. O funcionário que completar 25 (vinte e cinco) anos de efetivo exercício perceberá mais a sexta-parte do vencimento ou remuneração, a estes incorporada para todos os efeitos.

- *Sobre sexta-parte, ver art. 129 da Constituição Estadual, de 5.10.1989.*

Art. 131. O funcionário que exercer cumulativamente cargos ou funções, terá direito aos adicionais de que trata esta Seção, isoladamente, referentes a cada cargo ou a função.

Art. 132. O ocupante de cargo em comissão fará jus aos adicionais previstos nesta Seção, calculados sobre o vencimento que perceber no exercício desse cargo, enquanto nele permanecer.

Art. 133. Ao funcionário no exercício de cargo em substituição aplica-se o disposto no artigo anterior.

Art. 134. Para efeito dos adicionais a que se refere esta Seção, será computado o tempo de serviço, na forma estabelecida nos arts. 76 e 78.

- *Sobre adicional por tempo de serviço, ver art. 129 da Constituição Estadual, de 5.10.1989.*

Seção III – Das Gratificações

Art. 135. Poderá ser concedida gratificação ao funcionário:

I – pela prestação de serviço extraordinário;

II – pela elaboração ou execução de trabalho técnico ou científico ou de utilidade para o serviço público;

- *Vide Decreto nº 51.165, de 23.12.1968.*

III – a título de representação, quando em função de gabinete, missão ou estudo fora do Estado ou designação para função de confiança do Governador;

- *Vide Lei Complementar nº 1.001, de 24.11.2006 – Dispõe sobre a concessão de gratificação de representação aos servidores da administração direta e das autarquias do Estado, admitidos sob o regime da Consolidação das Leis do Trabalho, e dá providências correlatas.*
- *Vide Decreto nº 53.966, de 22.1.2009 – Disciplina a concessão de gratificação de representação, de que trata o inciso III do art. 135 da Lei nº 10.261, de 28 de outubro de 1968, e dá providências correlatas.*

IV – quando designado para fazer parte de órgão legal de deliberação coletiva; e

V – outras que forem previstas em lei.

Art. 136. A gratificação pela prestação de serviço extraordinário será paga por hora de trabalho prorrogado ou antecipado, na mesma razão percebida pelo funcionário em cada hora de período normal de trabalho a que estiver sujeito.

Parágrafo único. A prestação de serviço extraordinário não poderá exceder a 2 (duas) horas diárias de trabalho.

Art. 137. É vedado conceder gratificação por serviço extraordinário, com o objetivo de remunerar outros serviços ou encargos.

§ 1º. O funcionário que receber importância relativa a serviço extraordinário que não prestou, será obrigado a restituí-la de uma só vez, ficando ainda sujeito à punição disciplinar.

§ 2º. Será responsabilizada a autoridade que infringir o disposto no *caput* deste artigo.

Art. 138. Será punido com pena de suspensão e, na reincidência, com a de demissão, a bem do serviço público, o funcionário:

I – que atestar falsamente a prestação de serviço extraordinário; e

II – que se recusar, sem justo motivo, à prestação de serviço extraordinário.

Art. 139. O funcionário que exercer cargo de direção não poderá perceber gratificação por serviço extraordinário.

§ 1º. O disposto neste artigo não se aplica durante o período em que subordinado de titular de cargo nele mencionado venha a perceber, em consequência do acréscimo da gratificação por serviço extraordinário, quantia que iguale ou ultrapasse o valor do padrão do cargo de direção.

§ 2º. Aos titulares de cargos de direção, para efeito do parágrafo anterior, apenas será paga gratificação por serviço extraordinário correspondente à quantia a esse título percebida pelo subordinado de padrão mais elevado.

Art. 140. A gratificação pela elaboração ou execução de trabalho técnico ou científico, ou de utilidade para o serviço, será arbitrada pelo Governador, após sua conclusão.

Art. 141. A gratificação a título de representação, quando o funcionário for designado para serviço ou estudo fora do Estado, será arbitrada pelo Governador, ou por autoridade que a lei determinar, podendo ser percebida cumulativamente com a diária.

Art. 142. A gratificação relativa ao exercício em órgão legal de deliberação coletiva, será fixada pelo Governador.

Art. 143. A gratificação de representação de gabinete, fixada em regulamento, não poderá ser percebida cumulativamente com a referida no inciso I do art. 135.

Seção IV – Das Diárias

Art. 144. Ao funcionário que se deslocar temporariamente da respectiva sede, no desempenho de suas atribuições, ou em missão ou estudo, desde que relacionados com o cargo que exerce, poderá ser concedida, além do transporte, uma diária a título de indenização das despesas de alimentação e pousada.

§ 1º. Não será concedida diária ao funcionário removido ou transferido durante o período de trânsito.

§ 2º. Não caberá a concessão de diária quando o deslocamento de funcionário constituir exigência permanente do cargo ou função.

§ 3º. Entende-se por sede o município onde o funcionário tem exercício.

§ 4º. O disposto no *caput* deste artigo não se aplica aos casos de missão ou estudo fora do País.

§ 5º. As diárias relativas aos deslocamentos de funcionários para outros Estados e Distrito Federal, serão fixadas por decreto.

Art. 145. O valor das diárias será fixado em decreto.

• *Art. 145 com redação dada pelo art. 43 da Lei Complementar nº 556, de 15.7.1988.*

Parágrafo único. As diárias para os cargos sujeitos ao regime de remuneração serão fixadas em decreto do Poder Executivo, obedecidos os limites que forem estabelecidos para os demais cargos.

Art. 146. A tabela de diárias, bem como as autoridades que as concederem, deverão constar de decreto.

Art. 147. O funcionário que indevidamente receber diária, será obrigado a restituí-la de uma só vez, ficando ainda sujeito à punição disciplinar.

Art. 148. É vedado conceder diárias com o objetivo de remunerar outros encargos ou serviços.

Parágrafo único. Será responsabilizada a autoridade que infringir o disposto neste artigo.

Seção V – Das Ajudas de Custo

Art. 149. A juízo da Administração, poderá ser concedida ajuda de custo ao funcionário que no interesse do serviço passar a ter exercício em nova sede.

§ 1º. A ajuda de custo destina-se a indenizar o funcionário das despesas de viagens e de nova instalação.

§ 2º. O transporte do funcionário e de sua família compreende passagens e bagagem e correrá por conta do Governo.

Art. 150. A ajuda de custo, desde que em território do País, será arbitrada pelos Secretários de Estado, não podendo exceder importância correspondente a 3 (três) vezes o valor do padrão do cargo.

Parágrafo único. O regulamento fixará o critério para o arbitramento, tendo em vista o número de pessoas que acompanham o funcionário, as condições de vida na nova sede, a distância a ser percorrida, o tempo de viagem e os recursos orçamentários disponíveis.

Art. 151. Não será concedida ajuda de custo:

I – ao funcionário que se afastar da sede ou a ela voltar, em virtude de mandato eletivo; e

II – ao que for afastado junto a outras administrações.

Parágrafo único. O funcionário que recebeu ajuda de custo, se for obrigado a mudar de sede dentro do período de 2 (dois) anos poderá receber, apenas 2/3 (dois terços) do benefício que lhe caberia.

Art. 152. Quando o funcionário for incumbido de serviço que o obrigue a permanecer fora da sede por mais de 30 (trinta) dias, poderá receber ajuda de custo sem prejuízos das diárias que lhe couberem.

Parágrafo único. A importância dessa ajuda de custo será fixada na forma do art. 150, não podendo exceder a quantia relativa a 1 (uma) vez o valor do padrão do cargo.

Art. 153. Restituirá a ajuda de custo que tiver recebido:

I – o funcionário que não seguir para a nova sede dentro dos prazos fixados, salvo motivo independente de sua vontade, devidamente comprovado sem prejuízo da pena disciplinar cabível;

II – o funcionário que, antes de concluir o serviço que lhe foi cometido, regressar da nova sede, pedir exoneração ou abandonar o cargo.

§ 1º. A restituição poderá ser feita parceladamente, a juízo da autoridade que houver concedido a ajuda de custo, salvo no caso de recebimento indevido, em que a importância por devolver será descontada integralmente do vencimento ou remuneração, sem prejuízo da pena disciplinar cabível.

§ 2º. A responsabilidade pela restituição de que trata este artigo, atinge exclusivamente a pessoa do funcionário.

§ 3º. Se o regresso do funcionário for determinado pela autoridade competente ou por motivo de força maior devidamente comprovada, não ficará ele obrigado a restituir a ajuda de custo.

Art. 154. Caberá também ajuda de custo ao funcionário designado para serviço ou estudo no estrangeiro.

Parágrafo único. A ajuda de custo de que trata este artigo será arbitrada pelo Governador.

Seção VI – Do Salário-Família e do Salário-Esposa

Art. 155. O salário-família será concedido ao funcionário ou ao inativo por:

I – filho menor de 18 (dezoito) anos; e

II – filho inválido de qualquer idade.

Parágrafo único. Consideram-se dependentes, desde que vivam totalmente ou parcialmente às expensas do funcionário, os filhos de qualquer condição, os enteados e os adotivos, equiparando-se a estes os tutelados sem meios próprios de subsistência.

Art. 156. A invalidez que caracteriza a dependência é a incapacidade total e permanente para o trabalho.

Art. 157. Quando o pai e a mãe tiverem ambos a condição de funcionário público ou de inativo e viverem em comum, o salário-família será concedido a um deles.

Parágrafo único. Se não viverem em comum, será concedido ao que tiver os dependentes sob a sua guarda, ou a ambos, de acordo com a distribuição de dependentes.

Art. 158. Ao pai e à mãe equiparam-se o padrasto e a madrasta e, na falta destes, os representantes legais dos incapazes.

Art. 158-A. Fica assegurada, nas mesmas bases e condições, ao cônjuge supérstite ou ao responsável legal pelos filhos do casal, a percepção do salário família a que tinha direito o funcionário ou inativo falecido.

- *Art. 158-A acrescido pela Lei Complementar nº 177, de 28.4.1978.*

Art. 159. A concessão e a supressão do salário-família serão processadas na forma estabelecida em lei.

Art. 160. Não será pago o salário-família nos casos em que o funcionário deixar de perceber o respectivo vencimento ou remuneração.

Parágrafo único. O disposto neste artigo não se aplica aos casos disciplinares e penais, nem aos de licença por motivo de doença em pessoa da família.

Art. 161. É vedada a percepção de salário-família por dependente em relação ao qual já esteja sendo pago este benefício por outra entidade pública federal, estadual ou municipal, ficando o infrator sujeito às penalidades da lei.

Art. 162. O salário-esposa será concedido ao funcionário que não perceba vencimento ou remuneração de importância superior a 2 (duas) vezes o valor do menor vencimento pago pelo Estado, desde que a mulher não exerça atividade remunerada.

• *Vide Decreto nº 7.110, de 25.11.1975 alterado pelo Decreto nº 20.303, de .29.12.1982.*

Parágrafo único. A concessão do benefício a que se refere este artigo será objeto de regulamento.

Seção VII – Outras Concessões Pecuniárias

Art. 163. O Estado assegurará ao funcionário o direito de pleno ressarcimento de danos ou prejuízos, decorrentes de acidentes no trabalho, do exercício em determinadas zonas ou locais e da execução de trabalho especial com risco de vida ou saúde.

Art. 164. Ao funcionário licenciado para tratamento de saúde poderá ser concedido transporte se decorrente do tratamento, inclusive para pessoa de sua família.

Art. 165. Poderá ser concedido transporte à família do funcionário, quando este falecer fora da sede de exercício, no desempenho de serviço.

§ 1º. A mesma concessão poderá ser feita à família do funcionário falecido fora do Estado.

§ 2º. Só serão atendidos os pedidos de transporte formulados dentro do prazo de 1 (um) ano, a partir da data em que houver falecido o funcionário.

Art. 166. (Revogado).

• *Art. 166 revogado pelo Decreto-Lei, sem número, de 27.2.1970.*

Art. 167. A concessão de que trata o artigo anterior só poderá ser deferida ao funcionário que se encontre no exercício do cargo e mantenha contato com o público, pagando ou recebendo em moeda corrente.

Art. 168. Ao cônjuge, ao companheiro ou companheira ou, na falta destes, à pessoa que provar ter feito despesas em virtude do falecimento de funcionário ativo ou inativo será concedido auxílio-funeral, a título de benefício assistencial, de valor correspondente a 1 (um) mês da respectiva remuneração.

§ 1º. O pagamento será efetuado pelo órgão competente, mediante apresentação de atestado de óbito pelas pessoas indicadas no *caput* deste artigo, ou procurador legalmente habilitado, feita a prova de identidade.

§ 2º. No caso de integrante da carreira de Agente de Segurança Penitenciária ou da classe de Agente de Escolta e Vigilância Penitenciária, se ficar comprovado, por meio de competente apuração, que o óbito decorreu de lesões recebidas no exercício de suas funções, o benefício será acrescido do valor correspondente a mais 1 (um) mês da respectiva remuneração, cujo pagamento será efetivado mediante apresentação de alvará judicial.

§ 3º. O pagamento do benefício previsto neste artigo, caso as despesas tenham sido custeadas por terceiros, em virtude da contratação de planos funerários, somente será efetivado mediante apresentação de alvará judicial.

- *Art. 168 com redação dada pela Lei Complementar nº 1.123, de 1º.7.2010.*
- *Ver, nesta edição, art. 6º da LC nº 1.123, de 1º.7.2010, sobre extensão a outros servidores da concessão prevista neste artigo.*

Art. 169. O Governo do Estado poderá conceder prêmios em dinheiro, dentro das dotações orçamentárias próprias, aos funcionários autores dos melhores trabalhos, classificados em concursos de monografias de interesse para o serviço público.

- *Vide Decreto nº 55.513, de 1º.3.2010 – Regulamenta, no âmbito do Poder Executivo, o art. 169 da Lei nº 10.261, de 28 de outubro de 1968 – Estatuto dos Funcionários Públicos Civis do Estado de São Paulo.*

Art. 170. (Revogado).

- *Art. 170 revogado pelo Decreto-Lei nº 24, de 28.3.1969.*

Capítulo III – Das Acumulações Remuneradas

Art. 171. É vedada a acumulação remunerada, exceto:

I – a de um juiz e um cargo de professor;

II – a de dois cargos de professor;

III – a de um cargo de professor e outro técnico ou científico; e

IV – a de dois cargos privativos de médico.

- *Vide art. 37, XVI da Constituição Federal.*

§ 1º. Em qualquer dos casos, a acumulação somente é permitida quando haja correlação de matérias e compatibilidade de horários.

§ 2º. A proibição de acumular se estende a cargos, funções ou empregos em autarquias, empresas públicas e sociedades de economia mista.

§ 3º. A proibição de acumular proventos não se aplica aos aposentados, quanto ao exercício de mandato eletivo, cargo em comissão ou ao contrato para prestação de serviços técnicos ou especializados.

Art. 172. O funcionário ocupante de cargo efetivo, ou em disponibilidade, poderá ser nomeado para cargo em comissão, perdendo, durante o exercício desse cargo, o vencimento ou remuneração do cargo efetivo ou o provento, salvo se optar pelo mesmo.

Art. 173. Não se compreende na proibição de acumular, desde que tenha correspondência com a função principal, a percepção das vantagens enumeradas no art. 124.

Art. 174. Verificado, mediante processo administrativo, que o funcionário está acumulando fora das condições previstas neste Capítulo, será ele demitido de todos os cargos e funções e obrigado a restituir o que indevidamente houver recebido.

§ 1º. Provada a boa-fé, o funcionário será mantido no cargo ou função que exercer a mais tempo.

§ 2º. Em caso contrário, o funcionário demitido ficará ainda inabilitado pelo prazo de 5 (cinco) anos para o exercício de função ou cargo público, inclusive em entidades que exerçam função delegada do poder público ou são por este mantidas ou administradas.

Art. 175. As autoridades civis e os chefes de serviço, bem como os diretores ou responsáveis pelas entidades referidas no § 2º do artigo anterior e os fiscais ou representantes dos poderes públicos junto às mesmas, que tiveram conhecimento de que qualquer dos seus subordinados ou qualquer empregado da empresa sujeita à fiscalização está no exercício de acumulação proibida, farão a devida comunicação ao órgão competente, para os fins indicados no artigo anterior.

Parágrafo único. Qualquer cidadão poderá denunciar a existência de acumulação ilegal.

TÍTULO V – DOS DIREITOS E VANTAGENS EM GERAL

Capítulo I – Das Férias

Art. 176. O funcionário terá direito ao gozo de 30 (trinta) dias de férias anuais, observada a escala que for aprovada.

§ 1º. É proibido levar à conta de férias qualquer falta ao trabalho.

§ 2º. É proibida a acumulação de férias, salvo por absoluta necessidade de serviço e pelo máximo de 2 (dois) anos consecutivos.

§ 3º. O período de férias será reduzido para 20 (vinte) dias, se o servidor, no exercício anterior, tiver, considerados em conjunto, mais de 10 (dez) não comparecimentos correspondentes a faltas abonadas, justificadas e injustificadas ou às licenças previstas nos itens IV, VI e VII do art. 181.

§ 4º. Durante as férias, o funcionário terá direito a todas as vantagens, como se estivesse em exercício.

Art. 177. Atendido o interesse do serviço, o funcionário poderá gozar férias de uma só vez ou em dois períodos iguais.

Art. 178. Somente depois do primeiro ano de exercício no serviço público, adquirirá o funcionário direito a férias.

Parágrafo único. Será contado para efeito deste artigo o tempo de serviço prestado em outro cargo público, desde que entre a cessação do anterior e o início do subsequente exercício não haja interrupção superior a 10 (dez) dias.

Art. 179. Caberá ao chefe da repartição ou do serviço, organizar, no mês de dezembro, a escala de férias para o ano seguinte, que poderá alterar de acordo com a conveniência do serviço.

Art. 180. O funcionário transferido ou removido quando em gozo de férias, não será obrigado a apresentar-se antes de terminá-las.

• *Sobre férias, ver inciso XVII do art. 7º da Constituição Federal, de 5.10.1988.*

Capítulo II – Das Licenças

Seção I – Disposições Gerais

Art. 181. O funcionário efetivo poderá ser licenciado:

I – para tratamento de saúde;

II – quando acidentado no exercício de suas atribuições ou acometido por doença profissional;

III – no caso previsto no art. 198;

IV – por motivo de doença em pessoa de sua família;

V – para cumprir obrigações concernentes ao serviço militar;

VI – para tratar de interesses particulares;

VII – no caso previsto no art. 205;

VIII – compulsoriamente, como medida profilática;

IX – como prêmio de assiduidade.

§ 1º. Ao funcionário ocupante exclusivamente de cargo em comissão serão concedidas as licenças previstas neste artigo, salvo as referidas nos incisos IV, VI e VII.

§ 2º. As licenças previstas nos incisos I a III serão concedidas ao funcionário de que trata o § 1º deste artigo mediante regras estabelecidas pelo regime geral de previdência social.

- *Art. 181 com redação dada pela Lei Complementar nº 1.123, de 1º.7.2010.*
- *Sobre licença, ver inciso XIX do art. 7º da Constituição Federal de 5.10.1988.*

Art. 182. As licenças dependentes de inspeção médica serão concedidas pelo prazo indicado pelos órgãos oficiais competentes.

- *Art. 182 com redação dada pela Lei Complementar nº 1.123, de 1º.7.2010.*

Art. 183. Finda a licença, o funcionário deverá reassumir, imediatamente, o exercício do cargo.

§ 1º. O disposto no *caput* deste artigo não se aplica às licenças previstas nos incisos V e VII do art. 181, quando em prorrogação.

§ 2º. A infração do disposto no *caput* deste artigo importará em perda total do vencimento ou remuneração correspondente ao período de ausência e, se esta exceder a 30 (trinta) dias, ficará o funcionário sujeito à pena de demissão por abandono de cargo.

- *Art. 183 com redação dada pela Lei Complementar nº 1.123, de 1º.7.2010.*

Art. 184. O funcionário licenciado nos termos dos itens I a IV do art. 181, é obrigado a reassumir o exercício, se for considerado apto em inspeção médica realizada *ex officio* ou se não subsistir a doença na pessoa de sua família.

Parágrafo único. O funcionário poderá desistir da licença, desde que em inspeção médica fique comprovada a cessação dos motivos determinantes da licença.

Art. 185. As licenças previstas nos incisos I, II e IV do art. 181 não serão concedidas em prorrogação, cabendo ao funcionário ou à autoridade competente ingressar, quando for o caso, com um novo pedido.

• *Art. 185 com redação dada pela Lei Complementar nº 1.123, de 1º.7.2010.*

Art. 186. (Revogado).

• *Art. 186 revogado pela Lei Complementar nº 1.123, de 1º.7.2010.*

Art. 187. O funcionário licenciado nos termos dos itens I e II do art. 181 não poderá dedicar-se a qualquer atividade remunerada, sob pena de ser cassada a licença e de ser demitido por abandono de cargo, caso não reassuma o seu exercício dentro do prazo de 30 (trinta) dias.

Art. 188. (Revogado).

• *Art. 188 revogado pela Lei Complementar nº 1.123, de 1º.7.2010.*

Art. 189. (Revogado).

• *Art. 189 revogado pela Lei Complementar nº 1.123, de 1º.7.2010.*

Art. 190. O funcionário que se recusar a submeter-se à inspeção médica, quando julgada necessária, será punido com pena de suspensão.

Parágrafo único. A suspensão cessará no dia em que se realizar a inspeção.

Seção II – Da Licença para Tratamento de Saúde

Art. 191. Ao funcionário que, por motivo de saúde, estiver impossibilitado para o exercício do cargo, será concedida licença, mediante inspeção em órgão médico oficial, até o máximo de 4 (quatro) anos, com vencimento ou remuneração.

§ 1º. Findo o prazo previsto neste artigo, o funcionário será submetido à inspeção médica e aposentado, desde que verificada a sua invalidez, permitindo-se o licenciamento além desse prazo, quando não se justificar a aposentadoria.

§ 2º. Será obrigatória a reversão do aposentado, desde que cessados os motivos determinantes da aposentadoria.

Art. 192. O funcionário ocupante de cargo em comissão poderá ser aposentado, nas condições do artigo anterior, desde que preencha os requisitos do art. 227.

Art. 193. A licença para tratamento de saúde dependerá de inspeção médica, realizada em órgão oficial e poderá ser concedida:

I – a pedido do funcionário; e

II – *ex officio.*

Seção III – Da Licença ao Funcionário Acidentado no Exercício de suas Atribuições ou Atacado de Doença Profissional

Art. 194. O funcionário acidentado no exercício de suas atribuições ou que tenha adquirido doença profissional terá direito à licença com vencimento ou remuneração.

Parágrafo único. Considera-se também acidente:

1 – a agressão sofrida e não provocada pelo funcionário, no exercício de suas funções;

2 – a lesão sofrida pelo funcionário, quando em trânsito, no percurso usual para o trabalho.

• *Art. 194 com redação dada pela Lei Complementar nº 1.123, de 1º.7.2010.*

Art. 195. A licença prevista no artigo anterior não poderá exceder de 4 (quatro) anos.

Parágrafo único. No caso de acidente, verificada a incapacidade total para qualquer função pública, será desde logo concedida aposentadoria ao funcionário.

Art. 196. A comprovação do acidente, indispensável para a concessão da licença, será feita em procedimento próprio, que deverá iniciar-se no prazo de 10 (dez) dias, contados da data do acidente.

§ 1º. O funcionário deverá requerer a concessão da licença de que trata o *caput* deste artigo junto ao órgão de origem.

§ 2º. Concluído o procedimento de que trata o *caput* deste artigo caberá ao órgão médico oficial a decisão.

§ 3º. O procedimento para a comprovação do acidente de que trata este artigo deverá ser cumprido pelo órgão de origem do funcionário, ainda que não venha a ser objeto de licença.

• *Art. 196 com redação dada pela Lei Complementar nº 1.123, de 1º.7.2010.*

Art. 197. Para a conceituação do acidente e da doença profissional, serão adotados os critérios da legislação federal de acidentes do trabalho.

Seção IV – Da Licença à Funcionária Gestante

Art. 198. À funcionária gestante será concedida, mediante inspeção médica, licença de 180 (cento e oitenta) dias com vencimento ou remuneração, observado o seguinte:

I – salvo prescrição médica em contrário, a licença poderá ser concedida a partir do oitavo mês de gestação;

II – ocorrido o parto, sem que tenha sido requerida a licença, será esta concedida mediante a apresentação da certidão de nascimento e vigorará a partir da data do evento, podendo retroagir até 15 (quinze) dias;

III – durante a licença, cometerá falta grave a servidora que exercer qualquer atividade remunerada ou mantiver a criança em creche ou organização similar;

Parágrafo único. No caso de natimorto, será concedida a licença para tratamento de saúde, a critério médico, na forma prevista no art. 193.

• *Art. 198 com redação dada pela Lei Complementar nº 1.054, de 7.7.2008.*

• *Sobre servidora gestante, ver art. 137 da Constituição Estadual de 5.10.1989.*

Seção V – Da Licença por Motivo de Doença em Pessoa da Família

Art. 199. O funcionário poderá obter licença, por motivo de doença do cônjuge e de parentes até segundo grau.

§ 1º. Provar-se-á a doença em inspeção médica na forma prevista no art. 193.

§ 2º. A licença de que trata este artigo será concedida com vencimentos ou remuneração até 1 (um) mês e com os seguintes descontos:

1 – de 1/3 (um terço), quando exceder a 1 (um) mês até 3 (três);

2 – 2/3 (dois terços), quando exceder a 3 (três) até 6 (seis);

3 – sem vencimento ou remuneração do sétimo ao vigésimo mês.

§ 3º. Para os efeitos do § 2º deste artigo, serão somadas as licenças concedidas durante o período de 20 (vinte) meses, contado da primeira concessão.

• *Art. 199 com redação dada pela Lei Complementar nº 1.123, de 1º.7.2010.*

Seção VI
Da Licença para Atender a Obrigações Concernentes ao Serviço Militar

Art. 200. Ao funcionário que for convocado para o serviço militar e outros encargos da segurança nacional, será concedida licença sem vencimento ou remuneração.

§ 1º. A licença será concedida mediante comunicação do funcionário ao chefe da repartição ou do serviço, acompanhada de documentação oficial que prove a incorporação.

§ 2º. O funcionário desincorporado reassumirá imediatamente o exercício, sob pena de demissão por abandono de cargo, se a ausência exceder a 30 (trinta) dias.

§ 3º. Quando a desincorporação se verificar em lugar diverso do da sede, os prazos para apresentação serão os previstos no art. 60.

Art. 201. Ao funcionário que houver feito curso para ser admitido como oficial da reserva das Forças Armadas, será também concedida licença sem vencimento ou remuneração, durante os estágios prescritos pelos regulamentos militares.

Seção VII – Da Licença para Tratar de Interesses Particulares

Art. 202. Depois de 5 (cinco) anos de exercício, o funcionário poderá obter licença, sem vencimento ou remuneração, para tratar de interesses particulares, pelo prazo máximo de 2 (dois) anos.

§ 1º. Poderá ser negada a licença quando o afastamento do funcionário for inconveniente ao interesse do serviço.

§ 2º. O funcionário deverá aguardar em exercício a concessão da licença.

§ 3º. A licença poderá ser gozada parceladamente, a juízo da Administração, desde que dentro do período de 3 (três) anos.

§ 4º. O funcionário poderá desistir da licença, a qualquer tempo, reassumindo o exercício em seguida.

Art. 203. Não será concedida licença para tratar de interesses particulares ao funcionário nomeado, removido ou transferido, antes de assumir o exercício do cargo.

Art. 204. Só poderá ser concedida nova licença depois de decorridos 5 (cinco) anos do término da anterior.

Seção VIII – Da Licença à Funcionária Casada com Funcionário ou Militar

Art. 205. A funcionária casada com funcionário estadual ou com militar terá direito à licença, sem vencimento ou remuneração, quando o marido for mandado servir, independentemente de solicitação, em outro ponto do Estado ou do território nacional ou no estrangeiro.

Parágrafo único. A licença será concedida mediante pedido devidamente instruído e vigorará pelo tempo que durar a comissão ou a nova função do marido.

Seção IX – Da Licença Compulsória

Art. 206. O funcionário, ao qual se possa atribuir a condição de fonte de infecção de doença transmissível, poderá ser licenciado enquanto durar essa condição, a juízo de autoridade sanitária competente, e na forma prevista no regulamento.

Art. 207. Verificada a procedência da suspeita, o funcionário será licenciado para tratamento de saúde na forma prevista no art. 191, considerando-se incluídos no período da licença os dias de licenciamento compulsório.

Art. 208. Quando não positivada a moléstia, deverá o funcionário retornar ao serviço, considerando-se como de efetivo exercício para todos os efeitos legais, o período de licença compulsória.

Seção X – Da Licença-Prêmio

Art. 209. O funcionário terá direito, como prêmio de assiduidade, à licença de 90 (noventa) dias em cada período de 5 (cinco) anos de exercício ininterrupto, em que não haja sofrido qualquer penalidade administrativa.

Parágrafo único. O período da licença será considerado de efetivo exercício para todos os efeitos legais, e não acarretará desconto algum no vencimento ou remuneração.

Art. 210. Para fins da licença prevista nesta Seção, não se consideram interrupção de exercício:

I – os afastamentos enumerados no art. 78, excetuado o previsto no item X; e

II – as faltas abonadas, as justificadas e os dias de licença a que se referem os itens I e IV do art. 181 desde que o total de todas essas ausências não exceda o limite máximo de 30 (trinta) dias, no período de 5 (cinco) anos.

Art. 211. (Revogado).

• *Art. 211 revogado pela Lei Complementar nº 318, de 10.3.1983.*

Art. 212. A licença-prêmio será concedida mediante certidão de tempo de serviço, independente de requerimento do funcionário, e será publicada no Diário Oficial do Estado, nos termos da legislação em vigor.

• *Art. 212 com redação dada pela Lei Complementar nº 1.048, de 10.6.2008.*

Art. 213. O funcionário poderá requerer o gozo da licença-prêmio:

I – por inteiro ou em parcelas não inferiores a 15 (quinze) dias;

II – até o implemento das condições para a aposentadoria voluntária.

§ 1º. Caberá à autoridade competente:

1 – adotar, após manifestação do chefe imediato, sem prejuízo para o serviço, as medidas necessárias para que o funcionário possa gozar a licença-prêmio a que tenha direito;

2 – decidir, após manifestação do chefe imediato, observada a opção do funcionário e respeitado o interesse do serviço, pelo gozo da licença-prêmio por inteiro ou parceladamente.

§ 2º. A apresentação de pedido de passagem à inatividade, sem a prévia e oportuna apresentação do requerimento de gozo, implicará perda do direito à licença-prêmio.

• *Art. 213 com redação dada pela Lei Complementar nº 1.048, de 10.6.2008.*

Art. 214. O funcionário deverá aguardar em exercício a apreciação do requerimento de gozo da licença-prêmio.

Parágrafo único. O gozo da licença-prêmio dependerá de novo requerimento, caso não se inicie em até 30 (trinta) dias contados da publicação do ato que o houver autorizado.

• *Art. 212 com redação dada pela Lei Complementar nº 1.048, de 10.6.2008.*

Art. 215. (Revogado).

• *Art. 215 revogado pela Lei Complementar nº 644, de 26.12.1989.*

Art. 216. (Revogado).

• *Art. 216 revogado pela Lei Complementar nº 644, de 26.12.1989.*

Capítulo III – Da Estabilidade

Art. 217. É assegurada a estabilidade somente ao funcionário que, nomeado por concurso, contar mais de 2 (dois) anos de efetivo exercício.

• *Sobre estabilidade, ver art. 41 da Constituição Federal, de 5.10.1988.*

Art. 218. O funcionário estável só poderá ser demitido em virtude de sentença judicial ou mediante processo administrativo, assegurada ampla defesa.

Parágrafo único. A estabilidade diz respeito ao serviço público e não ao cargo, ressalvando-se à Administração o direito de aproveitar o funcionário em outro cargo de igual padrão, de acordo com as suas aptidões.

Capítulo IV – Da Disponibilidade

Art. 219. O funcionário poderá ser posto em disponibilidade remunerada:

I – no caso previsto no § 2º do art. 31; e

II – quando, tendo adquirido estabilidade, o cargo for extinto por lei.

Parágrafo único. O funcionário ficará em disponibilidade até o seu obrigatório aproveitamento em cargo equivalente.

Art. 220. O provento da disponibilidade não poderá ser superior ao vencimento ou remuneração e vantagens percebidos pelo funcionário.

Art. 221. Qualquer alteração do vencimento ou remuneração e vantagens percebidas pelo funcionário em virtude de medida geral, será extensiva ao provento do disponível, na mesma proporção.

- *STF, Súmula nº 358: "O servidor público em disponibilidade tem direito aos vencimentos integrais do cargo."*
- *STF, Súmula nº 567: "A Constituição ao assegurar, no § 3º, do art. 102, a contagem integral do tempo de serviço público federal, estadual ou municipal para os efeitos de aposentadoria e disponibilidade não proíbe à União, aos Estados e aos Municípios mandarem contar, mediante lei, para efeito diverso, tempo de serviço prestado a outra pessoa de direito público interno."*

Capítulo V – Da Aposentadoria

- *Sobre aposentadoria ver Emenda Constitucional Federal nº 20, de 15.12.1998.*
- *Ver nesta Edição Lei Complementar nº 943, de 23.6.2003.*

Art. 222. O funcionário será aposentado:

I – por invalidez;

II – compulsoriamente, aos 70 (setenta) anos; e

III – voluntariamente, após 35 (trinta e cinco) anos de serviço.

§ 1º. No caso do item III, o prazo é reduzido a 30 (trinta) anos para as mulheres.

§ 2º. Os limites de idade e de tempo de serviço para a aposentadoria poderão ser reduzidos, nos termos do parágrafo único do art. 94 da Constituição do Estado de São Paulo.

Art. 223. A aposentadoria prevista no item I do artigo anterior, só será concedida, após a comprovação da invalidez do funcionário, mediante inspeção de saúde realizada em órgão médico oficial.

Art. 224. A aposentadoria compulsória prevista no item II do art. 222 é automática.

Parágrafo único. O funcionário se afastará no dia imediato àquele em que atingir a idade-limite, independentemente da publicação do ato declaratório da aposentadoria.

Art. 225. O funcionário em disponibilidade poderá ser aposentado nos termos do art. 222.

Art. 226. O provento da aposentadoria será:

I – igual ao vencimento ou remuneração e demais vantagens pecuniárias incorporadas para esse efeito:

1. quando o funcionário, do sexo masculino, contar 35 (trinta e cinco) anos de serviço e do feminino, 30 (trinta) anos; e

2. quando ocorrer a invalidez.

II – proporcional ao tempo de serviço, nos demais casos.

Art. 227. As disposições dos itens I e II do art. 222 aplicam-se ao funcionário ocupante de cargo em comissão, que contar mais de 15 (quinze) anos de exercício ininterrupto nesse cargo, seja ou não ocupante de cargo de provimento efetivo.

Art. 228. A aposentadoria prevista no item III do art. 222 produzirá efeito a partir da publicação do ato no *Diário Oficial*.

Art. 229. O pagamento dos proventos a que tiver direito o aposentado deverá iniciar-se no mês seguinte ao em que cessar a percepção do vencimento ou remuneração.

Art. 230. O provento do aposentado só poderá sofrer descontos autorizados em lei.

Art. 231. O provento da aposentadoria não poderá ser superior ao vencimento ou remuneração e demais vantagens percebidas pelo funcionário.

Art. 232. Qualquer alteração do vencimento ou remuneração e vantagens percebidas pelo funcionário em virtude de medida geral será extensiva ao provento do aposentado, na mesma proporção.

- *STF, Súmula nº 6: "A revogação ou anulação, pelo Poder Executivo, de aposentadoria, ou qualquer outro ato aprovado pelo Tribunal de Contas, não produz efeitos antes de aprovada por aquele Tribunal, ressalvada a competência revisora do Judiciário."*
- *STF, Súmula nº 10: "O tempo de serviço militar conta-se para efeito de disponibilidade e aposentadoria do servidor público estadual."*
- *STF, Súmula nº 36: "Servidor vitalício está sujeito à aposentadoria compulsória em razão da idade."*
- *STF, Súmula nº 567: "A Constituição ao assegurar, no § 3º, do art. 102, a contagem integral do tempo de serviço público federal, estadual ou municipal para os efeitos de aposentadoria e disponibilidade não proíbe à União, aos Estados e aos Municípios mandarem contar, mediante lei, para efeito diverso, tempo de serviço prestado a outra pessoa de direito público interno."*
- *Sobre aposentadoria, ver art. 40 da Constituição Federal, de 5.10.1988, e arts. 126 e 132 da Constituição Estadual, de 5.10.1989.*

Capítulo VI – Da Assistência ao Funcionário

Art. 233. Nos trabalhos insalubres executados pelos funcionários, o Estado é obrigado a fornecer-lhes gratuitamente equipamentos de proteção à saúde.

Parágrafo único. Os equipamentos aprovados por órgão competente serão de uso obrigatório dos funcionários, sob pena de suspensão.

Art. 234. Ao funcionário é assegurado o direito de remoção para igual cargo no local de residência do cônjuge, se este também for funcionário e houver vaga.

Art. 235. Havendo vaga na sede do exercício de ambos os cônjuges, a remoção poderá ser feita para o local indicado por qualquer deles, desde que não prejudique o serviço.

Art. 236. Somente será concedida nova remoção por união de cônjuges ao funcionário que for removido a pedido para outro local, após transcorridos 5 (cinco) anos.

Art. 237. Considera-se local, para os fins dos arts. 234 a 236, o município onde o cônjuge tem sua residência.

Art. 238. O ato que remover ou transferir o funcionário estudante de uma para outra cidade ficará suspenso se, na nova sede, não existir estabelecimento congênere, oficial, reconhecido ou equiparado àquele em que o interessado esteja matriculado.

§ 1º. Efetivar-se-á a transferência, se o funcionário concluir o curso, deixar de cursá-lo ou for reprovado durante 2 (dois) anos.

§ 2º. Anualmente, o interessado deverá fazer prova, perante a repartição a que esteja subordinado, de que está frequentando regularmente o curso em que estiver matriculado.

Capítulo VII – Do Direito de Petição

Art. 239. É assegurado a qualquer pessoa, física ou jurídica, independentemente de pagamento, o direito de petição contra ilegalidade ou abuso de poder e para defesa de direitos.

§ 1º. Qualquer pessoa poderá reclamar sobre abuso, erro, omissão ou conduta incompatível no serviço público.

§ 2º. Em nenhuma hipótese, a Administração poderá recusar-se a protocolar, encaminhar ou apreciar a petição, sob pena de responsabilidade do agente.

- *Art. 239 com redação dada pela Lei Complementar nº 942, de 6.6.2003.*

Art. 240. Ao servidor é assegurado o direito de requerer ou representar, bem como, nos termos desta Lei Complementar, pedir reconsideração e recorrer de decisões, no prazo de 30 (trinta) dias, salvo previsão legal específica.

- *Art. 240 com redação dada pela Lei Complementar nº 942, de 6.6.2003.*

TÍTULO VI
DOS DEVERES, DAS PROIBIÇÕES E DAS RESPONSABILIDADES

Capítulo I – Dos Deveres e das Proibições

Seção I – Dos Deveres

Art. 241. São deveres do funcionário:

I – ser assíduo e pontual;

II – cumprir as ordens superiores, representando quando forem manifestamente ilegais;

- *Vide Decreto nº 40.260, de 9.8.1995.*

III – desempenhar com zelo e presteza os trabalhos de que for incumbido;

IV – guardar sigilo sobre os assuntos da repartição e, especialmente, sobre despachos, decisões ou providências;

V – representar aos superiores sobre todas as irregularidades de que tiver conhecimento no exercício de suas funções;

VI – tratar com urbanidade as pessoas;

- *Inciso VI com redação dada pela Lei Complementar nº 1.096, de 24.9.2009.*

VI – tratar com urbanidade os companheiros de serviço e as partes;

VII – residir no local onde exerce o cargo ou, onde autorizado;

VIII – providenciar para que esteja sempre em ordem, no assentamento individual, a sua declaração de família;

IX – zelar pela economia do material do Estado e pela conservação do que for confiado à sua guarda ou utilização;

X – apresentar-se convenientemente trajado em serviço ou com uniforme determinado, quando for o caso;

XI – atender prontamente, com preferência sobre qualquer outro serviço, às requisições de papéis, documentos, informações ou providências que lhe forem feitas pelas autoridades judiciárias ou administrativas, para defesa do Estado, em Juízo;

XII – cooperar e manter espírito de solidariedade com os companheiros de trabalho;

XIII – estar em dia com as leis, regulamentos, regimentos, instruções e ordens de serviço que digam respeito às suas funções; e

XIV – proceder na vida pública e privada na forma que dignifique a função pública.

Seção II – Das Proibições

Art. 242. Ao funcionário é proibido:

I – (revogado);

• *Inciso I revogado pela Lei Complementar nº 1.096, de 24.9.2009.*

II – retirar, sem prévia permissão da autoridade competente, qualquer documento ou objeto existente na repartição;

III – entreter-se, durante as horas de trabalho, em palestras, leituras ou outras atividades estranhas ao serviço;

IV – deixar de comparecer ao serviço sem causa justificada;

V – tratar de interesses particulares na repartição;

VI – promover manifestações de apreço ou desapreço dentro da repartição, ou tornar-se solidário com elas;

VII – exercer comércio entre os companheiros de serviço, promover ou subscrever listas de donativos dentro da repartição; e

VIII – empregar material do serviço público em serviço particular.

Art. 243. É proibido ainda, ao funcionário:

I – fazer contratos de natureza comercial e industrial com o Governo, por si, ou como representante de outrem;

II – participar da gerência ou administração de empresas bancárias ou industriais, ou de sociedades comerciais, que mantenham relações comerciais ou administrativas com o Governo do Estado, sejam por este subvencionadas ou estejam diretamente relacionadas com a finalidade da repartição ou serviço em que esteja lotado;

III – requerer ou promover a concessão de privilégios, garantias de juros ou outros favores semelhantes, federais, estaduais ou municipais, exceto privilégio de invenção própria;

IV – exercer, mesmo fora das horas de trabalho, emprego ou função em empresas, estabelecimentos ou instituições que tenham relações com o Governo, em matéria que se relacione com a finalidade da repartição ou serviço em que esteja lotado;

V – aceitar representação de Estado estrangeiro, sem autorização do Presidente da República;

VI – comerciar ou ter parte em sociedades comerciais nas condições mencionadas no item II deste artigo, podendo, em qualquer caso, ser acionista, quotista ou comanditário;

VII – incitar greves ou a elas aderir, ou praticar atos de sabotagem contra o serviço público;

- *Sobre greve ver art. 37, VII da Constituição Federal.*

VIII – praticar a usura;

IX – constituir-se procurador de partes ou servir de intermediário perante qualquer repartição pública, exceto quando se tratar de interesse de cônjuge ou parente até segundo grau;

X – receber estipêndios de firmas fornecedoras ou de entidades fiscalizadas, no País, ou no estrangeiro, mesmo quando estiver em missão referente à compra de material ou fiscalização de qualquer natureza;

XI – valer-se de sua qualidade de funcionário para desempenhar atividade estranha às funções ou para lograr, direta ou indiretamente, qualquer proveito; e

XII – fundar sindicato de funcionários ou deles fazer parte.

- *Sobre sindicato ver art. 37, VI da Constituição Federal.*

Parágrafo único. Não está compreendida na proibição dos itens II e VI deste artigo, a participação do funcionário em sociedades em que o Estado seja acionista, bem assim na direção ou gerência de cooperativas e associações de classe, ou como seu sócio.

Art. 244. É vedado ao funcionário trabalhar sob as ordens imediatas de parentes, até segundo grau, salvo quando se tratar de função de confiança e livre escolha, não podendo exceder a 2 (dois) o número de auxiliares nessas condições.

Capítulo II – Das Responsabilidades

Art. 245. O funcionário é responsável por todos os prejuízos que, nessa qualidade, causar à Fazenda Estadual, por dolo ou culpa, devidamente apurados.

Parágrafo único. Caracteriza-se especialmente a responsabilidade:

I – pela sonegação de valores e objetos confiados à sua guarda ou responsabilidade, ou por não prestar contas, ou por não as tomar, na forma e no prazo estabelecidos nas leis, regulamentos, regimentos, instruções e ordens de serviço;

II – pelas faltas, danos, avarias e quaisquer outros prejuízos que sofrerem os bens e os materiais sob sua guarda, ou sujeitos a seu exame ou fiscalização;

III – pela falta ou inexatidão das necessárias averbações nas notas de despacho, guias e outros documentos da receita, ou que tenham com eles relação; e

IV – por qualquer erro de cálculo ou redução contra a Fazenda Estadual.

• *Ver arts. 312 ao 327 do Código Penal sobre os crimes contra a Administração Pública.*

Art. 246. O funcionário que adquirir materiais em desacordo com disposições legais e regulamentares, será responsabilizado pelo respectivo custo, sem prejuízo das penalidades disciplinares cabíveis, podendo-se proceder ao desconto no seu vencimento ou remuneração.

Art. 247. Nos casos de indenização à Fazenda Estadual, o funcionário será obrigado a repor, de uma só vez, a importância do prejuízo causado em virtude de alcance, desfalque, remissão ou omissão em efetuar recolhimento ou entrada nos prazos legais.

Art. 248. Fora dos casos incluídos no artigo anterior, a importância da indenização poderá ser descontada do vencimento ou remuneração, não excedendo o desconto à 10ª (décima) parte do valor destes.

Parágrafo único. No caso do item IV do parágrafo único do art. 245, não tendo havido má-fé, será aplicada a pena de repreensão e, na reincidência, a de suspensão.

Art. 249. Será igualmente responsabilizado o funcionário que, fora dos casos expressamente previstos nas leis, regulamentos ou regimentos, cometer a pessoas estranhas às repartições, o desempenho de encargos que lhe competirem ou aos seus subordinados.

Art. 250. A responsabilidade administrativa não exime o funcionário da responsabilidade civil ou criminal que no caso couber, nem o pagamento da indenização a que ficar obrigado, na forma dos arts. 247 e 248, o exame da pena disciplinar em que incorrer.

§ 1º. A responsabilidade administrativa é independente da civil e da criminal.

• *§ 1º acrescido pela Lei Complementar nº 942, de 6.6.2003.*

§ 2º. Será reintegrado ao serviço público, no cargo que ocupava e com todos os direitos e vantagens devidas, o servidor absolvido pela Justiça, mediante simples comprovação do trânsito em julgado de decisão que negue a existência de sua autoria ou do fato que deu origem à sua demissão.

• *§ 2º acrescido pela Lei Complementar nº 942, de 6.6.2003.*

§ 3º. O processo administrativo só poderá ser sobrestado para aguardar decisão judicial por despacho motivado da autoridade competente para aplicar a pena.

• *§ 3º acrescido pela Lei Complementar nº 942, de 6.6.2003.*

• *Sobre responsabilidades, ver art. 131 da Constituição Estadual, de 5.10.1989.*

TÍTULO VII
DAS PENALIDADES, DA EXTINÇÃO DA PUNIBILIDADE E DAS PROVIDÊNCIAS PRELIMINARES

• *Nome do Título VII com redação dada pelo art. 1º, II da Lei Complementar nº 942, de 6.6.2003.*

Capítulo I – Das Penalidades e de sua Aplicação

Art. 251. São penas disciplinares:

I – repreensão;

II – suspensão;

III – multa;

IV – demissão;

V – demissão a bem do serviço público; e

VI – cassação de aposentadoria ou disponibilidade.

Art. 252. Na aplicação das penas disciplinares serão consideradas a natureza e a gravidade da infração e os danos que dela provierem para o serviço público.

Art. 253. A pena de repreensão será aplicada por escrito, nos casos de indisciplina ou falta de cumprimento dos deveres.

Art. 254. A pena de suspensão, que não excederá de 90 (noventa) dias, será aplicada em caso de falta grave ou de reincidência.

§ 1º. O funcionário suspenso perderá todas as vantagens e direitos decorrentes do exercício do cargo.

§ 2º. A autoridade que aplicar a pena de suspensão poderá converter essa penalidade em multa, na base de 50% (cinquenta por cento) por dia de vencimento ou remuneração, sendo o funcionário, nesse caso, obrigado a permanecer em serviço.

Art. 255. A pena de multa será aplicada na forma e nos casos expressamente previstos em lei ou regulamento.

Art. 256. Será aplicada a pena de demissão nos casos de:

I – abandono de cargo;

II – procedimento irregular, de natureza grave;

III – ineficiência no serviço;

IV – aplicação indevida de dinheiros públicos; e

V – ausência ao serviço, sem causa justificável, por mais de 45 (quarenta e cinco) dias, interpoladamente, durante 1 (um) ano.

§ 1º. Considerar-se-á abandono de cargo, o não comparecimento do funcionário por mais de 30 (trinta) dias consecutivos *ex vi* do art. 63.

§ 2º. A pena de demissão por ineficiência no serviço, só será aplicada quando verificada a impossibilidade de readaptação.

Art. 257. Será aplicada a pena de demissão a bem do serviço público ao funcionário que:

I – for convencido de incontinência pública e escandalosa e de vício de jogos proibidos;

II – praticar ato definido como crime contra a administração pública, a fé pública e a Fazenda Estadual, ou previsto nas leis relativas à segurança e à defesa nacional;

• *Inciso II com redação dada pela Lei Complementar nº 942, de 6.6.2003.*

III – revelar segredos de que tenha conhecimento em razão do cargo, desde que o faça dolosamente e com prejuízo para o Estado ou particulares;

IV – praticar insubordinação grave;

V – praticar, em serviço, ofensas físicas contra funcionários ou particulares, salvo se em legítima defesa;

VI – lesar o patrimônio ou os cofres públicos;

VII – receber ou solicitar propinas, comissões, presentes ou vantagens de qualquer espécie, diretamente ou por intermédio de outrem, ainda que fora de suas funções mas em razão delas;

VIII – pedir, por empréstimo, dinheiro ou quaisquer valores a pessoas que tratem de interesses ou o tenham na repartição, ou estejam sujeitos à sua fiscalização;

IX – exercer advocacia administrativa; e

X – apresentar com dolo declaração falsa em matéria de salário-família, sem prejuízo da responsabilidade civil e de procedimento criminal, que no caso couber;

XI – praticar ato definido como crime hediondo, tortura, tráfico ilícito de entorpecentes e drogas afins e terrorismo;

• *Inciso XI acrescido pela Lei Complementar nº 942, de 6.6.2003.*

XII – praticar ato definido como crime contra o Sistema Financeiro, ou de lavagem ou ocultação de bens, direitos ou valores;

• *Inciso XII acrescido pela Lei Complementar nº 942, de 6.6.2003.*

XIII – praticar ato definido em lei como de improbidade.

• *Inciso XIII acrescido pela Lei Complementar nº 942, de 6.6.2003.*

Art. 258. O ato que demitir o funcionário mencionará sempre a disposição legal em que se fundamenta.

• *Sobre demissão, ver art. 136 da Constituição Estadual, de 5.10.1989.*

Art. 259. Será aplicada a pena de cassação de aposentadoria ou disponibilidade, se ficar provado que o inativo:

I – praticou, quando em atividade, falta grave para a qual é cominada nesta Lei a pena de demissão ou de demissão a bem do serviço público;

II – aceitou ilegalmente cargo ou função pública;

III – aceitou representação de Estado estrangeira sem prévia autorização do Presidente da República; e

IV – praticou a usura em qualquer de suas formas.

Art. 260. Para aplicação das penalidades previstas no art. 251, são competentes:

I – o Governador;

II – os Secretários de Estado, o Procurador Geral do Estado e os Superintendentes de Autarquia;

III – os Chefes de Gabinete, até a de suspensão;

IV – os Coordenadores, até a de suspensão limitada a 60 (sessenta) dias; e

V – os Diretores de Departamento e Divisão, até a de suspensão limitada a 30 (trinta) dias.

Parágrafo único. Havendo mais de um infrator e diversidade de sanções, a competência será da autoridade responsável pela imposição da penalidade mais grave.

• *Art. 260 com redação dada pela Lei Complementar nº 942, de 6.6.2003.*

Art. 261. Extingue-se a punibilidade pela prescrição:

I – da falta sujeita à pena de repreensão, suspensão ou multa, em 2 (dois) anos;

II – da falta sujeita à pena de demissão, de demissão a bem do serviço público e de cassação da aposentadoria ou disponibilidade, em 5 (cinco) anos;

III – da falta prevista em lei como infração penal, no prazo de prescrição em abstrato da pena criminal, se for superior a 5 (cinco) anos.

§ 1º. A prescrição começa a correr:

1 – do dia em que a falta for cometida;

2 – do dia em que tenha cessado a continuação ou a permanência, nas faltas continuadas ou permanentes.

§ 2º. Interrompem a prescrição a portaria que instaura sindicância e a que instaura processo administrativo.

§ 3º. O lapso prescricional corresponde:

1 – na hipótese de desclassificação da infração, ao da pena efetivamente aplicada;

2 – na hipótese de mitigação ou atenuação, ao da pena em tese cabível.

§ 4º. A prescrição não corre:

1 – enquanto sobrestado o processo administrativo para aguardar decisão judicial, na forma do § 3º do art. 250;

2 – enquanto insubsistente o vínculo funcional que venha a ser restabelecido.

§ 5º. Extinta a punibilidade pela prescrição, a autoridade julgadora determinará o registro do fato nos assentamentos individuais do servidor.

§ 6º. A decisão que reconhecer a existência de prescrição deverá desde logo determinar, quando for o caso, as providências necessárias à apuração da responsabilidade pela sua ocorrência.

• *Art. 261 com redação dada pela Lei Complementar nº 942, de 6.6.2003.*

Art. 262. O funcionário que, sem justa causa, deixar de atender a qualquer exigência para cujo cumprimento seja marcado prazo certo, terá suspenso o pagamento de seu vencimento ou remuneração até que satisfaça essa exigência.

Parágrafo único. Aplica-se aos aposentados ou em disponibilidade o disposto neste artigo.

Art. 263. Deverão constar do assentamento individual do funcionário todas as penas que lhe forem impostas.

Capítulo II – Das Providências Preliminares

• *Nome do Capítulo II com redação dada pela Lei Complementar nº 942, de 6.6.2003.*

Art. 264. A autoridade que, por qualquer meio, tiver conhecimento de irregularidade praticada por servidor é obrigada a adotar providências visando à sua imediata apuração, sem prejuízo das medidas urgentes que o caso exigir.

• *Art. 264 com redação dada pela Lei Complementar nº 942, de 6.6.2003.*

Art. 265. A autoridade realizará apuração preliminar, de natureza simplesmente investigativa, quando a infração não estiver suficientemente caracterizada ou definida autoria.

§ 1º. A apuração preliminar deverá ser concluída no prazo de 30 (trinta) dias.

§ 2º. Não concluída no prazo a apuração, a autoridade deverá imediatamente encaminhar ao Chefe de Gabinete relatório das diligências realizadas e definir o tempo necessário para o término dos trabalhos.

§ 3º. Ao concluir a apuração preliminar, a autoridade deverá opinar fundamentadamente pelo arquivamento ou pela instauração de sindicância ou de processo administrativo.

• *Art. 265 com redação dada pela Lei Complementar nº 942, de 6.6.2003.*

Art. 266. Determinada a instauração de sindicância ou processo administrativo, ou no seu curso, havendo conveniência para a instrução ou para o serviço, poderá o Chefe de Gabinete, por despacho fundamentado, ordenar as seguintes providências:

I – afastamento preventivo do servidor, quando o recomendar a moralidade administrativa ou a apuração do fato, sem prejuízo de vencimentos ou vantagens, até 180 (cento e oitenta) dias, prorrogáveis uma única vez por igual período;

II – designação do servidor acusado para o exercício de atividades exclusivamente burocráticas até decisão final do procedimento;

III – recolhimento de carteira funcional, distintivo, armas e algemas;

IV – proibição do porte de armas;

V – comparecimento obrigatório, em periodicidade a ser estabelecida, para tomar ciência dos atos do procedimento.

§ 1º. A autoridade que determinar a instauração ou presidir sindicância ou processo administrativo poderá representar ao Chefe de Gabinete para propor a aplicação das medidas previstas neste artigo, bem como sua cessação ou alteração.

§ 2º. O Chefe de Gabinete poderá, a qualquer momento, por despacho fundamentado, fazer cessar ou alterar as medidas previstas neste artigo.

• *Art. 266 com redação dada pela Lei Complementar nº 942, de 6.6.2003.*

Art. 267. O período de afastamento preventivo computa-se como de efetivo exercício, não sendo descontado da pena de suspensão eventualmente aplicada.

• *Art. 267 com redação dada pela Lei Complementar nº 942, de 6.6.2003.*

TÍTULO VIII – DO PROCEDIMENTO DISCIPLINAR

• *Nome do Título VIII com redação dada pela Lei Complementar nº 942, de 6.6.2003.*

Capítulo I – Das Disposições Gerais

• *Nome do Capítulo I com redação dada pela Lei Complementar nº 942, de 6.6.2003.*

Art. 268. A apuração das infrações será feita mediante sindicância ou processo administrativo, assegurados o contraditório e a ampla defesa.

• *Art. 268 com redação dada pela Lei Complementar nº 942, de 6.6.2003.*

Art. 269. Será instaurada sindicância quando a falta disciplinar, por sua natureza, possa determinar as penas de repreensão, suspensão ou multa.

• *Art. 269 com redação dada pela Lei Complementar nº 942, de 6.6.2003.*

Art. 270. Será obrigatório o processo administrativo quando a falta disciplinar, por sua natureza, possa determinar as penas de demissão, de demissão a bem do serviço público e de cassação de aposentadoria ou disponibilidade.

• *Art. 270 com redação dada pela Lei Complementar nº 942, de 6.6.2003.*

Art. 271. Os procedimentos disciplinares punitivos serão realizados pela Procuradoria Geral do Estado e presididos por Procurador do Estado confirmado na carreira.

• *Art. 271 com redação dada pela Lei Complementar nº 942, de 6.6.2003.*

• *Vide Decreto nº 54.050, de 20.2.2009 – Regulamenta o art. 271 da Lei nº 10.261, de 28 de outubro de 1968, com a redação dada pela Lei Complementar nº 942, de 6 de junho de 2003, que dispõe sobre o Estatuto dos Funcionários Públicos Civis do Estado de São Paulo, e dá providências correlatas.*

Capítulo II – Da Sindicância

• *Nome do Capítulo II com redação dada pela Lei Complementar nº 942, de 6.6.2003.*

Art. 272. São competentes para determinar a instauração de sindicância as autoridades enumeradas no art. 260.

Parágrafo único. Instaurada a sindicância, o Procurador do Estado que a presidir comunicará o fato ao órgão setorial de pessoal.

• *Art. 272 com redação dada pela Lei Complementar nº 942, de 6.6.2003.*

Art. 273. Aplicam-se à sindicância as regras previstas nesta Lei Complementar para o processo administrativo, com as seguintes modificações:

I – a autoridade sindicante e cada acusado poderão arrolar até 3 (três) testemunhas;

II – a sindicância deverá estar concluída no prazo de 60 (sessenta) dias;

III – com o relatório, a sindicância será enviada à autoridade competente para a decisão.

• *Art. 273 com redação dada pela Lei Complementar nº 942, de 6.6.2003.*

Capítulo III – Do Processo Administrativo

• *Nome do Capítulo III com redação dada pela Lei Complementar nº 942, de 6.6.2003.*

Art. 274. São competentes para determinar a instauração de processo administrativo as autoridades enumeradas no art. 260, até o inciso IV, inclusive.

• *Art. 274 com redação dada pela Lei Complementar nº 942, de 6.6.2003.*

Art. 275. Não poderá ser encarregado da apuração, nem atuar como secretário, amigo íntimo ou inimigo, parente consanguíneo ou afim, em linha reta ou colateral, até o terceiro grau inclusive, cônjuge, companheiro ou qualquer integrante do núcleo familiar do denunciante ou do acusado, bem assim o subordinado deste.

• *Art. 275 com redação dada pela Lei Complementar nº 942, de 6.6.2003.*

Art. 276. A autoridade ou o funcionário designado deverão comunicar, desde logo, à autoridade competente, o impedimento que houver.

• *Art. 276 com redação dada pela Lei Complementar nº 942, de 6.6.2003.*

Art. 277. O processo administrativo deverá ser instaurado por portaria, no prazo improrrogável de 8 (oito) dias do recebimento da determinação, e concluído no de 90 (noventa) dias da citação do acusado.

§ 1º. Da portaria deverão constar o nome e a identificação do acusado, a infração que lhe é atribuída, com descrição sucinta dos fatos, a indicação das normas infringidas e a penalidade mais elevada em tese cabível.

§ 2º. Vencido o prazo, caso não concluído o processo, o Procurador do Estado que o presidir deverá imediatamente encaminhar ao seu superior hierárquico relatório indicando as providências faltantes e o tempo necessário para término dos trabalhos.

§ 3º. O superior hierárquico dará ciência dos fatos a que se refere o parágrafo anterior e das providências que houver adotado à autoridade que determinou a instauração do processo.

• *Art. 277 com redação dada pela Lei Complementar nº 942, de 6.6.2003.*

Art. 278. Autuada a portaria e demais peças preexistentes, designará o presidente dia e hora para audiência de interrogatório, determinando a citação do acusado e a notificação do denunciante, se houver.

§ 1º. O mandado de citação deverá conter:

1 – cópia da portaria;

2 – data, hora e local do interrogatório, que poderá ser acompanhado pelo advogado do acusado;

3 – data, hora e local da oitiva do denunciante, se houver, que deverá ser acompanhada pelo advogado do acusado;

4 – esclarecimento de que o acusado será defendido por advogado dativo, caso não constitua advogado próprio;

5 – informação de que o acusado poderá arrolar testemunhas e requerer provas, no prazo de 3 (três) dias após a data designada para seu interrogatório;

6 – advertência de que o processo será extinto se o acusado pedir exoneração até o interrogatório, quando se tratar exclusivamente de abandono de cargo ou função, bem como inassiduidade.

§ 2º. A citação do acusado será feita pessoalmente, no mínimo 2 (dois) dias antes do interrogatório, por intermédio do respectivo superior hierárquico, ou diretamente, onde possa ser encontrado.

§ 3º. Não sendo encontrado em seu local de trabalho ou no endereço constante de seu assentamento individual, furtando-se o acusado à citação ou ignorando-se seu paradeiro, a citação far-se-á por edital, publicado uma vez no Diário Oficial do Estado, no mínimo 10 (dez) dias antes do interrogatório.

- *Art. 278 com redação dada pela Lei Complementar nº 942, de 6.6.2003.*

Art. 279. Havendo denunciante, este deverá prestar declarações, no interregno entre a data da citação e a fixada para o interrogatório do acusado, sendo notificado para tal fim.

§ 1º. A oitiva do denunciante deverá ser acompanhada pelo advogado do acusado, próprio ou dativo.

§ 2º. O acusado não assistirá à inquirição do denunciante; antes porém de ser interrogado, poderá ter ciência das declarações que aquele houver prestado.

- *Art. 279 com redação dada pela Lei Complementar nº 942, de 6.6.2003.*

Art. 280. Não comparecendo o acusado, será, por despacho, decretada sua revelia, prosseguindo-se nos demais atos e termos do processo.

- *Art. 280 com redação dada pela Lei Complementar nº 942, de 6.6.2003.*

Art. 281. Ao acusado revel será nomeado advogado dativo.

- *Art. 281 com redação dada pela Lei Complementar nº 942, de 6.6.2003.*

Art. 282. O acusado poderá constituir advogado que o representará em todos os atos e termos do processo.

§ 1º. É faculdade do acusado tomar ciência ou assistir aos atos e termos do processo, não sendo obrigatória qualquer notificação.

§ 2º. O advogado será intimado por publicação no Diário Oficial do Estado, de que conste seu nome e número de inscrição na Ordem dos Advogados do Brasil, bem como os dados necessários à identificação do procedimento.

§ 3º. Não tendo o acusado recursos financeiros ou negando-se a constituir advogado, o presidente nomeará advogado dativo.

§ 4º. O acusado poderá, a qualquer tempo, constituir advogado para prosseguir na sua defesa.

- *Art. 282 com redação dada pela Lei Complementar nº 942, de 6.6.2003.*

Art. 283. Comparecendo ou não o acusado ao interrogatório, inicia-se o prazo de 3 (três) dias para requerer a produção de provas, ou apresentá-las.

§ 1º. O presidente e cada acusado poderão arrolar até 5 (cinco) testemunhas.

§ 2º. A prova de antecedentes do acusado será feita exclusivamente por documentos, até as alegações finais.

§ 3º. Até a data do interrogatório, será designada a audiência de instrução.

- *Art. 283 com redação dada pela Lei Complementar nº 942, de 6.6.2003.*

Art. 284. Na audiência de instrução, serão ouvidas, pela ordem, as testemunhas arroladas pelo presidente e pelo acusado.

Parágrafo único. Tratando-se de servidor público, seu comparecimento poderá ser solicitado ao respectivo superior imediato com as indicações necessárias.

• *Art. 284 com redação dada pela Lei Complementar nº 942, de 6.6.2003.*

Art. 285. A testemunha não poderá eximir-se de depor, salvo se for ascendente, descendente, cônjuge, ainda que legalmente separado, companheiro, irmão, sogro e cunhado, pai, mãe ou filho adotivo do acusado, exceto quando não for possível, por outro modo, obter-se ou integrar-se a prova do fato e de suas circunstâncias.

§ 1º. Se o parentesco das pessoas referidas for com o denunciante, ficam elas proibidas de depor, observada a exceção deste artigo.

§ 2º. Ao servidor que se recusar a depor, sem justa causa, será pela autoridade competente adotada a providência a que se refere o art. 262, mediante comunicação do presidente.

§ 3º. O servidor que tiver de depor como testemunha fora da sede de seu exercício, terá direito a transporte e diárias na forma da legislação em vigor, podendo ainda expedir-se precatória para esse efeito à autoridade do domicílio do depoente.

§ 4º. São proibidas de depor as pessoas que, em razão de função, ministério, ofício ou profissão, devam guardar segredo, salvo se, desobrigadas pela parte interessada, quiserem dar o seu testemunho.

• *Art. 285 com redação dada pela Lei Complementar nº 942, de 6.6.2003.*

Art. 286. A testemunha que morar em comarca diversa poderá ser inquirida pela autoridade do lugar de sua residência, expedindo-se, para esse fim, carta precatória, com prazo razoável, intimada a defesa.

§ 1º. Deverá constar da precatória a síntese da imputação e os esclarecimentos pretendidos, bem como a advertência sobre a necessidade da presença de advogado.

§ 2º. A expedição da precatória não suspenderá a instrução do procedimento.

§ 3º. Findo o prazo marcado, o procedimento poderá prosseguir até final decisão; a todo tempo, a precatória, uma vez devolvida, será juntada aos autos.

• *Art. 286 com redação dada pela Lei Complementar nº 942, de 6.6.2003.*

Art. 287. As testemunhas arroladas pelo acusado comparecerão à audiência designada independente de notificação.

§ 1º. Deverá ser notificada a testemunha cujo depoimento for relevante e que não comparecer espontaneamente.

§ 2º. Se a testemunha não for localizada, a defesa poderá substituí-la, se quiser, levando na mesma data designada para a audiência outra testemunha, independente de notificação.

• *Art. 287 com redação dada pela Lei Complementar nº 942, de 6.6.2003.*

Art. 288. Em qualquer fase do processo, poderá o presidente, de ofício ou a requerimento da defesa, ordenar diligências que entenda convenientes.

§ 1º. As informações necessárias à instrução do processo serão solicitadas diretamente, sem observância de vinculação hierárquica, mediante ofício, do qual cópia será juntada aos autos.

§ 2º. Sendo necessário o concurso de técnicos ou peritos oficiais, o presidente os requisitará, observados os impedimentos do art. 275.

• *Art. 288 com redação dada pela Lei Complementar nº 942, de 6.6.2003.*

Art. 289. Durante a instrução, os autos do procedimento administrativo permanecerão na repartição competente.

§ 1º. Será concedida vista dos autos ao acusado, mediante simples solicitação, sempre que não prejudicar o curso do procedimento.

§ 2º. A concessão de vista será obrigatória, no prazo para manifestação do acusado ou para apresentação de recursos, mediante publicação no Diário Oficial do Estado.

§ 3º. Não corre o prazo senão depois da publicação a que se refere o parágrafo anterior e desde que os autos estejam efetivamente disponíveis para vista.

§ 4º. Ao advogado é assegurado o direito de retirar os autos da repartição, mediante recibo, durante o prazo para manifestação de seu representado, salvo na hipótese de prazo comum, de processo sob regime de segredo de justiça ou quando existirem nos autos documentos originais de difícil restauração ou ocorrer circunstância relevante que justifique a permanência dos autos na repartição, reconhecida pela autoridade em despacho motivado.

• *Art. 289 com redação dada pela Lei Complementar nº 942, de 6.6.2003.*

Art. 290. Somente poderão ser indeferidos pelo presidente, mediante decisão fundamentada, os requerimentos de nenhum interesse para o esclarecimento do fato, bem como as provas ilícitas, impertinentes, desnecessárias ou protelatórias.

• *Art. 290 com redação dada pela Lei Complementar nº 942, de 6.6.2003.*

Art. 291. Quando, no curso do procedimento, surgirem fatos novos imputáveis ao acusado, poderá ser promovida a instauração de novo procedimento para sua apuração, ou, caso conveniente, aditada a portaria, reabrindo-se oportunidade de defesa.

• *Art. 291 com redação dada pela Lei Complementar nº 942, de 6.6.2003.*

Art. 292. Encerrada a fase probatória, dar-se-á vista dos autos à defesa, que poderá apresentar alegações finais, no prazo de 7 (sete) dias.

Parágrafo único. Não apresentadas no prazo as alegações finais, o presidente designará advogado dativo, assinando-lhe novo prazo.

• *Art. 292 com redação dada pela Lei Complementar nº 942, de 6.6.2003.*

Art. 293. O relatório deverá ser apresentado no prazo de 10 (dez) dias, contados da apresentação das alegações finais.

§ 1º. O relatório deverá descrever, em relação a cada acusado, separadamente, as irregularidades imputadas, as provas colhidas e as razões de defesa, propondo a absolvição ou punição e indicando, nesse caso, a pena que entender cabível.

§ 2º. O relatório deverá conter, também, a sugestão de quaisquer outras providências de interesse do serviço público.

• *Art. 293 com redação dada pela Lei Complementar nº 942, de 6.6.2003.*

Art. 294. Relatado, o processo será encaminhado à autoridade que determinou sua instauração.

• *Art. 294 com redação dada pela Lei Complementar nº 942, de 6.6.2003.*

Art. 295. Recebendo o processo relatado, a autoridade que houver determinado sua instauração deverá, no prazo de 20 (vinte) dias, proferir o julgamento ou determinar a realização de diligência, sempre que necessária ao esclarecimento de fatos.

• *Art. 295 com redação dada pela Lei Complementar nº 942, de 6.6.2003.*

Art. 296. Determinada a diligência, a autoridade encarregada do processo administrativo terá prazo de 15 (quinze) dias para seu cumprimento, abrindo vista à defesa para manifestar-se em 5 (cinco) dias.

• *Art. 296 com redação dada pela Lei Complementar nº 942, de 6.6.2003.*

Art. 297. Quando escaparem à sua alçada as penalidades e providências que lhe parecerem cabíveis, a autoridade que determinou a instauração do processo administrativo deverá propô-las, justificadamente, dentro do prazo para julgamento, à autoridade competente.

• *Art. 297 com redação dada pela Lei Complementar nº 942, de 6.6.2003.*

Art. 298. A autoridade que proferir decisão determinará os atos dela decorrentes e as providências necessárias a sua execução.

• *Art. 298 com redação dada pela Lei Complementar nº 942, de 6.6.2003.*

Art. 299. As decisões serão sempre publicadas no Diário Oficial do Estado, dentro do prazo de 8 (oito) dias, bem como averbadas no registro funcional do servidor.

• *Art. 299 com redação dada pela Lei Complementar nº 942, de 6.6.2003.*

Art. 300. Terão forma processual resumida, quando possível, todos os termos lavrados pelo secretário, quais sejam: autuação, juntada, conclusão, intimação, data de recebimento, bem como certidões e compromissos.

§ 1º. Toda e qualquer juntada aos autos se fará na ordem cronológica da apresentação, rubricando o presidente as folhas acrescidas.

§ 2º. Todos os atos ou decisões, cujo original não conste do processo, nele deverão figurar por cópia.

• *Art. 300 com redação dada pela Lei Complementar nº 942, de 6.6.2003.*

Art. 301. Constará sempre dos autos da sindicância ou do processo a folha de serviço do indiciado.

• *Art. 301 com redação dada pela Lei Complementar nº 942, de 6.6.2003.*

Art. 302. Quando ao funcionário se imputar crime, praticado na esfera administrativa, a autoridade que determinou a instauração do processo administrativo providenciará para que se instaure, simultaneamente, o inquérito policial.

Parágrafo único. Quando se tratar de crime praticado fora da esfera administrativa, a autoridade policial dará ciência dele à autoridade administrativa.

• *Art. 302 com redação dada pela Lei Complementar nº 942, de 6.6.2003.*

Art. 303. As autoridades responsáveis pela condução do processo administrativo e do inquérito policial se auxiliarão para que os mesmos se concluam dentro dos prazos respectivos.

• *Art. 303 com redação dada pela Lei Complementar nº 942, de 6.6.2003.*

Art. 304. Quando o ato atribuído ao funcionário for considerado criminoso, serão remetidas à autoridade competente cópias autenticadas das peças essenciais do processo.

• *Art. 304 com redação dada pela Lei Complementar nº 942, de 6.6.2003.*

Art. 305. Não será declarada a nulidade de nenhum ato processual que não houver influído na apuração da verdade substancial ou diretamente na decisão do processo ou sindicância.

• *Art. 305 com redação dada pela Lei Complementar nº 942, de 6.6.2003.*

Art. 306. É defeso fornecer à imprensa ou a outros meios de divulgação notas sobre os atos processuais, salvo no interesse da Administração, a juízo do Secretário de Estado ou do Procurador Geral do Estado.

• *Art. 306 com redação dada pela Lei Complementar nº 942, de 6.6.2003.*

Art. 307. Decorridos 5 (cinco) anos de efetivo exercício, contados do cumprimento da sanção disciplinar, sem cometimento de nova infração, não mais poderá aquela ser considerada em prejuízo do infrator, inclusive para efeito de reincidência.

Parágrafo único. A demissão e a demissão a bem do serviço público acarretam a incompatibilidade para nova investidura em cargo, função ou emprego público, pelo prazo de 5 (cinco) e 10 (dez) anos, respectivamente.

• *Art. 307 com redação dada pela Lei Complementar nº 942, de 6.6.2003.*

Capítulo IV
Do Processo por Abandono do Cargo ou Função e por Inassiduidade

• *Nome do Capítulo IV com redação dada pela Lei Complementar nº 942, de 6.6.2003.*

Art. 308. Verificada a ocorrência de faltas ao serviço que caracterizem abandono de cargo ou função, bem como inassiduidade, o superior imediato comunicará o fato à autoridade competente para determinar a instauração de processo disciplinar, instruindo a representação com cópia da ficha funcional do servidor e atestados de frequência.

• *Art. 308 com redação dada pela Lei Complementar nº 942, de 6.6.2003.*

Art. 309. Não será instaurado processo para apurar abandono de cargo ou função, bem como inassiduidade, se o servidor tiver pedido exoneração.

• *Art. 309 com redação dada pela Lei Complementar nº 942, de 6.6.2003.*

Art. 310. Extingue-se o processo instaurado exclusivamente para apurar abandono de cargo ou função, bem como inassiduidade, se o indiciado pedir exoneração até a data designada para o interrogatório, ou por ocasião deste.

• *Art. 310 com redação dada pela Lei Complementar nº 942, de 6.6.2003.*

Art. 311. A defesa só poderá versar sobre força maior, coação ilegal ou motivo legalmente justificável.

• *Art. 311 com redação dada pela Lei Complementar nº 942, de 6.6.2003.*

Capítulo V – Dos Recursos

• *Nome do Capítulo V com redação dada pela Lei Complementar nº 942, de 6.6.2003.*

Art. 312. Caberá recurso, por uma única vez, da decisão que aplicar penalidade.

§ 1º. O prazo para recorrer é de 30 (trinta) dias, contados da publicação da decisão impugnada no Diário Oficial do Estado ou da intimação pessoal do servidor, quando for o caso.

§ 2º. Do recurso deverá constar, além do nome e qualificação do recorrente, a exposição das razões de inconformismo.

§ 3º. O recurso será apresentado à autoridade que aplicou a pena, que terá o prazo de 10 (dez) dias para, motivadamente, manter sua decisão ou reformá-la.

§ 4º. Mantida a decisão, ou reformada parcialmente, será imediatamente encaminhada a reexame pelo superior hierárquico.

§ 5º. O recurso será apreciado pela autoridade competente ainda que incorretamente denominado ou endereçado.

• *Art. 312 com redação dada pela Lei Complementar nº 942, de 6.6.2003.*

Art. 313. Caberá pedido de reconsideração, que não poderá ser renovado, de decisão tomada pelo Governador do Estado em única instância, no prazo de 30 (trinta) dias.

• *Art. 313 com redação dada pela Lei Complementar nº 942, de 6.6.2003.*

Art. 314. Os recursos de que trata esta Lei Complementar não têm efeito suspensivo; os que forem providos darão lugar às retificações necessárias, retroagindo seus efeitos à data do ato punitivo.

• *Art. 314 com redação dada pela Lei Complementar nº 942, de 6.6.2003.*

Capítulo VI – Da Revisão

• *Nome do Capítulo VI com redação dada pela Lei Complementar nº 942, de 6.6.2003.*

Art. 315. Admitir-se-á, a qualquer tempo, a revisão de punição disciplinar de que não caiba mais recurso, se surgirem fatos ou circunstâncias ainda não apreciados, ou vícios insanáveis de procedimento, que possam justificar redução ou anulação da pena aplicada.

§ 1º. A simples alegação da injustiça da decisão não constitui fundamento do pedido.

§ 2º. Não será admitida reiteração de pedido pelo mesmo fundamento.

§ 3º. Os pedidos formulados em desacordo com este artigo serão indeferidos.

§ 4º. O ônus da prova cabe ao requerente.

• *Art. 315 com redação dada pela Lei Complementar nº 942, de 6.6.2003.*

Art. 316. A pena imposta não poderá ser agravada pela revisão.

• *Art. 316 com redação dada pela Lei Complementar nº 942, de 6.6.2003.*

Art. 317. A instauração de processo revisional poderá ser requerida fundamentadamente pelo interessado ou, se falecido ou incapaz, por seu curador, cônjuge, companheiro, ascendente, descendente ou irmão, sempre por intermédio de advogado.

Parágrafo único. O pedido será instruído com as provas que o requerente possuir ou com indicação daquelas que pretenda produzir.

• *Art. 317 com redação dada pela Lei Complementar nº 942, de 6.6.2003.*

Art. 318. A autoridade que aplicou a penalidade, ou que a tiver confirmado em grau de recurso, será competente para o exame da admissibilidade do pedido de revisão, bem como, caso deferido o processamento, para a sua decisão final.

• *Art. 318 com redação dada pela Lei Complementar nº 942, de 6.6.2003.*

Art. 319. Deferido o processamento da revisão, será este realizado por Procurador de Estado que não tenha funcionado no procedimento disciplinar de que resultou a punição do requerente.

• *Art. 319 com redação dada pela Lei Complementar nº 942, de 6.6.2003.*

Art. 320. Recebido o pedido, o presidente providenciará o apensamento dos autos originais e notificará o requerente para, no prazo de 8 (oito) dias, oferecer rol de testemunhas, ou requerer outras provas que pretenda produzir.

Parágrafo único. No processamento da revisão serão observadas as normas previstas nesta Lei Complementar para o processo administrativo.

• *Art. 320 com redação dada pela Lei Complementar nº 942, de 6.6.2003.*

Art. 321. A decisão que julgar procedente a revisão poderá alterar a classificação da infração, absolver o punido, modificar a pena ou anular o processo, restabelecendo os direitos atingidos pela decisão reformada.

• *Art. 321 com redação dada pela Lei Complementar nº 942, de 6.6.2003.*

DISPOSIÇÕES FINAIS

Art. 322. O dia 28 de outubro será consagrado ao "Funcionário Público Estadual".

Art. 323. Os prazos previstos neste Estatuto serão todos contados por dias corridos.

Parágrafo único. Não se computará no prazo o dia inicial, prorrogando-se o vencimento, que incidir em sábado, domingo, feriado ou facultativo, para o primeiro dia útil seguinte.

Art. 324. As disposições deste Estatuto se aplicam aos extranumerários, exceto no que colidirem com a precariedade de sua situação no Serviço Público.

• *Ver nesta Edição Lei Complementar nº 943, de 23.6.2003.*

DISPOSIÇÕES TRANSITÓRIAS

Art. 325. Aplicam-se aos atuais funcionários interinos as disposições deste Estatuto, salvo as que colidirem com a natureza precária de sua investidura e, em especial, as relativas a acesso, promoção, afastamentos, aposentadoria voluntária e às licenças previstas nos itens VI, VII e IX do art. 181.

Art. 326. Serão obrigatoriamente exonerados os ocupantes interinos de cargos para cujo provimento for realizado concurso.

Parágrafo único. As exonerações serão efetivadas dentro de 30 (trinta) dias após a homologação do concurso.

Art. 327. (Revogado).

• *Art. 327 revogado pelo Decreto-Lei nº 60, de 15.5.1969.*

Art. 328. Dentro de 120 (cento e vinte) dias proceder-se-á ao levantamento geral das atuais funções gratificadas, para efeito de implantação de novo sistema retribuitório dos encargos por elas atendidos.

Parágrafo único. Até a implantação do sistema de que trata este artigo, continuarão em vigor as disposições legais referentes à função gratificada.

Art. 329. Ficam expressamente revogadas:

I – as disposições de leis gerais ou especiais que estabeleçam contagem de tempo em divergência com o disposto no Capítulo XV do Título II, ressalvada, todavia, a contagem, nos termos da legislação ora revogada, do tempo de serviço prestado anteriormente ao presente Estatuto;

II – a Lei nº 1.309, de 29 de novembro de 1951 e as demais disposições atinentes aos extranumerários; e

III – a Lei nº 2.576, de 14 de janeiro de 1954.

Art. 330. (Vetado).

Art. 331. Revogam-se as disposições em contrário.

Palácio dos Bandeirantes, aos 28 de outubro de 1968.

Roberto Costa de Abreu Sodré

DOE de 29.10.1968

Texto conforme divulgado no *site* da Assembleia Legislativa do Estado de São Paulo

CONSTITUIÇÃO FEDERAL

(EXCERTOS)

TÍTULO II – DOS DIREITOS E GARANTIAS FUNDAMENTAIS

Capítulo II – Dos Direitos Sociais

Art. 6º. São direitos sociais a educação, a saúde, a alimentação, o trabalho, a moradia, o lazer, a segurança, a previdência social, a proteção à maternidade e à infância, a assistência aos desamparados, na forma desta Constituição.

- *Art. 6º com redação dada pela Emenda Constitucional nº 64, de 4.2.2010.*

Art. 7º. São direitos dos trabalhadores urbanos e rurais, além de outros que visem à melhoria de sua condição social:

I – relação de emprego protegida contra despedida arbitrária ou sem justa causa, nos termos de lei complementar, que preverá indenização compensatória, dentre outros direitos;

II – seguro-desemprego, em caso de desemprego involuntário;

- *V. Leis nº 7.998, de 11.1.1990; nº 8.019, de 11.4.1990; nº 8.900, de 30.6.1994; nº 10.208, de 23.3.2001 e Decreto nº 3.361, de 10.2.2000.*

III – Fundo de Garantia do Tempo de Serviço;

- *V. Leis nº 8.036, de 11.5.1990; nº 8.178, de 1º.3.1991 e nº 8.844, de 20.1.1994 e Decreto nº 99.684, de 8.11.1990. — Decreto nº 3.361, de 10.2.2000, regulamenta o FGTS para domésticos.*

IV – salário mínimo, fixado em lei, nacionalmente unificado, capaz de atender a suas necessidades vitais básicas e às de sua família, com moradia, alimentação, educação, saúde, lazer, vestuário, higiene, transporte e previdência social, com reajustes periódicos que lhe preservem o poder aquisitivo, sendo vedada sua vinculação para qualquer fim;

- *V. Lei nº 6.205, de 29.4.1975, sobre a descaracterização do salário mínimo como fator de correção monetária.*

V – piso salarial proporcional à extensão e à complexidade do trabalho;

VI – irredutibilidade do salário, salvo o disposto em convenção ou acordo coletivo;

VII – garantia de salário, nunca inferior ao mínimo, para os que percebem remuneração variável;

VIII – décimo-terceiro salário com base na remuneração integral ou no valor da aposentadoria;

- *V. Leis nº 4.090, de 13.7.1962 e nº 4.749, de 12.8.1965; e Decretos nº 57.155, de 3.11.1965 e nº 63.912, de 26.12.1968.*

IX – remuneração do trabalho noturno superior à do diurno;

- *V. CLT, art. 73, §§ 1º a 5º.*

X – proteção do salário na forma da lei, constituindo crime sua retenção dolosa;

XI – participação nos lucros, ou resultados, desvinculada da remuneração, e, excepcionalmente, participação na gestão da empresa, conforme definido em lei;

- *V. Lei nº 10.101, de 19.12.2000, regulamentação na participação dos lucros.*

XII – salário-família pago em razão do dependente do trabalhador de baixa renda nos termos da lei;

- *Inciso XII com redação dada pela Emenda Constitucional nº 20, de 15.12.1998.*
- *V. Leis nº 4.266, de 3.10.1963; nº 5.559, de 11.12.1968 e Decreto nº 53.153, de 10.12.1963.*

XIII – duração do trabalho normal não superior a oito horas diárias e quarenta e quatro semanais, facultada a compensação de horários e a redução da jornada, mediante acordo ou convenção coletiva de trabalho;

- *V. CLT, arts. 57 e segs. e 224 e segs., sobre duração do trabalho; e arts. 58 e segs. sobre jornada de trabalho.*

XIV – jornada de seis horas para o trabalho realizado em turnos ininterruptos de revezamento, salvo negociação coletiva;

XV – repouso semanal remunerado, preferencialmente aos domingos;

- *V. CLT, art. 62, "a", "b" e "c"; Lei nº 605, de 5.1.1949 e Decreto nº 27.048, de 12.8.1949.*

XVI – remuneração do serviço extraordinário superior, no mínimo, em cinquenta por cento à do normal;

XVII – gozo de férias anuais remuneradas com, pelo menos, um terço a mais do que o salário normal;

- *V. CLT, arts. 129 e segs.*

XVIII – licença à gestante, sem prejuízo do emprego e do salário, com a duração de cento e vinte dias;

- *V. art. 10, II, "b", do ADCT.*
- *V. Lei nº 8.213, de 24.7.1991 (arts. 71 a 73); Lei nº 8.861, de 25.3.1994 e Decreto nº 3.048, de 6.5.1999 (arts. 93 a 103), sobre salário-maternidade.*

XIX – licença-paternidade, nos termos fixados em lei;

XX – proteção do mercado de trabalho da mulher, mediante incentivos específicos, nos termos da lei;

- *V. CLT, arts. 372 e segs.*

XXI – aviso prévio proporcional ao tempo de serviço, sendo no mínimo de trinta dias, nos termos da lei;

- *V. CLT, arts. 487 e segs.*

XXII – redução dos riscos inerentes ao trabalho, por meio de normas de saúde, higiene e segurança;

- *V. CLT, arts. 154 e segs., sobre segurança e medicina do trabalho.*

XXIII – adicional de remuneração para as atividades penosas, insalubres ou perigosas, na forma da lei;

- *V. CLT, arts. 189 e segs.*

XXIV – aposentadoria;

- *V. Lei nº 8.213, de 24.7.1991 (arts. 42 e segs.) e Decreto nº 3.048, de 6.5.1999 (arts. 43 a 70) — V. Lei nº 9.477, de 24.7.1997, sobre Fundo de Aposentadoria Programada Individual e Plano de Incentivo à Aposentadoria Programada Individual.*

XXV – assistência gratuita aos filhos e dependentes desde o nascimento até 5 (cinco) anos de idade em creches e pré-escolas;

- *Inciso XXV com redação dada pela Emenda Constitucional nº 53, de 19.12.2006.*

XXVI – reconhecimento das convenções e acordos coletivos de trabalho;

- *V. CLT, arts. 611 e segs.*
- *V. Lei nº 9.601, de 21.1.1998 e Decreto nº 2.490, de 4.2.1998.*

XXVII – proteção em face da automação, na forma da lei;

XXVIII – seguro contra acidentes de trabalho, a cargo do empregador, sem excluir a indenização a que este está obrigado, quando incorrer em dolo ou culpa;

- *V. Leis nº 6.338, de 7.6.1976; nº 8.212, de 24.7.1991; nº 8.213, de 24.7.1991; e Decreto nº 3.048, de 6.5.1999.*

XXIX – ação, quanto aos créditos resultantes das relações de trabalho, com prazo prescricional de cinco anos para os trabalhadores urbanos e rurais, até o limite de dois anos após a extinção do contrato de trabalho;

a) (revogada);

b) (revogada);

- *Inciso XXIX com redação dada pela Emenda Constitucional nº 28, de 25.5.2000.*

XXX – proibição de diferença de salários, de exercício de funções e de critério de admissão por motivo de sexo, idade, cor ou estado civil;

XXXI – proibição de qualquer discriminação no tocante a salário e critérios de admissão do trabalhador portador de deficiência;

XXXII – proibição de distinção entre trabalho manual, técnico e intelectual ou entre os profissionais respectivos;

XXXIII – proibição de trabalho noturno, perigoso ou insalubre a menores de dezoito e de qualquer trabalho a menores de dezesseis anos, salvo na condição de aprendiz, a partir de quatorze anos;

- *Inciso XXXIII com redação dada pela Emenda Constitucional nº 20, de 15.12.1998.*
- *V. CLT, arts. 402 e segs.*

XXXIV – igualdade de direitos entre o trabalhador com vínculo empregatício permanente e o trabalhador avulso.

Parágrafo único. São assegurados à categoria dos trabalhadores domésticos os direitos previstos nos incisos IV, VI, VIII, XV, XVII, XVIII, XIX, XXI e XXIV, bem como a sua integração à Previdência Social.

- *V. Leis nº 5.859, de 11.12.1972; nº 7.195, de 12.6.1984; Decretos nº 71.885, de 9.3.1973 e nº 3.048, de 6.5.1999.*

Art. 8º. É livre a associação profissional ou sindical, observado o seguinte:

- *V. CLT, arts. 511 e segs.*

I – a lei não poderá exigir autorização do Estado para a fundação de sindicato, ressalvado o registro no órgão competente, vedadas ao Poder Público a interferência e a intervenção na organização sindical;

II – é vedada a criação de mais de uma organização sindical, em qualquer grau, representativa de categoria profissional ou econômica, na mesma base territorial, que será definida pelos trabalhadores ou empregadores interessados, não podendo ser inferior à área de um município;

III – ao sindicato cabe a defesa dos direitos e interesses coletivos ou individuais da categoria, inclusive em questões judiciais ou administrativas;

IV – a assembleia-geral fixará a contribuição que, em se tratando de categoria profissional, será descontada em folha, para custeio do sistema confederativo da representação sindical respectiva, independentemente da contribuição prevista em lei;

V – ninguém será obrigado a filiar-se ou a manter-se filiado a sindicato;

- *V. Código Penal, art. 199, sobre atentado contra a liberdade de associação.*
- *V. Precedente Normativo TST nº 119 (DJU de 20.8.1998), sobre contribuições sindicais.*

VI – é obrigatória a participação dos sindicatos nas negociações coletivas de trabalho;

VII – o aposentado filiado tem direito a votar e ser votado nas organizações sindicais;

VIII – é vedada a dispensa do empregado sindicalizado, a partir do registro da candidatura a cargo de direção ou representação sindical e, se eleito, ainda que suplente, até 1 (um) ano após o final do mandato, salvo se cometer falta grave nos termos da lei.

Parágrafo único. As disposições deste artigo aplicam-se à organização de sindicatos rurais e de colônias de pescadores, atendidas as condições que a lei estabelecer.

Art. 9º. É assegurado o direito de greve, competindo aos trabalhadores decidir sobre a oportunidade de exercê-lo e sobre os interesses que devam por meio dele defender.

• *V. arts. 37, VII, e 142, § 3º, IV, da CF — Lei nº 7.783, de 28.6.1989.*

§ 1º. A lei definirá os serviços ou atividades essenciais e disporá sobre o atendimento das necessidades inadiáveis da comunidade.

§ 2º. Os abusos cometidos sujeitam os responsáveis às penas da lei.

Art. 10. É assegurada a participação dos trabalhadores e empregadores nos colegiados dos órgãos públicos em que seus interesses profissionais ou previdenciários sejam objeto de discussão e deliberação.

....

TÍTULO III – DA ORGANIZAÇÃO DO ESTADO

....

Capítulo VII – Da Administração Pública

Seção I – Disposições Gerais

Art. 37. A administração pública direta e indireta de qualquer dos Poderes da União, dos Estados, do Distrito Federal e dos Municípios obedecerá aos princípios de legalidade, impessoalidade, moralidade, publicidade e eficiência e, também, ao seguinte:

• *Caput com redação dada pela Emenda Constitucional nº 19, de 4.6.1998.*

I – os cargos, empregos e funções públicas são acessíveis aos brasileiros que preencham os requisitos estabelecidos em lei, assim como aos estrangeiros, na forma de lei;

• *Inciso I com redação dada pela Emenda Constitucional nº 19, de 4.6.1998.*

II – a investidura em cargo ou emprego público depende de aprovação prévia em concurso público de provas ou de provas e títulos, de acordo com a natureza e a complexidade do cargo ou emprego, na forma prevista em lei, ressalvadas as nomeações para cargo em comissão declarado em lei de livre nomeação e exoneração;

• *Inciso II com redação dada pela Emenda Constitucional nº 19, de 4.6.1998.*

III – o prazo de validade do concurso público será de até 2 (dois) anos, prorrogável uma vez, por igual período;

IV – durante o prazo improrrogável previsto no edital de convocação, aquele aprovado em concurso público de provas ou de provas e títulos será convocado com prioridade sobre novos concursados para assumir cargo ou emprego, na carreira;

V – as funções de confiança, exercidas exclusivamente por servidores ocupantes de cargo efetivo, e os cargos em comissão, a serem preenchidos por servidores de carreira nos casos, condições e percentuais mínimos previstos em lei, destinam-se apenas às atribuições de direção, chefia e assessoramento;

• *Inciso V com redação dada pela Emenda Constitucional nº 19, de 4.6.1998.*

VI – é garantido ao servidor público civil o direito à livre associação sindical;

VII – o direito de greve será exercido nos termos e nos limites definidos em lei específica;

- *Inciso VII com redação dada pela Emenda Constitucional nº 19, de 4.6.1998.*

VIII – a lei reservará percentual dos cargos e empregos públicos para as pessoas portadoras de deficiência e definirá os critérios de sua admissão;

IX – a lei estabelecerá os casos de contratação por tempo determinado para atender a necessidade temporária de excepcional interesse público;

X – a remuneração dos servidores públicos e o subsídio de que trata o § 4º do art. 39 somente poderão ser fixados ou alterados por lei específica, observada a iniciativa privativa em cada caso, assegurada revisão geral anual, sempre na mesma data e sem distinção de índices;

- *Inciso X com redação dada pela Emenda Constitucional nº 19, de 4.6.1998.*

XI – a remuneração e o subsídio dos ocupantes de cargos, funções e empregados públicos da administração direta, autárquica e fundacional, dos membros de qualquer dos Poderes da União, dos Estados do Distrito Federal e dos Municípios, dos detentores de mandato eletivo e dos demais agentes políticos e os proventos, pensões ou outra espécie remuneratória, percebidos cumulativamente ou não, incluídas as vantagens pessoais ou de qualquer outra natureza, não poderão exceder o subsídio mensal, em espécie, dos Ministros do Supremo Tribunal Federal;

- *Inciso XI com redação dada pela Emenda Constitucional nº 19, de 4.6.1998.*

XII – os vencimentos dos cargos do Poder Legislativo e do Poder Judiciário não poderão ser superiores aos pagos pelo Poder Executivo;

XIII – é vedada a vinculação ou equiparação de quaisquer espécies remuneratórias para o efeito de remuneração de pessoal do serviço público;

- *Inciso XIII com redação dada pela Emenda Constitucional nº 19, de 4.6.1998.*

XIV – os acréscimos pecuniários percebidos por servidor público não serão computados nem acumulados para fins de concessão de acréscimos ulteriores;

- *Inciso XIV com redação dada pela Emenda Constitucional nº 19, de 4.6.1998.*

XV – o subsídio e os vencimentos dos ocupantes de cargos e empregos públicos são irredutíveis, ressalvado o disposto nos incisos XI e XIV deste artigo e nos arts. 39, § 4º, 150, II, 153, III, e 153, § 2º, I;

- *Inciso XV com redação dada pela Emenda Constitucional nº 19, de 4.6.1998.*

XVI – é vedada a acumulação remunerada de cargos públicos, exceto, quando houver compatibilidade de horários, observado em qualquer caso o disposto no inciso XI:

a) a de 2 (dois) cargos de professor;

b) a de 1 (um) cargo de professor com outro, técnico ou científico;

- *Inciso XVI, caput, alíneas "a" e "b", com redação dada pela Emenda Constitucional nº 19, de 4.6.1998.*

c) a de dois cargos ou empregos privativos de profissionais de saúde, com profissões regulamentadas;

- *Alínea "c" com redação dada pela Emenda Constitucional nº 34, de 13.12.2001.*

XVII – a proibição de acumular estende-se a empregos e funções e abrange autarquias, fundações, empresas públicas, sociedades de economia mista, suas subsidiárias e sociedades controladas, direta ou indiretamente, pelo poder público;

- *Inciso XVII com redação dada pela Emenda Constitucional nº 19, de 4.6.1998.*

XVIII – a administração fazendária e seus servidores fiscais terão, dentro de suas áreas de competência e jurisdição, precedência sobre os demais setores administrativos, na forma da lei;

XIX – somente por lei específica poderá ser criada autarquia e autorizada a instituição de empresa pública, de sociedade de economia mista e de fundação, cabendo à Lei Complementar, neste último caso, definir as áreas de sua atuação;

• *Inciso XIX com redação dada pela Emenda Constitucional nº 19, de 4.6.1998.*

XX – depende de autorização legislativa, em cada caso, a criação de subsidiárias das entidades mencionadas no inciso anterior assim como a participação de qualquer delas em empresa privada;

XXI – ressalvados os casos especificados na legislação, as obras, serviços, compras e alienações serão contratados mediante processo de licitação pública que assegure igualdade de condições a todos os concorrentes, com cláusulas que estabeleçam obrigações de pagamento, mantidas as condições efetivas da proposta, nos termos da lei, o qual somente permitirá as exigências de qualificação técnica e econômica indispensáveis à garantia do cumprimento das obrigações.

XXII – as administrações tributárias da União, dos Estados, do Distrito Federal e dos Municípios, atividades essenciais ao funcionamento do Estado, exercidas por servidores de carreiras específicas, terão recursos prioritários para a realização de suas atividades e atuarão de forma integrada, inclusive com o compartilhamento de cadastros e de informações fiscais, na forma da lei ou convênio.

• *Inciso XXII acrescido pela Emenda Constitucional nº 42, de 19.12.2003.*

§ 1º. A publicidade dos atos, programas, obras, serviços e campanhas dos órgãos públicos deverá ter caráter educativo, informativo ou de orientação social, dela não podendo constar nomes, símbolos ou imagens que caracterizem promoção pessoal de autoridades ou servidores públicos.

§ 2º. A não observância do disposto nos incisos II e III implicará a nulidade do ato e a punição da autoridade responsável, nos termos da lei.

§ 3º. A lei disciplinará as formas de participação do usuário na administração pública direta e indireta, regulando especialmente:

I – as reclamações relativas à prestação dos serviços públicos em geral, asseguradas a manutenção de serviço de atendimento ao usuário e a avaliação periódica, externa e interna, da qualidade dos serviços;

II – o acesso dos usuários a registros administrativos e a informações sobre atos de governo, observado o disposto no art. 5º, X e XXXIII;

III – a disciplina da representação contra o exercício negligente ou abusivo de cargo, emprego ou função na administração pública.

• *§ 3º com redação dada pela Emenda Constitucional nº 19, de 4.6.1998.*

§ 4º. Os atos de improbidade administrativa importarão a suspensão dos direitos políticos, a perda da função pública, a indisponibilidade dos bens e o ressarcimento ao erário, na forma e gradação previstas em lei, sem prejuízo da ação penal cabível.

§ 5º. A lei estabelecerá os prazos de prescrição para ilícitos praticados por qualquer agente, servidor ou não, que causem prejuízos ao erário, ressalvadas as respectivas ações de ressarcimento.

§ 6º. As pessoas jurídicas de direito público e as de direito privado prestadoras de serviços públicos responderão pelos danos que seus agentes, nessa qualidade, causarem a terceiros, assegurado o direito de regresso contra o responsável nos casos de dolo ou culpa.

§ 7º. A lei disporá sobre os requisitos e as restrições ao ocupante de cargo ou emprego da administração direta e indireta que possibilite o acesso a informações privilegiadas.

• *§ 7º acrescido pela Emenda Constitucional nº 19, de 4.6.1998.*

§ 8º. A autonomia gerencial, orçamentária e financeira dos órgãos e entidades da administração direta e indireta poderá ser ampliada mediante contrato, a ser firmado entre seus administradores e o poder público, que tenha por objeto a fixação de metas de desempenho para o órgão ou entidade, cabendo à lei dispor sobre:

I – o prazo de duração do contrato;

II – os controles e critérios de avaliação de desempenho, direitos, obrigações e responsabilidade dos dirigentes;

III – a remuneração do pessoal.

- *§ 8º acrescido pela Emenda Constitucional nº 19, de 4.6.1998.*

§ 9º. O disposto no inciso XI aplica-se às empresas públicas e às sociedades de economia mista, e suas subsidiárias, que receberem recursos da União, dos Estados, do Distrito Federal ou dos Municípios para pagamento de despesas de pessoal ou de custeio em geral.

- *§ 9º acrescido pela Emenda Constitucional nº 19, de 4.6.1998.*

§ 10. É vedada a percepção simultânea de proventos de aposentadoria decorrentes do art. 40 ou dos arts. 42 e 142 com a remuneração de cargo, emprego ou função pública, ressalvados os cargos acumuláveis na forma desta Constituição, os cargos eletivos e os cargos em comissão declarados em lei de livre nomeação e exoneração.

- *§ 10 acrescido pela Emenda Constitucional nº 20, de 15.12.1998.*
- *V. art. 11 da Emenda Constitucional nº 20, de 15.12.1998.*

§ 11. Não serão computadas, para efeito dos limites remuneratórios de que trata o inciso XI do *caput* deste artigo, as parcelas de caráter indenizatório previstas em lei.

- *§ 11 acrescido pela Emenda Constitucional nº 47, de 5.7.2005.*

§ 12. Para os fins do disposto no inciso XI do *caput* deste artigo, fica facultado aos Estados e ao Distrito Federal fixar, em seu âmbito, mediante emenda às respectivas Constituições e Lei Orgânica, como limite único, o subsídio mensal dos Desembargadores do respectivo Tribunal de Justiça, limitado a noventa inteiros e vinte e cinco centésimos por cento do subsídio mensal dos Ministros do Supremo Tribunal Federal, não se aplicando o disposto neste parágrafo aos subsídios dos Deputados Estaduais e Distritais e dos Vereadores.

- *§ 12 acrescido pela Emenda Constitucional nº 47, de 5.7.2005.*

Art. 38. Ao servidor público da administração direta, autárquica e fundacional, no exercício de mandato eletivo, aplicam-se as seguintes disposições:

- *Caput com redação dada pela Emenda Constitucional nº 19, de 4.6.1998.*

I – tratando-se de mandato eletivo federal, estadual ou distrital, ficará afastado de seu cargo, emprego ou função;

II – investido no mandato de Prefeito, será afastado do cargo, emprego ou função, sendo-lhe facultado optar pela sua remuneração;

III – investido no mandato de Vereador, havendo compatibilidade de horários, perceberá as vantagens de seu cargo, emprego ou função, sem prejuízo da remuneração do cargo eletivo, e, não havendo compatibilidade, será aplicada a norma do inciso anterior;

IV – em qualquer caso que exija o afastamento para o exercício de mandato eletivo, seu tempo de serviço será contado para todos os efeitos legais, exceto para promoção por merecimento;

V – para efeito de benefício previdenciário, no caso de afastamento, os valores serão determinados como se no exercício estivesse.

Seção II – Dos Servidores Públicos

• *Título da Seção com redação dada pela Emenda Constitucional nº 18, de 5.2.1998.*

Art. 39. A União, os Estados, o Distrito Federal e os Municípios instituirão, no âmbito de sua competência, regime jurídico único e planos de carreira para os servidores da administração pública direta, das autarquias e das fundações públicas.

• *O caput do art. 39 teve redação dada pela Emenda Constitucional nº 19, de 4.6.1998 e eficácia suspensa por força da ADIn nº 2.135-4 (DJ de 7.3.2008), mantendo-se a redação original do artigo.*

§ 1º. A fixação dos padrões de vencimento e dos demais componentes do sistema remuneratório observará:

I – a natureza, o grau de responsabilidade e a complexidade dos cargos componentes de cada carreira;

II – os requisitos para a investidura;

III – as peculiaridades dos cargos.

• *§ 1º com redação dada pela Emenda Constitucional nº 19, de 4.6.1998.*

§ 2º. A União, os Estados e o Distrito Federal manterão escolas de governo para a formação e o aperfeiçoamento dos servidores públicos, constituindo-se a participação nos cursos um dos requisitos para a promoção na carreira, facultada, para isso, a celebração de convênios ou contratos entre os entes federados.

• *§ 2º com redação dada pela Emenda Constitucional nº 19, de 4.6.1998.*

§ 3º. Aplica-se aos servidores ocupantes de cargo público o disposto no art. 7º, IV, VII, VIII, IX, XII, XIII, XV, XVI, XVII, XVIII, XIX, XX, XXII, e XXX, podendo a lei estabelecer requisitos diferenciados de admissão quando a natureza do cargo o exigir.

• *§ 3º acrescido pela Emenda Constitucional nº 19, de 4.6.1998.*

§ 4º. O membro de Poder, o detentor de mandato eletivo, os Ministros de Estado e os Secretários Estaduais e Municipais serão remunerados exclusivamente por subsídio fixado em parcela única, vedado o acréscimo de qualquer gratificação, adicional, abono, prêmio, verba de representação ou outra espécie remuneratória, obedecido, em qualquer caso, o disposto no art. 37, X e XI.

• *§ 4º acrescido pela Emenda Constitucional nº 19, de 4.6.1998.*

§ 5º. Lei da União, dos Estados, do Distrito Federal e dos Municípios poderá estabelecer a relação entre a maior e a menor remuneração dos servidores públicos, obedecido, em qualquer caso, o disposto no art. 37, XI.

• *§ 5º acrescido pela Emenda Constitucional nº 19, de 4.6.1998.*

§ 6º. Os Poderes Executivo, Legislativo e Judiciário publicarão anualmente os valores do subsídio e da remuneração dos cargos e empregos públicos.

• *§ 6º acrescido pela Emenda Constitucional nº 19, de 4.6.1998.*

§ 7º. Lei da União, dos Estados, do Distrito Federal e dos Municípios disciplinará a aplicação de recursos orçamentários provenientes da economia com despesas correntes em cada órgão, autarquia e fundação, para aplicação no desenvolvimento de programas de qualidade e produtividade, treinamento e desenvolvimento, modernização, reaparelhamento e racionalização do serviço público, inclusive sob a forma de adicional ou prêmio de produtividade.

• *§ 7º acrescido pela Emenda Constitucional nº 19, de 4.6.1998.*

§ 8º. A remuneração dos servidores públicos organizados em carreira poderá ser fixada nos termos do § 4º.

• *§ 8º acrescido pela Emenda Constitucional nº 20, de 15.12.1998.*

Art. 40. Aos servidores titulares de cargos efetivos da União, dos Estados, do Distrito Federal e dos Municípios, incluídas suas autarquias e fundações, é assegurado regime de previdência de caráter contributivo e solidário, mediante contribuição do respectivo ente público, dos servidores ativos e inativos e dos pensionistas, observados critérios que preservem o equilíbrio financeiro e atuarial e o disposto neste artigo.

- *Art. 40, caput, com redação dada pela Emenda Constitucional nº 41, de 19.12.2003.*
- *V. Lei nº 10.887, de 18.6.2004, sobre aplicação da EC nº 41/2003 e Lei nº 9.783, de 28.1.1999, sobre custeio da previdência social de servidores públicos.*

§ 1º. Os servidores abrangidos pelo regime de previdência de que trata este artigo serão aposentados, calculados os seus proventos a partir dos valores fixados na forma dos §§ 3º e 17:

- *§ 1º, caput, com redação dada pela Emenda Constitucional nº 41, de 19.12.2003.*

I – por invalidez permanente, sendo os proventos proporcionais ao tempo de contribuição, exceto se decorrente de acidente em serviço, moléstia profissional ou doença grave, contagiosa ou incurável, na forma da lei;

- *Inciso I com redação dada pela Emenda Constitucional nº 41, de 19.12.2003.*

II – compulsoriamente, aos setenta anos de idade, com proventos proporcionais ao tempo de contribuição;

III – voluntariamente, desde que cumprido tempo mínimo de dez anos de efetivo exercício no serviço público e cinco anos no cargo efetivo em que se dará a aposentadoria, observadas as seguintes condições:

a) sessenta anos de idade e trinta e cinco de contribuição, se homem, e cinquenta e cinco anos de idade e trinta de contribuição, se mulher;

b) sessenta e cinco anos de idade, se homem, e sessenta anos de idade, se mulher, com proventos proporcionais ao tempo de contribuição.

- *§ 1º com redação dada pela Emenda Constitucional nº 20, de 15.12.1998.*

§ 2º. Os proventos de aposentadoria e as pensões, por ocasião de sua concessão, não poderão exceder a remuneração do respectivo servidor, no cargo efetivo em que se deu a aposentadoria ou que serviu de referência para a concessão da pensão.

- *§ 2º com redação dada pela Emenda Constitucional nº 20, de 15.12.1998.*

§ 3º. Para o cálculo dos proventos de aposentadoria, por ocasião da sua concessão, serão consideradas as remunerações utilizadas como base para as contribuições do servidor aos regimes de previdência de que tratam este artigo e o art. 201, na forma da lei.

- *§ 3º com redação dada pela Emenda Constitucional nº 41, de 19.12.2003.*

§ 4º. É vedada a adoção de requisitos e critérios diferenciados para a concessão de aposentadoria aos abrangidos pelo regime de que trata este artigo, ressalvados, nos termos definidos em leis complementares, os casos de servidores:

I – portadores de deficiência;

II – que exerçam atividades de risco;

III – cujas atividades sejam exercidas sob condições especiais que prejudiquem a saúde ou a integridade física.

- *§ 4º com redação dada pela Emenda Constitucional nº 47, de 5.7.2005.*

§ 5º. Os requisitos de idade e de tempo de contribuição serão reduzidos em cinco anos, em relação ao disposto no § 1º, III, "a", para o professor que comprove exclusivamente tempo de efetivo exercício das funções de magistério na educação infantil e no ensino fundamental e médio.

- *§ 5º com redação dada pela Emenda Constitucional nº 20, de 15.12.1998.*

§ 6º. Ressalvadas as aposentadorias decorrentes dos cargos acumuláveis na forma desta Constituição, é vedada a percepção de mais de uma aposentadoria à conta do regime de previdência previsto neste artigo.

- *§ 6º com redação dada pela Emenda Constitucional nº 20, de 15.12.1998.*

§ 7º. Lei disporá sobre a concessão do benefício de pensão por morte, que será igual:

I – ao valor da totalidade dos proventos do servidor falecido, até o limite máximo estabelecido para os benefícios do regime geral de previdência social de que trata o art. 201, acrescido de setenta por cento da parcela excedente a este limite, caso aposentado à data do óbito; ou

II – ao valor da totalidade da remuneração do servidor no cargo efetivo em que se deu o falecimento, até o limite máximo estabelecido para os benefícios do regime geral de previdência social de que trata o art. 201, acrescido de setenta por cento da parcela excedente a este limite, caso em atividade na data do óbito.

- *§ 7º acrescido pela Emenda Constitucional nº 20, de 15.12.1998 e com redação dada pela Emenda Constitucional nº 41, de 19.12.2003.*

§ 8º. É assegurado o reajustamento dos benefícios para preservar-lhes, em caráter permanente, o valor real, conforme critérios estabelecidos em lei.

- *§ 8º acrescido pela Emenda Constitucional nº 20, de 15.12.1998 e com redação dada pela Emenda Constitucional nº 41, de 19.12.2003.*

§ 9º. O tempo de contribuição federal, estadual ou municipal será contado para efeito de aposentadoria e o tempo de serviço correspondente para efeito de disponibilidade.

- *§ 9º acrescido pela Emenda Constitucional nº 20, de 15.12.1998.*

§ 10. A lei não poderá estabelecer qualquer forma de contagem de tempo de contribuição fictício.

- *§ 10 acrescido pela Emenda Constitucional nº 20, de 15.12.1998.*

§ 11. Aplica-se o limite fixado no art. 37, XI, à soma total dos proventos de inatividade, inclusive quando decorrentes da acumulação de cargos ou empregos públicos, bem como de outras atividades sujeitas a contribuição para o regime geral de previdência social, e ao montante resultante da adição de proventos de inatividade com remuneração de cargo acumulável na forma desta Constituição, cargo em comissão declarado em lei de livre nomeação e exoneração, e de cargo eletivo.

- *§ 11 acrescido pela Emenda Constitucional nº 20, de 15.12.1998.*

§ 12. Além do disposto neste artigo, o regime de previdência dos servidores públicos titulares de cargo efetivo observará, no que couber, os requisitos e critérios fixados para o regime geral de previdência social.

- *§ 12 acrescido pela Emenda Constitucional nº 20, de 15.12.1998.*

§ 13. Ao servidor ocupante, exclusivamente, de cargo em comissão declarado em lei de livre nomeação e exoneração bem como de outro cargo temporário ou de emprego público, aplica-se o regime geral de previdência social.

- *§ 13 acrescido pela Emenda Constitucional nº 20, de 15.12.1998.*

§ 14. A União, os Estados, o Distrito Federal e os Municípios, desde que instituam regime de previdência complementar para os seus respectivos servidores titulares de cargo efetivo, poderão fixar, para o valor das aposentadorias e pensões a serem concedidas pelo regime de que trata este artigo, o limite máximo estabelecido para os benefícios do regime geral de previdência social de que trata o art. 201.

- *§ 14 acrescido pela Emenda Constitucional nº 20, de 15.12.1998.*
- *V. Lei Complementar nº 108, de 29.5.2001, dispõe sobre a relação entre a União, os Estados, o Distrito Federal e os Municípios, suas autarquias, fundações, sociedades de economia mista e outras entidades públicas e suas respectivas entidades fechadas de pre-*

vidência complementar. — Lei Complementar nº 109, de 29.5.2001, regulamentada pelo Decreto nº 4.942, de 30.12.2003, dispõe sobre o regime de previdência complementar.

§ 15. O regime de previdência complementar de que trata o § 14 será instituído por lei de iniciativa do respectivo Poder Executivo, observado o disposto no art. 202 e seus parágrafos, no que couber, por intermédio de entidades fechadas de previdência complementar, de natureza pública, que oferecerão aos respectivos participantes planos de benefícios somente na modalidade de contribuição definida.

- *§ 15 acrescido pela Emenda Constitucional nº 20, de 15.12.1998 e com redação dada pela Emenda Constitucional nº 41, de 19.12.2003.*

§ 16. Somente mediante sua prévia e expressa opção, o disposto nos §§ 14 e 15 poderá ser aplicado ao servidor que tiver ingressado no serviço público até a data da publicação do ato de instituição do correspondente regime de previdência complementar.

- *§ 16 acrescido pela Emenda Constitucional nº 20, de 15.12.1998.*

§ 17. Todos os valores de remuneração considerados para o cálculo do benefício previsto no § 3º serão devidamente atualizados, na forma da lei.

- *§ 17 acrescido pela Emenda Constitucional nº 41, de 19.12.2003.*

§ 18. Incidirá contribuição sobre os proventos de aposentadorias e pensões concedidas pelo regime de que trata este artigo que superem o limite máximo estabelecido para os benefícios do regime geral de previdência social de que trata o art. 201, com percentual igual ao estabelecido para os servidores titulares de cargos efetivos.

- *§ 18 acrescido pela Emenda Constitucional nº 41, de 19.12.2003.*

§ 19. O servidor de que trata este artigo que tenha completado as exigências para aposentadoria voluntária estabelecidas no § 1º, III, "a", e que opte por permanecer em atividade fará jus a um abono de permanência equivalente ao valor da sua contribuição previdenciária até completar as exigências para aposentadoria compulsória contidas no § 1º, II.

- *§ 19 acrescido pela Emenda Constitucional nº 41, de 19.12.2003.*

§ 20. Fica vedada a existência de mais de um regime próprio de previdência social para os servidores titulares de cargos efetivos, e de mais de uma unidade gestora do respectivo regime em cada ente estatal, ressalvado o disposto no art. 142, § 3º, X.

- *§ 20 acrescido pela Emenda Constitucional nº 41, de 19.12.2003.*

§ 21. A contribuição prevista no § 18 deste artigo incidirá apenas sobre as parcelas de proventos de aposentadoria e de pensão que superem o dobro do limite máximo estabelecido para os benefícios do regime geral de previdência social de que trata o art. 201 desta Constituição, quando o beneficiário, na forma da lei, for portador de doença incapacitante.

- *§ 21 acrescido pela Emenda Constitucional nº 47, de 5.7.2005.*

Art. 41. São estáveis, após 3 (três) anos de efetivo exercício os servidores nomeados para cargo de provimento efetivo em virtude de concurso público.

- *Art. 40 com redação dada pela Emenda Constitucional nº 19, de 4.6.1998.*

§ 1º. O servidor público estável só perderá o cargo:

I – em virtude de sentença judicial transitada em julgado;

II – mediante processo administrativo em que lhe seja assegurada ampla defesa;

III – mediante procedimento de avaliação periódica de desempenho, na forma de Lei Complementar, assegurada ampla defesa.

- *§ 1º com redação dada pela Emenda Constitucional nº 19, de 4.6.1998.*

§ 2º. Invalidada por sentença judicial a demissão do servidor estável, será ele reintegrado, e o eventual ocupante da vaga, se estável, reconduzido ao cargo de origem, sem direito à indenização, aproveitado em outro cargo ou posto em disponibilidade com remuneração proporcional ao tempo de serviço.

- *§ 2º com redação dada pela Emenda Constitucional nº 19, de 4.6.1998.*

§ 3º. Extinto o cargo ou declarada sua desnecessidade, o servidor estável ficará em disponibilidade, com remuneração proporcional ao tempo de serviço, até seu adequado aproveitamento em outro cargo.

• *§ 3º com redação dada pela Emenda Constitucional nº 19, de 4.6.1998.*

§ 4º. Como condição para a aquisição da estabilidade, é obrigatória a avaliação especial de desempenho por comissão instituída para essa finalidade.

• *§ 4º acrescido pela Emenda Constitucional nº 19, de 4.6.1998.*

....

TÍTULO VIII – DA ORDEM SOCIAL

....

Capítulo II – Da Seguridade Social

....

Seção III – Da Previdência Social

....

Art. 202. O regime de previdência privada, de caráter complementar e organizado de forma autônoma em relação ao regime geral de previdência social, será facultativo, baseado na constituição de reservas que garantam o benefício contratado, e regulado por Lei Complementar.

• *Caput com redação dada pela Emenda Constitucional nº 20, de 15.12.1998.*

§ 1º. A Lei Complementar de que trata este artigo assegurará ao participante de planos de benefícios de entidades de previdência privada o pleno acesso às informações relativas à gestão de seus respectivos planos.

• *§ 1º com redação dada pela Emenda Constitucional nº 20, de 15.12.1998.*

§ 2º. As contribuições do empregador, os benefícios e as condições contratuais previstas nos estatutos, regulamentos e planos de benefícios das entidades de previdência privada não integram o contrato de trabalho dos participantes, assim como, à exceção dos benefícios concedidos, não integram a remuneração dos participantes, nos termos da lei.

• *§ 2º com redação dada pela Emenda Constitucional nº 20, de 15.12.1998.*

§ 3º. É vedado o aporte de recursos a entidade de previdência privada pela União, Estados, Distrito Federal e Municípios, suas autarquias, fundações, empresas públicas, sociedades de economia mista e outras entidades públicas, salvo na qualidade de patrocinador, situação na qual, em hipótese alguma, sua contribuição normal poderá exceder a do segurado.

• *§ 3º acrescido pela Emenda Constitucional nº 20, de 15.12.1998.*

§ 4º. Lei complementar disciplinará a relação entre a União, Estados, Distrito Federal ou Municípios, inclusive suas autarquias, fundações, sociedades de economia mista e empresas controladas direta ou indiretamente, enquanto patrocinadoras de entidades fechadas de previdência privada, e suas respectivas entidades fechadas de previdência privada.

• *§ 4º acrescido pela Emenda Constitucional nº 20, de 15.12.1998.*

§ 5º. A Lei Complementar de que trata o parágrafo anterior aplicar-se-á, no que couber, às empresas privadas permissionárias ou concessionárias de prestação de serviços públicos, quando patrocinadoras de entidades fechadas de previdência privada.

• *§ 5º acrescido pela Emenda Constitucional nº 20, de 15.12.1998.*

§ 6º. A Lei Complementar a que se refere o § 4º deste artigo estabelecerá os requisitos para a designação dos membros das diretorias das entidades fechadas de previdência privada e disciplinará a inserção dos participantes nos colegiados e instâncias de decisão em que seus interesses sejam objeto de discussão e deliberação.

• *§ 6º acrescido pela Emenda Constitucional nº 20, de 15.12.1998.*

ATO DAS DISPOSIÇÕES CONSTITUCIONAIS TRANSITÓRIAS

....

Art. 17. Os vencimentos, a remuneração, as vantagens e os adicionais, bem como os proventos de aposentadoria que estejam sendo percebidos em desacordo com a Constituição serão imediatamente reduzidos aos limites dela decorrentes, não se admitindo, neste caso, invocação de direito adquirido ou percepção de excesso a qualquer título.

§ 1º. É assegurado o exercício cumulativo de 2 (dois) cargos ou empregos privativos de médico que estejam sendo exercidos por médico militar na Administração Pública Direta ou Indireta.

§ 2º. É assegurado o exercício cumulativo de 2 (dois) cargos ou empregos privativos de profissionais de saúde que estejam sendo exercidos na Administração Pública Direta ou Indireta.

Art. 18. Ficam extintos os efeitos jurídicos de qualquer ato legislativo ou administrativo, lavrado a partir da instalação da Assembleia Nacional Constituinte, que tenha por objeto a concessão de estabilidade a servidor admitido sem concurso público, da Administração Direta ou Indireta, inclusive das fundações instituídas e mantidas pelo Poder Público.

Art. 19. Os servidores públicos civis da União, dos Estados, do Distrito Federal e dos Municípios, da Administração Direta, Autárquica e das fundações públicas, em exercício na data da promulgação da Constituição, há pelo menos 5 (cinco) anos continuados, e que não tenham sido admitidos na forma regulada no art. 37, da Constituição, são considerados estáveis no serviço público.

§ 1º. O tempo de serviço dos servidores referidos neste artigo será contado como título quando se submeterem a concurso para fins de efetivação, na forma da lei.

§ 2º. O disposto neste artigo não se aplica aos ocupantes de cargos, funções e empregos de confiança ou em comissão, nem aos que a lei declare de livre exoneração, cujo tempo de serviço não será computado para os fins do *caput* deste artigo, exceto se se tratar de servidor.

§ 3º. O disposto neste artigo não se aplica aos professores de nível superior, nos termos da lei.

Art. 20. Dentro de 180 (cento e oitenta) dias, proceder-se-á à revisão dos direitos dos servidores públicos inativos e pensionistas e à atualização dos proventos e pensões a eles devidos, a fim de ajustá-los ao disposto na Constituição.

....

Art. 24. A União, os Estados, o Distrito Federal e os Municípios editarão leis que estabeleçam critérios para a compatibilização de seus quadros de pessoal ao disposto no art. 39 da Constituição e à reforma administrativa dela decorrente, no prazo de 18 (dezoito) meses, contados da sua promulgação.

....

Constituição Estadual
(Excertos)

...

TÍTULO III – DA ORGANIZAÇÃO DO ESTADO

Capítulo I – Da Administração Pública
Seção I – Disposições Gerais

...

Art. 115. Para a organização da administração pública direta e indireta, inclusive as fundações instituídas ou mantidas por qualquer dos Poderes do Estado, é obrigatório o cumprimento das seguintes normas:

I – os cargos, empregos e funções públicas são acessíveis aos brasileiros que preenchem os requisitos estabelecidos em lei, assim como aos estrangeiros, na forma da lei;

- *Art. 115, inciso I, com redação dada pela Emenda Constitucional nº 21, de 14.2.2006.*

II – a investidura em cargo ou emprego público depende de aprovação prévia, em concurso público de provas ou de provas e títulos, ressalvadas as nomeações para cargo em comissões, declarado em lei, de livre nomeação e exoneração;

III – o prazo de validade do concurso público será de até dois anos, prorrogável uma vez, por igual período. A nomeação do candidato aprovado obedecerá à ordem de classificação;

IV – durante o prazo improrrogável previsto no edital de convocação, o aprovado em concurso público de provas ou de provas e títulos será convocado com prioridade sobre novos concursados para assumir cargo ou emprego, na carreira;

V – as funções de confiança, exercidas exclusivamente por servidores ocupantes de cargo efetivo, e os cargos em comissão, a serem preenchidos por servidores de carreira nos casos, condições e percentuais mínimos previstos em lei, destinam-se apenas às atribuições de direção, chefia e assessoramento;

- *Art. 115, inciso V, com redação dada pela Emenda Constitucional nº 21, de 14.2.2006.*

VI – é garantido ao servidor público civil o direito à livre associação sindical, obedecido o disposto no art. 8º da Constituição Federal;

VII – o servidor e empregado público gozarão de estabilidade no cargo ou emprego desde o registro de sua candidatura para o exercício de cargo de representação sindical ou no caso previsto no inciso XXIII deste artigo, até um ano após o término do mandato, se eleito, salvo se cometer falta grave definida em lei;

VIII – o direito de greve será exercido nos termos e nos limites definidos em lei específica;

- *Art. 115, inciso VIII, com redação dada pela Emenda Constitucional nº 21, de 14.2.2006.*

IX – a lei reservará percentual dos cargos e empregos públicos para os portadores de deficiências, garantindo as adaptações necessárias para a sua participação nos concursos públicos e definirá os critérios de sua admissão;

X – a lei estabelecerá os casos de contratação por tempo determinado, para atender a necessidade temporária de excepcional interesse público;

XI – a revisão geral anual da remuneração dos servidores públicos, sem distinção de índices entre servidores públicos civis e militares, far-se-á sempre na mesma data e por lei específica, observada a iniciativa privativa em cada caso;

• *Art. 115, inciso XI, com redação dada pela Emenda Constitucional nº 21, de 14.2.2006.*

XII – em conformidade com o art. 37, XI, da Constituição Federal, a remuneração e o subsídio dos ocupantes de cargos, funções e empregos públicos da administração direta, autárquica e fundacional, os proventos, pensões ou outra espécie remuneratória, percebidos cumulativamente ou não, incluídas as vantagens pessoais ou de qualquer outra natureza, não poderão exceder o subsídio mensal do Governador no âmbito do Poder Executivo, o subsídio dos Deputados Estaduais no âmbito do Poder Legislativo e o subsídio dos Desembargadores do Tribunal de Justiça, limitado a noventa inteiros e vinte e cinco centésimos por cento do subsídio mensal, em espécie, dos Ministros do Supremo Tribunal Federal, no âmbito do Poder Judiciário, aplicável este limite aos membros do Ministério Público, aos Procuradores e aos Defensores Públicos;

• *Art. 115, inciso XII, com redação dada pela Emenda Constitucional nº 21, de 14.2.2006.*

XIII – até que se atinja o limite a que se refere o inciso anterior, é vedada a redução de salários que implique a supressão das vantagens de caráter individual, adquiridas em razão de tempo de serviço, previstas no art. 129 desta Constituição. Atingido o referido limite, a redução se aplicará independentemente da natureza das vantagens auferidas pelo servidor;

XIV – os vencimentos dos cargos do Poder Legislativo e do Poder Judiciário não poderão ser superiores aos pagos pelo Poder Executivo;

XV – é vedada a vinculação ou equiparação de quaisquer espécies remuneratórias para o efeito de remuneração de pessoal do serviço público, observado o disposto na Constituição Federal;

• *Art. 115, inciso XV, com redação dada pela Emenda Constitucional nº 21, de 14.2.2006.*

XVI – os acréscimos pecuniários percebidos por servidor público não serão computados nem acumulados para fins de concessão de acréscimos ulteriores sob o mesmo título ou idêntico fundamento;

XVII – o subsídio e os vencimentos dos ocupantes de cargos e empregos públicos são irredutíveis, observado o disposto na Constituição Federal;

• *Art. 115, inciso XVII, com redação dada pela Emenda Constitucional nº 21, de 14.2.2006.*

XVIII – é vedada a acumulação remunerada de cargos públicos, exceto quando houver compatibilidade de horários:

a) de dois cargos de professor;

b) de um cargo de professor com outro técnico ou científico;

c) a de dois cargos ou empregos privativos de profissionais de saúde, com profissões regulamentadas;

• *Art. 115, inciso XVIII, alínea "c", com redação dada pela Emenda Constitucional nº 21, de 14.2.2006.*

XIX – a proibição de acumular estende-se a empregos e funções e abrange autarquias, fundações, empresas públicas, sociedades de economia mista, suas subsidiárias, e sociedades controladas, direta ou indiretamente, pelo Poder Público;

• *Art. 115, inciso XIX, com redação dada pela Emenda Constitucional nº 21, de 14.2.2006.*

XX – a administração fazendária e seus agentes fiscais de rendas, aos quais compete exercer, privativamente, a fiscalização de tributos estaduais, terão, dentro de suas áreas de competência e jurisdição, precedência sobre os demais setores administrativos, na forma da lei;

XX-A – a administração tributária, atividade essencial ao funcionamento do Estado, exercida por servidores de carreiras específicas, terá recursos prioritários para a realização de suas atividades e atuará de forma integrada com as administrações tributárias da União, de outros Estados, do Distrito Federal e dos Municípios, inclusive com o compartilhamento de cadastros e de informações fiscais, na forma da lei ou convênio;

• *Art. 115, inciso XX-A, acrescido pela Emenda Constitucional nº 21, de 14.2.2006.*

XXI – a criação, transformação, fusão, cisão, incorporação, privatização ou extinção das sociedades de economia mista, autarquias, fundações e empresas públicas depende de prévia aprovação da Assembleia Legislativa;

XXII – depende de autorização legislativa, em cada caso, a criação de subsidiárias das entidades mencionadas no inciso anterior, assim como a participação de qualquer delas em empresa privada;

XXIII – fica instituída a obrigatoriedade de um Diretor Representante e de um Conselho de Representantes, eleitos pelos servidores e empregados públicos, nas autarquias, sociedades de economia mista e fundações instituídas ou mantidas pelo Poder Público, cabendo à lei definir os limites de sua competência e atuação;

XXIV – é obrigatória a declaração pública de bens, antes da posse e depois do desligamento, de todo o dirigente de empresa pública, sociedade de economia mista, autarquia e fundação instituída ou mantida pelo Poder Público;

XXV – Os órgãos da Administração direta e indireta ficam obrigados a constituir Comissão Interna de Prevenção de Acidentes – CIPA – e, quando assim o exigirem suas atividades, Comissão de Controle Ambiental, visando à proteção da vida, do meio ambiente e das condições de trabalho dos seus servidores, na forma da lei;

XXVI – ao servidor público que tiver sua capacidade de trabalho reduzida em decorrência de acidente de trabalho ou doença do trabalho será garantida a transferência para locais ou atividades compatíveis com sua situação;

XXVII – é vedada a estipulação de limite de idade para ingresso por concurso público na administração direta, empresa pública, sociedade de economia mista, autarquia e fundações instituídas ou mantidas pelo Poder Público, respeitando-se apenas o limite constitucional para aposentadoria compulsória.

XXVIII – os recursos provenientes dos descontos compulsórios dos servidores públicos, bem como a contrapartida do Estado, destinados à formação de fundo próprio de previdência, deverão ser postos, mensalmente, à disposição da entidade estadual responsável pela prestação do benefício, na forma que a lei dispuser;

XXIX – a administração pública direta e indireta, as universidades públicas e as entidades de pesquisa técnica e científica oficiais ou subvencionadas pelo Estado prestarão ao Ministério Público o apoio especializado ao desempenho das funções da Curadoria de Proteção de Acidentes do Trabalho, da Curadoria de Defesa do Meio Ambiente e de outros interesses coletivos e difusos;

§ 1º. A publicidade dos atos, programas, obras, serviços e campanhas da administração pública direta, indireta, fundações e órgãos controlados pelo Poder Público deverá ter caráter educacional, informativo e de orientação social, dela não podendo constar nomes, símbolos e imagens que caracterizem promoção pessoal de autoridades ou servidores públicos.

§ 2º. É vedada ao Poder Público, direta ou indiretamente, a publicidade de qualquer natureza fora do território do Estado, para fins de propaganda governamental, exceto às empresas que enfrentam concorrência de mercado e divulgação destinada a promover o turismo estadual.

• *Art. 115, § 2º, com redação dada pela Emenda Constitucional nº 29, de 22.10.2009*

§ 3º. A inobservância do disposto nos incisos II, III e IV deste artigo implicará a nulidade do ato e a punição da autoridade responsável, nos termos da lei.

§ 4º. As pessoas jurídicas de direito público e as de direito privado, prestadoras de serviços públicos, responderão pelos danos que seus agentes, nessa qualidade, causarem a terceiros, assegurado o direito de regresso contra o responsável nos casos de dolo ou culpa.

§ 5º. As entidades da administração direta e indireta, inclusive fundações instituídas ou mantidas pelo Poder Público, o Ministério Público, bem como os Poderes Legislativo e Judiciário, publicarão, até o dia trinta de abril de cada ano, seu quadro de cargos e funções, preenchidos e vagos, referentes ao exercício anterior.

§ 6º. É vedada a percepção simultânea de proventos de aposentadoria decorrentes dos arts. 40, 42 e 142 da Constituição Federal e dos arts. 126 e 138 desta Constituição com a remuneração de cargo, emprego ou função pública, ressalvados os cargos acumuláveis na forma desta Constituição, os cargos eletivos e os cargos em comissão declarados em lei de livre nomeação e exoneração.

• *Art. 115, § 6º, acrescido pela Emenda Constitucional nº 21, de 14.2.2006.*

§ 7º. Não serão computadas, para efeito dos limites remuneratórios de que trata o inciso XII do *caput* deste artigo, as parcelas de caráter indenizatório previstas em lei.

• *Art. 115, § 7º, acrescido pela Emenda Constitucional nº 21, de 14.2.2006.*

§ 8º. Para os fins do disposto no inciso XII deste artigo e no inciso XI do art. 37 da Constituição Federal, poderá ser fixado no âmbito do Estado, mediante emenda à presente Constituição, como limite único, o subsídio mensal dos Desembargadores do Tribunal de Justiça, limitado a noventa inteiros e vinte e cinco centésimos por cento do subsídio mensal dos Ministros do Supremo Tribunal Federal, não se aplicando o disposto neste parágrafo aos subsídios dos Deputados Estaduais.

• *Art. 115, § 8º, acrescido pela Emenda Constitucional nº 21, de 14.2.2006.*

....

Capítulo II – Dos Servidores Públicos do Estado

Seção I – Dos Servidores Públicos Civis

Art. 124. Os servidores da administração pública direta, das autarquias e das fundações instituídas ou mantidas pelo Poder Público terão regime jurídico único e planos de carreira.

§ 1º. A lei assegurará aos servidores da administração direta isonomia de vencimentos para cargos de atribuições iguais ou assemelhados do mesmo Poder, ou entre servidores dos Poderes Legislativo, Executivo e Judiciário, ressalvadas as vantagens de caráter individual e as relativas à natureza ou ao local de trabalho.

§ 2º. No caso do parágrafo anterior, não haverá alteração nos vencimentos dos demais cargos da carreira a que pertence aquele cujos vencimentos foram alterados por força da isonomia.

§ 3º. Aplica-se aos servidores a que se refere ao *caput* deste artigo e disposto no art. 7º, IV, VI, VII, VIII, IX, XII, XIII, XV, XVI, XVII, XVIII, XIX, XX, XXII, XXIII e XXX da Constituição Federal.

§ 4º. Lei estadual poderá estabelecer a relação entre a maior e a menor remuneração dos servidores públicos, obedecido, em qualquer caso, o disposto no art. 37, XI, da Constituição Federal e no art. 115, XII, desta Constituição.

• *Art. 124, § 4º, acrescido pela Emenda Constitucional nº 21, de 14.2.2006.*

Art. 125. O exercício do mandato eletivo por servidor público far-se-á com observância do art. 38 da Constituição Federal.

§ 1º. Fica assegurado ao servidor público, eleito para ocupar cargo em sindicato de categoria, o direito de afastar-se de suas funções, durante o tempo em que durar o mandato, recebendo seus vencimentos e vantagens, nos termos da lei.

§ 2º. O tempo de mandato eletivo será computado para fins de aposentadoria especial.

Art. 126. Aos servidores titulares de cargos efetivos do Estado, incluídas suas autarquias e fundações, é assegurado regime de previdência de caráter contributivo e solidário, mediante contribuição do respectivo ente público, dos servidores ativos e inativos e dos pensionistas, observados critérios que preservem o equilíbrio financeiro e atuarial e o disposto neste artigo.

• *Art. 126, caput, com redação dada pela Emenda Constitucional nº 21, de 14.2.2006.*

§ 1º. Os servidores abrangidos pelo regime de previdência de que trata este artigo serão aposentados:

1 – por invalidez permanente, sendo os proventos proporcionais ao tempo de contribuição, exceto se decorrente de acidente em serviço, moléstia profissional ou doença grave, contagiosa ou incurável, na forma da lei;

2 – compulsoriamente, aos setenta anos de idade, com proventos proporcionais ao tempo de contribuição;

3 – voluntariamente, desde que cumprido tempo mínimo de dez anos de efetivo exercício no serviço público e cinco anos no cargo efetivo em que se dará a aposentadoria, observadas as seguintes condições:

a) sessenta anos de idade e trinta e cinco de contribuição, se homem, e cinquenta e cinco anos de idade e trinta de contribuição, se mulher;

b) sessenta e cinco anos de idade, se homem, e sessenta anos de idade, se mulher, com proventos proporcionais ao tempo de contribuição.

• *Art. 126, § 1º, com redação dada pela Emenda Constitucional nº 21, de 14.2.2006.*

§ 2º. Os proventos de aposentadoria e as pensões, por ocasião de sua concessão, não poderão exceder a remuneração do respectivo servidor, no cargo efetivo em que se deu a aposentadoria ou que serviu de referência para a concessão da pensão.

• *Art. 126, § 2º, com redação dada pela Emenda Constitucional nº 21, de 14.2.2006.*

§ 3º. Para o cálculo dos proventos de aposentadoria, por ocasião da sua concessão, serão consideradas as remunerações utilizadas como base para as contribuições do servidor aos regimes de previdência de que tratam este artigo e o art. 201 da Constituição Federal, na forma da lei.

• *Art. 126, § 3º, com redação dada pela Emenda Constitucional nº 21, de 14.2.2006.*

§ 4º. É vedada a adoção de requisitos e critérios diferenciados para a concessão de aposentadoria aos abrangidos pelo regime de que trata este artigo, ressalvados, nos termos definidos em leis complementares, os casos de servidores:

1 – portadores de deficiência;

2 – que exerçam atividades de risco;

3 – cujas atividades sejam exercidas sob condições especiais que prejudiquem a saúde ou a integridade física.

• *Art. 126, § 4º, com redação dada pela Emenda Constitucional nº 21, de 14.2.2006.*

§ 5º. Os requisitos de idade e de tempo de contribuição serão reduzidos em cinco anos, em relação ao disposto no § 1º, 3, "a", para o professor que comprove exclusivamente tempo de efetivo exercício das funções de magistério na educação infantil e no ensino fundamental e médio.

• *Art. 126, § 5º, com redação dada pela Emenda Constitucional nº 21, de 14.2.2006.*

§ 6º. (Declarado inconstitucional).

• *§ 6º, declarado inconstitucional pela ADIn STF nº 755-6.*

§ 6º-A. Ressalvadas as aposentadorias decorrentes dos cargos acumuláveis na forma desta Constituição, é vedada a percepção de mais de uma aposentadoria à conta do regime de previdência previsto neste artigo.

• *Art. 126, § 6º-A, com redação dada pela Emenda Constitucional nº 21, de 14.2.2006.*

§ 7º. Lei disporá sobre a concessão do benefício de pensão por morte, que será igual:

1 – ao valor da totalidade dos proventos do servidor falecido, até o limite máximo estabelecido para os benefícios do regime geral de previdência social de que trata o art. 201 da Constituição Federal, acrescido de setenta por cento da parcela excedente a este limite, caso aposentado à data do óbito; ou

2 – ao valor da totalidade da remuneração do servidor no cargo efetivo em que se deu o falecimento, até o limite máximo estabelecido para os benefícios do regime geral de previdência social de que trata o art. 201 da Constituição Federal, acrescido de setenta por cento da parcela excedente a este limite, caso em atividade na data do óbito.

• *Art. 126, § 7º, com redação dada pela Emenda Constitucional nº 21, de 14.2.2006.*

§ 8º. (Declarado inconstitucional).

• *§ 8º, declarado inconstitucional pela ADIn STF nº 582-1.*

§ 8º-A. É assegurado o reajustamento dos benefícios para preservar-lhes, em caráter permanente, o valor real, conforme critérios estabelecidos em lei.

• *Art. 126, § 8º-A, com redação dada pela Emenda Constitucional nº 21, de 14.2.2006.*

§ 9º. O tempo de contribuição federal, estadual ou municipal será contado para efeito de aposentadoria e o tempo de serviço correspondente para efeito de disponibilidade.

• *Art. 126, § 9º, com redação dada pela Emenda Constitucional nº 21, de 14.2.2006.*

§ 10. A lei não poderá estabelecer qualquer forma de contagem de tempo de contribuição fictício.

• *Art. 126, § 10, com redação dada pela Emenda Constitucional nº 21, de 14.2.2006.*

§ 11. Aplica-se o limite fixado no art. 115, XII, desta Constituição e do art. 37, XI, da Constituição Federal à soma total dos proventos de inatividade, inclusive quando decorrentes da acumulação de cargos ou empregos públicos, bem como de outras atividades sujeitas a contribuição para o regime geral de previdência social, e ao montante resultante da adição de proventos de inatividade com remuneração de cargo acumulável na forma desta Constituição, cargo em comissão declarado em lei de livre nomeação e exoneração, e de cargo eletivo.

• *Art. 126, § 11, com redação dada pela Emenda Constitucional nº 21, de 14.2.2006.*

§ 12. Além do disposto neste artigo, o regime de previdência dos servidores públicos titulares de cargo efetivo observará, no que couber, os requisitos e critérios fixados para o regime geral de previdência social.

• *Art. 126, § 12, com redação dada pela Emenda Constitucional nº 21, de 14.2.2006.*

§ 13. Ao servidor ocupante, exclusivamente, de cargo em comissão declarado em lei de livre nomeação e exoneração bem como de outro cargo temporário ou de emprego público, aplica-se o regime geral de previdência social.

• *Art. 126, § 13, com redação dada pela Emenda Constitucional nº 21, de 14.2.2006.*

§ 14. O Estado, desde que institua regime de previdência complementar para os seus respectivos servidores titulares de cargo efetivo, poderá fixar, para o valor das aposentadorias e pensões a serem concedidas pelo regime de que trata este artigo, o limite máximo estabelecido para os benefícios do regime geral de previdência social de que trata o art. 201 da Constituição Federal.

• *Art. 126, § 14, com redação dada pela Emenda Constitucional nº 21, de 14.2.2006.*

§ 15. O regime de previdência complementar de que trata o § 14 será instituído por lei de iniciativa do respectivo Poder Executivo, observado o disposto no art. 202 e seus parágrafos, da Constituição Federal, no que couber, por intermédio de entidades fechadas de previdência complementar, de natureza pública, que oferecerão aos respectivos participantes planos de benefícios somente na modalidade de contribuição definida.

• *Art. 126, § 15, com redação dada pela Emenda Constitucional nº 21, de 14.2.2006.*

§ 16. Somente mediante sua prévia e expressa opção, o disposto nos §§ 14 e 15 poderá ser aplicado ao servidor que tiver ingressado no serviço público até a data da publicação do ato de instituição do correspondente regime de previdência complementar.

• *Art. 126, § 16, com redação dada pela Emenda Constitucional nº 21, de 14.2.2006.*

§ 17. Todos os valores de remuneração considerados para o cálculo do benefício previsto no § 3º serão devidamente atualizados, na forma da lei.

• *Art. 126, § 17, com redação dada pela Emenda Constitucional nº 21, de 14.2.2006.*

§ 18. Incidirá contribuição sobre os proventos de aposentadorias e pensões concedidas pelo regime de que trata este artigo que superem o limite máximo estabelecido para os benefícios do regime geral de previdência social de que trata o art. 201 da Constituição Federal, com percentual igual ao estabelecido para os servidores titulares de cargos efetivos.

• *Art. 126, § 18, com redação dada pela Emenda Constitucional nº 21, de 14.2.2006.*

§ 19. O servidor de que trata este artigo que tenha completado as exigências para aposentadoria voluntária estabelecidas no § 1º, 3, "a", e que opte por permanecer em atividade fará jus a um abono de permanência equivalente ao valor da sua contribuição previdenciária até completar as exigências para aposentadoria compulsória contidas no § 1º, 2.

• *Art. 126, § 19, com redação dada pela Emenda Constitucional nº 21, de 14.2.2006.*

§ 20. Fica vedada a existência de mais de um regime próprio de previdência social para os servidores titulares de cargos efetivos, e de mais de uma unidade gestora do respectivo regime em cada ente estatal, ressalvado o disposto no art. 142, § 3º, X, da Constituição Federal.

• *Art. 126, § 20, com redação dada pela Emenda Constitucional nº 21, de 14.2.2006.*

§ 21. A contribuição prevista no § 18 deste artigo incidirá apenas sobre as parcelas de proventos de aposentadoria e de pensão que superem o dobro do limite máximo estabelecido para os benefícios do regime geral de previdência social de que trata o art. 201 da Constituição Federal, quando o beneficiário, na forma da lei, for portador de doença incapacitante.

• *Art. 126, § 21, com redação dada pela Emenda Constitucional nº 21, de 14.2.2006.*

§ 22. O servidor, após noventa dias decorridos da apresentação do pedido de aposentadoria voluntária, instruído com prova de ter cumprido os requisitos necessários à obtenção do direito, poderá cessar o exercício da função pública, independentemente de qualquer formalidade.

• *Art. 126, § 22, com redação dada pela Emenda Constitucional nº 21, de 14.2.2006.*

Art. 127. Aplica-se aos servidores públicos estaduais, para efeito de estabilidade, o disposto no art. 41 da Constituição Federal.

Art. 128. As vantagens de qualquer natureza só poderão ser instituídas por lei e quando atendam efetivamente ao interesse público e às exigências do serviço.

Art. 129. Ao servidor público estadual é assegurado o percebimento do adicional por tempo de serviço, concedido no mínimo por quinquênio, e vedada a sua limitação, bem como a sexta-parte dos vencimentos integrais, concedida aos vinte anos de efetivo exercício, que se incorporarão aos vencimentos para todos os efeitos, observado o disposto no art. 115, XVI, desta Constituição.

Art. 130. Ao servidor será assegurado o direito de remoção para igual cargo ou função, no lugar de residência do cônjuge, se este também for servidor e houver vaga, nos termos da lei.

Parágrafo único. O disposto neste artigo aplica-se também ao servidor cônjuge de titular de mandato eletivo estadual ou municipal.

Art. 131. O Estado responsabilizará os seus servidores por alcance e outros danos causados à Administração, ou por pagamentos efetuados em desacordo com as normas legais, sujeitando-os ao sequestro e perdimento dos bens, nos termos da lei.

Art. 132. Os servidores titulares de cargos efetivos do Estado, incluídas suas autarquias e fundações, desde que tenham completado cinco anos de efetivo exercício, terão computado, para efeito de aposentadoria, nos termos da lei, o tempo de contribuição ao regime geral de previdência social decorrente de atividade de natureza privada, rural ou urbana, hipótese em que os diversos sistemas de previdência social se compensarão financeiramente, segundo os critérios estabelecidos em lei.

- *Art. 132 com redação dada pela Emenda Constitucional nº 21, de 14.2.2006.*

Art. 133. O servidor, com mais de cinco anos de efetivo exercício, que tenha exercido ou venha a exercer, *[a qualquer título]*, cargo ou função que lhe proporcione remuneração superior à do cargo de que seja titular, ou função para a qual foi admitido, incorporará um décimo dessa diferença, por ano, até o limite de dez décimos.

- *Este artigo teve sua redação alterada pelo Recurso Extraordinário nº 219934, provido pelo Supremo Tribunal Federal, declarou a inconstitucionalidade de expressão: [a qualquer título]. Referendada pela Resolução do Senado Federal nº 51, de 13.7.2005.*

Art. 134. O servidor, durante o exercício do mandato de vereador, será inamovível.

Art. 135. Ao servidor público titular de cargo efetivo do Estado será contado, como efetivo exercício, para efeito de aposentadoria e disponibilidade, o tempo de contribuição decorrente de serviço prestado em cartório não oficializado, mediante certidão expedida pela Corregedoria-Geral da Justiça.

- *Art. 135 com redação dada pela Emenda Constitucional nº 21, de 14.2.2006.*

Art. 136. O servidor público civil demitido por ato administrativo, se absolvido pela Justiça, na ação referente ao ato que deu causa à demissão, será reintegrado ao serviço público, com todos os direitos adquiridos.

Art. 137. A lei assegurará à servidora gestante mudança de função, nos casos em que for recomendado, sem prejuízo de seus vencimentos ou salários e demais vantagens do cargo ou função-atividade.

....

Sistema de Administração de Pessoal

Lei Complementar nº 180, de 12 de maio de 1978

Dispõe sobre a instituição do Sistema de Administração de Pessoal e dá providências correlatas.

O Governador do Estado de São Paulo

Faço saber que a Assembleia Legislativa decreta e eu promulgo a seguinte Lei Complementar:

TÍTULO I – DO SISTEMA DE ADMINISTRAÇÃO DE PESSOAL

Capítulo I – Das Disposições Preliminares

Art. 1º. Esta Lei Complementar institui o Sistema de Administração de Pessoal relativo aos funcionários públicos civis e servidores da Administração Centralizada e das Autarquias do Estado.

Art. 2º. O Sistema de Administração de Pessoal tem por objetivo considerar adequadamente a eficiência dos recursos humanos, respondendo às necessidades de planejamento, coordenação, execução e controle das atividades de administração de pessoal, em função do planejamento e da ação governamentais.

Capítulo II – Dos Órgãos Integrantes do Sistema

Art. 3º. O Sistema de Administração de Pessoal compreende os seguintes tipos de órgãos:

I – órgão central de recursos humanos;

II – órgão setoriais e subsetoriais, integrados nas Secretarias de Estado.

Art. 4º. Aos órgãos do Sistema de Administração de Pessoal incumbem as seguintes atribuições:

I – ao órgão central de recursos humanos: o planejamento, a coordenação, a orientação técnica e o controle, em nível central, das atividades da administração de pessoal civil da Administração Centralizada e das Autarquias;

II – aos órgãos setoriais: o planejamento, a coordenação, a orientação técnica, o controle e, quando for o caso, a execução, sempre em integração com o órgão central, das atividades de administração do pessoal civil das Secretarias de Estado a que pertencerem;

III – aos órgãos subsetoriais: a execução das atividades de administração do pessoal civil das unidades administrativas a que pertencerem.

Capítulo III – Dos Conceitos Básicos

Art. 5º. Para os fins desta Lei Complementar considera-se:

I – função de serviço público: conjunto de atribuições cometidas a funcionário público ou a servidor;

II – cargo público: conjunto de atribuições e responsabilidades cometidas a funcionário público;

III – função-atividade: conjunto de atribuições e responsabilidades cometidas a servidor;

IV – funcionário público: pessoa legalmente investida no cargo público;

V – servidor: pessoa admitida para exercer função-atividade;

VI – referência numérica: símbolo indicativo do nível de vencimentos ou salário fixado para o cargo ou função-atividade;

• *Inciso VI com redação dada pela Lei Complementar nº 209, de 17.1.1979.*

VII – grau: valores fixados para uma referência numérica;

VIII – padrão: conjunto da referência numérica e grau;

IX – classe: conjunto de cargos e/ou funções-atividades, da mesma denominação e amplitude de vencimentos;

X – série de classes: conjunto de classes da mesma natureza de trabalho, hierarquicamente escalonadas de acordo com o grau de complexidade das atribuições e o nível de responsabilidade;

XI – quadro: conjunto de cargos e de funções-atividades pertencentes a Secretaria de Estado ou a autarquia;

XII – posto de trabalho: lugar, em determinada unidade administrativa, necessário ao desempenho de uma função de serviço público;

XIII – lotação: soma dos postos de trabalho fixados para cada unidade administrativa.

Art. 6º. As funções de serviço público, na área da Administração Centralizada, referentes às atividades de representação judicial e extrajudicial, de consultoria jurídica, assistência jurídica e de assessoramento técnico-legislativo, de assistência judiciária aos necessitados, de arrecadação e fiscalização de tributos, de manutenção da ordem e segurança pública internas, bem como de direção, somente poderão ser desempenhadas por funcionários públicos titulares de cargos.

Art. 7º. O Quadro a que se refere o inciso XI, do art. 5º, desta Lei Complementar, compõe-se de 2 (dois) subquadros, a saber:

I – Subquadro de Cargos Públicos (SQC);

II – Subquadro de Funções-Atividades (SQF).

§ 1º. O Subquadro de Cargos Públicos (SQC) compreende as seguintes tabelas:

1. Tabela I (SQC-I): constituída de cargos de provimento em comissão;
2. Tabela II (SQC-II): constituída de cargos de provimento efetivo, que comportam substituição;
3. Tabela III (SQC-III): constituída de cargos de provimento efetivo, que não comportam substituição.

§ 2º. O Subquadro de Funções-Atividades (SQF) compreende as seguintes tabelas:

1. Tabela I (SQF-I): constituída de funções-atividades que comportam substituição;
2. Tabela II (SQF-II): constituída de funções-atividades que não comportam substituição.

§ 3º. Para os cargos integrados na Tabela I, poderá haver substituição exclusivamente para aqueles cujas atribuições sejam de natureza diretiva, de chefia e encarregatura, e, nos demais casos, quando do afastamento do titular por motivo de férias, licença-prêmio, licença para tratamento de saúde ou licença à gestante.

TÍTULO II – DA SELEÇÃO DE PESSOAL

Capítulo I – Dos Concursos Públicos

Art. 8º. O provimento mediante nomeação para cargos efetivos será precedido de concurso público de provas ou de provas e títulos.

Art. 9º. O prazo de validade do concurso público será de no máximo 4 (quatro) anos contados da homologação.

• *Art. 9º com redação dada pela Lei Complementar nº 318, de 11.3.1983.*

Art. 10. Os concursos públicos reger-se-ão por instruções especiais que estabelecerão, em função da natureza do cargo:

I – se o concurso será:

a) de provas ou de provas e títulos; e

b) por especializações ou por modalidades profissionais, quando couber.

II – as condições para provimento do cargo referente a:

a) diplomas ou experiência de trabalho;

b) capacidade física; e

c) conduta.

III – o tipo e conteúdo das provas e as categorias de títulos;

IV – a forma de julgamento das provas e dos títulos;

V – os critérios de habilitação e classificação;

VI – o prazo de validade do concurso.

Parágrafo único. As instruções especiais poderão determinar que a execução do concurso público, bem como a classificação dos candidatos, sejam feitas a nível local ou regional.

Art. 11. A nomeação obedecerá à ordem de classificação no concurso.

Parágrafo único. Vetado.

Capítulo II – Dos Processos Seletivos

Seção I – Dos Processos Seletivos para Admissão

Art. 12. Os processos seletivos para admissão de servidor para funções-atividades de natureza permanente serão realizados com observância das disposições referentes a concursos públicos.

Seção II – Dos Demais Processos Seletivos

Art. 13. Os processos seletivos para provimento de cargos e preenchimento de funções-atividades por transposição e acesso serão realizados pelos órgãos encarregados dos concursos públicos.

Capítulo III – Da Iniciativa para a Seleção de Pessoal

Art. 14. Caberá ao órgão central de recursos humanos:

I – autorizar a abertura de concursos públicos e de processos seletivos, quando intersecretariais, observada a existência de recursos orçamentárias hábeis:

II – fixar as normas e diretrizes gerais para a realização dos concursos públicos e processos seletivos;

III – prestar orientação e supervisão técnica aos órgãos setoriais na realização dos concursos públicos e processos seletivos, bem como fiscalizar tais concursos e processos:

IV – realizar diretamente concursos públicos e processos seletivos a critério da administração.

Art. 15. Os concursos públicos e processos seletivos serão realizados, em todas as fases, pelos órgãos setoriais, de acordo com a orientação e as normas emanadas do órgão central, ressalvado o disposto no inciso IV do artigo anterior.

Parágrafo único. Os órgãos setoriais poderão delegar a execução dos concursos e processos seletivos aos órgãos subsetoriais, quando for o caso.

TÍTULO III
DO PROVIMENTO DE CARGOS E DO PREENCHIMENTO DE FUNÇÕES-ATIVIDADES

Capítulo I – Dos Cargos Públicos e das Funções-Atividades

Art. 16. Os cargos públicos poderão ser providos:

I – em comissão;

II – em caráter efetivo;

III – em caráter temporário, nos termos do inciso III, do art. 92, da Constituição do Estado (Emenda nº 2, de 30.10.1969).

- *Inciso III, prejudicado com a promulgação da Constituição do Estado de São Paulo, de 5.10.1989, que substitui a Emenda citada.*
- *Dispunha o citado inciso [sem correspondente na nova Constituição]: "Art. 92. O funcionário do Estado será organizado com observância dos princípios mínimos estabelecidos na constituição da República e atendimento das seguintes normas:(...) III – não havendo candidato habilitado em concurso, os cargos vagos, isolados ou iniciais de carreira, poderão ser aprovados, em caráter temporário, pelo prazo máximo de dois anos, considerando-se então findo o provimento e vedado novo preenchimento sem concurso; (...)."*

Art. 17. As funções-atividades poderão ser preenchidas:

I – para o desempenho de funções de serviço público de natureza permanente, em atendimento a necessidade inadiável, vedadas as admissões em número superior a 1/3 (um terço) da lotação global das Secretarias de Estado;

II – para o desempenho de função reconhecidamente especializada, de natureza técnica, mediante contrato bilateral, por prazo certo e determinado;

III – para a execução de determinada obra, serviços de campo ou trabalhos rurais, todos de natureza transitória.

Parágrafo único. Não ficam sujeitas ao limite fixado no inciso I as admissões destinadas às atividades docentes, médicas e paramédicas, bem como para as atividades de campo na área da agricultura.

Capítulo II
Das Formas de Provimento de Cargos e Preenchimento de Funções-Atividades

Art. 18. São formas de provimento de cargos públicos:

I – a nomeação;

II – a transposição;

III – o acesso;

IV – a reintegração;

V – a reversão;

VI – o aproveitamento;

VII – a readmissão;

Parágrafo único. O provimento dos cargos nas formas indicadas neste artigo far-se-á sempre em caráter efetivo, exceto quando da nomeação nas hipóteses mencionadas nos incisos I e III, do art. 16, desta Lei Complementar.

Art. 19. São formas de preenchimento de funções-atividades:

I – a admissão;

II – a transposição;

III – o acesso;

IV – a reversão.

Seção I – Da Nomeação

Art. 20. As nomeações serão feitas:

I – em comissão, quando se tratar de cargo que em virtude de lei assim deva ser provido;

II – em caráter efetivo, quando se tratar de provimento de cargo dessa natureza;

III – em caráter temporário, na hipótese prevista no inciso III, do art. 92, da Constituição do Estado (Emenda nº 2, de 30.10.1969).

• *Vide nota ao art. 16 desta Lei Complementar.*

Seção II – Da Admissão

Art. 21. As admissões serão feitas:

I – por prazo indeterminado, para o desempenho de funções de serviço público de natureza permanente;

II – por prazo certo e determinado, quando se tratar de funções de natureza técnica ou de funções transitórias para execução de determinada obra, serviços de campo ou trabalhos rurais, ou ainda, a critério da Administração, para a execução de serviços decorrentes de convênios.

Parágrafo único. Ficam vedadas admissões para as hipóteses previstas no art. 6º desta Lei Complementar.

Seção III – Da Transposição

Art. 22. Transposição é o instituto que objetiva a alocação dos recursos humanos do serviço público de acordo com aptidões e formação profissional, mediante:

I – a passagem do funcionário de um para outro cargo de provimento efetivo, porém de conteúdo ocupacional diverso;

II – a passagem do servidor de uma para outra função-atividade de natureza permanente, porém de conteúdo ocupacional diverso.

Art. 23. A transposição efetuar-se-á mediante processo seletivo especial, respeitadas as exigências de habilitação, condições e requisitos do cargo a ser provido ou da função-atividade a ser preenchida, na forma prevista em regulamento.

Parágrafo único. (Vetado).

Art. 24. Antes da abertura de concurso público ou de processo seletivo para provimento de cargos ou preenchimento de funções-atividades, parte das vagas de determinadas classes poderá ser reservada para transposição.

Art. 25. Quando o número de candidatos habilitados para provimento mediante transposição for insuficiente para preencher as vagas respectivas, reverterão estas para os candidatos habilitados para provimento mediante nomeação.

Parágrafo único. O mesmo procedimento de reversão de vagas será adotado quando o número de candidatos habilitados para provimento mediante nomeação for insuficiente para preenchimento das vagas que lhes foram destinadas.

Art. 26. O disposto no artigo anterior aplica-se aos processos seletivos para preenchimento de funções-atividades, mediante admissão ou transposição.

Art. 27. Os cargos de chefia e encarregatura, pertencentes à Tabela II dos Subquadros de Cargos Públicos, serão providos mediante transposição, não se lhes aplicando o disposto nos arts. 24 e 25 desta Lei Complementar.

• *Art. 27, caput com redação dada pela Lei Complementar nº 318, de 11.3.1983.*

Parágrafo único. O disposto neste artigo aplica-se também às funções-atividades de chefia e encarregatura, pertencentes à Tabela I dos Subquadros de Funções Atividades das Secretarias de Estado

• *Parágrafo único, acrescentado pela Lei Complementar nº 318, de 11.3.1983.*

Art. 28. Em casos excepcionais, quando em decorrência de inspeção médica verificar-se modificação do estado físico ou mental do funcionário ou do servidor, modificação essa que venha a alterar sua capacidade para o trabalho, poderá o funcionário ou servidor ser readaptado, mediante transposição, para cargo ou função-atividade mais compatível e de igual padrão.

Parágrafo único. Na hipótese prevista neste artigo não se aplica o disposto nos arts. 23 e 24 desta Lei Complementar, ficando o funcionário ou servidor sujeito à prova de habilitação que for julgada necessária.

Seção IV – Do Acesso

Art. 29. Acesso é o instituto pelo qual o funcionário ou servidor, mediante processo seletivo especial, passa a integrar a classe imediatamente superior àquela em que se encontrar, dentro da respectiva série de classes.

Art. 30. As exigências, requisitos, interstícios e demais procedimentos aplicáveis ao acesso, referentes a cada série de classes, serão propostos pelos órgãos setoriais e submetidos à aprovação do órgão central de recursos humanos.

Seção V – Da Reintegração

Art. 31. Reintegração o reingresso do funcionário no serviço público, em decorrência de decisão judicial transitada em julgado, com ressarcimento dos prejuízos resultantes de sua demissão.

Art. 32. A reintegração será feita no cargo anteriormente ocupado.

§ 1º. Se o cargo houver sido transformado, far-se-á a reintegração no que dele resultar.

§ 2º. No caso de extinção do cargo anteriormente ocupado, far-se-á a reintegração em cargo de vencimentos equivalentes, respeitada a habilitação; não sendo isso possível, ficará o reintegrado em disponibilidade até o seu obrigatório aproveitamento.

§ 3º. Se o cargo anteriormente ocupado estiver provido, o seu ocupante será exonerado, ou, se ocupava outro cargo, a este será reconduzido, sem direito à indenização;

- *§ 3º com redação dada pela Lei Complementar nº 209, de 17.1.1979.*

Art. 33. Transitada em julgado a sentença, será expedido o decreto de reintegração no prazo máximo de 30 (trinta) dias.

Seção VI – Da Reversão

Art. 34. Reversão é o ato pelo qual o aposentado reingressa no serviço público a pedido ou *ex officio*.

- *Art. 34, caput, com redação dada pela Lei Complementar nº 318, de 11.3.1983.*

§ 1º. A reversão a pedido será feita quando houver interesse para à Administração.

- *§ 1º com redação dada pela Lei Complementar nº 318, de 11.3.1983.*

§ 2º. A reversão *ex officio* será feita quando insubsistentes as razões que determinaram à aposentadoria por invalidez.

- *§ 2º com redação dada pela Lei Complementar nº 318, de 11.3.1983.*

§ 3º. A reversão só poderá efetivar-se quando, em inspeção médica, ficar comprovada a capacidade para o exercício do cargo.

- *§ 3º com redação dada pela Lei Complementar nº 318, de 11.3.1983.*

§ 4º. Se o laudo médico não for favorável, poderá ser feita nova inspeção de saúde, para o mesmo fim, decorridos pelo menos 90 (noventa) dias.

- *§ 4º com redação dada pela Lei Complementar nº 318, de 11.3.1983.*

§ 5º. Será tornada sem efeito a reversão *ex officio* e cassada a aposentadoria do funcionário ou servidor que não tomar posse ou não entrar em exercício dentro do prazo legal.

- *§ 5º com redação dada pela Lei Complementar nº 318, de 11.3.1983.*

Art. 35. A reversão far-se-á em cargo ou função-atividade de idêntica denominação à daquele ocupado por ocasião da aposentadoria.

Parágrafo único. Em casos especiais, a juízo da Administração, poderá o aposentado reverter em outro cargo ou função-atividade de igual padrão, respeitados os requisitos para provimento do cargo ou preenchimento da função-atividade.

Seção VII – Do Aproveitamento

Art. 36. Aproveitamento é o reingresso, no serviço público, do funcionário em disponibilidade.

§ 1º. O obrigatório aproveitamento do funcionário em disponibilidade ocorrerá em vaga existente ou que se verificar nos quadros do funcionalismo.

§ 2º. O aproveitamento dar-se-á, tanto quando possível, em cargo de natureza e padrão correspondentes ao anteriormente ocupado, não podendo ser feito em cargo de padrão superior.

§ 3º. Se o aproveitamento se der em cargo de padrão inferior, terá o funcionário direito à diferença.

§ 4º. Em nenhum caso poderá efetuar-se o aproveitamento sem que, mediante inspeção médica, fique provada a capacidade para o exercício do cargo.

§ 5º. Se o laudo médico não for favorável, poderá ser feita nova inspeção de saúde, para o mesmo fim, decorridos no mínimo 90 (noventa) dias.

§ 6º. Será tornado sem efeito o aproveitamento e cassada a disponibilidade do funcionário que não tomar posse ou não entrar em exercício dentro do prazo legal.

§ 7º. Será aposentado no cargo que ocupava o funcionário em disponibilidade que, em inspeção médica, for julgado incapaz para o serviço público.

§ 8º. Se o aproveitamento se der em cargo de provimento em comissão, assegurar-se-á ao funcionário, neste cargo, a condição de efetividade que tinha no cargo anteriormente ocupado.

Seção VIII – Da Readmissão

Art. 37. Readmissão é o ato pelo qual o ex-funcionário, demitido ou exonerado, reingressa no serviço público, sem direito a ressarcimento de prejuízos, assegurada, apenas, a contagem de tempo de serviço em cargo anteriores.

§ 1º. A readmissão do ex-funcionário demitido será obrigatoriamente precedida de reexame do respectivo processo administrativo, em que fique demonstrado não haver inconveniente, para o serviço público, na decretação da medida.

§ 2º. Observado o disposto no parágrafo anterior, se a demissão tiver sido a bem do serviço público, a readmissão não poderá ser decretada antes de decorridos 5 (cinco) anos do ato demissório.

§ 3º. A readmissão será feita no cargo anteriormente exercido pelo ex-funcionário ou, se transformado, no cargo resultantes da transformação.

TÍTULO IV – DOS POSTOS DE TRABALHO

Capítulo I – Das Disposições Preliminares

Art. 38. Os postos de trabalho serão fixados, extintos ou relotados, de uma para outra Secretaria, mediante decreto, em função das necessidades de serviço, observados os limites dos recursos orçamentários.

• *Art. 38, caput, com redação dada pela Lei Complementar nº 209, de 17.1.1979.*

§ 1º. A relotação de postos de trabalho no âmbito da mesma Secretaria far-se-á mediante ato do Secretário.

• *§ 1º com redação dada pela Lei Complementar nº 209, de 17.1.1979.*

§ 2º. Caberá ao órgão central de recursos humanos manifestar-se previamente sobre a fixação, extinção ou relotação, de uma para outra Secretaria, dos postos de trabalho;

• *§ 2 com redação dada pela Lei Complementar nº 209, de 17.1.1979.*

Art. 39. Ao posto de trabalho poderá corresponder tanto um cargo público quanto uma função-atividade.

Parágrafo único. Poderão ser designados para os postos de trabalho funcionários ou servidores, desde que titulares de cargos ou funções-atividades que lhes sejam compatíveis.

Capítulo II
Da Correspondência entre Postos de Trabalho, Cargos e Funções-Atividades

Art. 40. A cada cargo provido ou função-atividade preenchida deverá corresponder um posto de trabalho.

Art. 41. É vedado manter funcionário ou servidor sem designação para posto de trabalho.

Art. 42. O total de cargo e de funções-atividades de uma unidade administrativa deverá ser, no máximo, equivalente à soma de postos de trabalho fixados para essa unidade.

Art. 43. O funcionário ou servidor, cujo posto de trabalho seja relotado de uma para outra unidade administrativa, terá o seu cargo ou função-atividade transferido para essa nova unidade.

Capítulo III – Da Lotação das Secretarias de Estado

Art. 44. Constituirá a lotação geral de uma Secretaria de Estado a soma dos postos de trabalho fixados para as diversas unidades administrativas que a compõem.

Art. 45. A lotação geral a que se refere o artigo anterior poderá conter 2 (duas) partes:

I – Parte Permanente (PPT), constituída de todos os postos de trabalho necessários ao desempenho das atividades normais e específicas das unidades administrativas;

II – Parte Suplementar (PST), constituída exclusivamente dos postos de trabalho que deixarem de ser necessários.

Parágrafo único. Se desnecessário, o posto de trabalho, ao qual corresponda uma função-atividade exercida por servidor sem estabilidade, não será integrada na PST, extinguindo-se na forma disciplinada nesta Lei Complementar.

Capítulo IV – Da Extinção dos Postos de Trabalho

Art. 46. O posto de trabalho será extinto sempre que se tornar desnecessário o desempenho das atividades que lhe forem inerentes.

Art. 47. Na extinção de posto de trabalho serão observadas as seguintes normas:

I – quando ao posto de trabalho corresponder cargo público, proceder-se-á:

a) à extinção do posto de trabalho se o cargo correspondente estiver vago;

b) à integração do posto de trabalho na Parte Suplementar, até que o seu ocupante venha a ser designado para outro posto de trabalho ou ocorra a vacância;

II – quando ao posto de trabalho corresponder uma função-atividade exercida por servidor estável, proceder-se-á à integração do posto de trabalho na Parte Suplementar, até que o seu ocupante venha a ser designado para outro posto de trabalho ou ocorra a vacância;

III – quando ao posto de trabalho corresponder função-atividade vaga ou exercida por servidor não estável, proceder-se-á à extinção do posto de trabalho e da função-atividade.

Art. 48. O funcionário ou o servidor estável, cujo posto de trabalho tenha sido integrado na Parte Suplementar da lotação, deverá obrigatoriamente ser designado para outro posto de trabalho.

Parágrafo único. A designação de que trata este artigo deverá ser feita para posto de trabalho que se encontre vago ou preenchido por servidor não estável.

Art. 49. A designação prevista no artigo anterior será efetivada:

I – mediante transferência do cargo de que o funcionário titular, se:

a) existir posto de trabalho vago correspondente ao cargo;

b) existir função-atividade preenchida por servidor não estável, hipótese em que a função será extinta;

II – mediante transferência da função-atividade de que o servidor estável é titular, se:

a) existir posto de trabalho vago, correspondente à função-atividade;

b) existir função-atividade preenchida por servidor não estável, hipótese em que a função será extinta.

Art. 50. Após 5 (cinco) anos de permanência do funcionário ou servidor em posto de trabalho integrado na Parte Suplementar, o cargo ou função-atividade correspondente poderá ser extinto ou declarada sua desnecessidade.

Art. 51. Na hipótese do artigo anterior, o funcionário ou o servidor estável ficará em disponibilidade remunerada, com proventos proporcionais ao tempo de serviço, nos termos do parágrafo único do art. 100 da Constituição da República.

TÍTULO V – DA MOBILIDADE FUNCIONAL

Capítulo I – Das Disposições Preliminares

Art. 52. Mobilidade Funcional é a utilização plena e eficaz dos recursos humanos do serviço público por intermédio de institutos que permitam:

I – o constante aproveitamento do funcionário e do servidor em cargos ou funções-atividade mais compatíveis com suas aptidões, potencialidade e habilitação profissional;

II – o adequado dimensionamento e distribuição dos recursos humanos, consoante as reais necessidades das unidade administrativas.

Art. 53. Os institutos básicos da mobilidade funcional são:

I – a transposição;

II – o acesso;

III – a transferência;

IV – a remoção.

Parágrafo único. Os institutos referidos nos incisos I e II regem-se pelas disposições contidas nos arts. 22 a 30 desta Lei Complementar e pelas normas legais e regulamentares pertinentes.

Capítulo II – Da Transferência

Art. 54. Transferência é a passagem de cargo ou função-atividade de uma para outra unidade do mesmo Quadro ou de Quadros diversos, respeitada a lotação a que se refere o art. 44 desta Lei Complementar.

Art. 55. A transferência poderá ser feita a pedido ou *ex officio*, atendida sempre a conveniência do serviço.

Parágrafo único. Vetado.

Capítulo III – Da Remoção

Art. 56. A remoção, que se processará a pedido do funcionário ou *ex officio*, só poderá ser feita de uma para outra unidade administrativa da mesma Secretaria, respeitada a lotação.

Parágrafo único. A remoção *ex officio* somente será procedida em caso de comprovada necessidade de serviço.

Art. 57. A remoção por permuta será processada a requerimento dos interessados, com anuência dos respectivos chefes.

TÍTULO VI – DA VACÂNCIA DE CARGOS E DE FUNÇÕES-ATIVIDADES

Art. 58. A vacância do cargo decorrerá de:

I – exoneração;

II – demissão;

III – transposição;

IV – acesso;

V – aposentadoria;

VI – falecimento;

§ 1º. Dar-se-á a exoneração:

1. a pedido do funcionário;

2. a critério da Administração, quando se tratar de ocupantes de cargo em comissão ou de titular de cargo provido nos termos do inciso III do art. 92 da Constituição do Estado (Emenda nº 2, de 30.10.1969);

- *Vide nota ao art. 16 desta Lei Complementar.*

3. quando o funcionário não entrar em exercício dentro do prazo legal.

§ 2º. A demissão será aplicada como penalidade, nos casos previstos em lei.

Art. 59. A vacância da função-atividade decorrerá de:

I – dispensa;

II – transposição;

III – acesso;

IV – aposentadoria;

V – falecimento.

§ 1º. Dar-se-á a dispensa:

1. a pedido do servidor;

2. a critério da Administração;

3. quando o servidor incorrer em responsabilidade disciplinar.

§ 2º. Aplicar-se-á ao servidor a dispensa a bem do serviço público nos mesmos casos em que, ao funcionário, seja aplicada a demissão agravada.

§ 3º. A dispensa de caráter disciplinar será sempre motivada.

Art. 59-A. Nas hipóteses previstas nos arts. 58, § 1º, item 1 e 59, § 1º, item 1, o funcionário ou servidor deverá aguardar em exercício a concessão da exoneração ou dispensa, até o máximo de 15 (quinze) dias a contar da apresentação do requerimento.

Parágrafo único. Não havendo prejuízo para o serviço público, a permanência em exercício a que se refere este artigo poderá ser dispensada pela chefia do órgão em que estiver lotado o funcionário ou servidor.

- *Art. 59-A e parágrafo único, acrescentados pela Lei Complementar nº 236, de 29.5.1980.*

TÍTULO VII – DA ESCALA DE VENCIMENTOS

Capítulo I – Dos Conceitos de Vencimento, Remuneração e Salário

Art. 60. Vencimento é a retribuição paga mensalmente ao funcionário pelo efetivo exercício do cargo, correspondente ao valor do padrão fixado em lei.

Art. 61. Remuneração é a retribuição paga mensalmente ao funcionário pelo efetivo exercício do cargo, correspondente ao valor do padrão e ao valor das quotas que, por lei, lhe tenham sido atribuídas a título de prêmio de produtividade.

Art. 62. Salário é a retribuição paga mensalmente ao servidor pelo efetivo exercício da função-atividade, correspondente ao valor do padrão fixado em lei.

Capítulo II – Da Composição da Escala de Vencimentos

Art. 63. A Escala de Vencimentos dos cargos e funções-atividades da Administração Centralizada e Autárquica do Estado é constituída de 77 (setenta e sete) referências numéricas representadas por números arábicos, contendo cada uma 5 (cinco) graus indicados por letras maiúsculas, em ordem alfabética, de "A" a "E".

Parágrafo único. Na composição da escala observar-se-á, sempre, a razão de 5% (cinco por cento) entre o valor de uma referência e a que lhe for imediatamente subsequente.

Art. 64. (Revogado).

• *Art. 64, revogado pela Lei Complementar nº 795, de 18.7.1995 [o inciso III, "a", deste artigo já havia sido revogado pela Lei Complementar nº 207, de 5.1.1979].*

Art. 65. A escala de que trata o art. 63, obedecido o disposto em seu parágrafo único, bem como os valores dos padrões a ela correspondentes, somente poderão ser alterados por lei.

Parágrafo único. Vetado.

Capítulo III – Da Amplitude de Vencimentos

Art. 66. A cada classe corresponderá determinada amplitude de vencimentos.

Parágrafo único. Constitui a amplitude de vencimentos da classe o número de referências em que o cargo ou a função-atividade poderá evoluir.

Art. 67. Na fixação da amplitude de vencimentos serão considerados os seguintes fatores:

I – complexidade das atribuições próprias do cargo ou da função-atividade;

II – perspectiva de mobilidade funcional;

III – bases e condições salariais vigentes no mercado de trabalho;

IV – efeito da experiência na elevação dos padrões de desempenho do funcionário ou servidor.

Art. 68. Em decorrência da aplicação dos fatores a que se refere o artigo anterior as classes ficam assim discriminadas:

I – classe de amplitude I, com 16 (dezesseis) referências, inclusive a inicial e a final;

II – classe de amplitude II, com 18 (dezoito) referências, inclusive a inicial e a final;

III – classe de amplitude III, com 20 (vinte) referências, inclusive a inicial e a final;

IV – classe de amplitude IV, com 22 (vinte e duas) referências, inclusive a inicial e a final;

V – classe de amplitude V, com 24 (vinte e quatro) referências, inclusive a inicial e a final.

Parágrafo único. Na vacância os cargos e funções-atividades retornarão à referência inicial da amplitude fixada para a classe.

Capítulo IV – Do Enquadramento das Classes

Art. 69. O enquadramento das classes na Escala de Vencimentos, bem como a amplitude e a velocidade evolutiva correspondentes, ficam estabelecidos na conformidade do Anexo II, que faz parte integrante desta Lei Complementar.

TÍTULO VIII – DAS JORNADAS DE TRABALHO

Art. 70. Ficam instituídas as seguintes jornadas de trabalho para os funcionários e servidores:

I – Jornada Completa de Trabalho;

II – Jornada Comum de Trabalho.

Parágrafo único. O disposto neste artigo não se aplica aos funcionários e servidores cujos cargos ou funções-atividades sejam exercidos em Regime Especial de Trabalho Policial.

Art. 71. A Jornada Completa de Trabalho instituída pelo inciso I do artigo anterior caracteriza-se pela exigência da prestação, pelos funcionários e servidores, de 40 (quarenta) horas semanais de trabalho, independentemente de restrições referentes ao exercício profissional em qualquer modalidade própria da profissão, ou de atividade particulares remuneradas.

Parágrafo único. O desempenho do exercício profissional ou de atividades particulares remuneradas não exclui a observância dos arts. 242 e 243 da Lei nº 10.261, de 28 de outubro de 1968, e não deverá, em qualquer hipótese, interferir no desempenho das atribuições do funcionário ou servidor, nem acarretar prejuízo ao cumprimento de horário e período de trabalho na forma que vier a ser fixada pela Administração.

Art. 72. De acordo com a natureza de determinados cargos ou funções-atividades, poderá ser exigido que o funcionário ou servidor desempenhe suas atribuições com proibição do exercício profissional respectivo e/ou do desempenho de atividades particulares remuneradas, sem que em decorrência desta proibição venham os funcionários ou servidores a auferir qualquer acréscimo de vencimentos ou salários.

Parágrafo único. Não se incluem na proibição de que trata este artigo as atividades de ensino e de difusão cultural.

Art. 73. Os cargos ou funções-atividades cujos ocupantes devam ficar sujeitos às restrições previstas no artigo anterior serão fixados em decreto.

Art. 74. Os funcionários e servidores sujeitos à Jornada Comum de Trabalho deverão cumprir 30 (trinta) horas semanais de trabalho.

§ 1º. O disposto neste artigo não se aplica aos funcionários e servidores para os quais disposição legal tenha fixado jornada inferior a 30 (trinta) horas semanais de trabalho.

§ 2º. O disposto no parágrafo anterior não se aplica aos cargos ou funções-atividades de Médico e Cirurgião-Dentista, cujo exercício poderá ser feito na Jornada Comum de Trabalho fixada no *caput* deste artigo.

Art. 75. Ficam sujeitas à Jornada Completa de Trabalho os funcionários e servidores, cujos cargos e funções-atividades tenham sido abrangidos pelo Regime de Dedicação Exclusiva de que trata o art. 33 da Lei nº 10.168, de 10 de julho de 1968.

Parágrafo único. Aplica-se o disposto neste artigo aos funcionários e servidores cujos cargos ou funções-atividade:

1. tenham suas denominações alteradas por esta Lei Complementar e que anteriormente hajam sido abrangidos pelo Regime de Dedicação Exclusiva;
2. tenham sido abrangidos pelo Regime de Dedicação Exclusiva em virtude de inclusões, extensões e aplicações determinadas por leis posteriores.

Art. 76. O funcionário ou servidor em Jornada Completa de Trabalho não poderá retornar à Jornada Comum de Trabalho.

Art. 77. O funcionário ou servidor que vier a prover cargo ou preencher função-atividade que, em virtude de dispositivo legal, esteja incluído em Jornada Completa de Trabalho, fica obrigado a essa jornada a partir da data do exercício, independentemente de convocação.

Parágrafo único. O disposto neste artigo não se aplica aos cargos e funções-atividades de Médico e Cirurgião-Dentista, bem como aos cargos e funções-atividades de chefia e de encarregatura a eles correspondentes, cujo exercício poderá ser feito em Jornada Comum de Trabalho.

Art. 78. Os funcionários ou servidores, em Jornada Completa de Trabalho, ao passarem à inatividade, somente terão seus proventos calculados com base nos valores dos padrões de vencimentos constantes da Tabela I se na data de aposentadoria, houverem prestado serviço contínuo nessa jornada pelo menos nos 60 (sessenta) meses imediatamente anteriores.

• *Art. 78, caput, com redação dada pela Lei Complementar nº 247, de 6.4.1981.*

§ 1º. Na hipótese de aposentadoria por invalidez não se aplica a condição prevista neste artigo.

• *§ 1º com redação dada pela Lei Complementar nº 247, de 6.4.1981.*

§ 2º. Os funcionários e servidores que vierem a se aposentar voluntariamente ou por implemento de idade, sem que hajam completado 60 (sessenta) meses em Jornada Completa de Trabalho, terão seus proventos calculados em razão da jornada de trabalho a que estiverem sujeitos no período correspondente aos 60 (sessenta) meses imediatamente anteriores à aposentadoria, na seguinte conformidade:

1. 1/60 (um sessenta avos) do valor do padrão fixado na Tabela I para cada mês em que, no período mencionado neste parágrafo, estiverem sujeitos à Jornada Completa de Trabalho;

2. 1/60 (um sessenta avos) do valor do padrão fixado nas Tabelas II ou III, conforme o caso, para cada mês em que, no período mencionado neste parágrafo, estiverem sujeitos à Jornada Comum de Trabalho.

• *§ 2º com redação dada pela Lei Complementar nº 247, de 6.4.1981.*

§ 3º. Para o cálculo de proventos de que trata este artigo adotar-se-á a Escala de Vencimentos que for aplicável ao funcionário ou servidor por ocasião da aposentadoria.

• *§ 3º com redação dada pela Lei Complementar nº 247, de 6.4.1981.*

§ 4º. Se o funcionário ou servidor, ao qual seja aplicável por ocasião de aposentadoria a Escala de Vencimentos 1, 2, 3 ou 4, tiver exercido no período correspondente aos 60 (sessenta) meses imediatamente anterior a aposentadoria no cargo ou função-atividade ao qual tenha sido aplicada a Tabela III da Escala de Vencimentos 5, 6 ou 7, computar-se-á, como se em Jornada Comum de Trabalho fosse, o tempo em que esteve sujeito a jornada inferior a 30 (trinta) horas semanais de trabalho.

• *§ 4º com redação dada pela Lei Complementar nº 247, de 6.4.1981.*

§ 5º. Será considerado como de Jornada Completa de Trabalho o tempo em que o funcionário ou servidor tenha prestado serviço no Regime de Dedicação Exclusiva.

• *§ 5º com redação dada pela Lei Complementar nº 247, de 6.4.1981.*

Art. 79. Aos ocupantes de cargos e funções abrangidos por esta Lei Complementar não será devido qualquer acréscimo percentual, vantagem pecuniária ou gratificação de qualquer natureza, pela prestação de serviço em Jornada Completa de Trabalho.

TÍTULO IX – DAS SUBSTITUIÇÕES

Art. 80. Haverá substituição no impedimento legal e temporário de ocupante de cargo ou de função-atividade a que correspondam atribuições de comando de unidade administrativa, assim caracterizadas aquelas referentes a direção, chefia e encarregatura.

Parágrafo único. O titular de cargo de direção, chefia e encarregatura correspondentes a funções de serviço público privativas de funcionário público, nos termos do art. 6º desta Lei Complementar, somente poderá ser substituído por outro titular de cargo.

Art. 81. Ocorrendo vacância de cargo ou função-atividade, o substituto passará a responder pelo expediente da unidade ou órgão correspondente até o provimento do cargo ou o preenchimento da função-atividade.

Art. 82. A substituição, quando não for automática, dependerá de ato de autoridade competente.

Parágrafo único. O substituto exercerá o cargo ou função-atividade enquanto perdurar o impedimento do respectivo titular.

Art. 83. Exclusivamente para atender às necessidades de serviço, os funcionários ou servidores que tenham valores sob sua guarda, em caso de impedimento, serão substituídos por funcionários ou servidores de sua confiança, que indicarem, respondendo a sua fiança pela gestão do substituto.

TÍTULO X – DA PROMOÇÃO

• *Os efeitos deste Título foram suspensos transitoriamente, no âmbito da Secretaria da Assembleia Legislativa, nos termos e condições da Lei Complementar nº 505, de 19.1.1987, que dispõe:*

"Art. 1º. O funcionário ou servidor do Quadro da Secretaria da Assembleia Legislativa fará jus à passagem ao grau imediatamente superior da mesma referência, na data em que, a partir de 1º de janeiro de 1980, completar um período de 5 (cinco) anos constituídos ou não de serviço necessário à concessão de adicional por tempo de serviço.

Art. 2º. Em consequência da promoção com base no disposto no artigo anterior, ficam suspensos os efeitos do Título X da Lei Complementar nº 180, de 12 de maio de 1980 a 31 de dezembro de 1984, para funcionário ou servidor do Quadro da Secretaria da Assembleia Legislativa.

Parágrafo único. O período de suspensão a que se refere o caput deste artigo será automaticamente prorrogado para funcionário ou servidor do Quadro da Assembleia Legislativa, pelo tempo necessário à obtenção do benefício previsto no art. 1º desta Lei Complementar."

Art. 84. Promoção é a passagem do funcionário ou servidor, ocupante de função-atividade de natureza permanente, de um grau a outro da mesma referência e processar-se-á obedecidos, alternadamente, os critérios de merecimento e de antiguidade.

• *Art. 84, caput, com redação dada pela Lei Complementar nº 260, de 30.6.1981.*

Parágrafo único. O mérito do funcionário ou servidor a que se refere o *caput*, que se encontrar exercendo cargo de provimento em comissão, respondendo pelas atribuições de cargo vago de direção, chefia ou encarregadura ou no exercício de um destes cargos na qualidade de substituto, ou ainda, no exercício de função dessa natureza retribuída mediante *pro labore* nos termos do art. 28 da Lei nº 10.168, de 10 de julho de 1968, será avaliado em face das condições de merecimento próprias desses cargos ou funções e aproveitado tanto no cargo ou função em que se encontrar, quanto no cargo ou função-atividade de natureza permanente do qual for titular ou ocupante.

• *Parágrafo único com redação dada pela Lei Complementar nº 260, de 30.6.1981.*

Art. 85. Anualmente serão promovidos até 20% (vinte por cento) dos funcionários e servidores da mesma classe.

Art. 86. Os procedimentos, interstícios e demais condições referentes à promoção constarão de regulamento, a ser proposto pelo órgão central de recursos humanos.

TÍTULO XI – DO SISTEMA DE PONTOS

Capítulo I – Das Disposições Preliminares

Art. 87. Fica instituído o sistema de pontos, aplicável à elevação dos cargos e funções-atividades ao longo das referências numéricas que compõem a Escala de Vencimentos.

Art. 88. Para os fins previstos no artigo anterior, a Administração, com fundamento em disposições legais específicas, atribuirá pontos a seus funcionários e servidores.

Art. 89. Os pontos atribuídos têm por finalidade propiciar a passagem do funcionário ou do servidor a nível de retribuição mais elevado, pelo enquadramento de seu cargo ou de sua função-atividade em referência numérica superior da Escala de Vencimentos e no mesmo grau em que se encontre.

Art. 90. A aplicação do sistema de pontos determinará, partindo-se da referência inicial da classe correspondente, a referência numérica em que deve ser enquadrado o cargo ou a função-atividade.

Capítulo II – Dos Princípios Fundamentais de Sistema de Pontos

Art. 91. Para os fins do sistema ora instituído, a cada 5 (cinco) pontos inteiros o funcionários ou servidor terá seu cargo ou função-atividade enquadrado na referência numérica imediatamente superior.

Art. 92. O cargo do funcionário, ou a função-atividade do servidor, enquadrar-se-á em referência numérica situada tantas referências acima da inicial de sua classe quanto for a parte inteira da divisão, por 5 (cinco), do total de pontos obtidos.

Parágrafo único. Vetado.

Art. 93. O funcionário ou servidor, em razão dos pontos que lhe sejam atribuídos, excetuada a hipótese prevista no art. 112, desta Lei Complementar, poderá ter seu cargo ou função-atividade elevado a referências superiores da Escala de Vencimentos, ainda que ultrapasse a referência numérica final da classe a que pertença.

Capítulo III – Da Aplicação do Sistema de Pontos no Adicional por Tempo de Serviço

Art. 94. Para os funcionários e servidores abrangidos por esta Lei Complementar, o adicional por tempo de serviço de que trata o inciso VIII do art. 92 da Constituição do Estado (Emenda nº 2, de 30.10.1969) passará a ser concedido exclusivamente mediante atribuição de pontos na forma disciplinar neste capítulo.

- *Inciso VIII do art. 92, prejudicado com a promulgação da Constituição do Estado de São Paulo, de 5.10.1989, que substitui a Emenda citada.*
- *Dispunha o citado inciso: "Art. 92. O funcionário do Estado será organizado com observância dos princípios mínimos estabelecidos na constituição da República e atendimento das seguintes normas:(...) VIII – o adicional por tempo de serviço, sempre concedido por quinquênios, bem como a sexta parte dos vencimentos integrais, concedida após vinte e cinco anos de efetivo exercício, incorporar-se-ão aos vencimentos para todos os efeitos; (...)."*
- *A Constituição de 1989, dispõe:*

  "Art. 129. Ao servidor público estadual é assegurado o percebimento do adicional por tempo de serviço, concedido no mínimo por quinquênio, e vedada a sua limitação, bem como a sexta-parte dos vencimentos integrais, concedida aos vinte anos de efetivo exercício, que se incorporarão aos vencimentos para todos os efeitos, observado o disposto no art. 115, XVI, desta Constituição."

"Art. 115. Para a organização da administração pública direta e indireta, inclusive as fundações instituídas ou mantidas por qualquer dos Poderes do Estado, é obrigatório o cumprimento das seguintes normas: (...) XVI – os acréscimos pecuniários percebidos por servidor público não serão computados nem acumulados para fins de concessão de acréscimos ulteriores sob o mesmo título ou idêntico fundamento; (...)."

Art. 95. Para efeito do artigo anterior, serão atribuídos ao funcionário ou servidor 5 (cinco) pontos na data em que completar cada período de 5 (cinco) anos de serviço contínuos ou não, observados o disposto no art. 91 desta Lei Complementar.

Art. 96. Em consequência da concessão do adicional por tempo de serviço com base no sistema de pontos, ficam cessados, para os funcionários e servidores abrangidos por esta Lei Complementar, os efeitos do art. 13 e seus parágrafos da Lei nº 6.043, de 20 de janeiro de 1961, do art. 127 da Lei nº 10.261, de 28 de outubro de 1968, e do art. 28 do Decreto-Lei Complementar nº 11, de 2 de março de 1970.

Capítulo IV – Da Aplicação do Sistema de Pontos na Evolução Funcional

Seção I – Das Disposições Preliminares

Art. 97. Evolução funcional é a passagem do cargo ou função-atividade a nível de retribuição mais elevado, na classe a que pertence, em consequência de avaliação anual do desempenho do funcionário ou servidor.

Art. 98. Para fins de evolução funcional, em cada processo avaliatório serão atribuídos pontos a funcionários e servidores, com o efeito previsto no art. 91 desta Lei Complementar.

Seção II – Dos Conceitos de Avaliação

Art. 99. O funcionário ou servidor terá seu desempenho avaliado na unidade em que esteja prestando serviço, comparativamente com o desempenho de outros funcionários ou servidores integrantes do mesmo grupo objeto da avaliação.

Art. 100. A avaliação será o resultado do exclusivo julgamento do superior imediato.

Art. 101. Em consequência da avaliação, o funcionário ou servidor terá seu desempenho qualificado segundo um dos seguintes conceitos:

I – muito bom – (MB);

II – bom – (B);

III – regular – (R).

Seção III – Da Velocidade Evolutiva

Art. 102. Para fins de evolução funcional, cada classe terá fixada sua velocidade evolutiva em uma das seguintes categorias:

I – classe de velocidade evolutiva – VE-1;

II – classe de velocidade evolutiva – VE-2;

III – classe de velocidade evolutiva – VE-3;

IV – classe de velocidade evolutiva – VE-4;

V – classe de velocidade evolutiva – VE-5;

Art. 103. A velocidade evolutiva será definida em função dos seguintes fatores:

I – amplitude de vencimentos;

II – exigência de maior aperfeiçoamento e especialização profissional e/ou funcional;

III – perspectiva de oferta e demanda no mercado de trabalho.

Art. 104. A velocidade evolutiva determina o número de pontos que poderão ser atribuídos aos funcionários ou servidores da mesma classe, observada a seguinte escala de pontos;

I – classe de velocidade evolutiva VE-1:

a) 2 (dois) pontos para os funcionários e servidores cujo desempenho seja avaliado como "muito bom";

b) 1 (um) ponto para os funcionários e servidores cujo desempenho seja avaliado como "bom";

c) 0 (zero) ponto para os funcionários e servidores cujo desempenho seja avaliado como "regular";

II – classe de velocidade evolutiva VE-2:

a) 3 (três) pontos para os funcionários e servidores cujo desempenho seja avaliado como "muito bom";

b) 1,5 (um e meio) ponto para os funcionários e servidores cujo desempenho seja avaliado como "bom";

c) 0 (zero) ponto para os funcionários e servidores cujo desempenho seja avaliado como "regular";

III – classe de velocidade evolutiva VE-3:

a) 4 (quatro) pontos para os funcionários e servidores cujo desempenho seja avaliado como "muito bom";

b) 2 (dois) pontos para os funcionários e servidores cujo desempenho seja avaliado como "bom";

c) 0 (zero) ponto para os funcionários e servidores cujo desempenho seja avaliado como "regular";

IV – classe de velocidade evolutiva VE-4:

a) 5 (cinco) pontos para os funcionários e servidores cujo desempenho seja avaliado como "muito bom";

b) 2,5 (dois e meio) pontos para os funcionários e servidores cujo desempenho seja avaliado como "bom";

c) 0 (zero) ponto para os funcionários e servidores cujo desempenho seja avaliado como "regular";

V – classe de velocidade evolutiva VE-5:

a) 6 (seis) pontos para os funcionários e servidores cujo desempenho seja avaliado como "muito bom";

b) 3 (três) ponto para os funcionários e servidores cujo desempenho seja avaliado como "bom";

c) 0 (zero) ponto para os funcionários e servidores cujo desempenho seja avaliado como "regular".

Seção IV – Dos Procedimentos para a Evolução Funcional

Subseção I – Da Constituição dos Grupos

Art. 105. Para fins de evolução funcional, serão constituídos, em cada Secretaria de Estado, grupos compostos por diferentes classes, na forma a ser disciplinada em decreto.

Parágrafo único. Os grupos de que trata este artigo deverão ser formados de classes cuja escolaridade, especialização, grau de responsabilidade, nível de complexidade das atribuições e outros fatores sejam comparáveis ou guardem homogeneidade.

Art. 106. Para cada grupo haverá um processo avaliatório específico, que poderá ocorrer em períodos distintos, observada a periodicidade de uma avaliação por ano, contado a partir da data da publicação desta Lei Complementar.

Art. 107. Cada grupo deverá reunir o total de funcionários titulares de cargos e de servidores ocupantes de funções-atividades, das diversas classes que compõem, assim considerados todos os funcionários e servidores dessas classes que se encontrem em efetivo exercício na Secretaria, integrantes, ou não, do seu quadro.

Parágrafo único. Para os fins de que trata este artigo serão considerados inclusive os funcionários e servidores extranumerários que se encontrem em uma das situações previstas nos arts. 78 e 191, ambos da Lei nº 10.261, de 28 de outubro de 1968, bem como os servidores admitidos em caráter temporário, nos termos do art. 1º da Lei nº 500, de 13 de novembro de 1974, que se encontrem afastados com fundamento nos arts. 16 e 25 da mesma lei.

Subseção II – Da Aplicação dos Conceitos Avaliatórios

Art. 108. (Revogado).

- *Art. 108 revogado pela Lei Complementar nº 221, de 19.9.1979.*

Art. 109. (Revogado).

- *Art. 109 revogado pela Lei Complementar nº 221, de 19.9.1979.*

Subseção III – Do Superior Imediato na Avaliação de Desempenho

Art. 110. Caberá ao superior imediato proceder, anualmente, a avaliação do desempenho dos funcionários e servidores que lhe estejam subordinados, aplicando os conceitos previstos no art. 101 desta Lei Complementar.

§ 1º. Aplicados os conceitos, atribuir-se-ão automaticamente ao funcionário e ao servidor os pontos que lhes correspondam, de acordo com a velocidade evolutiva da classe e em conformidade com a escala de pontos estabelecida no art. 104 desta Lei Complementar.

§ 2º. O superior imediato deverá apresentar relatório, justificando e critério utilizado na avaliação.

Seção V – Das Demais Disposições

Art. 111. O funcionário ou servidor não terá seu desempenho avaliado enquanto estiver:

I – afastado para prestar serviço junto a empresas, fundações, órgãos da União, de outros Estados e Municípios;

II – licenciado para tratamento de saúde, por prazo superior a 6 (seis) meses, nas hipóteses previstas nos arts. 191 e 199 da Lei nº 10.261, de 28 de outubro de 1968, e nos incisos I, II, III e IV do art. 25 da Lei nº 500, de 13 de novembro de 1974.

- *Inciso II com redação dada pela Lei Complementar nº 209, de 17. 1. 1979.*

§ 1º. O funcionário ou servidor, quando afastado para exercício de mandato eletivo federal, estadual ou municipal, não integrará o respectivo grupo sob avaliação, atribuindo-se-lhe os pontos correspondentes ao conceito "muito bom" da classe a que pertence.

§ 2º. Aplica-se o disposto no parágrafo anterior ao funcionário ou servidor, quando nomeado para o cargo de Prefeito.

§ 3º. O funcionário ou servidor afastado com fundamento na Lei federal nº 4.737, de 15 de julho de 1965, não integrará o respectivo grupo sob avaliação, atribuindo-se-lhe os pontos correspondentes ao conceito "bom" da classe a que pertence.

§ 4º. O disposto no parágrafo anterior aplica-se ao funcionário ou servidor, quando licenciado nos termos do art. 194 da Lei nº 10.261, de 28 de outubro de 1968.

- *§ 4º acrescentado pela Lei Complementar nº 209, de 17.1.1979.*

Art. 112. O funcionário ou servidor deixará de ser avaliado quando o seu cargo ou função-atividade atingir a referência final da classe a que pertença.

Parágrafo único. O disposto neste artigo aplica-se aos casos previstos nos §§ 1º e 2º do artigo anterior.

Art. 113. Os funcionários e servidores alcançados pelos arts. 111 e 112, poderão continuar a se beneficiar do sistema de pontos, em decorrência de pontos que lhes venham a ser atribuídos com base nas demais hipóteses previstas nesta Lei Complementar.

Art. 114. Dos procedimentos relativos à evolução funcional só caberá recurso ao superior mediato.

§ 1º. Acolhido o recurso, serão revistas as avaliações relativas à respectiva unidade administrativa para observância do disposto nos arts. 108 e 109 desta Lei Complementar.

§ 2º. Vetado.

Art. 115. Sem prejuízo da apuração de responsabilidades, será declarada sem efeito a evolução funcional indevida.

Capítulo V – Da Aplicação do Sistema de Pontos nas Formas de Provimento de Cargos e do Preenchimento de Funções-Atividades

Seção I – Na Nomeação e Admissão

Art. 116. O funcionário ou servidor, ao ingressar no serviço público, terá seu cargo ou função-atividade enquadrado na referência numérica inicial da respectiva classe, sem que lhe sejam consignados quaisquer pontos.

Art. 117. O enquadramento do cargo para o qual o funcionário venha a ser nomeado em caráter efetivo ou da função-atividade de natureza permanente para a qual servidor venha a ser admitido far-se-á mediante observância das seguintes normas:

- *Art. 117, caput, incisos e parágrafos com redação dada pela Lei Complementar nº 318, de 11.3.1983.*
- *Vide Lei Complementar nº 589, de 21.12.1988, nesta edição.*

I – Se a velocidade evolutiva do novo cargo ou função-atividade for igual ou inferior à do anteriormente ocupado pelo funcionário ou servidor:

a) apurar-se-á o número de pontos consignados em seu prontuário até a data do exercício do novo cargo ou função-atividade, atribuídos a título de:

1. adicionais por tempo de serviço;
2. art. 24 ou 25 das Disposições Transitórias desta Lei Complementar;
3. evolução funcional – avaliação de desempenho e evolução funcional.

b) o cargo ou função-atividade será enquadrado em referência numérica situada tantas referências acima da inicial da nova classe, quanto for a parte inteira da divisão por 5 (cinco), do total de pontos apurados na forma da alínea anterior.

II – se a velocidade evolutiva do novo cargo ou função-atividade for superior à do anteriormente ocupado pelo funcionário ou servidor:

a) apurar-se-á o número de pontos consignados em seu prontuário até a data do exercício do novo cargo ou função-atividade, atribuídos a título de:

1. adicionais por tempo de serviço;

2. art. 24 ou 25 das Disposições Transitórias desta Lei Complementar;

3. evolução funcional – avaliação de desempenho e evolução funcional, divididos pelo número de pontos correspondentes ao conceito "bom (B)" previsto para a classe a que pertence o cargo ou função-atividade anteriormente ocupada e multiplicados pelo número de pontos correspondentes ao conceito "bom (B)" previsto para a nova classe.

b) o cargo ou função-atividade será enquadrado em referência numérica situada tantas referências acima da inicial da nova classe, quanto for a parte inteira da divisão por 5 (cinco), do total de pontos apurados na forma da alínea anterior.

III – ficarão consignados no prontuário, sob os títulos que lhes são próprios, os pontos apurados na forma da alínea "a" do inciso I ou do inciso II, conforme o caso.

- *Art. 117, caput, incisos e parágrafos com redação dada pela Lei Complementar nº 318, de 11.3.1983.*

§ 1º. O disposto nos incisos I e II aplica-se, também, aos casos em que, sem ser funcionário ou servidor quando da nomeação para o cargo em caráter efetivo ou da admissão para função-atividade de natureza permanente, o nomeado ou admitido tenha tempo de serviço público prestado anteriormente ao Estado.

- *§ 1º com redação dada pela Lei Complementar nº 318, de 11.3.1983.*

§ 2º. O disposto no inciso II aplica-se, também, aos casos em que o nomeado para o cargo de provimento em comissão tenha tempo de serviço público prestado anteriormente ao Estado, sem estar revestido, quando da nomeação, da qualidade de funcionário titular de cargo efetivo ou de servidor ocupante de função-atividade de natureza permanente.

- *§ 2º com redação dada pela Lei Complementar nº 318, de 11.3.1983.*

§ 3º. O disposto neste artigo não se aplica aos casos em que o nomeado para cargo de provimento em comissão tenha a qualidade de aposentado no serviço público, hipótese em que observar-se-á a disposição do artigo anterior.

- *§ 3º com redação dada pela Lei Complementar nº 318, de 11.3.1983.*

Art. 118. Nos casos de nomeação de funcionário titular de cargo efetivo, ou servidor, ocupante de função-atividade de natureza permanente, para cargo de provimento em comissão, observar-se-ão, para fins de ajustamento dos pontos acumulados e enquadramento do cargo, as disposições do art. 119 desta Lei Complementar.

§ 1º. Ocorrendo a exoneração do cargo em comissão e o retorno do funcionário ou servidor ao exercício do cargo de que é titular ou da função de que é ocupante, proceder-se-á ao ajustamento do número de pontos acumulados até a data da exoneração, devendo ficar consignados no prontuário do funcionário ou servidor:

1. os pontos que lhe tenham sido atribuídos em virtude da concessão de adicionais por tempo de serviço;

2. os pontos que lhe tenham sido atribuídos com fundamento no art. 24 ou no art. 25 das Disposições Transitórias desta Lei Complementar;

3. o resultado da soma dos pontos ajustados na forma do inciso III do art. 119 e dos pontos que lhe tenham sido atribuídos em decorrência da avaliação de desempenho pelo exercício do cargo em comissão, dividido pelo número de pontos correspondentes ao conceito "bom (B)" previsto para a classe a que pertence o cargo em comissão, multiplicado pelo número de pontos correspondente ao conceito "bom (B)" previsto para a classe a que pertence o cargo efetivo de que é titular ou a função-atividade de que é ocupante.

§ 2º. Ajustados os pontos na forma estabelecida no parágrafo anterior, o respectivo cargo efetivo ou função-atividade de natureza permanente será enquadrado em referência numérica situada tantas referências acima da inicial da classe a que pertence, quanto for a parte inteira da divisão, por 5 (cinco), do total de pontos decorrentes do ajustamento.

§ 3º. Ocorrendo a aposentadoria do funcionário, no cargo do qual é titular efetivo, ou do servidor, na função-atividade de natureza permanente da qual é ocupante, sem que tenha sido exonerado do cargo em comissão do qual seja titular, observar-se-á o seguinte:

1. para cálculo dos proventos correspondentes ao cargo do qual é titular efetivo ou função-atividade de natureza permanente da qual é ocupante, quando não aplicada a disposição do art. 26 do Decreto-Lei Complementar nº 11, de 2.3.1970, com a redação dada pelo Decreto-Lei Complementar nº 13, de 25.3.1970, proceder-se-á ao ajustamento do número de pontos acumulados até a data da aposentadoria, na forma do disposto nos itens 1, 2 e 3 do § 1º;

2. o cargo em comissão do qual é titular deverá retornar ao padrão inicial fixado para a classe a que pertence.

• *§ 3º e itens 1 e 2, acrescentados pela Lei Complementar nº 260, de 30.6.1981.*

Seção II – No Acesso

Art. 119. No provimento de cargos e no preenchimento de funções-atividades, mediante acesso, proceder-se-á ao ajustamento do número de pontos acumulados até a data do acesso, devendo ficar consignados no prontuário do funcionário ou servidor:

I – os pontos que lhe tenham sido atribuídos em virtude da concessão de adicionais por tempo de serviço;

II – os postos que lhe tenham sido atribuídos com fundamento no art. 24 ou no art. 25 das Disposições Transitórias desta Lei Complementar;

III – os pontos que lhe tenham sido atribuídos a título de evolução funcional-avaliação de desempenho e evolução funcional, divididos pelo número de pontos correspondentes no conceito "bom (B)" previsto para a classe a que pertence o cargo ou função-atividade anteriormente ocupado e multiplicados pelo número de pontos correspondentes ao conceito "bom (B)" previsto para a nova classe.

• *Inciso III com redação dada pela Lei Complementar nº 318, de 11.3.1983.*

Parágrafo único. Ajustados os pontos na forma estabelecida neste artigo, o respectivo cargo ou função-atividade será enquadrado em referência numérica situada tantas referências acima da inicial da nova classe, quanto for a parte inteira da divisão, por 5 (cinco), do total de pontos decorrentes do ajustamento.

Seção III – Na Transposição

Art. 120. No provimento de cargos e no preenchimento de funções-atividades mediante transposição, para fins de ajustamento dos pontos acumulados e enquadramento do cargo ou função-atividade, observar-se-ão:

I – nos casos de transposição para cargos ou funções-atividades de direção, chefia e encarregatura, as normas do art. 119 desta Lei Complementar;

II – nos demais casos de transposição, as normas do art. 117 desta Lei Complementar.

Seção IV – Na Reintegração, na Reversão, no Aproveitamento e na Readmissão

Art. 121. Nos casos de reintegração, de reversão, de aproveitamento e de readmissão, o funcionário readquirirá o total de pontos obtidos e será enquadrado na mesma referência em que se encontrava no cargo anteriormente ocupado.

TÍTULO XII – DA GRATIFICAÇÃO DE NATAL

Arts. 122 ao 131. (Revogados).

- *Arts. 122 ao 131 revogados pelo art. 12 da Lei Complementar nº 644, de 26.12.1989.*
- *Nota: O art. 123, inciso II, c, já havia sido revogado pelo art. 81 da Lei Complementar nº 201, de 9.11.1978; o Parágrafo único, item 2 teve nova redação dada pelo art. 1º, V, da Lei Complementar nº 209, de 17.1.1979 e os itens 7, 8 e 9 foram acrescentados pelo art. 5º da Lei Complementar nº 432, de 18.12.1985.*

TÍTULO XIII – DO SISTEMA PREVIDENCIÁRIO E ASSISTÊNCIA MÉDICA

Capítulo I – Da Pensão Mensal

Seção I – Das Disposições Preliminares

Art. 132. O regime de pensão mensal, instituído pela Lei nº 4.832, de 4 de setembro de 1958, com alterações posteriores, passará a obedecer às disposições deste Capítulo.

Seção II – Dos Contribuintes

- *Ver Leis Complementares nº 943, de 23.6.2003 e nº 954, de 31.12.2003.*

Art. 133. (Revogado).

- *Art. 133 revogado pela Lei Complementar nº 1.010, de 1º.6.2007.*

Art. 134. As inscrições de contribuintes far-se-ão de acordo com as normas estabelecidas em regulamento.

Art. 135. Ao contribuinte obrigatório que tenha perdido essa qualidade, por qualquer motivo, é facultado revalidar sua inscrição, desde que o requeira no prazo de 6 (seis) meses a contar da data em que perdeu essa qualidade, sujeitando-se ao pagamento das contribuições previstas nos arts. 137, 140 e 141, conforme o caso.

§ 1º. As contribuições facultativas de que trata este artigo serão reajustadas sempre que houver revalorização do vencimento, remuneração ou salário do funcionário ou servidor de igual categoria e padrão, inclusive das demais vantagens computadas na retribuição-base vigente na data em que o interessado tenha perdido a qualidade de contribuinte obrigatório.

§ 2º. O não recolhimento das contribuições, decorridos 6 (seis) meses da última contribuição vencida, importará no cancelamento da inscrição, cessada para o Instituto de Previdência do Estado de São Paulo toda e qualquer responsabilidade, inclusive não assistindo ao contribuinte o direito à devolução das contribuições efetuadas.

§ 3º. As condições para regularizar e revalidar inscrição, prazo e forma de recolhimento das contribuições serão estabelecidas em regulamento.

- *§ 3º com redação dada pela Lei Complementar nº 940, de 3.4.2003.*

Art. 136. Na hipótese de o contribuinte facultativo voltar à condição de contribuinte obrigatório nos termos do art. 133, a inscrição facultativa será automaticamente cancelada, sem devolução das contribuições efetuadas.

Seção III – Das Contribuições

Art. 137. As contribuições dos funcionários, servidores e demais contribuintes previstos no art. 133, devidas à razão de 6% (seis por cento) e calculadas cobre a retribuição-base percebida mensalmente, serão consignadas nas respectivas folhas de pagamento, não se considerando as deduções efetuadas.

§ 1º. A retribuição-base será constituída de vencimentos, remuneração, salários, gratificações *pro labore*, gratificação relativa a regime especial de trabalho e outras vantagens pecuniárias, excetuadas as parcelas relativas a salário-família, salário-esposa, diárias de viagens, ajuda de custo, auxílio-funeral, representação de qualquer natureza e equivalentes.

§ 2º. A retribuição-base do inativo será constituída dos proventos totais percebidos, excluídas as parcelas relativas a salário-família e salário-esposa.

§ 3º. O valor percebido pelo funcionário ou servidor, a título de aulas excedentes, será computado para efeito de retribuição-base.

§ 4º. A retribuição-base do funcionário sujeito ao regime de remuneração será constituída do valor do padrão do cargo, do valor das quotas percebidas a título de prêmio de produtividade e do valor de outras vantagens incorporadas à remuneração.

§ 5º. Na hipótese do parágrafo anterior, observar-se-á o seguinte:

1. a retribuição-base será apurada trimestralmente, devendo vigorar, em cada trimestre, o valor médio da percebida no trimestre anterior;

2. o funcionário poderá, a qualquer tempo, requerer que sua contribuição seja calculada sempre sobre a maior das retribuições-base que resultarem das sucessivas apurações feitas na forma do item anterior;

3. a eventual desistência do pedido formulado nos termos do item anterior não acarretará devolução das contribuições efetuadas.

§ 6º. Se o contribuinte obrigatório vier a exercer cargo em comissão, a contribuição passará a ser calculada sobre a retribuição-base percebida no exercício desse cargo.

§ 7º. Se o contribuinte obrigatório vier a exercer cargo em substituição ou responder pelas atribuições de cargo vago, a contribuição passará a ser calculada sobre a retribuição-base correspondente a esse cargo, enquanto no exercício do mesmo cargo.

§ 8º. Na hipótese de acumulação permitida em lei, a contribuição passará a ser calculada sobre as retribuições-base correspondentes aos cargos ou funções acumulados.

§ 9º. No caso de contribuinte inativo que venha a exercer cargo ou função em comissão com percepção cumulativa de proventos e vencimentos ou salários, a contribuição passará a ser calculada sobre as respectivas retribuições-base.

§ 10. O contribuinte que, por qualquer motivo, deixar de perceber retribuição-base temporariamente, deverá recolher diretamente ao IPESP as contribuições previstas neste e nos arts. 140 e 141, conforme o caso.

§ 11. A contribuição será devida sobre a gratificação de Natal.

Art. 138. Durante doze meses, a partir daquele em que se verificar a inscrição do contribuinte, será devida, além da contribuição de que trata o artigo anterior, jóia calculada à razão de 1% (um por cento) sobre a retribuição-base, devendo consignar-se o seu valor em folha de pagamento.

Art. 139. As contribuições devidas na forma do art. 137 e não recolhidas pelo contribuinte no prazo regulamentar ficarão sujeitas ao juro de 1% (um por cento) ao mês.

Art. 140. (Revogado).

- *Art. 140 revogado pela Lei Complementar nº 1.010, de 1º.6.2007.*

Art. 141. (Revogado).

- *Art. 141 revogado pela Lei Complementar nº 1.010, de 1º.6.2007.*

Art. 142. (Revogado).

- *Art. 142 revogado pela Lei Complementar nº 1.010, de 1º.6.2007.*

Art. 143. (Revogado).

- *Art. 143 revogado pela Lei Complementar nº 1.010, de 1º.6.2007.*

Seção IV – Dos Benefícios e dos Beneficiários

Art. 144. O valor inicial da pensão por morte devida aos dependentes de servidor falecido será igual à totalidade da remuneração no cargo efetivo em que se deu o óbito, ou à dos proventos do inativo na data do óbito, até o limite máximo estabelecido para os benefícios do regime geral de previdência social, de que trata o art. 201 da Constituição Federal, acrescido de 70% (setenta por cento) da parcela que exceder esse limite.

Parágrafo único. O cálculo do valor inicial da pensão mensal, na situação prevista no § 3º do art. 137 desta Lei Complementar, no caso do servidor que vier a falecer antes de sua aposentadoria, tomará por base a média das aulas ministradas nos 12 (doze) meses anteriores ao do óbito, adotando-se o valor unitário vigente na data do óbito.

• *Art. 144 com redação dada pela Lei Complementar nº 1.012, de 5.7.2007.*

Art. 145. Os beneficiários farão jus à pensão mensal a partir da data do falecimento do contribuinte, cessando na mesma data a obrigação de contribuir.

Parágrafo único. O pagamento da pensão mensal terá início dentro de, no máximo, 60 (sessenta) dias da data em que o beneficiário completar a documentação exigida para a sua habilitação.

Art. 146. A pensão prevista no art. 144, devida no mês de dezembro de cada ano, será sempre acrescida de gratificação de Natal de igual valor, exceto se o pagamento desta se processar com fundamento no art. 127.

Art. 147. São dependentes do servidor, para fins de recebimento de pensão:

I – o cônjuge ou o companheiro ou a companheira, na constância, respectivamente, do casamento ou da união estável;

II – o companheiro ou a companheira, na constância da união homoafetiva;

III – os filhos, de qualquer condição ou sexo, de idade igual à prevista na Legislação do Regime Geral de Previdência Social e não emancipados, bem como os inválidos para o trabalho e os incapazes civilmente, estes dois últimos desde que comprovadamente vivam sob dependência econômica do servidor;

IV – os pais, desde que comprovadamente vivam sob dependência econômica do servidor e não existam dependentes das classes mencionadas nos incisos I, II ou III deste artigo, ressalvado o disposto no § 3º deste artigo.

§ 1º. O enteado e o menor tutelado equiparam-se ao filho desde que comprovadamente vivam sob dependência econômica do servidor.

§ 2º. A pensão atribuída ao filho inválido ou incapaz será devida enquanto durar a invalidez ou a incapacidade.

§ 3º. Mediante declaração escrita do servidor, os dependentes a que se refere o inciso IV deste artigo poderão concorrer em igualdade de condições com os demais.

§ 4º. A invalidez ou a incapacidade supervenientes à morte do servidor não conferem direito à pensão, exceto se tiverem início durante o período em que o dependente usufruía o benefício.

§ 5º. A comprovação de dependência econômica dos dependentes enumerados na segunda parte do inciso III, no inciso IV e no § 1º deste artigo deverá ter como base à data do óbito do servidor e ser feita de acordo com as regras e critérios estabelecidos em norma regulamentar.

§ 6º. Na falta de decisão judicial com trânsito em julgado reconhecendo a união estável, o companheiro ou companheira deverá comprová-la conforme estabelecido em norma regulamentar.

• *Art. 147 com redação dada pela Lei Complementar nº 1.012, de 5.7.2007.*

Art. 148. Com a morte do servidor a pensão será paga aos dependentes, mediante rateio, em partes iguais.

§ 1º. O valor da pensão será calculado de acordo com a regra prevista no *caput* do art. 144 desta Lei Complementar, procedendo-se, posteriormente, à divisão do benefício em quotas, nos termos deste artigo.

§ 2º. O pagamento do benefício retroagirá à data do óbito, quando requerido em até 60 (sessenta) dias depois deste.

§ 3º. O pagamento do benefício será feito a partir da data do requerimento, quando ultrapassado o prazo previsto no § 2º deste artigo.

§ 4º. A pensão será concedida ao dependente que primeiro vier requerê-la, admitindo-se novas inclusões a qualquer tempo, as quais produzirão efeitos financeiros a partir da data em que forem requeridas, nos termos dos parágrafos 2º e 3º deste artigo.

§ 5º. A perda da qualidade de dependente pelo pensionista implica na extinção de sua quota de pensão, admitida a reversão da respectiva quota somente de filhos para cônjuge ou companheiro ou companheira e destes para aqueles.

§ 6º. Com a extinção da última quota de pensão, extingue-se o benefício.

• *Art. 148 com redação dada pela Lei Complementar nº 1.012, de 5.7.2007.*

Art. 149. A perda da condição de beneficiário dar-se-á em virtude de:

I – falecimento, considerada para esse fim a data do óbito;

II – não cumprimento de qualquer dos requisitos ou condições estabelecidos nesta Lei Complementar;

III – matrimônio ou constituição de união estável.

Parágrafo único. Aquele que perder a qualidade de beneficiário, não a restabelecerá.

• *Art. 149 com redação dada pela Lei Complementar nº 1.012, de 5.7.2007.*

Art. 150. O ex-cônjuge, ex-companheiro ou ex-companheira somente terá direito à pensão se o servidor lhe prestava pensão alimentícia na data do óbito.

Parágrafo único. O ex-cônjuge, ex-companheiro ou ex-companheira concorrerá em igualdade de condições com os demais dependentes, sendo o valor de seu benefício limitado ao valor da pensão alimentícia que recebia do servidor.

• *Art. 150 com redação dada pela Lei Complementar nº 1.012, de 5.7.2007.*

Art. 151. Inexistindo filhos de leitos anteriores, o contribuinte poderá destinar ao seu cônjuge a totalidade da pensão, observada a forma prevista no § 3º do artigo anterior.

Art. 152. O contribuinte solteiro, viúvo, separado judicialmente ou divorciado, poderá designar beneficiária companheira ou pessoas que vivam sob sua dependência econômica, ressalvado o direito que competir a seus filhos e preenchidas as seguintes condições:

I – na hipótese de companheira, desde que na data do falecimento do contribuinte com ele mantivesse vida em comum durante, no mínimo, 5 (cinco) anos;

II – nos demais casos, desde que se trate de menor de 21 (vinte e um) anos ou maior de 60 (sessenta) anos de idade, ou inválido.

§ 1º. Ao contribuinte separado judicialmente admitir-se-á instituir beneficiário, nos termos deste artigo, somente se não configuradas as hipóteses previstas nos itens 1 e 2 do § 1º do art. 149.

§ 2º. No caso do item 2 do § 1º do art. 149, poderá o contribuinte instituir beneficiário na forma deste artigo, com a metade da pensão que competir ao cônjuge separado judicialmente, observado o disposto no *caput* deste artigo, última parte.

§ 3º. Será automaticamente cancelada a inscrição dos beneficiários, se o contribuinte vier a contrair núpcias ou, se separado judicialmente, restabelecer a sociedade conjugal.

§ 4º. São provas de vida em comum, o mesmo domicílio, conta bancária em conjunto, encargos domésticos evidentes, a indicação como dependente em registro de associação de qualquer natureza e na declaração de rendimentos para efeito do imposto sobre a renda, ou, ainda, quaisquer outras que possam formar elemento de convicção, a critério do IPESP.

§ 5º. A existência de filho em comum com a companheira supre as condições estabelecidas no inciso I deste artigo, desde que, na data do falecimento do contribuinte, comprovadamente, mantivessem vida em comum.

§ 6º. A designação de beneficiários, nos termos deste artigo, é ato de vontade do contribuinte, e, ressalvado o disposto no parágrafo anterior, não pode ser suprida.

§ 7º. Fica facultado ao contribuinte, a todo o tempo, revogar a designação de beneficiários.

Art. 153. Poderá o contribuinte, sem filhos com direito à pensão, instituir beneficiários parentes até o 2º (segundo) grau, se forem incapazes ou inválidos, ressalvado, na razão da metade, o direito que competir ao seu cônjuge.

Parágrafo único. Na hipótese deste artigo, aplicar-se-á o disposto nos §§ 2º e 3º do art. 147, § 3º do art. 150 e § 7º do artigo anterior.

Art. 154. Sobrevindo o falecimento de qualquer dos beneficiários, observar-se-á o seguinte:

I – se o falecido for o cônjuge ou a companheira, sua pensão acrescerá, em partes iguais, a dos filhos legítimos, legitimados, naturais e reconhecidos, enteados ou adotivos do contribuinte;

II – se o falecido for filho legítimo, legitimado, natural e reconhecido, enteado ou adotivo do contribuinte, a respectiva pensão reverterá ao cônjuge supérstite e à companheira beneficiária nos termos do art. 152;

• *Inciso II com redação dada pela Lei Complementar nº 209, de 17.1.1979.*

§ 1º. Na hipótese do inciso I, observar-se-á o disposto nos §§ 2º e 3º do art. 147.

§ 2º. Na hipótese do inciso II, dar-se-á a reversão somente se o cônjuge sobrevivente não estiver impedido de receber o benefício, nos termos do art. 149, ou se não houver contraído novas núpcias.

Art. 155. Nenhum beneficiário poderá receber mais de uma pensão decorrente desta Lei Complementar, exceto filho, enteado e menor tutelado, de casal contribuinte, assegurado aos demais o direito de opção pela pensão mais vantajosa.

• *Art. 155 com redação dada pela Lei Complementar nº 1.012, de 5.7.2007.*

Art. 156. As pensões devidas aos beneficiários do contribuinte serão reajustadas, automaticamente, quando ocorrer:

I – aumento geral da retribuição dos funcionários públicos e servidores civis estaduais;

II – revalorização retribuitória de categoria igual à do contribuinte falecido;

III – alteração do valor das vantagens percebidas pelo contribuintes na data do óbito.

Parágrafo único. O reajuste operar-se-á a partir da vigência dos novos valores.

Art. 157. A pensão é mensal e extingue-se com a morte, casamento, cessação da incapacidade ou invalidez do beneficiário, ressalvado o disposto no parágrafo 2º do art. 147, nos parágrafos 2º e 4º do art. 148, e no parágrafo 2º do art. 150.

Art. 158. A incapacidade e a invalidez, para os fins previstos no art. 147 desta Lei Complementar, serão verificadas mediante inspeção por junta médica pericial.

• *Art. 158 com redação dada pela Lei Complementar nº 1.012, de 5.7.2007.*

Art. 159. As pensões concedidas, salvo quanto às importâncias devidas ao próprio IPESP, não são passíveis de penhora ou arresto, nem estão sujeitas a inventário ou partilhas judiciais ou extrajudiciais, sendo nula de pleno direito toda alienação, cessão ou constituição de ônus de que sejam objeto, defesa a outorga de poderes irrevogáveis ou em causa própria para seu recebimento.

Seção V – Da Decadência e da Prescrição

Art. 160. O direito à pensão mensal não está sujeita à decadência ou prescrição.

Art. 161. Prescreverão no prazo de 5 (cinco) anos, contados da data em que forem devidas, as prestações mensais referentes ao benefício.

Seção VI – Das Demais Disposições

Art. 162. A pensão devida no mês de dezembro de 1978 será acrescida da gratificação de Natal, de que trata o art. 146, em importância correspondentes a 5/12 (cinco doze avos) do valor da pensão.

Art. 163. O Poder Executivo expedirá decreto regulamentando este Capítulo, no qual serão consolidadas as normas em vigor relativas ao regime de pensão mensal.

Capítulo I-A – Do Salário-Família e do Auxílio-Reclusão

• *Capítulo I-A acrescido pela Lei Complementar nº 1.012, de 5.7.2007.*

Art. 163-A. Ao servidor ou ao inativo de baixa renda será concedido salário-família por:

I – filho ou equiparado de qualquer condição menor de 14 (quatorze) anos; e

II – filho inválido de qualquer idade.

§ 1º. O pagamento do salário-família é condicionado à apresentação da certidão de nascimento do filho ou da documentação relativa ao equiparado ou ao inválido e, anualmente, à apresentação de atestado de vacinação obrigatória e de comprovação de frequência à escola do filho menor ou equiparado, nos termos do regulamento.

§ 2º. O critério para aferição da baixa renda do servidor ou do inativo será o mesmo utilizado para trabalhadores vinculados ao Regime Geral de Previdência Social.

• *Art. 163-A acrescido pela Lei Complementar nº 1.012, de 5.7.2007.*

Art. 163-B. Aos dependentes de servidor de baixa renda recolhido à prisão, nos termos do art. 70 da Lei nº 10.261, de 28 de outubro de 1968, será concedido auxílio-reclusão.

§ 1º. O pagamento do auxílio-reclusão obedecerá aos mesmos critérios estabelecidos no art. 148 desta Lei Complementar, enquanto o servidor permanecer na situação de que trata o *caput* deste artigo.

§ 2º. Consideram-se dependentes, para fins do disposto no *caput* deste artigo, as pessoas discriminadas nos incisos I a IV e no § 1º do art. 147 desta Lei Complementar.

§ 3º. O direito à percepção do benefício cessará:

I – no caso de extinção da pena;

II – se ao servidor, ao final do processo criminal, for imposta a perda do cargo;

III – se da decisão administrativa irrecorrível, em processo disciplinar, resultar imposição da pena demissória, simples ou agravada; e

IV – por morte do servidor ou do beneficiário do auxílio.

§ 4º. O pagamento do benefício de que trata este artigo será suspenso em caso de fuga, concessão de liberdade condicional ou alteração do regime prisional para prisão albergue, podendo ser retomados os pagamentos, no caso de modificação dessas situações.

§ 5º. O requerimento para obtenção do auxílio-reclusão, além de outros requisitos previstos em lei ou regulamento, será instruído, obrigatoriamente, com certidão do efetivo recolhimento do servidor à prisão, expedida por autoridade competente, devendo ser renovada a cada 3 (três) meses, junto à unidade previdenciária, para fins de percepção do benefício.

§ 6º. O critério para aferição da baixa renda do servidor a que alude o *caput* deste artigo é o mesmo utilizado para os servidores sujeitos ao Regime Geral de Previdência Social.

• *Art. 163-B acrescido pela Lei Complementar nº 1.012, de 5.7.2007.*

Capítulo II – Da Assistência Médica e Hospitalar

Art. 164. A assistência médica e hospitalar, prestada pelo Instituto de Assistência Médica ao Servidor Público Estadual – IAMSPE a seus contribuintes e beneficiários, continuará a reger-se pelas disposições do Decreto-Lei nº 257, de 29 de maio de 1970, e da legislação posterior.

Art. 165. Os incisos I e II, e o § 1º do art. 2º da Lei nº 71, de 11 de dezembro de 1972, alterados pelo art. 2º da Lei nº 106, de 11 de junho de 1973, passam a vigorar com a seguinte redação:

• *(Omissis)*

• *O art. 165 perdeu a eficácia em razão do art. 3º da Lei nº 2.815, de 23.4.1981 que revogou a Lei nº 71, de 11 de dezembro de 1972.*

TÍTULO XIV – DAS DISPOSIÇÕES GERAIS E FINAIS

Art. 166. Sempre que se verificar majoração do salário mínimo, será assegurada ao funcionário e ao servidor da Administração Centralizada e Autárquica, que perceba retribuição inferior ao seu valor, abono correspondente à diferença.

§ 1º. Para efeito do disposto neste artigo, serão considerados todas as vantagens pecuniárias percebidas pelo funcionário ou pelo servidor, exceto o salário-família e o salário-esposa.

§ 2º. Cessará o pagamento do abono sempre que, em virtude de elevação de vencimentos ou salários, promoção, evolução funcional, ou qualquer outra causa, a retribuição do funcionário ou servidor atinja importância igual ou superior ao valor do salário mínimo.

§ 3º. O abono de que trata este artigo não se incorporará aos vencimentos ou salários, nem será considerado para efeito de cálculo de quaisquer vantagens e das contribuições ao Instituto de Assistência Médica ao Servidor Público Estadual.

Art. 167. A denominação dos cargos ou funções-atividades poderá, mediante decreto, ser acrescida de expressão que identifique a área de especialização dos respectivos titulares.

Parágrafo único. Da aplicação do disposto neste artigo não decorrerá qualquer alteração na situação retribuitória do cargo ou função-atividade.

Art. 168. Os cargos e as funções de Chefe de Seção Técnica, Supervisor de Equipe Técnica e Encarregado de Setor Técnico, serão enquadrados, de acordo com a habilitação profissional dos respectivos titulares, na conformidade do Anexo VIII, que faz parte integrante desta Lei Complementar.

• *Art. 168, caput, com redação dada pela Lei Complementar nº 209, de 17.1.1979.*

Parágrafo único. Os titulares de cargos não abrangidos por este artigo serão enquadrados na forma prevista no Anexo II.

• *Parágrafo único com redação dada pela Lei Complementar nº 209, de 17.1.1979.*

Art. 169. As alterações de denominação, enquadramento, reenquadramento, classificação e integração em Tabelas dos Subquadros dos Cargos e funções-atividades, operadas por esta Lei Complementar e demais normas dela decorrentes, não modificam, salvo disposição em contrário, a situação jurídica do respectivo ocupante.

Art. 170. Quando, em decorrência de provimento de cargo ou preenchimento de função-atividade, de evolução funcional ou de concessão de adicional por tempo de serviço, o funcionário ou servidor tiver seu cargo ou função enquadrado em referência superior da Escala de Vencimentos, conservará na nova referência o mesmo grau em que se encontrava classificado na referência anterior.

Art. 171. O Poder Executivo encaminhará à Assembleia Legislativa projeto de lei dispondo sobre a constituição de séries de classes às quais correspondam encargos de direção, assessoramento e assistência que passarão a constituir carreiras executivas e de assessoramento.

Art. 172. Os órgãos setoriais de recursos humanos proporão ao órgão central a constituição, em suas respectivas Secretarias, das séries de classes a que se refere o artigo anterior.

Parágrafo único. Na elaboração das propostas serão considerados:

1. a natureza técnica ou administrativa das atividades;

2. a estrutura organizacional;

3. as exigências mínimas de escolaridade ou habilitação profissional;

4. os requisitos para ingresso na classe inicial e as condições e critérios para acesso às classes superiores;

5. a composição quantitativa das séries de classes.

Art. 173. Para fins de ingresso na classe inicial e de acesso às classes superiores serão exigidos, como requisito, cursos específicos, com a finalidade de selecionar e qualificar os funcionários e servidores para o exercício das atribuições pertinentes aos integrantes da carreira executiva e de assessoramento.

Parágrafo único. A critério da Administração, poderão ser realizados processos seletivos específicos para o provimento de cargos da série de classes, aos quais concorrerão funcionários e servidores aprovados nos cursos mencionados neste artigo.

Art. 174. Caberá à Fundação do Desenvolvimento Administrativo a realização dos cursos referidos no artigo anterior, podendo desenvolvê-los e ministrá-los diretamente ou mediante convênios com outras instituições de ensino de notória qualificação.

Art. 175. A lei dispuser sobre a constituição das séries de classes a que se refere o art. 171 deverá prever a integração, nas mesmas, dos cargos de Agente do Serviço Civil, de que trata o art. 14 das Disposições Transitórias desta Lei Complementar, de acordo com a área de especialização, qualificação profissional e nível hierárquico de seus ocupantes.

Art. 176. Os titulares de cargos de Agente do Serviço Civil, que vierem a integrar as série de classes na forma prevista no artigo anterior, ficam dispensados da exigência a que alude o art. 173, sujeitando-se, porém, a programas especiais de atualização e aperfeiçoamento, promovidos pela Fundação do Desenvolvimento Administrativo.

Art. 177. Os integrantes das séries de classes a serem criadas na forma do art. 171, exercerão atividades de direção, assessoramento ou assistência, na respectiva área de especialização.

Art. 178. A vantagem relativa à sexta-parte dos vencimentos integrais, previstas no inciso VIII do art. 92 da Constituição do Estado (Emenda nº 2, de 30.10.1969), e de que trata o art. 130 da Lei nº 10.261, de 28 de outubro de 1968, corresponderá a 1/6 (um sexto):

- *Art. 178, caput, com redação dada pela Lei Complementar nº 209, de 17.1.1979.*
- *Vide nota ao art. 94 desta Lei Complementar.*

I – do valor do padrão em que estiver enquadrado o cargo do funcionário;

• *Inciso I com redação dada pela Lei Complementar nº 209, de 17.1.1979.*

II – do valor do *pro labore* apurado na forma do art. 196;

• *Inciso II com redação dada pela Lei Complementar nº 209, de 17.1.1979.*

III – do valor das horas prestadas pelo docente a título de carga suplementar de trabalho;

• *Inciso III acrescido pela Lei Complementar nº 209, de 17.1.1979.*

IV – do valor da gratificação *pro labore* de que trata a Lei nº 443, de 24 de setembro de 1974;

• *Inciso IV acrescido pela Lei Complementar nº 209, de 17.1.1979.*

V – do valor do prêmio de produtividade atribuído com fundamento na Lei Complementar nº 112, de 15 de outubro de 1974, e legislação posterior;

• *Inciso V acrescido pela Lei Complementar nº 209, de 17.1.1979.*

VI – do valor de vantagens pecuniárias incorporadas não abrangidas pelo incisos II a V, desde que não computadas no valor do padrão;

• *Inciso VI acrescido pela Lei Complementar nº 209, de 17.1.1979.*

VII – do valor do adicional de periculosidade;

• *Inciso VII, acrescido pela Lei Complementar nº 315, de 17.2.1983.*

VIII – do valor do adicional de insalubridade.

• *Inciso VIII, acrescido pela Lei Complementar nº 432, de 18.12.1985.*

§ 1º. O adicional por tempo de serviço previsto no inciso VIII do art. 92 da Constituição do Estado (Emenda nº 2, de 30.10.1969), e de que tratam o art. 127 da Lei nº 10.261, de 28 de outubro de 1968, e o art. 28 do Decreto-Lei Complementar nº 11, de 2 de março de 1970, está compreendido, para todos os efeitos, no valor da sexta-parte, calculado nos termos deste artigo, em decorrência da aplicação dos arts. 94 a 96 desta Lei Complementar.

• *Nota: texto citado novamente no art. 1º, IX, da Lei Complementar nº 209, de 17.1.1979.*

• *Vide nota ao art. 94 desta Lei Complementar.*

§ 2º. Sobre os valores da sexta-parte, apurados na forma do *caput* deste artigo, não incidirão adicionais ou quaisquer outras vantagens pecuniárias.

• *Nota: texto citado novamente no art. 1º, IX, da Lei Complementar nº 209, de 17.1.1979.*

§ 3º. A vantagem de que cuida este artigo corresponderá a 1/6 (um sexto).

1. do valor dos proventos proporcionais ao tempo de serviço, na hipótese prevista no inciso II, do art. 226, da Lei nº 10.261, de 28.10.1968.

2. do valor dos proventos decorrentes da aplicação do art. 78 desta Lei Complementar e do art. 30 da Lei Complementar nº 201, de 9.11.1978, nas hipóteses ali previstas.

• *§ 3º, acrescentado pelo art. 2º da Lei Complementar nº 260, de 30.6.1981.*

Art. 179. (Vetado).

Art. 180. (Revogado).

• *Art. 180 revogado pela Lei Complementar nº 201, de 9.11.1978.*

Art. 181. (Revogado).

• *Art. 181 revogado pela Lei Complementar nº 201, de 9.11.1978.*

Art. 182. (Revogado).

• *Art. 182 revogado pela Lei Complementar nº 207, de 5.1.1979.*

Art. 183. O Regime Especial de Trabalho Policial de que trata a Lei nº 10.291, de 26 de novembro de 1968, com suas alterações posteriores passa a aplicar-se, nas mesmas bases e condições, aos cargos de Encarregado de Disciplina e Encarregado de Setor

(Presídio) do Quadro da Secretaria da Justiça.

§ 1º. Os cargos de que trata este artigo ficam excluídos do Regime de Dedicação Exclusiva.

§ 2º. A gratificação que venha sendo percebida pela sujeição ao Regime de Dedicação Exclusiva, ainda que incorporada, fica substituída pela gratificação correspondente ao Regime Especial de Trabalho Policial, vedado, em qualquer hipótese, o percebimento cumulativo.

§ 3º. Para os fins do parágrafo anterior, os servidores que tiverem incorporada a gratificação relativa ao Regime de Dedicação Exclusiva deverão renunciar, expressamente, no prazo de 30 (trinta) dias, às vantagens pecuniárias decorrentes dessa incorporação.

§ 4º. Os cargos abrangidos por este artigo, após a aplicação do Regime Especial de Trabalho Policial nele prevista, serão enquadrados na forma disciplinada no art. 7º das Disposições Transitórias desta Lei Complementar.

Art. 184. O disposto no artigo anterior aplica-se aos aposentados em cargos ou funções de mesma denominação, que tenham incorporada aos seus proventos parcela correspondente a regime especial de trabalho, observada a legislação pertinente.

Art. 185. Os cargos de Mestre de Ofício, de Recreacionista e Técnico de Planejamento ficam incluídos na Jornada Completa de Trabalho instituída pelo inciso I do art. 70, desta Lei Complementar.

Art. 186. A gratificação de que trata o art. 2º do Decreto-Lei nº 162, de 18 de novembro de 1969, passa a ser calculada sobre o valor fixado para o padrão "21-A" da Tabela I da Escala de Vencimentos.

Art. 187. O valor unitário da quota dos funcionários sujeitos ao regime de remuneração é a importância correspondente a 0,2395% (dois mil trezentos e noventa e cinco décimos milésimos por cento) do valor fixado para o padrão "37-A" da Tabela I da Escala de Vencimentos.

Art. 188. Os limites para atribuição de prêmio de produtividade ao Agente Fiscal de Rendas, previstos nos §§ 2º e 4º do art. 8º da Lei Complementar nº 112, de 15 de outubro de 1974, ficam fixados, respectivamente, em 1.100 (mil e cem) quotas e 1.400 (mil e quatrocentas) quotas.

Art. 189. O art. 21, da Lei Complementar nº 112, de 15 de outubro de 1974, mantidos os seus parágrafos, passa a vigorar com a seguinte redação:

> *"Art. 21. Nos municípios onde não houver classificação de Agente Fiscal de Rendas, os serviços de expediente interno do Posto Fiscal poderão ser executados por funcionários ou servidor lotado na unidade fiscal ou na coletoria, o qual perceberá pro labore mensal de até 25% (vinte e cinco por cento) do grau "A" da referência 25 da Tabela I da Escala de Vencimentos, de acordo com a categoria da unidade, fixado em ato do Secretário da Fazenda."*

Art. 190. Ficam atribuídas ao Agente Fiscal de Rendas que tenha se aposentado anteriormente à vigência da Lei Complementar nº 112, de 15 de outubro de 1974, 300 (trezentas) quotas a título de prêmio de produtividade, calculadas nos termos do art. 187 desta Lei Complementar.

§ 1º. A aplicação do disposto neste artigo condiciona-se à expressa renúncia à vantagem pecuniária fixada em número de quotas incorporadas à remuneração, integradas no patrimônio ou, ainda, calculada nos proventos do Agente Fiscal de Rendas, decorrente das extintas função gratificada e gratificação *pro labore* ou do prêmio de produtividade.

§ 2º. O disposto neste artigo aplica-se, igualmente, aos cálculos de pensões dos beneficiários de Agentes Fiscais de Rendas.

Art. 191. Passam a vigorar com a seguinte redação os arts. 1º, 2º, 12 e 15 da Lei nº 443, de 24 de setembro de 1974:

> *"Art. 1º. As gratificações pro labore de Coletor e de Inspetor de Arrecadação, a que se re-*

ferem o art. 2º da Lei nº 1.553, de 29 de dezembro de 1951, e o art. 60 da Lei nº 3.684, de 31 de dezembro de 1956, alterados, respectivamente, pelos arts. 1º e 2º da Lei nº 10.392, de 14 de dezembro de 1970, serão atribuídas na seguinte conformidade:

I – Exator com função de Inspetor de Arrecadação – gratificação de valor igual a 120% (cento e vinte por cento) do padrão do cargo ou da função – atividade em que se encontrar enquadrado o funcionário ou servidor;

II – Exator com função de Coletor em:

a) Coletoria de Categoria I – gratificação de valor igual a 70% (setenta por cento) do padrão do cargo ou da função – atividade em que se encontrar enquadrado o funcionário ou servidor;

b) Coletoria de Categoria II – gratificação de valor igual a 60%(sessenta por cento) do padrão do cargo ou da função – atividade em que se encontrar enquadrado o funcionário ou servidor;

c) Coletoria de Categoria III – gratificação de valor igual a 30% (trinta por cento) do padrão do cargo ou da função – atividade em que se encontrar enquadrado o funcionário ou servidor;

- *Art. 1º com nova redação pela Lei Complementar nº 209, de 17.1.1979.*

Art. 2º. Ao Exator designação para a função de Arrecadador de Receita será atribuída gratificação pro labore de valor igual a 25% (vinte e cinco por cento) do padrão do cargo ou da função – atividade em que se encontrar enquadrado o funcionário ou servidor;

- *Art. 2º com nova redação pela Lei Complementar nº 209, de 17.1.1979.*

Parágrafo único. A designação de Exator para a função de que trata este artigo somente será feita se comprovada a necessidade da Coletoria de manter o seu exercício como atividade principal e permanente

Art. 12. O valor das vantagens pecuniárias incorporadas aos vencimentos do Exator, a título de gratificação pro labore, será reajustado sempre que ocorrer elevação de vencimentos dos funcionários públicos civis do Estado, mediante aplicação do percentual de aumento previsto para o padrão "25-A" da Tabela I da Escala de Vencimentos.

Parágrafo único. Se a elevação de vencimentos dos funcionários públicos civis do Estado ocorrer a partir de qualquer mês do primeiro trimestre do ano, será reajustado, além do valor das vantagens pecuniárias incorporadas anteriormente, o valor da parcela incorporada no forma do art. 8º.

Art. 15. O valor da gratificação pro labore já incorporado aos proventos de Exator será reajustado sempre e somente quando ocorrer elevação de vencimentos dos funcionários públicos civis do Estado, mediante aplicação do percentual de aumento previsto para o padrão "25-A" da Tabela I da Escala de Vencimentos."

Arts. 192. (Revogado).

- *Art. 192 revogado pela Lei Complementar nº 260, de 30.6.1981.*

Arts. 193. (Revogado).

- *Art. 193 revogado pela Lei Complementar nº 260, de 30.6.1981.*

Arts. 194. (Revogado).

- *Art. 194 revogado pela Lei Complementar nº 260, de 30.6.1981.*

Art. 195. Durante o tempo em que exercer a substituição, de que tratam os arts. 80 a 83, o substituto terá seus vencimentos ou salários calculados na seguinte conformidade:

I – proceder-se-á, inicialmente, ao ajustamento dos pontos acumulados no cargo ou função-atividade de que é titular efetivo, apurando-se:

a) os pontos que lhe tenham sido atribuídos em virtude da concessão de adicionais por tempo de serviço;

b) os pontos que lhe tenham sido atribuídos com fundamento no art. 24 ou no art. 25 das Disposições Transitórias desta Lei Complementar;

c) os pontos que lhe tenham sido atribuídos a título de evolução funcional-avaliação de desempenho e evolução funcional, divididos pelo número de pontos correspondentes ao conceito "bom (B)", previsto para a classe a que pertence o cargo de que é titular e multiplicados pelo número de pontos correspondentes ao mesmo conceito fixado para classe a que pertence o cargo do substituído.

• *Alínea "c" com redação dada pela Lei Complementar nº 318, de 11.3.1983.*

II – ajustados os pontos na forma estabelecida no inciso anterior, os vencimentos ou salários do substituto serão calculados com base na referência numérica situada tantas referências acima da referência inicial da classe a que pertença o cargo do substituído, quanto for a parte inteira da divisão, por 5 (cinco), do total de pontos decorrentes do ajustamento.

Parágrafo único. O ajustamento de pontos a que alude este artigo far-se-á, exclusivamente, para fins de percepção de vencimentos ou salários, durante o tempo em que o funcionário ou servidor exercer a substituição.

Art. 196. Para os funcionários e servidores abrangidos por esta Lei Complementar, o valor do *pro labore* de que trata o art. 28, da Lei nº 10.168, de 10 de julho de 1968, corresponderá à diferença entre o valor do padrão de seu cargo ou de sua função-atividade e o do padrão do cargo de encarregatura, chefia ou direção cabível na unidade administrativa, observada o disposto no artigo anterior.

Art. 197. (Revogado).

• *Art. 197 revogado pela Lei Complementar nº 247, de 6.4.1981.*

Art. 198. Ficam majoradas em 40% (quarenta por cento) as gratificações mensais pagas pelas folhas de laborterapia aos egressos que prestam serviços aos órgãos da Secretarias da Saúde, bem como as que são pagas pelas folhas de laborterapia aos internados nos Hospitais de Dermatologia Sanitária.

Art. 199. A escala de referência e graus de vencimentos dos cargos da carreira de Procurador do Estado, a que se refere o art. 54, da Lei Complementar nº 93, de 28 de maio de 1974, fica fixada de conformidade com o Anexo II, que faz parte integrante desta Lei Complementar.

§ 1º. Os cargos de carreira de Procurador do Estado, padrões "20-A", "20-B", "20-C", "20-D" e "20-E", ficam distribuídos na série de classes de Procurador do Estado, prevista no Anexo II desta Lei Complementar, na seguinte conformidade:

1. os dos padrões "20-A" e "20-B", bem como os que se encontrarem vagos na data de publicação desta Lei Complementar, na classe de Procurador do Estado – Nível I;

2. os dos padrões "20-C" e "20-D" na classe de Procurador do Estado – Nível II;

3. os do padrão "20-E" na classe de Procurador do Estado – Nível III.

§ 2º. O enquadramento dos cargos de Procurador do Estado nas referências numéricas da Escala de Vencimentos far-se-á com observância dos arts. 4º e 5º das Disposições Transitórias desta Lei Complementar.

§ 3º. Lei específica fixará o número de cargos de cada uma das classes de Procurador do Estado.

Art. 200. Ficam mantidas as competências do Conselho de Polícia Civil e do Conselho da Procuradoria Geral do Estado, para a realização dos concursos e processos seletivos de ingresso e de acesso, bem como para o processamento das promoções das classes policiais civis e de Procurador do Estado respectivamente.

Parágrafo único. Aos cargos iniciais da série de classes de Procurador do Estado não se aplica o instituto da transposição, de que tratam os arts. 22 a 28, bem como o inciso I do art. 53 desta Lei Complementar.

Art. 201. Aos cargos do Quadro do Magistério não se aplicam os institutos previstos nos arts. 22 a 30, bem como nos incisos I e II do art. 53 desta Lei Complementar, mantida a legislação específica que tenha disciplinado as formas de provimento de tais cargos.

Art. 202. Os exames médicos previstos na legislação serão realizados por órgãos ou entidades oficiais, bem como por instituições médicas que mantenham convênios com a Administração direta ou indireta, na forma estabelecida em decreto, especialmente para fins de:

I – ingresso no serviço público em cargo efetivo;

II – concessão de licença:

a) para a gestante;

b) para tratamento de saúde, por acidente ou doença profissional e por motivo de doença em pessoa da família;

III – isenções de imposto de renda e descontos previdenciários.

Parágrafo único. Na ausência de órgãos ou entidades oficiais regionalizados ou de instituições conveniadas, fica o Poder Público autorizado a credenciar profissionais para a realização, nos termos da lei, de perícias e exames médicos, na forma e limites a serem estabelecidos em decreto.

• *Art. 202 com redação dada pela Lei Complementar nº 1.123, de 1º.7.2010.*

Art. 203. Passam a vigorar com a seguinte redação os arts. 1º, 3º, 5º, 6º, 11 e 27 da Lei nº 500, de 13 de novembro de 1974:

• *Alterações já efetuadas no corpo da Lei.*

Art. 204. Fica acrescentado ao art. 44, da Lei nº 500, de 13 de novembro de 1974, o seguinte parágrafo único:

• *Alterações já efetuadas no corpo da Lei.*

Art. 205. Para os fins desta Lei Complementar, passam a ser considerados servidores:

I – os admitidos em caráter temporário nos termos do art. 1º da Lei nº 500, de 13 de novembro de 1974;

II – os atuais extranumerários;

III – os atuais funcionários interinos;

IV – os servidores admitidos nos termos da legislação trabalhista.

§ 1º. Os servidores referidos nos incisos II e III passam a exercer funções-atividades correspondentes a funções de serviço público de natureza permanente.

§ 2º. Os interinos a que alude o inciso III ficam, a partir de 28 de fevereiro de 1978, sujeitos ao regime instituído pela Lei nº 500, de 13 de novembro de 1974, e suas alterações posteriores, e exonerados dos respectivos cargos.

• *§ 2º com redação dada pela Lei Complementar nº 209, de 17.1.1979.*

§ 3º. Aos servidores de que trata o inciso IV deste artigo não se aplicam os benefícios desta Lei Complementar que já lhes estejam assegurados pela legislação federal.

Art. 206. Ao servidor extranumerários aplica-se o disposto no inciso III do art. 222 da Lei nº 10.261, de 28 de outubro de 1968.

Art. 207. Os ocupantes dos cargos de Assessor Chefe, Chefe de Gabinete, Comandante Geral, Coordenador, Coordenador de Polícia, Delegado Geral, Diretor Geral, referência "CD-14", Procurador Geral do Estado, Secretário Particular, constantes do Anexo II, com vencimentos iniciais fixados na referência "60", não terão o seu desempenho avaliado enquanto neles permanecerem, atribuindo-se-lhes, anualmente, para fins de evolução funcional, pontos em número correspondente ao conceito "muito bom" previsto para a classe a que pertence o cargo em comissão.

§ 1º. O funcionário ou servidor, cuja situação se enquadre na disposição deste artigo, não será computado para efeito da distribuição percentual prevista nos incisos I a III do art. 108.

§ 2º. Ao funcionário ou servidor investido em cargo de Secretário de Estado ou de Secretário Extraordinário serão atribuídos, anualmente, para fins de evolução do cargo efetivo de que seja titular ou da função-atividade de que seja ocupante, pontos em número correspondente ao conceito "muito bom" previsto para a classe a que pertence, observado, ainda, o disposto no parágrafo anterior.

§ 3º. O disposto no *caput* aplica-se, também, ao ocupante do cargo de Assessor Jurídico-Chefe (Procurador do Estado).

• *§ 3º acrescentado pela Lei Complementar nº 318, de 11.3.1983.*

Art. 208. Passam a integrar o Quadro do Magistério os cargos de Secretário de Delegacia de Ensino, com denominação que lhes é dada no Anexo II.

Parágrafo único. Os ocupantes dos cargos de que trata este artigo desempenharão, entre outras, atividades de assistência junto às Delegacias de Ensino ou a Divisões Regionais.

Art. 209. Serão extintos, na vacância, os cargos anteriormente integrados na Parte Suplementar dos respectivos Quadros.

Art. 210. Ficam extintas as Comissões de Fiscalização de Regime de Dedicação Exclusiva, a Comissão de Regimes Especiais de Trabalho (CRET) e a Comissão Especial de Progressão.

Parágrafo único. Os acervos da Comissão de Regimes Especiais de Trabalho (CRET) e da Comissão Especial de Progressão ficam transferidos para o órgão central de recursos humanos, integrante do Sistema de Administração de Pessoal.

Art. 211. Fica extinta, a partir do 60º (sexagésimo) dia contado da data da publicação desta Lei Complementar, a Comissão Especial de Paridade de que trata o art. 33 do Decreto-Lei Complementar nº 11, de 2 de março de 1970, alterado pelo Decreto-Lei Complementar nº 13, de 25 de março de 1970.

Parágrafo único. O acervo, as atribuições e competências da Comissão aludida neste artigo ficam transferidos para o órgão central de recursos humanos, integrantes do Sistema de Administração de Pessoal.

Art. 212. Os títulos dos funcionários e dos servidores abrangidos por esta Lei Complementar serão apostilados pelas autoridades competentes.

Art. 213. Os cargos de Assistente Jurídico e de Assessor Técnico-Legislativo resultantes da transformação de cargos da carreira de Procurador do Estado, operada nos termos do art. 12 das Disposições Transitórias, continuarão a ela vinculados, aplicando-se-lhes as disposições específicas da Lei Complementar nº 93, de 28 de maio de 1974.

Parágrafo único. Os cargos de Procurador do Estado, transformados nos termos do art. 14 das citadas Disposições Transitórias, continuarão vinculadas àquela carreira, não fazendo jus seus ocupantes ao benefício de que trata o art. 55 da Lei Complementar nº 93, de 28 de maio de 1974.

• *Parágrafo único, acrescentado pela Lei Complementar nº 209, de 17.1.1979.*

Art. 214. Esta Lei Complementar e suas Disposições Transitórias serão aplicadas, nas mesmas bases e condições, aos funcionários e servidores das Autarquias, da Universidade de São Paulo, da Universidade Estadual de Campinas e da Universidade Estadual Paulista "Júlio de Mesquita Filho", mediante decreto, de acordo com propostas das respectivas Autarquias.

Parágrafo único. O decreto a que alude este artigo será expedido dentro do prazo de 60 (sessenta) dias, contados da publicação desta Lei Complementar.

Art. 215. As disposições desta Lei Complementar aplicar-se-ão, mediante decreto, aos servidores integrantes:

I – do Quadro Especial instituído pelo art. 7º da Lei nº 119, de 29 de junho de 1973, com a alteração introduzida pela Lei nº 388, de 13 de agosto de 1974, composto de cargos e funções pertencentes à Superintendência de Águas e Esgotos da Capital – SAEC e ao Fomento Estadual de Saneamento Básico – FESB, sob a responsabilidade da Secretaria de Obras e do Meio Ambiente;

II – do Quadro Especial instituído pelo art. 7º da Lei nº 10.430, de 16 de dezembro de 1971, integrado na Secretaria da Fazenda, composto dos cargos e funções pertencentes à ex-autarquia Caixa Econômica do Estado de São Paulo;

III – da Parte Especial do Quadro da ex-autarquia Instituto de Pesquisas Tecnológicas, sob a responsabilidade da Secretaria da Cultura, Ciência e Tecnologia.

§ 1º. Os funcionários dos Quadros Especiais, de que trata este artigo, que tenham sido nomeados em decorrência de aprovação em concurso público, de provas ou de provas e títulos, poderão concorrer, mediante transposição, ao provimento de cargos pertencentes à Administração Centralizada.

§ 2º. Os funcionários e servidores dos referidos Quadros que não atendam à condição prevista no parágrafo anterior poderão concorrer ao preenchimento de funções-atividades da Administração Centralizada.

§ 3º. O decreto a que alude o *caput* deste artigo será expedido dentro do prazo de 60 (sessenta) dias, contados da publicação desta Lei Complementar.

Art. 216. Aplicam-se aos contribuintes referidos no art. 133 as normas previstas no Título XIII, ainda que não abrangidos pelas demais disposições desta Lei Complementar.

Art. 217. (Vetado).

Art. 218. (Vetado).

Parágrafo único. (Vetado).

Art. 219. (Vetado).

I – (vetado);

II – (vetado).

Art. 220. O art. 3º, da Lei Complementar nº 112, de 15 de outubro de 1974, fica acrescido do seguinte parágrafo:

> *"§ 3º. Entendem-se por atividades referentes à difusão cultural aquelas que se destinam a difundir ideias, conhecimentos e informações, inclusive por meio de obras de arte e do jornalismo."*

Art. 221. (Vetado).

Art. 222. Aos funcionários e servidores sujeitos ao Regime de Tempo Integral, não pertencentes à carreira de Pesquisador Científico, criada pela Lei Complementar nº 125, de 18 de novembro de 1975, aplicam-se as disposições desta Lei Complementar, enquadrando-se os respectivos cargos ou funções na forma prevista no art. 4º das Disposições Transitórias, de acordo com a classe de origem, excluído o qualificativo Pesquisador Científico.

§ 1º. Para os funcionários e servidores abrangidos por este artigo, computar-se-á, para fins do item 2 da alínea "a" do inciso I, e do item 2 da alínea "a" do inciso II do art. 4º das Disposições Transitórias, a vantagem correspondente ao Regime de Tempo Integral.

§ 2º. Os funcionários e servidores abrangidos por este artigo ficam excluídos do Regime de Tempo Integral, passando automaticamente à Jornada Completa de Trabalho.

Art. 223. As despesas decorrentes da aplicação desta Lei Complementar, no presente exercício, serão atendidas mediante:

I – créditos suplementares que o Poder Executivo está autorizado a abrir, de acordo com as disposições constantes do Orçamento-Programa;

II – créditos suplementares que o Poder Executivo fica autorizada a abrir, durante o exercício, às diversas Secretaria, até o limite de Cr$ 10.800.000.000,00 (dez bilhões e oitocentos milhões de cruzeiros), de conformidade com os arts. 7º, inciso I, e 43 da Lei Federal nº 4.320, de 17 de março de 1964.

Art. 224. Esta Lei Complementar e suas Disposições Transitórias entrarão em vigor na data de sua publicação, retroagindo os seus efeitos a 1º de março de 1978, revogadas as disposições gerais ou especiais que disponham sobre a matéria disciplinada nesta mesma Lei Complementar, e expressamente:

I – a Lei nº 8.291, de 4 de setembro de 1964;

II – a Lei Complementar nº 102, de 12 de agosto de 1974;

III – o art. 5º das disposições Transitórias da Lei Complementar nº 112, de 15 de outubro de 1974;

IV – os art. 3º e 9º da Lei nº 443, de 24 de setembro de 1974, bem como os arts. 3º a 7º das Disposições Transitórias da mesma lei;

V – a Lei nº 1.000, de 8 de junho de 1976.

TÍTULO XV – DAS DISPOSIÇÕES TRANSITÓRIAS

Art. 1º. Os atuais funcionários ou servidores, que estejam no Regime de Dedicação Exclusiva a que alude o art. 75 desta Lei Complementar, ficam incluídos em Jornada Completa de Trabalho.

Art. 2º. Os atuais funcionários ou servidores ocupantes de cargos ou funções abrangidos pelo Regime de Dedicação Exclusiva a que alude o art. 75 desta Lei Complementar, que ainda estejam em Jornada Comum de Trabalho, somente poderão ser incluídos Jornada Completa de Trabalho mediante convocação pela autoridade competente.

§ 1º. A admissão de servidores para o desempenho de funções de serviço público de natureza permanente condiciona-se à prévia convocação, quando cabível, dos atuais funcionários ou servidores da respectiva unidade administrativa em Jornada Completa de Trabalho

§ 2º. (Vetado).

Art. 3º. Os atuais cargos ou funções serão enquadrados nas referências numéricas da Escala de Vencimentos, de acordo com a Tabela que, nos termos do art. 64 desta Lei Complementar, seja aplicável ao funcionário ou ao servidor.

Art. 4º. Para efeito do disposto no artigo anterior, observar-se-ão, quando aplicável a Tabela I prevista no inciso I do art. 64 desta Lei Complementar as seguintes regras de enquadramento:

I – se o funcionário ou servidor não fizer jus à sexta-parte dos vencimentos:

a) apurar-se-á o valor correspondentes à soma das parcelas percebidas, com base na legislação vigente, em 28 de fevereiro de 1978, a título de:

1. padrão do cargo ou função;

2. gratificação pela sujeição ao Regime de Dedicação Exclusiva, de que trata o art. 33 da Lei nº 10.168, de 10 de julho de 1968;

3. adicional por tempo de serviço, previsto no inciso VIII do art. 92 da Constituição do Estado (Emenda nº 2, de 30.10.1969), de que tratam os arts. 13 da Lei nº 6.043, de 20 de janeiro de 1961; 127 da Lei nº 10.261, de 28 de outubro de 1968; e 28 do Decreto-Lei Complementar nº 11, de 2 de março de 1970;

• *Vide nota ao art. 94 desta Lei Complementar.*

4. gratificação de nível instituída pela Lei Complementar nº 75, de 14 de dezembro de 1972, com as alterações da Lei Complementar nº 89, de 13 de maio de 1974;

5. outras vantagens pecuniárias incorporadas e sobre as quais haja incidência do adicional por tempo de serviço aludido no item 3;

b) o resultado da soma apurada na forma da alínea anterior será multiplicado pelo coeficiente de enquadramento referente à classe a que pertença o cargo ou função, constante do Anexo II;

c) ao resultado da multiplicação prevista na alínea anterior somar-se-ão as parcelas percebidas, com base na legislação vigente em 28 de fevereiro de 1978, a título de:

1. vantagem assegurada pelo § 1º, do art. 9º, do Decreto-Lei Complementar nº 11, de 2 de março de 1970, alterado pelo art. 1º, do Decreto-Lei Complementar nº 13, de 25 de março de 1970;

2. qualquer outra vantagem pessoal de valor inalterável sobre a qual não haja incidência de adicional por tempo de serviço aludido no item 3, da alínea "a";

d) o cargo ou função do funcionário ou servidor será enquadrado na referência numérica cujo valor seja igual ao valor obtido na operação prevista na alínea anterior, respeitado o grau em que se encontra classificado na referência atual;

II – se o funcionário ou servidor fizer jus à sexta-parte dos vencimentos:

a) apurar-se-á o valor correspondente à soma das parcelas percebidas, com base na legislação vigente, em 28 de fevereiro de 1978, a título de:

1. padrão do cargo ou função;

2. gratificação pela sujeição ao Regime de Dedicação Exclusiva, de que trata o art. 33, da Lei nº 10.168, de 10 de julho de 1968;

3. adicional por tempo de serviço, previsto no inciso VIII, do art. 92, da Constituição do Estado (Emenda nº 2, de 30.10.1969), de que tratam os arts. 13, da Lei nº 6.043, de 20 de janeiro de 1961; 127, da Lei nº 10.261, de 28 de outubro de 1968; e 28, do Decreto-Lei Complementar nº 11, de 2 de março de 1970;

• *Vide nota ao art. 94 desta Lei Complementar.*

4. gratificação de nível instituída pela Lei Complementar nº 75, de 14 de dezembro de 1972, com as alterações da Lei Complementar nº 89, de 13 de maio de 1974;

5. sexta-parte dos vencimentos prevista no inciso VIII, do art. 92, da Constituição do Estado (Emenda nº 2, de 30.10.1969), de que trata o art. 130, da Lei nº 10.261, de 28 de outubro de 1968;

• *Vide nota ao art. 94 desta Lei Complementar.*

6. outras vantagens pecuniárias incorporadas e sobre as quais haja incidência do adicional por tempo de serviço aludido no item 3 ou da sexta-parte referida no item anterior;

b) o resultado da soma apurada na forma da alínea anterior será multiplicado pelo coeficiente de enquadramento referente à classe a que pertença o cargo ou função, constante do Anexo II;

c) ao resultado da multiplicação prevista na alínea anterior somar-se-ão parcelas percebidas, com base na legislação vigente, em 28 de fevereiro de 1978, a título de:

1. vantagem assegurada pelo § 1º do art. 9º do Decreto-Lei Complementar nº 11, de 2 de março de 1970, alterado pelo art. 1º do Decreto-Lei Complementar nº 13, de 25 de março de 1970;

2. qualquer outra vantagem pessoal de valor inalterável sobre a qual não haja incidência do adicional por tempo de serviço aludido no item 3 ou da sexta-parte referida no item 5, ambos da alínea "a".

d) apurar-se-á o valor correspondente a 6/7 (seis sétimos) do resultado da soma prevista na alínea anterior;

e) o cargo ou função do funcionário ou servidor será enquadrada na referência numérica cujo valor seja igual ao valor obtido na operação prevista na alínea anterior, respeitado o grau em que se encontrar classificado na referência atual.

§ 1º. Para os titulares de cargos de direção administrativa, aos quais não tenham sido aplicadas as disposições da Lei Complementar nº 102, de 12 de agosto de 1974, será computado, para o fim previsto neste artigo, nas operações de que cuidam a alínea "a" do inciso I, e alínea "a" do inciso II, o valor correspondente à vantagem referida nos itens 4 das mesmas alíneas.

§ 2º. O disposto no parágrafo anterior não se aplica aos titulares de cargos de especialista de educação do Quadro do Magistério.

§ 3º. Não se compreendem nas vantagens a que aludem o item 5, da alínea "a" do inciso I, e o item 6 da alínea "a" do inciso II, as gratificações *pro labore* atribuídas a Exatores.

Art. 5º. Para efeito do disposto no art. 3º destas Disposições Transitórias, observar-se-ão, quando aplicável a Tabela II prevista no inciso II, do art. 64, desta Lei Complementar, as seguintes regras de enquadramento:

I – se o funcionário ou servidor não fizer jus à sexta-parte dos vencimentos:

a) apurar-se-á o valor correspondente à soma das parcelas percebidas, com base na legislação vigente, em 28 de fevereiro de 1978, a título de:

1. padrão do cargo ou função;

2. adicional por tempo de serviço, previsto no inciso VIII do art. 92 da Constituição do Estado (Emenda nº 2, de 30.10.1969), de que tratam os arts. 13 da Lei nº 6.043, de 20 e janeiro de 1961; 127, da Lei nº 10.261, de 28 de outubro de 1968; e 28, do Decreto-Lei Complementar nº 11, de 2 de março de 1970;

• *Vide nota ao art. 94 desta Lei Complementar.*

3. gratificação de nível instituída pela Lei Complementar nº 75, de 14 de dezembro de 1972, no valor determinado com fundamento no art. 11, da mesma lei, com a redação que lhe foi dada pelo inciso V, do art. 1º da Lei Complementar nº 89, de 13 de maio de 1974, observadas as demais alterações por ela efetuadas:

4. outras vantagens pecuniárias incorporadas e sobre as quais haja incidência do adicional por tempo de serviço aludido no item 2;

b) o resultado da soma apurada na forma de alínea anterior será multiplicado pelo coeficiente de enquadramento referente à classe a que pertença o cargo ou função, constante do Anexo II;

c) na hipótese de o Regime de Dedicação Exclusiva ser nos termos da legislação pertinente, aplicável ao cargo ou função, o resultado da operação prevista na alínea anterior será multiplicado por um dos seguintes coeficientes de ajustamento à jornada de trabalho, fixados segundo a gratificação que na forma estabelecida no art. 15, do Decreto-Lei Complementar nº 11, de 2 de março de 1970, seria atribuível ao funcionário ou servidor em decorrência de sua colocação no mencionado regime:

1. coeficiente de 1,125 (um inteiro e cento e vinte e cinco milésimos) se atribuível gratificação de 50% (cinquenta por cento);

2. coeficiente de 1,5 (um inteiro e cinco décimos), se atribuível gratificação de 100% (cem por cento);

d) ao resultado da multiplicação prevista na alínea "b" ou na alínea anterior conforme o caso, somar-se-ão as parcelas percebidas, com base na legislação vigente, a título de:

1. vantagem assegurada pelo § 1º, do art. 9º, do Decreto-Lei Complementar nº 11, de 2 de março de 1970, alterado pelo art. 1º, do Decreto-Lei Complementar nº 13, de 25 de março de 1970;

2. qualquer outra vantagem pessoal de valor inalterável sobre a qual não haja incidência do adicional por tempo de serviço aludido no item 2, da alínea "a";

e) o cargo ou função do funcionário ou servidor será enquadrado na referência numérica cujo valor seja igual ao valor obtido na operação prevista na alínea anterior, respeitado o grau em que se encontrar classificado na referência atual;

II – se o funcionário ou servidor fizer jus à sexta-parte dos vencimentos:

a) apurar-se-á o valor correspondente à soma das parcelas percebidas, com base na legislação vigente, em 28 de fevereiro de 1978, a título de:

1. padrão do cargo ou função;

2. adicional por tempo de serviço, previsto no inciso VIII, do art. 92, da Constituição do Estado (Emenda nº 2, de 30.10.1969), de que tratam os arts. 13, da Lei nº 6.043, de 20 de janeiro de 1961; 127, da Lei nº 10.261, de 28 de outubro de 1968; e 28, do Decreto-Lei Complementar nº 11, de 2 de março de 1970;

- *Vide nota ao art. 94 desta Lei Complementar.*

3. gratificação de nível instituída pela Lei Complementar nº 75, de 14 de dezembro de 1972, no valor determinado com fundamento no art. 11, da mesma lei, com a redação que lhe foi dada pelo inciso V, do art. 1º, da Lei Complementar nº 89, de 13 de maio de 1974, observadas as demais alterações por ela efetuadas;

4. sexta-parte dos vencimentos prevista no inciso VIII, do art. 92, da Constituição do Estado (Emenda nº 2, de 30.10.1969), de que trata o art. 130, da Lei nº 10.261, de 28 de outubro de 1968;

- *Vide nota ao art. 94 desta Lei Complementar.*

5. outras vantagens pecuniárias incorporadas e sobre as quais haja incidência do adicional por tempo de serviço aludido no item 2 ou da sexta-parte referida no item anterior;

b) o resultado da soma apurada na forma da alínea anterior será multiplicado pelo coeficiente de enquadramento referente à classe a que pertença o cargo ou função, constante do Anexo II;

c) na hipótese de o Regime de Dedicação Exclusiva ser, nos termos da legislação pertinente, aplicável ao cargo ou função, o resultado da operação prevista na alínea anterior será multiplicado por um dos seguintes coeficientes de ajustamento à jornada de trabalho, fixados segundo a gratificação que, na forma estabelecida no art. 15, do Decreto-Lei Complementar nº 11, de 2 de março de 1970, seria atribuível ao funcionário ou servidor em decorrência de sua colocação no mencionado regime:

1. coeficiente de 1,125 (um inteiro e cento e vinte e cinco milésimos) se atribuível gratificação de 50% (cinquenta por cento);

2. coeficiente de 1,5 (um inteiro e cinco décimos) se atribuível gratificação de 100% (cem por cento);

d) ao resultado da multiplicação prevista na alínea "b" ou na alínea anterior conforme o caso, somar-se-ão as parcelas percebidas, com base na legislação vigente, em 28 de fevereiro de 1978, a título de:

1. vantagem assegurada pelo § 1º, do art. 9º, do Decreto-Lei Complementar nº 11, de 2 de março de 1970, alterado pelo art. 1º, do Decreto-Lei Complementar nº 13, de 25 de março de 1970;

2. qualquer outra vantagem pessoal de valor inalterável sobre a qual não haja incidência do adicional por tempo de serviço aludido no item 2, ou da sexta parte referida no item 4, ambos da alínea "a";

e) apurar-se-á o valor correspondente a 6/7 (seis sétimos) do resultado da soma prevista na alínea anterior;

f) o cargo ou função do funcionário ou servidor será enquadrado na referência numérica cujo valor seja igual ao valor obtido na operação prevista na alínea anterior, respeitado o grau em que se encontrar classificado na referência atual;

§ 1º. Para os titulares de cargos de direção administrativa, aos quais não tenham sido aplicadas as disposições da Lei Complementar nº 102, de 12 de agosto de 1974, será computado, para o fim previsto neste artigo, nas operações de que cuidam a alínea "a" do inciso I, e alínea "a" do inciso II, o valor correspondente à vantagem referida nos itens 3 das mesmas alíneas.

§ 2º. O disposto no parágrafo anterior não se aplica aos titulares de cargos de especialista de educação do Quadro do Magistério.

§ 3º. Não se compreendem nas vantagens a que aludem o item 4, da alínea "a" do inciso I, e o item 5 da alínea "a" do inciso II, as gratificações *pro labore* atribuídas a Exatores.

Art. 6º. Para efeito do disposto no art. 3º, destas Disposições Transitórias, tratando-se de ocupantes de cargos docentes do Quadro do Magistério, bem como de ocupantes de cargos ou funções atividades sujeitos à jornada inferior a 30 (trinta) horas semanais de trabalho, observar-se-ão, aplicada a Tabela III prevista no inciso III, do art. 64, desta Lei Complementar, as seguintes regras de enquadramento:

I – se o funcionário ou servidor não fizer jus à sexta-parte dos vencimentos:

a) apurar-se-á o valor correspondente à soma das parcelas percebidas, com base na legislação vigente, em 28 de fevereiro de 1978, a título de:

1. padrão do cargo ou função;

2. adicional por tempo de serviço, previsto no inciso VIII do art. 92 da Constituição do Estado (Emenda nº 2, de 30.10.1969), de que tratam os arts. 13 da Lei nº 6.043, de 20 e janeiro de 1961; 127, da Lei nº 10.261, de 28 de outubro de 1968; e 28, do Decreto-Lei Complementar nº 11, de 2 de março de 1970;

• *Vide nota ao art. 94 desta Lei Complementar.*

3. gratificação de nível instituída pela Lei Complementar nº 75, de 14 de dezembro de 1972, no valor determinado com fundamento no art. 11, da mesma lei, com a redação que lhe foi dada pelo inciso V, do art. 1º da Lei Complementar nº 89, de 13 de maio de 1974, observadas as demais alterações por ela efetuadas:

4. outras vantagens pecuniárias incorporadas e sobre as quais haja incidência do adicional por tempo de serviço aludido no item 2;

b) o resultado da soma apurada na forma de alínea anterior será multiplicado pelo coeficiente de enquadramento referente à classe a que pertença o cargo ou função, constante do Anexo II;

c) ao resultado da multiplicação prevista na alínea anterior somar-se-á a parcela percebida, com base na legislação vigente, a título de vantagem assegurada pelo § 1º, do art. 9º, do Decreto-Lei Complementar nº 11, de 2 de março de 1970, alterado pelo art. 1º, do Decreto-Lei Complementar nº 13, de 25 de março de 1970;

d) o cargo ou função do funcionário ou servidor será enquadrado na referencia numérica cujo valor seja igual ao valor obtido na operação prevista na alínea anterior, respeitado o grau em que se encontrar classificado na referência atual;

II – se o funcionário ou servidor fizer jus à sexta-parte dos vencimentos:

a) apurar-se-à o valor correspondente à soma das parcelas percebidas, com base na legislação vigente, em 28 de fevereiro de 1978, a título de:

1. padrão do cargo ou função;

2. adicional por tempo de serviço, previsto no inciso VIII, do art. 92, da Constituição do Estado (Emenda nº 2, de 30.10.1969), de que tratam os arts. 13, da Lei nº 6.043, de 20 de janeiro de 1961; 127, da Lei nº 10.261, de 28 de outubro de 1968; e 28, do Decreto-Lei Complementar nº 11, de 2 de março de 1970;

• *Vide nota ao art. 94 desta Lei Complementar.*

3. gratificação de nível instituída pela Lei Complementar nº 75, de 14 de dezembro de 1972, no valor determinado com fundamento no art. 11, da mesma lei, com a redação que lhe foi dada pelo inciso V, do art. 1º, da Lei Complementar nº 89, de 13 de maio de 1974, observadas as demais alterações por ela efetuadas;

4. sexta-parte dos vencimentos prevista no inciso VIII, do art. 92, da Constituição do Estado (Emenda nº 2, de 30.10.1969), de que trata o art. 130, da Lei nº 10.261, de 28 de outubro de 1968;

• *Vide nota ao art. 94 desta Lei Complementar.*

5. outras vantagens pecuniárias incorporadas e sobre as quais haja incidência do adicional por tempo de serviço aludido no item 2 ou da sexta-parte referida no item anterior;

b) o resultado da soma apurada na forma da alínea anterior será multiplicado pelo coeficiente de enquadramento referente à classe a que pertença o cargo ou função, constante do Anexo II;

c) ao resultado da multiplicação prevista na alínea anterior, somar-se-á a parcela percebida, com base na legislação vigente, a título de vantagem assegurada pelo § 1º, do art. 9º, do Decreto-Lei Complementar nº 11, de 2 de março de 1970, alterado pelo art. 1º, do Decreto-Lei Complementar nº 13, de 25 de março de 1970;

d) apurar-se-á o valor correspondente a 6/7 (seis sétimos) do resultado da soma prevista na alínea anterior;

e) o cargo ou função do funcionário ou servidor será enquadrado na referência numérica cujo valor seja igual ao valor obtido na operação prevista na alínea anterior, respeitado o grau em que se encontrar classificado na referência atual.

Art. 7º. Para efeito do disposto no art. 3º destas Disposições Transitórias, tratando-se de funcionários ou servidores ocupantes de cargos ou funções policiais civis, sujeitos a Regime Especial de Trabalho Policial, ou ao regime de que trata o art. 1º da Lei nº 7.626, de 6 de dezembro de 1962, observar-se-ão, aplicada a Tabela III prevista no inciso III do art. 64 desta Lei Complementar, as seguintes regras de enquadramento:

I – se o funcionário ou servidor não fizer jus à sexta-parte dos vencimentos:

a) apurar-se-á o valor correspondente à soma das parcelas percebidas, com base na legislação vigente, em 28 de fevereiro de 1978, a título de:

1. padrão do cargo ou função;

2. gratificação pela sujeição ao Regime Especial de Trabalho Policial de que trata a Lei nº 10.291, de 26 de novembro de 1968, com suas alterações posteriores, ou ao regime de que trata o art. 1º da Lei nº 7.626, de 6 de dezembro de 1962;

3. adicional por tempo de serviço, previsto no inciso VIII do art. 92 da Constituição do Estado (Emenda nº 2, de 30.10.1969), de que tratam os arts. 13 da Lei nº 6.043, de 20 de janeiro de 1961; 127 da Lei nº 10.261, de 28 de outubro de 1968; e 28 do Decreto-Lei Complementar nº 11, de 2 de março de 1970;

• *Vide nota ao art. 94 desta Lei Complementar.*

4. gratificação de nível instituída pela Lei Complementar nº 75, de 14 de dezembro de 1972, com as alterações da Lei Complementar nº 89, de 13 de maio de 1974;

5. outras vantagens pecuniárias incorporadas e sobre as quais haja incidência do adicional por tempo de serviço aludido no item 3;

b) o resultado da soma apurada na forma de alínea anterior será multiplicado pelo coeficiente de enquadramento referente à classe a que pertença o cargo ou função, constante do Anexo II;

c) o resultado da operação referida na alínea anterior será dividido pelo coeficiente 2,2 (dois inteiros e dois décimos);

d) ao resultado da divisão prevista na alínea anterior somar-se-á a parcela percebida, com base na legislação vigente, em 28 de fevereiro de 1978, a título de vantagem assegurada pelo § 1º do art. 9º do Decreto-Lei Complementar nº 11, de 2 de março de 1970, alterado pelo art. 1º do Decreto-Lei Complementar nº 13, de 25 de março de 1970;

e) o cargo ou função do funcionário ou servidor será enquadrado na referência numérica cujo valor seja igual ao valor obtido na operação prevista na alínea anterior, respeitado o grau em que se encontrar classificado na referência atual;

II – se o funcionário ou servidor fizer jus à sexta parte dos vencimentos:

a) apurar-se-á o valor correspondente à soma das parcelas percebidas, com base na legislação vigente, em 28 de fevereiro de 1978, a título de:

1. padrão do cargo ou função;

2. gratificação pela sujeição ao Regime Especial de Trabalho Policial, de que trata a Lei nº 10.291, de 26 de novembro de 1968, com suas alterações posteriores, ou ao regime de que trata o art. 1º da Lei nº 7.626, de 6 de dezembro de 1962;

3. adicional por tempo de serviço, previsto no inciso VIII do art. 92 da Constituição do Estado (Emenda nº 2, de 30.10.1969), de que tratam os arts. 13 da Lei nº 6.043, de 20 de janeiro de 1961; 127 da Lei nº 10.261, de 28 de outubro de 1968; e 28 do Decreto-Lei Complementar nº 11, de 2 de março de 1970;

• *Vide nota ao art. 94 desta Lei Complementar.*

4. gratificação de nível instituída pela Lei Complementar nº 75, de 14 de dezembro de 1972, com as alterações da Lei Complementar nº 89, de 13 de maio de 1974;

5. sexta-parte dos vencimentos prevista no inciso VIII do art. 92 da Constituição do Estado (Emenda nº 2, de 30.10.1969), de que trata o art. 130 da Lei nº 10.261, de 28 outubro de 1968;

• *Vide nota ao art. 94 desta Lei Complementar.*

6. outras vantagens pecuniárias incorporadas e sobre as quais haja incidência do adicional por tempo de serviço aludido no item 3 ou da sexta-parte referida no item anterior;

b) o resultado da soma apurada na forma da alínea anterior será multiplicado pelo coeficiente de enquadramento referente à classe a que pertença o cargo ou função, constante do Anexo II;

c) o resultado da operação referida na alínea anterior será dividido pelo coeficiente 2,2 (dois inteiros e dois décimos);

d) ao resultado da divisão prevista na alínea anterior somar-se-á a parcela percebida, com base na legislação vigente, em 28 de fevereiro de 1978, a título de vantagem assegurada pelo § 1º do art. 9º do Decreto-Lei Complementar nº 11, de 2 de março de 1970, alterado pelo art. 1º do Decreto-Lei Complementar nº 13, de 25 de março de 1970;

e) apurar-se-á o valor correspondente a 6/7 (seis sétimos) do resultado da soma prevista na alínea anterior;

f) o cargo ou função do funcionário ou servidor será enquadrado na referência numérica cujo valor seja igual ao valor obtido na operação prevista na alínea anterior, respeitado o grau em que se encontrar classificado na referência atual.

Art. 8º. Para efeito do disposto no art. 3º destas Disposições Transitórias, tratando-se de ocupantes de cargos de Agente Fiscal de Rendas, observar-se-ão, aplicada a Tabela I prevista no inciso I do art. 64 desta Lei Complementar, as seguintes regras de enquadramento:

I – apurar-se-á o valor correspondente à soma das parcelas percebidas pelo funcionário com base na legislação vigente em 28 de fevereiro de 1978, a título de:

a) 2/3 (dois terços) do padrão do cargo;

b) quotas atribuídas ao cargo na forma do § 2º do art. 5º da Lei Complementar nº 112, de 15 de outubro de 1974;

c) adicional por tempo de serviço, previsto no inciso VIII do art. 92 da Constituição do Estado (Emenda nº 2, de 30.10.1969), de que tratam os arts. 13 da Lei nº 6.043, de 20 de janeiro de 1961; 127 da Lei nº 10.261, de 28 de outubro de 1968; e 28 do Decreto-Lei Complementar nº 11, de 2 de março de 1970;

• *Vide nota ao art. 94 desta Lei Complementar.*

d) outras vantagens pecuniárias, exceto a sexta-parte da remuneração, sobre as quais haja incidência do adicional por tempo de serviço aludido na alínea anterior, desde que não fixadas em número de quotas atribuídas em decorrência das extintas função gratificada e gratificação *pro labore* ou do prêmio de produtividade;

II – o resultado da soma apurada na forma do inciso anterior será multiplicado pelo coeficiente de enquadramento referente à classe a que pertence o cargo, constante do Anexo II;

III – o cargo do funcionário será enquadrado na referência numérica cujo valor seja igual ao valor obtido na operação prevista no inciso anterior, respeitado o grau em que se encontrar classificado na referência atual.

Art. 9º. Obtido o resultado final decorrente da aplicação das regras previstas nos arts. 4º a 8º destas Disposições Transitórias, e respeitado o grau em que se encontrar classificado o funcionário ou servidor, far-se-á o enquadramento mediante observância das seguintes disposições:

I – se o resultado obtido não for igual ao valor exato de uma referência, o cargo ou função-atividade será enquadrado na referência à qual corresponda o valor mais próximo;

II – se o resultado obtido for inferior ao valor fixado para a referência inicial da classe, o enquadramento do cargo ou da função-atividade far-se-á nessa referência inicial;

III – se o resultado obtido for superior ao valor fixado para a referência final da classe, o enquadramento far-se-á na referência à qual corresponda o valor mais próximo do referido resultado, independentemente da amplitude de vencimentos fixada para a classe.

Art. 10. Quando, em decorrência do disposto no inciso I do artigo anterior, o cargo ou função-atividade for enquadrado em padrão cujo valor, acrescido de gratificação relativa ao Regime Especial de Trabalho Policial de que trata o art. 182, se cabível, bem como da sexta-parte dos vencimentos, calculada na forma do art. 178, se for o caso, seja inferior ao que resultar da multiplicação, do coeficiente 1,38 (um inteiro e trinta e oito centésimos), pelo resultado da soma apurada na forma da alínea "a" do inciso I do art. 4º; da alínea "a" do inciso II do art. 4º; da alínea "a" do inciso I do art. 5º; da alínea "a" do inciso II do art. 5º; da alínea "a" do inciso I do art. 6º; da alínea "a" do inciso II do art. 6º; da alínea "a" do inciso I do art. 7º; da alínea "a" do inciso II do art. 7º, destas Disposições Transitórias, conforme o caso, observar-se-ão as seguintes disposições:

I – o funcionário ou servidor terá assegurada, como vantagem pessoal, a importância correspondente à diferença entre o valor que resultar da multiplicação prevista no *caput* e o valor do padrão em que o cargo ou função-atividade foi enquadrado, acrescido este de gratificação relativa ao Regime Especial de Trabalho Policial, se cabível, bem como da sexta-parte dos vencimentos, se for o caso;

II – cessará a percepção da vantagem pessoal de que trata o inciso anterior no mês em que o funcionário ou servidor vier a ter o seu cargo ou função-atividade reenquadrado ou elevado para o padrão imediatamente superior, salvo se a elevação tiver decorrido do disposto no art. 95 desta Lei Complementar.

Parágrafo único. Na hipótese de que cuida este artigo, se o funcionário ou servidor perceber uma ou ambas as vantagens a que se referem os itens 1 e 2 da alínea "c" do inciso I do art. 4º; os itens 1 e 2 da alínea "c" do inciso II do art. 4º; os itens 1 e 2 da alínea "d" do inciso I do art. 5º; os itens 1 e 2 da alínea "d" do inciso II do art. 5º; a alínea "c" do inciso I do art. 6º; a alínea "c" do inciso II do art. 6º; a alínea "d" do inciso I do art. 7º; a alínea "d" do inciso II do art. 7º, determinar-se-á o valor da vantagem pessoal de que trata o inciso I deste artigo, na seguinte conformidade:

1. ao resultado da multiplicação prevista no *caput* soma-se o valor das vantagens mencionadas neste parágrafo;

2. o valor da vantagem pessoal referida no inciso I corresponderá à diferença entre o valor que resultar da soma a que se refere o item anterior e o valor do padrão em que o cargo ou função-atividade foi enquadrado, acrescido este de gratificação relativa ao Regime Especial de Trabalho Policial, se cabível, bem como da sexta-parte dos vencimentos, se for o caso.

Art. 11. O funcionário ou servidor que, em 28 de fevereiro de 1978, se encontrasse respondendo pelas atribuições de cargo vago de chefia ou encarregatura, inclusive de Secretário de Escola, nos termos do parágrafo único do art. 23, da Lei nº 10.261, de 28 de outubro de 1968, ou no exercício de função dessa natureza, retribuída mediante pro labore, nos termos do art. 28 da Lei nº 10.168, de 10 de julho de 1968, terá o cargo do qual seja titular efetivo ou a função-atividade de que seja ocupante transformado em cargo ou função-atividade correspondente àqueles, desde que, na data da publicação desta Lei Complementar, conte pelo menos 2 (dois) anos, contínuos ou não, de exercício nas mencionadas atribuições ou função e, no mínimo, 5 (cinco) anos de efetivo exercício no serviço público.

§ 1º. A transformação prevista neste artigo dependerá de requerimento a ser formulado dentro de 30 (trinta) dias, contados da data da publicação desta Lei Complementar.

§ 2º. O órgão central de recursos humanos fará publicar relação nominal dos funcionários e servidores abrangidos por este artigo, indicando a denominação do cargo ou da função-atividade transformada e a do cargo ou da função-atividade resultantes da transformação.

§ 3º. Aplica-se o disposto neste artigo, nas mesmas bases e condições, ao funcionário que, preenchido o requisito de tempo previsto no *caput*, estivesse, a 28 de fevereiro de 1978, exercendo em caráter de substituição contínua há, pelo menos, 1 (um) ano, cargo de chefia ou de encarregatura, inclusive de Secretária de Escola, nas seguintes hipóteses:

1. se o mencionado cargo do respectivo titular for transformado nos termos dos arts. 12 ou 14 destas Disposições Transitórias;

2. se, mesmo não se operando a transformação a que alude o item anterior, houver ou vier a haver dentro do prazo de 1 (um) ano, contado da data da publicação desta Lei Complementar, na área da respectiva Secretaria de Estado, cargo vago de Chefia ou de encarregatura, de mesma natureza e atribuições, caso em que recairá a preferência sobre o funcionário mais antigo no exercício da substituição.

§ 4º. O disposto neste artigo aplica-se, nas mesmas bases e condições, ao servidor que, preenchido o requisito de tempo previsto no *caput* que estivesse, a 28 de fevereiro de 1978, exercendo em caráter de substituição contínua há, pelo menos, 1 (um) ano, cargo de chefia ou de encarregatura, inclusive de Secretário de Escola, se o mencionado cargo de respectivo titular for transformado nos termos deste artigo, ou, ainda, dos arts. 12 ou 14 destas Disposições Transitórias, caso em que a função-atividade de que seja ocupante o servidor será transformada em função-atividade correspondente às atribuições do cargo que estiver exercendo na data da publicação desta Lei Complementar.

• *4º com redação dada pela Lei Complementar nº 209, de 17.1.1979.*

§ 5º. Os cargos e funções-atividades de chefia e encarregatura, inclusive de Secretário de Escola, decorrentes da transformação prevista neste artigo, ficam integrados na Tabela II do Subquadro de Cargos Públicos (SQC-II) e na Tabela I do Subquadro de Funções-Atividades (SQF-I), das respectivas Secretarias de Estado às quais pertençam os cargos de chefia e encarregatura exercidos e as funções-atividades retribuídos mediante *pro labore*, nos termos do art. 28, da Lei nº 10.168, de 10 de julho de 1968.

§ 6º. Para os fins do disposto no *caput* deste artigo, computar-se-á, também, o período em que o funcionário ou servidor exerceu cargo ou função de direção, ou cargo de provimento em comissão na área da Administração Pública Estadual;

• *§ 6º, acrescentado pela Lei Complementar nº 209, de 17.1.1979.*

Art. 12. O funcionário que, em 28 de fevereiro de 1978, estivesse ocupando ou se encontrasse no exercício de cargo em comissão constante do Anexo III, terá o cargo do qual seja titular efetivo transformado em cargo correspondente àquele, desde que conte, na data da publicação desta Lei Complementar, pelo menos 2 (dois) anos, contínuos ou não, de exercício como titular ou substituto em cargos de provimento em comissão na área da Administração Pública Estadual, e 5 (cinco) anos de efetivo exercício no serviço público.

• *Art. 12, caput, com redação dada pela Lei Complementar nº 209, de 17.1.1979.*

§ 1º. A transformação prevista neste artigo dependerá de requerimento a ser formulado dentro de 30 (trinta) dias, contados da data da publicação desta Lei Complementar.

§ 2º. O órgão central de recursos humanos fará publicar a relação nominal de funcionários abrangidos por este artigo, indicando a denominação do cargo transformado e a do cargo resultantes da transformação.

§ 3º. Os cargos decorrentes da transformação prevista neste artigo ficam integrados na Tabela III (SQC-III) das respectivas Secretarias de Estado a que pertençam os cargos em comissão.

§ 4º. Para os fins do disposto no *caput* deste artigo, computar-se-á, também, o período em que o funcionário exerceu, na área da Administração Pública Estadual:

1. cargo ou função de direção, chefia ou encarregatura;

2. cargos de denominações idênticas às dos cargos constantes do Anexo III e anteriormente integrados na Tabela II da Parte Permanente dos respectivos Quadros das Secretarias de Estado

• *§ 4º com redação dada pela Lei Complementar nº 209, de 17.1.1979.*

§ 5º. O disposto neste artigo aplica-se aos servidores que se encontrem na situação nele prevista, os quais, observadas as mesmas condições e prazos, terão as funções de que são titulares transformadas em função-atividade de denominação idêntica àquela do cargo exercido.

§ 6º. As funções-atividades de que trata o parágrafo anterior ficam integradas na Tabela II (SQF-II) do Quadro das respectivas Secretarias às quais pertençam os cargos em comissão

Art. 13. (Vetado).

I – (Vetado).

II – (Vetado).

§ 1º. (Vetado).

§ 2º. (Vetado).

§ 3º. (Vetado).

§ 4º. (Vetado).

§ 5º. (Vetado).

§ 6º. (Vetado).

Art. 14. Serão transformados em cargos de Agente do Serviço Civil, identificados por algarismos romanos de I a VIII, na forma estabelecida no Anexo IV:

I – o cargo efetivo do funcionário que, em 28 de fevereiro de 1978, por ato nomeatório ou designatório, estivesse ocupando ou se encontrasse no exercício de cargo em comissão ou de função indicado no Anexo IV, e conte, na data da publicação desta Lei Complementar, no mínimo, 5 (cinco) anos de efetivo exercício no serviço público;

II – o cargo efetivo do funcionário que, em 28 de fevereiro de 1978, se encontrasse por ato designatório no exercício de função de direção indicada no Anexo IV, retribuída mediante *pro labore*, nos termos do art. 28, da Lei nº 10.168, de 10 de julho de 1968, e conte, na data da publicação desta Lei Complementar, no mínimo, 5 (cinco) anos de efetivo exercício no serviço público;

III – o cargo efetivo do funcionário que, em 28 de fevereiro de 1978, estivesse respondendo pelas atribuições de cargo vago de direção, nos termos do parágrafo único, do art. 23, da Lei nº 10.261, de 28 de outubro de 1968, ou, em caráter de substituição contínua, se encontrasse no exercício de cargo de direção, num e noutro caso indicados no Anexo IV, desde que conte, na data da publicação desta Lei Complementar, pelo menos, 1 (um) ano contínuo de exercício nas mencionadas atribuições ou substituição e, no mínimo, 5 (cinco) anos de efetivo exercício no serviço público.

§ 1º. A aplicação do disposto neste artigo condiciona-se à comprovação de que, na data da publicação desta Lei Complementar, conte o funcionário, pelo menos, 2 (dois) anos, contínuos ou não, de exercício em cargos ou funções de direção, chefia, encarregatura, assessoramento ou assistência, bem como em cargos de provimento em comissão, na área da Administração Pública Estadual.

• *§ 1º com redação dada pela Lei Complementar nº 209, de 17.1.1979.*

§ 2º. A transformação prevista neste artigo dependerá de requerimento a ser formulado dentro de 30 (trinta) dias, contados da data da publicação desta Lei Complementar.

§ 3º. O funcionário efetivo em qualquer dos cargos indicados no Anexo IV poderá ter o seu cargo transformado no de Agente do Serviço Civil, na forma prevista neste artigo, desde que, dentro de 30 (trinta) dias, contados da data da publicação desta Lei Complementar, expresse, por escrito, sua vontade.

§ 4º. Os vencimentos mensais dos cargos de Agente do Serviço Civil ficam fixados em referências numéricas, constantes da Escala de Vencimentos prevista no art. 63, observado o disposto no art. 64, ambas desta Lei Complementar.

§ 5º. A referência inicial, a amplitude e a velocidade evolutiva dos cargos de Agente do Serviço Civil são as indicadas no Anexo IV.

§ 6º. Os cargos de Agente do Serviço Civil, decorrentes da transformação prevista neste artigo, ficam integrados na Tabela III (SQC-III) das respectivas Secretarias de Estado, às quais pertençam os cargos em comissão e as funções retribuídas mediante *pro labore*, nos termos do art. 28 da Lei nº 10.168, de 10 de julho de 1968.

§ 7º. Dentro de 90 (noventa) dias contados da data da publicação desta Lei Complementar, o órgão central de recursos humanos fará publicar relação nominal dos funcionários abrangidos por este artigo, indicando a denominação do cargo transformado e a do cargo resultante da transformação.

§ 8º. Até que ocorra a integração prevista no art. 176, os funcionários que tiverem seus cargos efetivos transformadas no de Agente do Serviço Civil permanecerão:

1. nas hipóteses dos incisos I e II, no exercício dos cargos em comissão ou das funções diretivas de que sejam titulares, assegurada à Administração a faculdade de exonerá-los ou dispensá-los a qualquer tempo e designá-los para outras funções diretivas, de assessoramento ou de assistência;

2. na hipótese do inciso III, no exercício das funções que estejam desempenhando na respectiva unidade administrativa, assegurada à Administração a faculdade de designá-los para outras funções diretivas, de assessoramento ou de assistência.

§ 9º. O disposto neste artigo aplica-se aos servidores que se encontrem na situação nele prevista, os quais, observadas as mesmas condições e prazos, terão as funções-atividades de que são titulares transformadas em funções-atividades de Agente do Serviço Civil, na forma estabelecida no Anexo IV.

§ 10. As funções-atividades de que trata o parágrafo anterior ficam integradas na Tabela II (SQF-II) das respectivas Secretarias de Estado às quais pertençam os cargos em comissão e as funções retribuídas mediante *pro labore*, nos termos do art. 28, da Lei nº 10.168, de 10 de julho de 1968.

§ 11. Para o fins do disposto neste artigo, considerando-se como de Coordenador as funções de Subchefe da Casa Civil;

• *§ 11 acrescentado pela Lei Complementar nº 209, de 17.1.1979.*

§ 12. Aplica-se o disposto neste artigo, nas mesmas bases e condições, ao funcionário que em 28 de fevereiro de 1978, estivesse ocupando e se encontrasse no exercício do cargo em comissão de Secretário de Estado, adotando-se, para fins de transformação e enquadramento do cargo, as mesmas disposições previstas para o ocupante de cargo de Chefe de Gabinete.

• *§ 12 acrescentado pela Lei Complementar nº 209, de 17.1.1979.*

Art. 15. Os funcionários abrangidos pelos arts. 11 e 12 destas Disposições Transitórias, que fizerem uso da opção neles previsto, terão o enquadramento efetuado no cargo resultante da transformação, aplicando-se ao mesmo o coeficiente de enquadramento fixado para este cargo.

Parágrafo único. Na transformação prevista no art. 11 aludido no *caput*, relativamente ao funcionário ou servidor que se encontra-se no exercício de função de chefia ou encarregatura, retribuída mediante *pro labore* nos termos do art. 28 da Lei nº 10.168, de 10 de julho de 1968, o enquadramento no cargo ou função-atividade resultante da transformação far-se-á, observadas as regras dos arts. 4º, 5º e 7º destas Disposições Transitórias, com base nos valores das parcelas que seriam devidas ao funcionários ou servidor, se titular fosse, em 28 de fevereiro de 1978, de cargo de chefia ou encarregatura conforme o caso;

• *Parágrafo único, acrescentado pela Lei Complementar nº 209, de 17.1.1979.*

Art. 16. O enquadramento dos cargos de Agente do Serviço Civil far-se-á pela aplicação do mesmo coeficiente fixado para o cargo em comissão ou de direção no qual estava o funcionário em exercício em 28 de fevereiro de 1978, nas condições previstas no art. 14 destas Disposições Transitórias.

Parágrafo único. Na transformação prevista no inciso I do art. 14 aludido no *caput*, relativamente ao funcionário ou servidor que se encontra-se no exercício de função indicada no Anexo IV, bem como na transformação prevista no inciso II do mesmo artigo, relativamente ao funcionário ou servidor que se encontra-se no exercício de função de direção também indicada no Anexo IV retribuída mediante *pro labore* nos termos do art. 28 da Lei nº 10.168, de 10 de julho de 1968, o enquadramento no cargo ou função-atividade resultante da transformação far-se-á, observadas as regras dos arts. 4º, 5º e 7º, destas Disposições Transitórias, com base nos valores das parcelas que seriam devidas ao funcionário ou servidor, se titular fosse em 28 de fevereiro de 1978, de cargo equivalente àquelas funções, conforme o caso indicado no Anexo IV.

• *Parágrafo único, acrescentado pela Lei Complementar nº 209, de 17.1.1979.*

Art. 17. As funções exercidas por servidores extranumerários, admitidos em caráter temporário, nos termos do inciso I, do art. 1º, da Lei nº 500, de 13 de novembro de 1974, ou por servidores admitidos nos termos da legislação trabalhista, cujas denominações não coincidam com as de cargos constantes do Anexo II, serão enquadrados mediante decreto, observado o disposto nos arts. 3º a 7º destas Disposições Transitórias.

Art. 18. Os servidores admitidos a título precário, abrangidos pelos §§ 1º e 2º, do art. 1º, da Disposições Transitórias, da Lei nº 500, de 13 de novembro de 1974, ficam sujeitas ao regime instituído pela referida lei.

Parágrafo único. O enquadramento dos servidores de que trata este artigo far-se-á mediante decreto de acordo com proposta dos órgãos setoriais, ouvido o órgão central de recursos humanos.

Art. 19. Os proventos dos inativos serão revistos de acordo com os enquadramentos determinados por esta Lei Complementar, aplicando-se-lhes, quando for o caso:

I – a alínea "c" do inciso II, do art. 5º destas Disposições Transitórias;

II – os §§ 1º dos arts. 4º e 5º destas Disposições Transitórias, aos inativos que, ao passarem à inatividade, eram titulares dos cargos de que tratam aquelas disposições.

§ 1º. A revisão de proventos dos funcionários e servidores que, ao passarem à inatividade, incorporaram parcialmente a gratificação correspondente ao Regime de Dedicação Exclusiva, far-se-á na seguinte conformidade:

1. somar-se-ão as parcelas percebidas com base na legislação vigente em 28 de fevereiro de 1978 mencionadas nas alíneas "a" dos incisos I e II dos arts. 5º ou 6º destas Disposições Transitórias conforme o caso, devendo ser-lhes acrescido o valor percebido a

título de gratificação pela sujeição ao Regime de Dedicação Exclusiva de que trata o art. 33, da Lei nº 10.168, de 10 de julho de 1968;

2. proceder-se-á conforme o caso, aos cálculos de que tratam as alíneas "b", "c" e "d" do inciso I do art. 5º; "b", "c", "d" e "e" do inciso II do art. 5º; "b" e "c" do inciso I do art. 6º; "b", "c" e "d" do inciso II do art. 6º, ambos destas Disposições Transitórias;

3. o resultado do cálculo de que cuida o item anterior será multiplicado pelo valor do padrão e dividido pela soma dos valores desse padrão e da gratificação percebida pela sujeição ao Regime de Dedicação Exclusiva;

4. com base na Tabela II ou III, conforme a que, nos termos dos arts. 5º e 6º destas Disposições Transitórias, seria aplicável ao funcionário ou servidor em atividade e ocupante de cargo ou função de denominação idêntica à do inativo, determinar-se-á a referência cujo valor seja igual ao valor obtido na operação prevista no item anterior, respeitado o grau em que se encontrar classificado na referência atual;

5. determinado o padrão na forma do item anterior, os proventos do inativo serão calculados, em função do regime de trabalho a que esteve sujeito no período correspondente aos últimos 5 (cinco) anos imediatamente anteriores à aposentadoria, mediante observância das seguintes disposições:

a) 1/5 (um quinto) do valor do padrão, fixado na Tabela I, para cada ano em que, no período referido neste item, esteve sujeito ao Regime de Dedicação Exclusiva;

b) 1/5 (um quinto) do valor do padrão, fixado na Tabela II ou III, conforme a que, nos termos dos arts. 5º e 6º destas Disposições Transitórias, seria aplicável ao funcionário ou servidor em atividade e ocupantes de cargo ou função de denominação idêntica à do inativo, para cada ano em que, no período referido neste item, não esteve sujeito ao Regime de Dedicação Exclusiva.

§ 2º. A revisão de proventos dos funcionários e servidores que, ao passarem à inatividade, incorporaram parcialmente a gratificação correspondente ao Regime Especial de Trabalho Policial, ou ao regime de que trata o art. 1º da Lei nº 7.626, de 6 de dezembro de 1962, far-se-á na seguinte conformidade;

1. somar-se-ão as parcelas percebidas com base na legislação vigente em 28 de fevereiro de 1978, mencionadas na alínea "a" dos incisos I e II do art. 6º destas Disposições Transitórias, devendo ser-lhes acrescido o valor percebido a título de gratificação pela sujeição ao Regime Especial de Trabalho Policial de que trata a Lei nº 10.291, de 26 de novembro de 1968, ou ao regime de que trata o art. 1º da Lei nº 7.626, de 6 de dezembro de 1962;

2. proceder-se-á aos cálculos de que tratam as alíneas "b" e "c", do inciso I ou "b", "c" e "d" do inciso II, ambos do art. 6º destas Disposições Transitórias;

3. o resultado do cálculo de que trata o item anterior será multiplicado pelo valor do padrão e dividido pela soma dos valores desse padrão e da gratificação percebida pela sujeição ao Regime Especial de Trabalho Policial de que trata a Lei nº 10.291, de 26 de novembro de 1968, ou ao regime de que trata o art. 1º da Lei nº 7.626, de 6 de dezembro de 1962;

4. os proventos do inativo serão calculados com base na referência numérica constante da Tabela III, cujo valor seja igual ao valor obtido na operação prevista no item anterior, respeitado o grau em que se encontrar classificado na referência atual;

5. feito o enquadramento do inativo na forma do item anterior, calcular-se-á a parcela da gratificação correspondente ao Regime Especial de Trabalho Policial ou ao regime de que trata o art. 1º da Lei nº 7.626, de 6 de dezembro de 1962, na proporção de 24% (vinte e quatro por cento) do valor do padrão em que for enquadrado, por ano em que o funcionário ou servidor esteve sujeito a esse regime nos últimos 5 (cinco) anos imediatamente anteriores à aposentadoria.

§ 3º. Os proventos dos aposentados em cargos ou funções cujas denominações não coincidam com as estabelecidas nos Anexos desta Lei Complementar serão fixadas por decreto, observado o disposto nos arts. 3º a 7º destas Disposições Transitórias.

Art. 20. Para efeito de implantação do sistema de pontos, e tendo em vista o disposto no art. 92, ficam atribuídos ao funcionário ou servidor, na data da vigência desta Lei Complementar, tantas vezes 5 (cinco) pontos quanto for a diferença entre o número indicativo da referência inicial da classe a que pertença o funcionário ou servidor e o daquela em que tiver sido enquadrado o respectivo cargo ou função-atividade.

§ 1º. Se da aplicação do disposto no *caput* deste artigo resultar número de pontos inferior ao número de anos de serviço público contados para efeito de adicional por tempo de serviço até 28 de fevereiro de 1978, serão atribuídos ao funcionário ou servidor tantos pontos quantos forem os aludidos anos de serviço público.

§ 2º. O disposto no parágrafo anterior não se aplica aos servidores admitidos em caráter temporário.

Art. 21. Na hipótese de que trata o § 1º do artigo anterior, o cargo ou função-atividade será reenquadrado, em referência situada tantas referidas acima da inicial da mesma classe, quanto for a parte inteira da divisão, por 5 (cinco), do número de pontos atribuídos com fundamento no referido dispositivo.

Parágrafo único. O reenquadramento de que cuida este artigo vigorará a partir do primeiro dia do mês subsequente ao da vigência desta Lei Complementar.

Art. 22. Quando, em decorrência da aplicação do disposto no art. 9º destas Disposições Transitórias, resultar enquadramento do cargo ou da função-atividade do funcionário ou do servidor em referência cujo valor seja inferior àquele a que se referem as alíneas "d" do inciso I do art. 4º, "e", do inciso II do art. 4º, "e" do inciso I do art. 5º, "f" do inciso II do art. 5º, "d" do inciso I do art. 6º, "e" do inciso II do art. 6º, "e" do inciso I do art. 7º, "f" do inciso II do art. 7º, e o inciso III do art. 8º, adotar-se-ão os seguintes procedimentos:

I – multiplica-se por 100 (cem) o valor correspondente à diferença entre o valor obtido mencionado no *caput* e o valor do padrão em que o cargo ou função foram enquadrados;

II – divide-se o resultado da operação prevista no inciso anterior pelo valor do padrão em que o cargo ou função foram enquadrados;

III – o quociente da divisão prevista no inciso anterior corresponderá ao número de pontos atribuídos ao funcionário ou servidor e que serão adicionados àqueles de que trata o artigo anterior.

Art. 23. Os pontos atribuídos na forma estabelecida nos arts. 20 e 22 destas Disposições Transitórias ficam consignados no prontuário do funcionário ou servidor:

I – sob o título de adicional por tempo de serviço, tantas vezes 5 (cinco) pontos quantos forem os quinquênios completos até 28 de fevereiro de 1978;

II – sob o título de evolução funcional, os restantes.

Parágrafo único. A consignação dos pontos no prontuário objetiva, para efeito de observância do disposto no art. 92, determinar quantas referências acima da inicial de sua classe se situa o cargo do funcionário ou a função-atividade do servidor em decorrência da aplicação das regras de enquadramento previstas nesta Lei Complementar.

Art. 24. Aos funcionários que, na data da publicação desta Lei Complementar, já tenham completado 25 (vinte e cinco) anos de efetivo exercício e façam jus à sexta-parte dos vencimentos de que trata o artigo o art. 178, enquanto permanecerem em atividade, serão atribuídos, anualmente, 5 (cinco) pontos, pelo prazo máximo de 4 (quatro) anos, contados a partir da vigência desta Lei Complementar.

• *Art. 24, caput, com redação dada pela Lei Complementar nº 209, de 17.1.1979.*

§ 1º. A atribuição de pontos prevista neste artigo far-se-á também aos servidores que, na data da publicação desta Lei Complementar, já tenham completado 25 (vinte e cinco) anos de serviço público.

§ 2º. A atribuição dos pontos prevista neste artigo cessará automaticamente;

1. quando o beneficiário alcançar a referência final de sua classe, ainda que esta hipótese venha a se realizar antes de decorridos os 4 (quatro) anos;

• *Item 1 com redação dada pela Lei Complementar nº 209, de 17.1.1979.*

2. ao término do quarto ano de sua concessão, ainda que o beneficiário não tenha alcançado a referência final de sua classe.

• *Item 2 com redação dada pela Lei Complementar nº 209, de 17.1.1979.*

§ 3º. Não terá aplicação o disposto neste artigo se, em decorrência do enquadramento determinado no art. 3º destas Disposições Transitórias, o funcionário ou servidor houver atingido a referência final da respectiva classe.

Art. 25. Aos atuais funcionários, quando completarem 25 (vinte e cinco) anos de serviço público e adquirirem direito à percepção da sexta-parte dos vencimentos de que trata o art. 178, serão atribuídos 2 (dois) pontos por ano de efetivo exercício que já tenham prestado até a data da publicação desta Lei Complementar, observado o limite máximo de 20 (vinte) pontos.

• *Art. 25, caput, com redação dada pela Lei Complementar nº 209, de 17.1.1979.*

Parágrafo único. Aos atuais servidores, quando completarem 25 (vinte e cinco) anos de serviço público, serão atribuídos 2 (dois) pontos por ano de efetivo exercício que já tenham prestado até a data da publicação desta Lei Complementar, observado o limite máximo de 20 (vinte) pontos.

• *Parágrafo único, com redação dada pela Lei Complementar nº 209, de 17.1.1979.*

Art. 26. Aos aposentados e aos atuais funcionários e servidores quando passarem à inatividade, desde que não tenham atingido a referência final da classe a que pertençam, serão atribuídos, anualmente, 5 (cinco) pontos durante o prazo máximo de 4 (quatro) anos, contados a partir da vigência desta Lei Complementar.

• *Art. 26, caput, com redação dada pela Lei Complementar nº 209, de 17.1.1979.*

Parágrafo único. A atribuição dos pontos prevista neste artigo cessará automaticamente;

1. quando o beneficiário alcançar a referência final, fixada para a classe a que pertença, ainda que esta hipótese venha a se realizar antes de decorridos os 4 (quatro) anos;

• *Item 1 com redação dada pela Lei Complementar nº 209, de 17.1.1979.*

2. ao término do quarto ano do início da vigência desta Lei Complementar, ainda que o beneficiário não tenha recebido o benefício de que trata este artigo por 4 (quatro) anos, ou que não tenha alcançado a referência final de sua classe.

• *Item 2 com redação dada pela Lei Complementar nº 209, de 17.1.1979.*

Art. 27. No primeiro processo avaliatório, caso não venha a ser concluído o cadastramento dos funcionários e servidores nas unidades em que prestam serviços, fica facultado, excepcionalmente, à Administração, para fins de dimensionamento dos grupos sob avaliação, atribuir, a todos os funcionários e servidores os pontos correspondentes ao conceito avaliatório "bom" da respectiva classe, na forma prevista no art. 104 desta Lei Complementar.

Art. 28. Será revisto o enquadramento dos funcionários cuja promoção por grau, relativa a período anterior à data vigência desta Lei Complementar, vier a ser concedida após essa data.

Parágrafo único. Até que seja baixado o regulamento a que se refere o art. 86, as promoções continuarão a ser processadas com base nas normas legais e regulamentares em vigor.

Art. 29. Os cargos de Professor, referência 16, Professor Primário, referência 16, Professor, referência 20, da Tabela II da Parte Permanente dos Quadros de Ensino das Secretarias da Justiça e da Promoção Social, e de Diretor de Escola Primária, referência "CD-3", de idênticas Tabela e Parte do Quadro da Secretaria da Promoção Social, e de Orientador de Cursos, referência "CD-3", da Tabela I da Parte Permanente do Quadro da Secretaria da Promoção Social, passam a integrar o Quadro do Magistério, instituído pelo art. 3º da Lei Complementar nº 114, de 13 de novembro de 1974, aplicando-se aos seus titulares, nas mesmas bases e condições, o disposto na referida Lei Complementar.

• *Art. 29 com redação dada pela Lei Complementar nº 209, de 17.1.1979.*

Art. 30. Os cargos a que se refere o artigo anterior ficam com sua denominação e referência alteradas na conformidade do Anexo V, que faz parte integrante desta Lei Complementar.

Art. 31. Os cargos do Quadro de Ensino das Secretarias da Segurança Pública, Esportes e Turismo, Cultura e Tecnologia, Agricultura e Saúde, passam a integrar os Quadros das respectivas Secretarias, ficando os indicados no Anexo V, com suas denominações, referências, Parte e Tabela alteradas na forma nela indicada.

Art. 32. Os cargos do Quadro de Ensino não abrangidos pelos arts. 29 e 31 destas Disposições Transitórias passam a integrar os Quadros das Secretarias a que pertençam.

Art. 33. Ficam extintos os cargos vagos no Quadro de Ensino das Secretarias da Saúde e da Agricultura.

Art. 34. O disposto nos arts. 29, 30 e 31 destas Disposições Transitórias aplica-se nas mesmas bases e condições aos inativos, aos extranumerários e aos servidores admitidos nos termos do inciso I do art. 1º da Lei nº 500, de 13 de novembro de 1974, cujas funções tenham denominação idênticas às constantes do Anexo V.

Art. 35. Fica extinto o Quadro de Ensino criado pela alínea "c" do art. 1º do Decreto-Lei nº 14.138, de 18 de agosto de 1944.

Art. 36. Fica vedada a admissão de servidores, exceto na Secretaria da Educação, para o exercício de funções com denominações idênticas às de cargo do Quadro do Magistério.

Art. 37. Dentro de 90 (noventa) dias da vigência desta Lei Complementar, as Secretarias farão publicar a relação dos cargos e funções e dos respectivos titulares, abrangidos pelos arts. 29, 30 e 31 destas Disposições Transitórias.

Art. 38. O enquadramento previsto nos arts. 29, 30, 31 e 34 destas Disposições Transitórias retroagirá a 14 de novembro de 1974.

Art. 39. Observadas as normas dos arts. 29, 30, 31 e 34, serão os cargos e funções constantes da situação nova do Anexo V enquadrados de acordo com os arts. 3º a 6º destas Disposições Transitórias, conforme o caso.

Art. 40. Os funcionários e servidores, que tenham seus cargos ou funções enquadrados nos termos dos arts. 3º a 8º destas Disposições Transitórias, não mais farão jus, por haverem sido absorvidos nos padrões das respectivas Tabelas I, II e III da Escala de Vencimentos, às seguintes gratificações ou vantagens pecuniárias, inclusive suas extensões e aplicações:

I – o percentual correspondente ao adicional por tempo de serviço, fixado pelo art. 13 e seus parágrafos da Lei nº 6.043, de 20 de janeiro de 1961, mencionado no art. 127 da Lei nº 10.261, de 28 de outubro de 1968, uniformizado pelo art. 28 do Decreto-Lei Complementar nº 11, de 2 de março de 1970;

II – gratificação pela sujeição ao Regime de Dedicação Exclusiva de que tratam:

a) os arts. 1º, 2º e 100 da Lei nº 9.717, de 30 janeiro de 1967;

b) o art. 26 da Lei nº 6.786, de 6 de abril de 1962, restabelecido pelos arts. 13 a 15 da Lei nº 8.478, de 11 de dezembro de 1964;

c) o art. 53 da Lei nº 9.717, de 30 de janeiro de 1967, com a redação alterada pelo artigo art. 1º da Lei nº 9.993, de 20 de dezembro de 1967;

d) o art. 30 da Lei nº 9.717, de 30 de janeiro de 1967;

e) o art. 1º da Lei nº 9.860, de 9 outubro de 1967;

f) o art. 1º da Lei nº 10.059, de 8 de fevereiro de 1968;

III – a vantagem assegurada pelo § 1º do art. 9º do Decreto-Lei Complementar nº 11, de 2 de março de 1970;

IV – a vantagem a que se refere o art. 3º do Decreto-Lei nº 171, de 22 de dezembro de 1969;

V – gratificação de nível instituída pela Lei Complementar nº 75, de 14 de dezembro de 1972, com as alterações efetuadas pela Lei Complementar nº 89, de 13 de maio de 1974;

VI – as vantagens pecuniárias que tenham sido computadas para efeito de enquadramento, na forma dos seguintes artigos destas Disposições Transitórias:

a) item 5 da alínea "a" do inciso I do art. 4º;

b) item 2 da alínea "c" do inciso I do art. 4º;

c) item 6 da alínea "a" do inciso II do art. 4º;

d) item 2 da alínea "c" do inciso II do art. 4º;

e) item 4 da alínea "a" do inciso I do art. 5º;

f) item 2 da alínea "d" do inciso I do art. 5º;

g) item 5 da alínea "a" do inciso II do art. 5º;

h) item 2 da alínea "d" do inciso II do art. 5º;

i) item 4 da alínea "a" do inciso I do art. 6º;

j) item 5 da alínea "a" do inciso II do art. 6º;

l) item 5 da alínea "a" do inciso I do art. 7º;

m) item 6 da alínea "a" do inciso II do art. 7º;

n) alínea "d" do inciso I do art. 8º.

VII – as quotas atribuídas aos ocupantes de cargos de Agente Fiscal de Rendas, com fundamento no § 2º do art. 5º da Lei Complementar nº 112, de 15 de outubro de 1974.

Art. 41. O disposto no art. 6º desta Lei Complementar não se aplica aos servidores que estejam atualmente no exercício das funções ali referidas.

Art. 42. O disposto no § 2º do art. 78 não se aplica ao funcionário ou servidor que, à data da vigência desta Lei Complementar, já tenha incorporado integralmente a gratificação correspondente ao Regime de Dedicação Exclusiva.

Art. 43. (Vetado).

Parágrafo único. (Vetado).

Art. 44. Para todos os efeitos legais, ficam incorporadas à remuneração do Agente Fiscal de Rendas, a título de prêmio de produtividade quotas em número determinado com base na média mensal das que lhe houverem sido atribuídas nos exercícios de 1975, 1976 e 1977, na seguinte conformidade:

I – 1/5 (um quinto) de média mensal relativa ao exercício de 1975;

II – 1/5 (um quinto) da média mensal relativa ao exercício de 1976;

III – 1/5 (um quinto) da média mensal relativa ao exercício de 1977.

§ 1º. Nos casos em que o Agente Fiscal de Rendas, nos exercícios de 1975, 1976 e 1977, esteve afastado para o exercício de mandato eletivo federal, estadual ou municipal, ou, ainda, para o exercício de cargo em comissão pertencente aos Poderes do Estado ou à administração autárquica estadual, serão atribuídas, a título de prêmio de produtividade, para o único efeito da incorporação prevista neste artigo, quotas em número equivalente ao limite máximo previsto no § 2º do art. 8º da Lei Complementar nº 112, de 15 de outubro de 1974, em sua redação original, por mês de afastamento.

§ 2º. A incorporação de que trata este artigo deverá ser requerida dentro de 30 (trinta) dias, contados da data da publicação desta Lei Complementar e condiciona-se a expressa renúncia às quotas incorporadas com fundamento em qualquer disposição legal, decorrentes das extintas função gratificada e gratificação *pro labore* ou do prêmio de produtividade.

§ 3º. A incorporação a que se refere este artigo far-se-á uma só vez e produzirá seus efeitos a partir de 1º de abril de 1978.

§ 4º. Serão desprezadas as frações que resultarem dos cálculos necessários à aplicação do disposto neste artigo.

§ 5º. A incorporação processada nos termos deste artigo exclui a de que trata o art. 9º da Lei Complementar nº 112, de 15 de outubro de 1974, correspondente ao exercício de 1978 e relativa ao ano-base de 1977.

§ 6º. Fica assegurado ao Agente Fiscal de Rendas abrangidos pelo § 1º do art. 5º das Disposições Transitórias da Lei Complementar nº 112, de 15 de outubro de 1974, que, na data da publicação desta Lei Complementar, esteja no exercício de qualquer das funções aludidas no § 3º do art. 8º da citada Lei Complementar nº 112, de 15 de outubro de 1974, o direito de valer-se do disposto no mencionado art. 5º, na redação dada pelo art. 2º da Lei Complementar nº 141, de 8 junho de 1976, em substituição à incorporação de que trata este artigo, desde que, no prazo de 30 (trinta) dias, contados da data da publicação desta Lei Complementar, protocole pedido no qual fique expressamente manifestada a opção.

Art. 45. O § 2º do art. 6º das Disposições Transitórias da Lei Complementar nº 112, de 15 de outubro de 1974, passa a vigorar com a seguinte redação:

"§ 2º. O exercício da opção facultada neste artigo fica condicionado à expressa renúncia às quotas incorporadas, a título de prêmio de produtividade, com fundamento em qualquer disposição legal, bem como a qualquer outra vantagem incorporada à remuneração ou integrada no patrimônio do optante, decorrente de função gratificada ou gratificação pro labore, extintas por esta ou por leis anteriores."

Art. 46. (Revogado).

- *Art. 46 revogado pela Lei Complementar nº 260, de 30.6.1981 e, revogado, novamente, pela Lei Complementar nº 446, de 22.4.1986.*

Art. 47. (Revogado).

- *Art. 47 revogado pela Lei Complementar nº 446, de 22.4.1986.*

Art. 48. (Revogado).

- *Art. 48 revogado pela Lei Complementar nº 446, de 22.4.1986.*

Art. 49. O funcionário do Quadro do Magistério que se encontrasse, em 28 de fevereiro de 1978, respondendo pelas atribuições de cargo vago ou de funções de Diretor de Escola, na área da Secretaria da Educação, terá o cargo ao qual seja titular transformado em cargo de Assistente de Ensino II, desde que, na data da publicação desta Lei Complementar, conte, pelo menos, 2 (dois) anos, contínuos ou não, de exercício naquelas atribuições ou funções.

§ 1º. A transformação prevista neste artigo dependerá de requerimento a ser formulado dentro de 30 (trinta) dias, contados da data da publicação desta Lei Complementar.

§ 2º. O órgão central de recursos humanos fará publicar relação nominal dos funcionários abrangidos por este artigo, indicando a denominação do cargo transformado e a do cargo resultante da transformação.

§ 3º. Aplica-se o disposto neste artigo, nas mesmas bases e condições, ao funcionário que, em 28 de fevereiro de 1978, estivesse exercendo, em caráter de substituição, cargo de Diretor de Escola e preencha um dos seguintes requisitos:

1. que a substituição, atendido o requisito de tempo previsto no *caput*, venha sendo exercida há, pelo menos, 1 (um) ano contínuo, contado até a data da publicação desta Lei Complementar;

2. que tenha exercida cargo de Diretor de Escola, na qualidade de responsável pelas atribuições de cargo vago ou de substituto, durante 5 (cinco) anos contínuos.

§ 4º. As referências inicial e final do cargo de Assistente de Ensino II correspondem, respectivamente, às referências 44 e 65, fixados a Amplitude da classe em A-IV e a Velocidade Evolutiva em VE-4 e o Coeficiente de enquadramento em 1,5054.

• *§ 4º com redação dada pela Lei Complementar nº 209, de 17.1.1979.*

§ 5º. Os cargos decorrentes da transformação prevista neste artigo ficam integrados na Tabela III (SQC-III) do Quadro do Magistério.

§ 6º. Os ocupantes dos cargos de que trata este artigo desempenharão, entre outras, atividades de Assistência junto às escolas, Delegacias de Ensino, Divisões Regionais, ou outros órgãos da estrutura básica da Secretaria da Educação, bem como exercerão as funções de Diretor de Escola em suas faltas ou impedimentos.

• *§ 6º com redação dada pela Lei Complementar nº 209, de 17.1.1979.*

Art. 50. Nos casos em que o titular de função retribuída mediante *pro labore*, nos termos do art. 28 da Lei nº 10.168, de 10 de julho de 1968, tenha sido ou não abrangido pelo art. 11 destas Disposições Transitórias, sem que entre a denominação da função e a dos cargos indicados no Anexo II desta Lei Complementar haja correspondência, será esta determinada, para fins de enquadramento, em decreto a ser expedido dentro de 150 (cento e cinquenta) dias contados da data da publicação desta Lei Complementar.

• *Art. 50 com redação dada pela Lei Complementar nº 209, de 17.1.1979.*

Art. 51. Será integrado na classe de Agente do Serviço Civil, de que trata o art. 14 destas Disposições Transitórias, mantido o respectivo grau, quando for o caso, bem como a situação de efetividade, o funcionário do Quadro da Secretaria da Assembleia Legislativa, dos Quadros das Secretarias dos Tribunais, das Autarquias e do Municípios, do Estado que preencha, cumulativamente, os seguintes requisitos;

• *Art. 51, caput, com redação dada pela Lei Complementar nº 209, de 17.1.1979.*

I – seja, na Assembleia Legislativa nos Tribunais, nas Autarquias ou nos Municípios, do Estado, titular de cargo efetivo com mais de 15 (quinze) anos de serviço público ou nele tenha sido investido em virtude de concurso público;

• *Inciso I com redação dada pela Lei Complementar nº 209, de 17.1.1979.*

II – esteja ocupando ou exercendo em 28 de fevereiro de 1978, cargo em comissão do Quadro da Administração direta;

III – conte, na data da publicação desta Lei Complementar, pelo menos, 2 (dois) anos contínuos ou não de exercício em cargos de provimento em comissão ou de função de assessoramento, dos Quadros da Administração direta.

§ 1º. Far-se-á a integração na forma estabelecida no Anexo IV para o cargo em comissão que o funcionário estiver exercendo na data da publicação desta Lei Complementar.

§ 2º. A integração prevista neste artigo dependerá de requerimento a ser formulado, dentro de 30 (trinta) dias, contados da data da publicação desta Lei Complementar.

§ 3º. Aplica-se o disposto neste artigo, inversamente, ao funcionário da Administração direta que esteja ocupando, em 28 de fevereiro de 1978, cargo de provimento em comissão de autarquia do Estado.

§ 4º. O disposto neste artigo aplica-se, também ao funcionário público da União que preencha as condições nele previstas.

- *§ 4º acrescentado pela Lei Complementar nº 209, de 17.1.1979.*

Art. 52. Quando, em decorrência da aplicação dos arts. 11, 12 e 14 das Disposições Transitórias, desta Lei Complementar, operar-se-á a transformação de cargos integrados nas Tabelas I e II, da Parte Permanentes dos Quadros das Secretarias de Estado, sem que o funcionário ou servidor, na qualidade de substituto, tenha sido beneficiado pelas disposições dos arts. 11 e 14 das Disposições Transitórias, ficam criados nos SQC-I e II do Quadro das mesmas Secretarias, cargos correspondentes àqueles transformados.

- *Art. 52 com redação dada pela Lei Complementar nº 209, de 17.1.1979.*

Art. 53. Serão consideradas, exclusivamente para fins de enquadramento, nos termos dos arts. 4º e 5º, destas Disposições Transitórias, as alterações de cargos ocorridas em virtude de leis promulgadas após 28 de fevereiro de 1978 até a data da vigência desta Lei Complementar.

Parágrafo único. As alterações de cargos referidas no *caput* serão consideradas, também, para efeito de aplicação do que dispõe os arts. 14 e 16 destas Disposições Transitórias.

- *Parágrafo único acrescentado pela Lei Complementar nº 209, de 17.1.1979.*

Art. 54. Os funcionários e servidores que tenham feito uso da opção prevista no art. 12 das Disposições Transitórias do Decreto-Lei Complementar nº 11, de 2 de março de 1970, poderão optar no prazo de 30 (trinta) dias, perante a autoridade competente, por sua inclusão no Sistema de Administração de Pessoal instituído por esta Lei Complementar.

§ 1º. A faculdade prevista neste artigo estende-se, nas mesmas condições, aos inativos que tenham feito uso da opção prevista no § 2º do art. 32 do Decreto-Lei Complementar nº 11, de 2 de março de 1970.

§ 2º. O enquadramento do pessoal abrangido por este artigo far-se-á mediante decreto, adotando-se para esse fim critério específicos, em consonância com os princípios estabelecidos nesta Lei Complementar e de acordo com as vantagens pecuniárias a que faça jus, nos termos da legislação que lhe é aplicável, garantida, pelo menos, a referência inicial da classe a que corresponder.

Art. 55. Os funcionários e servidores abrangidos por esta Lei Complementar que desejarem permanecer na situação retribuitória anterior, poderão optar no prazo de 60 (sessenta) dias, a partir da data da publicação desta Lei Complementar, perante a autoridade competente, pela permanência nessa situação, ficando os respectivos vencimentos, remuneração, vantagens e salários calculados nos termos, formas e bases da legislação anterior, sem auferir, em consequência, revalorização de referência ou de padrão de vencimentos e vantagens de qualquer natureza, decorrentes do Sistema de Administração de Pessoal ora instituído, aplicando-se-lhes exclusivamente as disposições dos arts. 38 a 51, 197 e 215, bem como, no que couber, do Título XII desta Lei Complementar e do art. 58 destas Disposições Transitórias.

Art. 56. O inativo que optar pela permanência na situação retribuitória anterior deverá manifestar sua opção no prazo de 60 (sessenta) dias, a contar da data da publicação desta Lei Complementar, ficando os respectivos proventos calculados na forma, bases e condições da legislação anterior, sem auferir, em consequência, revalorização de referência ou de padrão de vencimentos e vantagens de qualquer natureza, decorrentes do Sistema de Administração de Pessoal ora instituído, aplicando-se-lhes exclusivamente as disposições dos arts. 197 e 215, bem como, no que couber, do Título XII desta Lei Complementar e do art. 58 destas Disposições Transitórias.

Art. 57. Fica dispensada da inscrição de que trata o art. 134 a funcionária ou servidora cujo marido seja contribuinte obrigatório, desde que, em decorrência de legislação anterior, tenha optado por essa situação.

Art. 58. Para os funcionários, servidores e inativos que, com fundamento nos arts. 55 e 56 destas Disposições Transitórias, optarem pela permanência na situação retribuitória anterior à presente Lei Complementar, os valores das escalas de padrões de vencimentos dos cargos de provimento efetivo e dos cargos de direção e de provimento em comissão, fixados na conformidade dos Anexos I e II, da Lei Complementar nº 152, de 31 de março de 1977, ficam alterados de acordo com os Anexos VI e VII que integram esta Lei Complementar.

Art. 59. Passam a ser os seguintes os valores das referências de vencimentos e salários aplicáveis aos funcionários, servidores e inativos que optaram pela permanência na situação retribuitória anterior ao Decreto-Lei Complementar nº 11, de 2 de março de 1970:

I – escala de referências de vencimentos e salários de que trata o inciso I do art. 5º da Lei Complementar nº 152, de 31 de março de 1977:

• *Tabela disponível na Imprensa Oficial do Estado.*
Informações pelo telefone (11) 6099-9581. Reprografia.

II – escala de referências de vencimentos e salários de que trata o inciso II do art. 5º da Lei Complementar nº 152, de 31 de março de 1977:

• *Tabela disponível na Imprensa Oficial do Estado.*
Informações pelo telefone (11) 6099-9581. Reprografia.

Palácio dos Bandeirantes, 12 de maio de 1978.

Paulo Egydio Martins

DOE de 13.5.1978 – Com as retificações dos DOE de 20, 23 e 27.5.1978

ANEXOS

• *Anexos disponíveis na Imprensa Oficial do Estado.*
Informações pelo telefone (11) 6099-9581. Reprografia.

Regime Jurídico dos Servidores Admitidos em Caráter Temporário

Lei nº 500, de 13 de Novembro de 1974

Institui o regime jurídico dos servidores admitidos em caráter temporário e dá providências correlatas.

- *Vide Lei Complementar nº 1.093, de 16.7.2009 – Dispõe sobre a contratação por tempo determinado de que trata o inciso X do art. 115 da Constituição Estadual.*
- *Vide Lei Complementar nº 1.073, de 11.12.2008 (art. 11) – Disciplina o desenvolvimento funcional, mediante progressão e promoção, de que trata o art. 8º, da Lei Complementar nº 1.026, de 20 de dezembro de 2007, aplicável aos servidores do Tribunal de Contas do Estado de São Paulo e dá outras providências.*
- *Vide Lei Complementar nº 1.010, de 1º.6.2007 (art. 43) – Dispõe sobre a criação da SÃO PAULO PREVIDÊNCIA – SPPREV, entidade gestora do Regime Próprio de Previdência dos Servidores Públicos – RPPS e do Regime Próprio de Previdência dos Militares do Estado de São Paulo – RPPM.*

O Governador do Estado de São Paulo:

Faço saber que nos termos dos §§ 1º e 3º do art. 24 da Constituição do Estado, Emenda nº 2, promulgo a seguinte Lei:

Capítulo I – Da Admissão

Art. 1º. Além dos funcionários públicos poderá haver na Administração estadual servidores admitidos em caráter temporário:

I – para o exercício de função-atividade correspondente à função de serviço público de natureza permanente;

II – para o desempenho de função-atividade de natureza técnica, mediante contrato bilateral, por prazo certo e determinado;

III – para a execução de determinada obra, serviços de campo ou trabalhos rurais, todos de natureza transitória, ou ainda, a critério da Administração, para execução de serviços decorrentes de convênios.

Parágrafo único. Em casos excepcionais, decorrentes de calamidade pública, epidemias ou grave comoção interna, poderão ser admitidos servidores em caráter temporário, na forma do inciso III, para o exercício das funções-atividades de que trata o inciso I deste artigo, com o fim de dar atendimento à emergência e pelo prazo em que esta perdurar.

• *Art. 1º, caput, incisos I, II e III e parágrafo único, com redação dada pelo art. 203 da Lei Complementar nº 180, de 12.5.1978.*

Art. 2º. (Revogado).

• *Revogado pelo art. 6º da Lei nº 900 de 18.12.1975.*

Art. 3º. Os servidores de que tratam os incisos I e II do art. 1º reger-se-ão pelas normas desta Lei, aplicando-se aos de que trata o inciso III as normas da legislação trabalhista.

§ 1º. Poderá, também, a critério da Administração, ser admitido pessoal no regime trabalhista, para o desempenho das funções a que se referem os incisos I e II do art. 1º, na forma a ser disciplinada em decreto.

§ 2º. As disposições desta Lei relativas aos servidores admitidos em caráter temporário não se aplicam ao pessoal admitido nos termos do parágrafo anterior, exceto as dos arts. 5º, 6º, 7º, 8º e 9º.

§ 3º. As autoridades que admitirem servidores nos termos da legislação trabalhista, além da observância das normas previstas nesta mesma legislação, deverão providenciar, sob pena de responsabilidade funcional, sua inscrição para fins previdenciários e o recolhimento das respectivas contribuições.

• *Art. 3º, caput, § 1º, § 2º e § 3º, com redação dada pelo art. 203 da Lei Complementar nº 180, de 12.5.1978.*

Art. 4º. Os servidores a que se refere o inciso I do art. 1º, admitidos para funções correspondentes a cargos em regimes especiais de trabalho, poderão ser incluídos nesses regimes na forma da legislação em vigor.

Art. 5º. É vedada a admissão nos termos do art. 1º, sob quaisquer denominações:

I – para atribuições correspondentes às funções de serviço público, na área da Administração Centralizada, referentes às atividades de representação judicial e extrajudicial, de consultoria jurídica do Executivo e da Administração em geral, de assistência jurídica e de assessoramento técnico-legislativo, de assistência judiciária aos necessitados, de arrecadação e fiscalização de tributos, de manutenção da ordem e segurança pública internas, bem como de direção;

II – quando houver, na mesma Secretaria, cargo vago correspondente à função e candidatos aprovados em concurso público com prazo de validade não extinto.

• *Art. 5º, caput, incisos I e II, com redação dada pelo art. 203 da Lei Complementar nº 180, de 12.5.1978.*

Art. 6º. As admissões serão sempre precedidas de processo, iniciado por proposta devidamente justificada, e serão feitas:

I – as relativas às funções de que tratam os incisos I e II do art. 1º, pelo Secretário de Estado, com autorização do Chefe do Executivo, sujeitas as do inciso I à seleção, nos termos da legislação em vigor;

II – as relativas às funções de que trata o inciso III do art. 1º, mediante portaria da autoridade competente, com autorização do Secretário de Estado.

Parágrafo único. Constarão obrigatoriamente das propostas de admissão a função a ser desempenhada, o salário, a dotação orçamentária própria e a demonstração da existência de recursos.

• *Art. 6º, incisos I e II e parágrafo único, com redação dada pelo art. 203 da Lei Complementar nº 180, de 12.5.1978.*

Art. 7º. As condições para admissão dos servidores de que trata o inciso I do art. 1º, relativas a diplomas ou experiência de trabalho, conduta e outras exigências legais, constarão das instruções especiais das provas de seleção.

Art. 8º. A proposta de admissão dos servidores de trata o inciso II do art. 1º será instruída com os seguintes documentos:

I – prova de nacionalidade brasileira;

II – prova de estar em dia com as obrigações relativas ao serviço militar;

III – prova de estar no gozo dos direitos políticos;

IV – prova de boa conduta;

V – prova de sanidade e capacidade física;

VI – títulos científicos ou profissionais que comprovem a habilitação para o desempenho da função técnica, reconhecidamente especializada;

VII – minuta de contrato.

Parágrafo único. Quando se tratar de contrato de estrangeiros serão dispensados os requisitos constantes dos incisos I a III, se o estrangeiro for residente no país, e os dos incisos I a IV, se não residente.

Art. 9º. As provas de seleção, para a admissão dos servidores de que trata o inciso I do art. 1º, serão realizadas, em cada caso, por comissão para esse fim especialmente constituída nas Secretarias de Estado.

• *Art. 9º, caput, com redação dada pelo art. 1º da Lei nº 900, de 18.12.1975.*

Parágrafo único. (Revogado).

• *Parágrafo único revogado pelo art. 6º da Lei nº 900, de 18.12.1975.*

Art. 10. (Revogado).

• *Art. 10 revogado pelo art. 6º da Lei nº 900, de 18.12.1975.*

Art. 11. Respeitado o disposto no inciso II do art. 5º, terão preferência, para serem admitidos nos termos desta Lei, os candidatos habilitados em concurso público realizado pelos órgãos centrais, setoriais ou subsetoriais de recursos humanos, para cargos correspondentes às funções a que se refere o inciso I do art. 1º, sem prejuízo do direito à nomeação, obedecida, em qualquer caso, a ordem de classificação.

• *Art. 11, com redação dada pelo art. 203 da Lei Complementar nº 180, de 12.5.1978.*

Capítulo II – Do Exercício

Art. 12. O servidor admitido deverá assumir o exercício dentro do prazo improrrogável de 30 (trinta) dias.

§ 1º. Em caso de urgência poderá ser reduzido o prazo previsto neste artigo, devendo essa circunstância constar das instruções especiais das provas de seleção ou, no caso de contrato, da proposta de admissão.

§ 2º. Se o exercício não se iniciar dentro do prazo, será a admissão declarada sem efeito.

Art. 13. Ao assumir o exercício o servidor deverá apresentar certificado de sanidade e capacidade física fornecido por órgão médico oficial.

Parágrafo único. O servidor de que trata o inciso I do art. 1º deverá ainda apresentar a documentação comprobatória do preenchimento das condições para admissão, constantes das instruções especiais das provas de seleção.

Art. 14. A contagem do prazo a que se refere o art. 12 poderá ser suspensa até o máximo de 120 (cento e vinte) dias, a partir da data em que o servidor apresentar guia ao órgão médico, encarregado da inspeção, até a data da expedição do certificado de sanidade e capacidade física, sempre que a inspeção médica exigir essa providência.

Parágrafo único. O prazo a que se refere este artigo recomeçará a correr sempre que o candidato, sem motivo justificado, deixe de submeter-se aos exames médicos julgados necessários.

Art. 15. Os servidores regidos por esta Lei poderão ser afastados, com ou sem prejuízo de seus salários, sempre para fim determinado e por prazo certo, ouvido previamente o Titular da Pasta a que estiverem subordinados, mediante autorização do Governador, nas seguintes hipóteses:

I – para missão ou estudo de interesse do serviço público, fora do Estado ou da respectiva sede de exercício;

II – para participação em congressos e outros certames culturais, técnicos ou científicos;

III – para participação em provas de competições desportivas, desde que haja requisição justificada do órgão competente.

Parágrafo único. Na hipótese do inciso III, o afastamento será concedido sem prejuízo do salário, quando o servidor representar o Brasil ou o Estado em competições desportivas oficiais, e, com prejuízo do salário, em quaisquer outros casos.

Art. 16. Serão considerados de efetivo exercício, para os efeitos desta Lei, os dias em que o servidor estiver afastado do serviço em virtude de:

I – férias;

II – casamento, até 8 (oito) dias;

III – falecimento do cônjuge, filhos, pais e irmãos até 8 (oito) dias;

IV – falecimento dos avós, netos, sogros, padrasto ou madrasta, até 2 (dois) dias;

• *Inciso IV, com redação dada pelo art. 2º da Lei Complementar nº 318, de 10.3.1983.*

V – serviços obrigatórios por lei;

VI – licença quando acidentado no exercício de suas atribuições ou atacado de doença profissional;

VII – licença à servidora gestante;

VIII – licenciamento compulsório como medida profilática;

IX – faltas abonadas nos termos do § 1º do art. 20, observados os limites ali fixados;

X – faltas em virtude de consulta ou tratamento no Instituto de Assistência Médica ao Servidor Público Estadual (IAMSPE) referentes a sua própria pessoa, nos termos da Lei nº 10.432, de 29 de dezembro de 1971;

XI – afastamentos, nos termos do art. 15 desta Lei, desde que concedidos sem prejuízos de salários;

XII – falta por 1 (um) dia, por doação de sangue, desde que comprovada a contribuição para banco de sangue mantido por órgão estatal ou paraestatal ou entidade com a qual o Estado mantenha convênio;

XIII – trânsito, em decorrência de mudança de sede de exercício, até 8 (oito) dias;

XIV – licença-paternidade, por 5 (cinco) dias.

• *Inciso XIV acrescentado pela Lei Complementar nº 1.054, de 7.7.2008.*

Parágrafo único. Os dias em que o servidor estiver afastado do serviço, em decorrência das faltas a que se refere o inciso X, serão considerados de efetivo exercício para fins de percepção de salário e de aposentadoria.

• *Parágrafo único, acrescentado pelo art. 3º da Lei Complementar nº 318, de 10.3.1983.*

Art. 17. Será contado para os efeitos desta Lei, salvo para a percepção de salário:

I – o período de licença por convocação para o serviço militar e outros encargos da segurança nacional;

II – o período de licença para frequência aos estágios prescritos pelos regulamentos militares;

III – o período de afastamento para participação em provas de competições desportivas, quando concedido com prejuízo de salário.

Art. 18. Aplicam-se aos servidores regidos por esta Lei as disposições vigentes para o funcionários públicos civis do Estado relativas a horário e ponto, salvo cláusula contratual, no caso dos servidores de que trata o inciso II do art. 1º.

Capítulo III – Dos Direitos e das Vantagem em Geral

Seção I – Do Salário e Vantagens de Ordem Pecuniária

Art. 19. O salário do servidor não poderá ultrapassar os limites fixados por lei para o vencimento do cargo a que corresponder.

Art. 20. O servidor perderá o salário do dia, quando não comparecer ao serviço, salvo no caso de faltas abonadas.

§ 1º. As faltas ao serviço, até o máximo de 6 (seis) por ano, não excedendo a uma por mês, em razão de moléstia ou outro motivo relevante, poderão ser abonadas pelo superior imediato, a requerimento do servidor, no primeiro dia útil subsequente da falta.

• *§ 1º, com redação dada pelo art. 2º da Lei Complementar nº 294, de 2.9.1982.*

§ 2º. No caso de faltas sucessivas, justificas ou injustificadas, os dias intercalados – domingos, feriados e aqueles em que não haja expediente – serão computados exclusivamente para efeito de desconto do salário.

Art. 21. O servidor perderá 1/3 (um terço) do salário do dia quando comparecer ao serviço dentro da hora seguinte à marcada para o início do expediente ou quando dele retirar-se dentro da última hora.

Art. 22. Aplicam-se aos servidores regidos por esta Lei as disposições vigentes para os funcionários públicos civis do Estado relativas a serviço extraordinário, representação, participação em órgão legal de deliberação coletiva, diárias, ajuda de custo, salário-família, salário-esposa e auxílio-funeral.

Parágrafo único. Ao servidor que pagar ou receber em moeda corrente poderá ser concedida gratificação *pro labore*, nas mesmas bases e condições da atribuída aos funcionários públicos civis do Estado.

Art. 23. O Estado assegurará ao servidor o direito ao pleno ressarcimento de danos ou prejuízos, decorrentes de acidentes no trabalho, do exercício em determinadas zonas ou locais e da execução de trabalho especial, com risco de vida ou saúde.

Seção II – Das Férias e Licenças

Art. 24. Para efeito de aquisição e gozo de férias, aplicam-se aos servidores regidos por esta Lei as disposições vigentes para os funcionários públicos civis do Estado.

Art. 25. Poderá ser concedida licença:

I – para o servidor acidentado no exercício de suas atribuições ou acometido de doença profissional;

II – para tratamento de saúde;

III – por motivo de doença em pessoa da família;

IV – para cumprimento de obrigações concernentes ao serviço militar;

V – compulsoriamente, como medida profilática;

VI – para a servidora gestante;

VII – para tratar de interesses particulares.

• *Inciso VII, acrescentado pelo art. 1º da Lei Complementar nº 814, de 23.7.1996.*

Parágrafo único. A licença de que trata o inciso VII deste artigo somente poderá ser concedida aos servidores, admitidos com fundamento nos incisos I ou II do art. 1º desta Lei, que tenham adquirido estabilidade em decorrência do disposto no art. 19 do Ato das Disposições Constitucionais Transitórias da Constituição Federal.

• *Parágrafo único, acrescentado pelo art. 1º da Lei Complementar nº 814, de 23.7.1996.*

Art. 26. Aplicam-se às licenças a que se refere o artigo anterior as normas a elas pertinentes contidas na legislação em vigor para os funcionários públicos civis do Estado.

Seção III – Da Aposentadoria

Art. 27. O servidor será aposentado:

I – por invalidez;

II – compulsoriamente, aos 70 (setenta) anos de idade;

III – voluntariamente, após 35 (trinta e cinco) anos de serviço.

Parágrafo único. No caso do inciso III, o prazo é reduzido a 30 (trinta) anos para as mulheres.

• *Art. 27, caput, incisos I, II e III e parágrafo único, com redação dada pelo art. 203 da Lei Complementar nº 180, de 12.5.1978.*

Art. 28. A aposentadoria prevista no inciso I do artigo anterior só será concedida após a comprovação da invalidez do servidor, mediante inspeção de saúde realizada em órgão médico oficial.

Art. 29. A aposentadoria compulsória prevista no inciso II do art. 27 é automática.

Parágrafo único. O servidor se afastará no dia imediato àquele em que atingir a idade-limite, independentemente da publicação do ato declaratório da aposentadoria.

Art. 30. Aposentado o servidor, os proventos serão integrais, nos casos dos incisos I e III do art. 27, e, proporcionais ao tempo de serviço, no caso da aposentadoria compulsória.

• *Art. 30, caput, com redação dada pelo art. 12 da Lei Complementar nº 209, de 17.1.1979.*

Parágrafo único. Na aposentadoria compulsória, os proventos serão calculados nas mesmas bases e proporções vigentes para o funcionário público civil do Estado.

Art. 31. Para efeito de aposentadoria compulsória será contado o tempo de licença para tratamento de saúde.

Capítulo IV – Da Reversão

Art. 32. A reversão do servidor aposentado por invalidez ocorrerá quando insubsistentes as razões que determinaram a aposentadoria.

§ 1º. A reversão só poderá efetivar-se quando, em inspeção médica, ficar comprovada a capacidade para o exercício da função.

§ 2º. Será tornada sem efeito a reversão e cassada a aposentadoria do servidor que reverter e não entrar em exercício dentro do prazo improrrogável de 30 (trinta) dias.

Capítulo V – Dos Deveres, das Proibições e das Responsabilidades

Art. 33. Além das obrigações que decorrem normalmente da própria função, está o servidor sujeito aos mesmos deveres e às mesmas proibições, assim como ao regime de responsabilidade e às penas disciplinares de repreensão, suspensão e multa vigentes para o funcionário público civil do Estado.

Art. 34. O servidor deverá exercer as atribuições pertinentes às funções para as quais foi admitido, ficando proibido de desempenhar tarefas que se constituam em desvio de função, responsabilizado o funcionário que der causa a tal irregularidade.

Capítulo VI – Da Dispensa

Art. 35. Dar-se-á a dispensa do servidor:

I – a pedido;

II – no caso de criação do cargo correspondente, a partir da data do exercício de seu titular;

- *Vide Lei Complementar nº 1.010, de 1º.6.2007 (arts. 43 e 44) – Dispõe sobre a criação da SÃO PAULO PREVIDÊNCIA – SPPREV, entidade gestora do Regime Próprio de Previdência dos Servidores Públicos – RPPS e do Regime Próprio de Previdência dos Militares do Estado de São Paulo – RPPM.*

III – a critério da Administração, independentemente da criação do cargo correspondente, no caso de cessação da necessidade do serviço;

IV – quando o servidor não corresponder ou incorrer em responsabilidade disciplinar.

§ 1º. Aplicar-se-á ao servidor a dispensa a bem do serviço público nos mesmos casos em que, ao funcionário, seja aplicada a demissão agravada.

§ 2º. A dispensa de caráter disciplinar será sempre motivada.

Art. 36. Será aplicada a pena de dispensa:

I – por abandono da função, quando o servidor ausentar-se do serviço por mais de 15 (quinze) dias consecutivos;

II – quando o servidor faltar sem causa justificável, por mais de 30 (trinta) dias interpolados durante o ano.

Art. 37. Compete ao Secretário de Estado dispensar o servidor, podendo, no caso do inciso I do art. 35, delegar essa atribuição a outra autoridade.

Art. 38. A dispensa, nos casos previstos no inciso IV do art. 35, será precedida de notificação ao servidor, para que se defenda no prazo de 10 (dez) dias.

§ 1º. A competência para proceder à notificação é da autoridade responsável pelo órgão, de ofício ou em face de proposta do chefe imediato do servidor.

§ 2º. Não sendo encontrado o servidor a notificação de que trata este artigo será feita mediante edital publicado por 3 (três) vezes consecutivas no órgão oficial.

Art. 39. A defesa do servidor consistirá em alegações escritas, assegurada a juntada de documentos.

§ 1º. Quando, em consequência das alegações do servidor, se fizerem necessárias novas diligências para o esclarecimento dos fatos, a autoridade competente determinará a sua realização, fixando o respectivo prazo e designando um funcionário para se desincumbir daquela tarefa.

§ 2º. Na hipótese do parágrafo anterior, a autoridade competente mandará dar vista do processo ao servidor, a fim de que, dentro do prazo de 10 (dez) dias, se manifeste sobre os novos elementos coligidos.

§ 3º. A autoridade competente, à vista dos elementos constantes do processo, fará relatório do ocorrido, submetendo os autos ao Secretário de Estado para julgamento.

Art. 40. No caso de abandono da função, a defesa cingir-se-á aos motivos de força maior ou coação ilegal.

Art. 41. Quando ao servidor se imputar crime ou contravenção penal praticado na esfera administrativa, o fato será comunicado à autoridade policial para que se instaure, simultaneamente, o competente inquérito.

Parágrafo único. Quando se tratar de crime ou contravenção penal praticado fora da esfera administrativa, a autoridade policial dará ciência dele à autoridade administrativa.

Capítulo VII – Disposições Finais

Art. 42. Os admitidos para funções docentes ficam sujeitos ao regime instituído por esta Lei, aplicando-se-lhes, excepcionalmente, quanto a admissão, seleção, jornada de trabalho, retribuição, férias e dispensa, as normas a serem expedidas por decreto, mediante proposta da Secretaria da Educação, aplicando-se aos atuais docentes temporários o disposto no art. 5º das Disposições Transitórias, atendida, no que couber, a legislação federal pertinente.

Art. 43. Os menores reeducandos que prestem serviços à Administração, ao atingirem a idade de 18 (dezoito) anos, poderão ser admitidos nos termos do inciso I do art. 1º, dispensada a seleção e em continuação, mediante ato do Secretário de Estado.

§ 1º. A aplicação do disposto neste artigo fica condicionada à verificação da conduta e eficiência demonstradas em serviço pelo reeducando.

§ 2º. Para atender às disposições do parágrafo anterior, deverá o chefe imediato do reeducando prestar as informações cabíveis à autoridade superior.

§ 3º. Será computado, para os efeitos legais, o tempo de serviço prestado ao Estado pelo reeducando.

Art. 44. Os servidores regidos por esta Lei serão contribuintes obrigatórios do Instituto de Previdência do Estado de São Paulo (IPESP) e do Instituto de Assistência Médica ao Servidor Público Estadual (IAMSPE), nas mesmas bases e condições a que estão sujeitos os funcionários, fazendo jus a idênticos benefícios a estes concedidos.

Parágrafo único. O disposto neste artigo, a critério da Administração, poderá ser aplicado ao pessoal que vier a ser admitido no regime trabalhista na forma prevista no art. 3º.

• *Parágrafo único, acrescentado pelo art. 204, da Lei Complementar nº 180, de 12.5.1978.*

Art. 45. Os requerimentos, pedidos de reconsideração e recursos formulados pelos servidores regidos por esta Lei obedecerão aos mesmos requisitos e prazos estipulados na legislação vigente para os funcionários públicos civis do Estado.

Art. 46. Para os servidores abrangidos pelo inciso I do art. 1º considerar-se-á, entre outros, como título, quando do concurso para provimento dos cargos correspondentes, na forma que dispuser o regulamento, a experiência de trabalho adquirida em decorrência do tempo de serviço já prestado ao Estado e a aprovação na seleção pública a que houverem submetido para o exercício das funções.

Art. 47. No caso de nomeação para cargo público, o tempo de serviço prestado pelos servidores regidos por esta Lei será computado de acordo com a legislação pertinente ao funcionário.

Art. 48. As despesas resultantes da execução desta Lei correrão à conta de créditos suplementares que o Poder Executivo está autorizada a abrir, nos termos do inciso I, do art. 7º, da Lei nº 183, de 10 de dezembro de 1973.

Art. 49. Esta Lei e suas disposições transitórias entrarão em vigor na data de sua publicação.

Disposições Transitórias

Art. 1º. Os atuais admitidos a título precário para funções com denominações correspondentes aos dos cargos públicos ficam enquadrados no inciso I do art. 1º desta Lei, passando a perceber salário equivalente ao vencimento do grau inicial da classe correspondente, observado quando for o caso, o disposto no art. 42.

§ 1º. Dentro de 90 (noventa) dias, as Secretarias de Estado procederão ao enquadramento dos admitidos para as funções enumeradas nos incisos I a III, do art. 5º desta Lei, observadas as proibições neles contidas.

§ 2º. Os admitidos a título precário para funções com denominações não correspondentes às dos cargos públicos terão seu enquadramento revisto e procedido pelo CEPS, observadas as proibições dos incisos I a III, do art. 5º desta Lei.

Art. 2º. Ao antigo pessoal para obras, não abrangido pelo § 2º do art. 177 da Constituição do Brasil, de 1967, bem como aos já admitidos no regime da legislação trabalhista, fica facultada opção pelo enquadramento no inciso I do art. 1º desta Lei, observado o disposto nos §§ 1º e 2º do artigo anterior.

§ 1º. A opção deverá ser manifestada por escrito, perante a autoridade competente, no prazo de 60 (sessenta) dias.

§ 2º. Ao pessoal a que se refere este artigo não se aplica o disposto no inciso II do art. 35 desta Lei.

Art. 3º. As disposições do artigo anterior poderão ser aplicadas, mediante decreto específico, ao pessoal para obras das autarquias que se encontre na situação nele prevista à data da publicação da presente lei.

Art. 4º. Dentro de 120 (cento e vinte) dias, a partir da vigência desta Lei, as Secretarias de Estado procederão ao levantamento do pessoal enquadrado no inciso I do art. 1º desta Lei, propondo, dentro de igual prazo, a contar do término do anterior, a criação dos cargos correspondentes, que poderão ser relotados para outras Secretarias, se excederem às necessidades dos serviços das repartições em que foram admitidos.

Parágrafo único. O disposto neste artigo não se aplica nos casos a que se refere o parágrafo único do art. 31 do Estatuto do Magistério.

Art. 5º. O provimento dos cargos que venham a ser criados na forma prevista no artigo anterior far-se-á mediante concurso público de provas e títulos.

§ 1º. Consideram-se títulos, nos termos deste artigo, para fins de classificação, a experiência adquirida em decorrência do tempo de serviço prestado em função idêntica àquela do cargo em concurso e outros que vierem a ser estabelecidos em regulamento.

§ 2º. A experiência será computada à razão de 0,5 (meio) ponto por mês de serviço efetivamente prestado até o máximo de 40 (quarenta) pontos.

Art. 6º. Será computado, para os efeitos desta Lei, o tempo de serviço prestado pelo pessoal a que se referem os arts. 1º e 2º destas Disposições Transitórias.

Palácio dos Bandeirantes, 13 de novembro de 1974.

Laudo Natel

DOE de 14.11.1974

LEGISLAÇÃO COMPLEMENTAR E ALTERADORA

DECRETO-LEI DE 27 DE FEVEREIRO DE 1970

(Excertos)

Integra os cargos que especifica na carreira de Escriturário-Assistente de Administração, altera as denominações dos cargos de Tesoureiro-Chefe e de Tesoureiro-Geral do Estado.

O Governador do Estado de São Paulo, no uso da atribuição que, por força do Ato Complementar nº 47, de 7 de fevereiro de 1969, lhe confere o § 1º, do art. 2º do Ato Institucional nº 5, de 13 de dezembro de 1968,

Decreta:

....

Art. 11. Este Decreto-Lei entrará em vigor na data de sua publicação, revogados o art. 44 e seu parágrafo único, da Lei nº 9.717, de 30 de janeiro de 1967, o inciso VI do art. 124 e art. 166, da Lei nº 10.261, de 28 de outubro de 1968.

Palácio dos Bandeirantes, 27 de fevereiro de 1970.

Roberto Costa de Abreu Sodré

DOE de 28.2.1970

LEI COMPLEMENTAR Nº 87, DE 25 DE ABRIL DE 1974

Altera a redação dos arts. 73, 74 e 82 da Lei nº 10.261, de 28 de outubro de 1968, e dá providências correlatas.

O Governador do Estado de São Paulo

Faço saber que a Assembleia Legislativa decreta e eu promulgo a seguinte Lei Complementar:

Art. 1º. Os arts. 73, 74 e 82 da Lei nº 10.261, de 28 de outubro de 1968, ficam assim redigidos:

- *Alterações já efetuadas no corpo da Lei.*

Art. 2º. Os agentes Fiscais de Rendas, afastados para o exercício do mandato de Prefeito ou de Vereador, quando optarem pelos vencimentos de seus cargos, perceberão a vantagem de que tratam os arts. 12 e 13 do Decreto-Lei nº 200, de 27 de fevereiro de 1970, com a redação alterada pela Lei nº 92, de 27 de dezembro de 1972, calculada sobre a média dos valores percebidos nos 6 (seis) últimos meses de efetivo exercício nos respectivos cargos.

Parágrafo único. O disposto neste artigo aplica-se igualmente à hipótese de nomeação de Prefeito.

Art. 3º. Esta Lei Complementar entrará em vigor na data de sua publicação.

Palácio dos Bandeirantes, 25 de abril de 1974.

Laudo Natel

DOE de 26.4.1974

LEI COMPLEMENTAR Nº 115, DE 12 DE DEZEMBRO DE 1974

Dispõe sobre a aplicação do § 2º do art. 33 da Lei nº 10.261, de 28 de outubro de 1968, no primeiro processo seletivo para provimento de cargos mediante acesso

O Governador do Estado de São Paulo,

Faço saber que, nos termos dos §§ 1º e 3º do art. 24 da Constituição do Estado (Emenda nº 2), promulgo a seguinte Lei Complementar:

Art. 1º. A norma do § 2º do art. 33 da Lei nº 10.261, de 28 de outubro de 1968, não se aplica, exceto no que se refere à aferição de mérito, àqueles que, embora ocupantes de cargos não previstos na linha de acesso, estejam na data da vigência desta Lei Complementar, há mais de um ano ininterrupto ou três anos intercalados, desempenhando atribuições próprias de cargos de encarregatura e chefia administrativas.

§ 1º. O disposto neste artigo aplicar-se-á uma só vez e poderá ser invocado quando da primeira abertura de inscrições, assim considerada a de cada Quadro, para provimento dos cargos de encarregatura e chefia administrativas, cujos responsáveis se encontrem na situação indicada.

§ 2º. Para os efeitos deste artigo, os funcionários por ele abrangidos poderão concorrer ao acesso no Quadro da Secretaria em que estejam desempenhando as atribuições próprias dos cargos de encarregatura e chefia administrativas, qualquer que seja o Quadro a que pertençam os seus cargos efetivos.

Art. 2º. O disposto no artigo anterior e seus parágrafos, nos mesmos termos e condições, aplica-se àqueles que estejam desempenhando atribuições próprias de cargos de direção, os quais poderão concorrer ao acesso, quando da primeira abertura de inscrições, para provimento dos cargos de encarregatura e chefia administrativas.

Art. 3º. Esta Lei Complementar entrará em vigor na data de sua publicação.

Palácio dos Bandeirantes, aos 12 de dezembro de 1974.

Laudo Natel

DOE de 13.12.1974

LEI COMPLEMENTAR Nº 124, DE 11 DE NOVEMBRO DE 1975

Altera a redação do art. 79 da Lei nº 10.261, de 28 de outubro de 1968.

O Governador do Estado de São Paulo.

Faço saber que a Assembleia Legislativa decreta e eu promulgo a seguinte Lei Complementar:

Art. 1º. O art. 79, *caput,* da Lei nº 10.261, de 28 de outubro de 1968, mantido o seu parágrafo único, fica assim redigido:

- *Alterações já efetuadas no próprio corpo da Lei.*

Art. 2º. Esta Lei Complementar entrará em vigor na data de sua publicação, retroagindo seus efeitos a 26 de abril de 1974.

Paulo Egydio Martins

DOE de 12.11.1975

LEI Nº 900, DE 18 DE DEZEMBRO DE 1975

Altera a redação dos arts. 3º e 9º da Lei nº 500, de 13 de novembro de 1974, e dá providências correlatas.

O Governador do Estado de São Paulo:

Faço saber que a Assembleia Legislativa decreta e eu promulgo a seguinte lei:

Art. 1º. O art. 3º e seu parágrafo único e o art. 9º *caput*, ambos da Lei nº 500, de 13 de novembro de 1974, ficam assim redigidos:

- *Alterações já efetuadas no corpo da Lei.*

Art. 2º. Vetado.

Art. 3º. Os servidores a que se refere o inciso I do art. 1º da Lei nº 500, de 13 de novembro de 1974, poderão ter suas funções redistribuídas, mediante decreto, de uma para outra unidade da Administração Centralizada, nos termos do art. 89, da Lei nº 9.717, de 30 de janeiro de 1967.

Art. 4º. Vetado.

Art. 5º. As despesas resultantes da execução desta Lei correrão à conta de dotações consignadas nos elementos 3.1.1.0 – Pessoal; 3.1.4.0 – Encargos Diversos e 3.2.5.0 – Contribuições de Previdência Social – do Orçamento-Programa.

Art. 6º. Esta Lei entrará em vigor na data de sua publicação, revogados o art. 2º e seu parágrafo único, o parágrafo único do art. 9º e o art. 10 e seus parágrafos, da Lei nº 500, de 13 de novembro de 1974.

Palácio dos Bandeirantes, 18 e dezembro de 1975.

Paulo Egydio Martins

DOE de 19.12.1975

LEI COMPLEMENTAR Nº 177, DE 28 DE ABRIL DE 1978

Inclui artigo no Estatuto dos Funcionários Públicos Civis do Estado.

O Governador do Estado de São Paulo.

Faço saber que a Assembleia decreta e eu promulgo a seguinte Lei Complementar:

Art. 1º. Fica incluído na Lei nº 10.261, de 28 de outubro de 1968 – Estatuto dos Funcionários Públicos Civis do Estado, o seguinte dispositivo:

- *Alterações já efetuada no corpo da Lei.*

Art. 2º. As despesas resultantes da execução desta Lei Complementar correrão à conta de dotação consignada no Orçamento do Instituto de Previdência do Estado de São Paulo.

Art. 3º. Esta Lei Complementar entrará em vigor na data de sua publicação.

Paulo Egydio Martins

DOE de 29.4.1978

LEI COMPLEMENTAR Nº 209, DE 17 DE JANEIRO DE 1979

Altera disposições da Lei Complementar nº 180, de 12 de maio de 1978 (da Lei nº 500, de 13 de novembro de 1974) *e dá providências correlatas.*

O Governador do Estado de São Paulo:

Faço saber que a Assembléia Legislativa decreta e eu promulgo a seguinte lei complementar :

Art. 1º. Passam a vigorar com a seguinte redação os dispositivos, adiante enumerados, da Lei Complementar nº 180, de 12 de maio de 1978:

I – o inciso VI do art. 5º:

II – o § 3º do art. 32:

III – o art. 38:

IV – o inciso II do art. 111:

V – o item 2 do parágrafo único do art. 123:

VI – o § 2º do art. 148:

VII – o inciso II do art. 154:

VIII – o *caput* do art. 168:

IX – o art. 178:

X – o § 2º do art. 205:

- *Alterações já efetuadas no corpo da Lei Complementar.*

Art. 2º. Ficam acrescentados à Lei Complementar nº 180, de 12 de maio de 1978, os seguintes dispostos:

I – ao art. 111, o § 4º:

II – ao parágrafo único do art. 123, o item 7:

III – vetado:

IV – vetado:

V – ao art. 213, o parágrafo único:

- *Alterações já efetuadas no corpo da Lei Complementar.*

Art. 3º. Fica excluída do Anexo II da Lei Complementar nº 180, de 12 de maio de 1978, a classe constante do Quadro 1, que faz parte integrante desta Lei Complementar.

- *Anexos disponíveis na Imprensa Oficial do Estado. Informações pelo telefone (11) 6099-9581. Reprografia.*

Art. 4º. Ficam incluídas no Anexo II da Lei Complementar nº 180, de 12 de maio de 1978, as classes constantes do Quadro 2, que faz parte integrante desta Lei Complementar.

Art. 5º. Ficam incluídas no Anexo VIII da Lei Complementar nº 180, de 12 de maio de 1978, os cargos constantes do Quadro 3, que faz parte integrante desta Lei Complementar.

Art. 6º. Mantidas a Tabela, as referências inicial e final, bem como a amplitude e a velocidade evolutiva, a denominação da classe de Agente de Saneamento, constante do Anexo II da Lei Complementar nº 180, de 12 de maio de 1978, fica alterada para Agente de Saneamento I.

Art. 7º. Os cargos de Supervisor de Equipe Técnica, constantes do Anexo VIII da Lei Complementar nº 180, de 12 de maio de 1978, bem como os incluídos no Quadro 3 a que se refere o art. 5º desta Lei Complementar, cujos titulares não tenham a qualidade de funcionários públicos efetivos, ficam integrados na Tabela I do Subquadro de Cargos Públicos (SQC-I) das respectivas Secretarias, com a denominação alterada na forma prevista no referido Anexo.

Art. 8º. O funcionário, titular de cargo efetivo, ou em disponibilidade, ou o servidor, ocupante de função-atividade de natureza permanente, quando no exercício de cargos de provimento em comissão, poderá optar pela percepção do vencimento ou remuneração do cargo efetivo, do provento ou do salário da respectiva função-atividade.

Art. 9º. É assegurado ao funcionário ou servidor que, por ocasião da aposentadoria, tenha por usufruir licença-prêmio a que faça jus e/ou férias não gozadas por absoluta necessidade de serviço, o direito de computá-las na contagem de tempo de serviço, para perfazimento do limite previsto para a aposentadoria.

Parágrafo único. O funcionário ou servidor somente poderá valer-se do disposto neste artigo quando requerida a aposentadoria.

Art. 10. (Revogado).

- *Art. 10. revogado pela Lei nº 7.578, de 3.12.1991.*

Art. 11. Fica acrescentado à Lei Complementar nº 112, de 15 de outubro de 1974, o art. 24-A, com a seguinte redação:

"Art. 24-A. Sempre que houver elevação do limite de quotas fixado no § 4º do art. 8º, a vantagem pecuniária, fixada em número de quotas, decorrentes de prêmio de produtividade, incorporada ou integrada nos cálculos de proventos do Agente Fiscal de Rendas em inatividade, será reajustada em tantas quotas quantas resultarem da aplicação do percentual correspondente à elevação do limite sobre o número de quotas já incorporadas ou integradas.

Parágrafo único. (Vetado)."

Art. 12. O *caput* do art. 30 da Lei nº 500, de 13 de novembro de 1974, passa a vigorar com a seguinte redação:

- *Alterações já efetuadas no corpo da Lei.*

Art. 13. Os arts. 1º e 2º da Lei nº 443, de 24 de setembro de 1974, alterados pelo art. 191 da Lei Complementar nº 180, de 12 de maio de 1978, passam a vigorar com a seguinte redação:

"Art. 1º. As gratificações pro labore *de Coletor e de Inspetor de Arrecadação, a que se referem o art. 2º da Lei nº 1.553, de 29 de dezembro de 1951, e o art. 60 da Lei nº 3.684, de 31 de dezembro de 1956, alterados, respectivamente, pelos arts. 1º e 2º da Lei nº 10.392, de 14 de dezembro de 1970, serão atribuídas na seguinte conformidade:*

I – Exator com função de Inspetor de Arrecadação – gratificação de valor igual a 120% (cento e vinte por cento) do padrão do cargo ou da função-atividade em que se encontrar enquadrado o funcionário ou servidor;

II – Exator com função de Coletor em:

a) Coletoria de Categoria I – gratificação de valor igual a 70% (setenta por cento) do padrão do cargo ou da função-atividade em que se encontrar enquadrado o funcionário ou servidor;

b) Coletoria de Categoria II – gratificação de valor igual a 60% (sessenta por cento) do padrão do cargo ou da função-atividade em que se encontrar enquadrado o funcionário ou servidor;

c) Coletoria de Categoria III – gratificação de valor igual a 30% (trinta por cento) do padrão do cargo ou da função-atividade em que se encontrar enquadrado o funcionário ou servidor;

Art. 2º. Ao Exator designado para a função de Arrecadador de Receita será atribuída gratificação pro labore *de valor a 25% (vinte e cinco por cento) do padrão do cargo ou da função-atividade em que se encontrar enquadrado o funcionário ou servidor."*

Art. 14. O Conselho Estadual de Processamento de Dados e o Tribunal de Impostos e Taxas ficam classificados no Grupo A de que trata o art. 1º do Decreto-lei nº 162, de 18 de novembro de 1969.

Art. 15. (Vetado).

Art. 16. (Vetado).

Art. 17. As despesas resultantes desta Lei Complementar correrão a conta dos recursos consignados nos incisos I e III, do art. 223 da Lei Complementar nº 180, de 12 de maio de 1978.

Art. 18. Fica revogado o art. 24 da Lei nº 10.168, de 10 de julho de 1968.

Art. 19. Esta Lei Complementar e suas Disposições Transitórias entrarão em vigor na data de sua publicação retroagindo seus efeitos a 1º de março de 1978, exceto os arts. 13 e 14, bem como os arts. 9º, 10, 15 e 20 das Disposições Transitórias.

DISPOSIÇÕES TRANSITÓRIAS

Art. 1º. Passa a vigorar com a seguinte redação as normas, adiante enumeradas, das Disposições Transitórias da Lei Complementar nº 180, de 12 maio de 1978:

I – (vetado e) os §§ (vetado) 4º do art. 11:

II – o *caput* e o § 4º do art. 12:

III – o § 1º do art. 14:

IV – o *caput*, bem como os itens 1 e 2 do § 2º do art. 24:

V – o art. 25:

VI – o *caput*, bem como os itens 1 e 2 do parágrafo único do art. 26:

VII – o art. 29;

VIII – vetado;

IX – (vetado) os §§ 4º e 6º do art. 49:

X – o art. 50:

XI – o *caput* e inciso I do art. 51:

XII – o art. 52:

• *Alterações já efetuadas no corpo da Lei Complementar.*

Art. 2º. Ficam acrescentadas às Disposições Transitórias da Lei Complementar nº 180, de 12 de maio de 1978, as seguintes normas:

I – ao art. 11, os § § 6º, (vetado):

II – ao art. 14, os § § 11 e 12:

III – ao art. 15, o parágrafo único:

IV – ao art. 16, o parágrafo único:

V – vetado;

VI – ao art. 51, o § 4º:

VII – ao art. 53, o parágrafo único:

VIII – vetado.

• *Alterações já efetuadas no corpo da Lei Complementar.*

Art. 3º. O disposto no art. 11 das Disposições Transitórias da Lei Complementar nº 180, de 12 de maio de 1978, aplica-se nas mesmas bases, termos e condições, aos titulares de cargos de Supervisor de Campo de Produção, Supervisor de Posto de Classificação, Supervisor de Posto de Semente, Supervisor Sub-regional, Supervisor de Unidade de Produção, aos titulares de cargos de encarregatura e chefia anteriormente integrados na Tabela I da Parte Permanente dos respectivos Quadros bem como aos titulares de cargos de Supervisor de Equipe Técnica, incluídos no Anexo II, ou abrangidos pelo Anexo VIII da referida lei complementar, observadas, quanto ao enquadramento, a denominação, a amplitude e a velocidade evolutiva indicadas nos respectivos Anexos.

Art. 4º. Ficam incluídos no Anexo III da Lei Complementar nº 180, de 12 de maio de 1978, os cargos constantes no Quadro 4 que faz parte integrante desta Lei Complementar.

Art. 5º. O funcionário, titular de cargo efetivo, ou servidor ocupante de função-atividade, de Autarquia do Estado, que, em 28 de fevereiro de 1978, se encontrasse à disposição de órgão da Administração Centralizada do Estado e preenchesse as condições estabelecidas nos arts. 11 ou 12 das Disposições Transitórias da Lei Complementar nº 180, de 12 de maio de 1978, poderá ter seu cargo ou função-atividade transformado na forma neles prevista, ficando integrado no Quadro da Secretaria de Estado ao qual pertença o cargo em comissão o cargo de chefia ou encarregatura ou a função retribuída mediante *pro labore* nos termos do art. 28 da Lei nº 10.168, de 10 de julho de 1968, conforme o caso.

§ 1º. Aplica-se o disposto neste artigo, inversamente ao funcionário ou servidor da Administração Direta que, em 28 de fevereiro de 1978, estivesse ocupando cargo ou função previstos nos arts. 11 e 12 das Disposições Transitórias das Lei Complementar nº 180, de 12 de maio de 1978 em Autarquias do Estado.

§ 2º. A transformação prevista neste artigo dependerá de requerimento a ser formulado dentro de 30 (trinta) dias contados da publicação desta Lei Complementar.

Art. 6º. O funcionário, titular de cargo efetivo ou o servidor, ocupante de função-atividade, de Autarquia do Estado, que, em 28 de fevereiro de 1978, se encontrasse à disposição de outra Autarquia do Estado e preenchesse as condições estabelecidas nos arts. 11, 12 ou 14 das Disposições Transitórias da Lei Complementar nº 180, de 12 de maio de 1978 poderá ter seu cargo ou função-atividade transformado na forma neles previstas ficando integrado no Quadro da Autarquia ao qual pertença o cargo em comissão, o cargo de chefia ou encarregatura ou a função retribuída mediante *pro labore* nos termos do art. 28 da Lei nº 10.168, de 10 de julho de 1968, conforme o caso.

Parágrafo único. A transformação prevista neste artigo dependerá de requerimento a ser formulado dentro de 30 (trinta) dias, contados da publicação desta Lei Complementar.

Art. 7º. O funcionário, titular de cargo efetivo, ou o servidor, ocupante de função-atividade, dos Quadros das Secretarias da Assembléia Legislativa, dos Tribunais de Justiça, de Alçada Civil e Criminal, de Justiça Militar e de Contas, que em 28 de fevereiro de 1978, se encontrasse à disposição do Poder Executivo e preenchesse as condições estabelecidas nos arts. 11 ou 12 das Disposições Transitórias da Lei Complementar nº 180, de 12 de maio de 1978, poderá ter seu cargo ou função-atividade transformado na forma neles prevista ficando integrado no Quadro da Secretaria de Estado ou da Autarquia do Estado ao qual pertença o cargo em comissão, o cargo de chefia ou encarregatura ou a função retribuída mediante *pro labore* nos termos do art. 28 de Lei nº 10.168, de 10 de julho de 1968, conforme o caso.

Parágrafo único. A transformação prevista neste artigo dependerá de requerimento a ser formulado dentro de 30 (trinta) dias, contados da data da publicação desta Lei Complementar.

Art. 8º. As transformações de cargos de funcionários ou funções-atividades de servidores, previstas nesta Lei Complementar em decorrência de alteração dos arts. 11, 12, 14 e 51 (vetado) da Disposições Transitórias e de inclusão de cargos no Anexo III, todos da Lei Complementar nº 180, de 12 de maio de 1978, dependerão de requerimento a ser formulado dentro de 30 (trinta) dias, contados, da data da publicação desta Lei Complementar.

Art. 9º. O funcionário do Quadro do Magistério que, em 28 de fevereiro de 1978, por ato designatório regularmente expedido de conformidade com a legislação pertinente, se encontrasse no exercício da função de membro de Equipe Técnica, dos órgãos da Secretaria de Estado da Educação, terá o cargo do qual seja titular transformado em cargo de Assistente Técnico de Ensino I, desde que, na data da publicação da Lei Complementar nº 180, de 12 de maio de 1978, contasse, pelo menos, 2 (dois) anos, contínuos ou não, de exercício naquelas funções, e, no mínimo, 5 (cinco) anos de efetivo exercício no serviço público.

§ 1º. A transformação prevista neste artigo dependerá de requerimento a ser formulado dentro de 30 (trinta) dias, contados da data da publicação desta Lei Complementar.

§ 2º. Para fins de enquadramento do cargo resultante da transformação, aplicar-se-á o disposto no art. 119 da Lei Complementar nº 180, de 12 de maio de 1978, não se computando os pontos atribuídos a título de progressão funcional, os quais serão cancelados no prontuário do funcionário.

§ 3º. As referências inicial e final do cargo de Assistente Técnico de Ensino I correspondem, respectivamente, às referências 44 e 65, fixadas a Amplitude da Classe em A-IV e a Velocidade Evolutiva em VE-4.

§ 4º. Os cargos decorrentes da transformação prevista neste artigo, ressalvada a situação de efetividade dos respectivos funcionários titulares, ficam integrados na Tabela I (SQC-I) do Quadro da Secretaria de Estado da Educação.

§ 5º. Os ocupantes dos cargos de que trata este artigo desempenharão entre outras atividades de assistência junto às Delegacias de Ensino, Divisões Regionais, ou outros órgãos da estrutura básica da Secretaria de Estado da Educação.

§ 6º. Os cargos de Assistente Técnico de Ensino I ficam incluídos em Jornada Completa de Trabalho, instituída pelo inciso I do art. 70 da Lei Complementar nº 180, de 12 maio de 1978.

§ 7º. O órgão central de recursos humanos fará publicar relação nominal dos funcionários abrangidos por este artigo, indicando a denominação do cargo transformado e a do cargo resultante da transformação.

§ 8º. Para os fins do disposto no *caput* deste artigo, computar-se-á, também, o período em que o funcionário exerceu cargo ou função de direção, chefia, encarregatura, assessoramento ou assistência, bem como cargos de provimento em comissão na área da Administração Pública Estadual.

§ 9º. O disposto neste artigo aplicar-se, também, ao funcionário do Quadro da Secretaria da Educação que preencha as condições nele previstas.

Art. 10. O funcionário do Quadro do Magistério que, em 28 de fevereiro de 1978, por ato designatório regularmente expedido de conformidade com a legislação pertinente, se encontrasse no exercício da função de *(vetado)* Assistente Técnico em Assistência Técnica ou Equipe de Supervisão Pedagógica, dos órgãos da Secretaria da Educação, terá o cargo do qual seja titular transformado em cargo de Assistente Técnico de Ensino II, desde que, na data da publicação da Lei Complementar nº 180, de 12 de maio de 1978, contasse, pelo menos 2 (dois) anos, contínuos ou não, de exercício naquelas funções, e, no mínimo, 5 (cinco) anos de efetivo exercício no serviço público.

§ 1º. A transformação prevista neste artigo dependerá de requerimento a ser formulado dentro de 30 (trinta) dias, contados da data da publicação desta Lei Complementar.

§ 2º. Para fins de enquadramento do cargo resultante da transformação, aplicar-se-á o disposto no art. 119 da Lei Complementar nº 180, de 12 de maio de 1978, não se computando os pontos atribuídos a título de progressão funcional, os quais serão cancelados no prontuário do funcionário.

§ 3º. As referências inicial e final do cargo de Assistente Técnico de Ensino II correspondem, respectivamente, as referências 48 e 69, fixadas a Amplitude da Classe em A-IV e a Velocidade Evolutiva em VE-4.

§ 4º. Os cargos decorrentes da transformação prevista neste artigo, ressalvada a situação de efetividade dos respectivos funcionários titulares, ficam integrados na Tabela I (SQC-I) do Quadro da Secretaria de Estado da Educação.

§ 5º. Os ocupantes dos cargos de que trata este artigo desempenharão atividades de assistência junto às Delegacias de Ensino, Divisões Regionais, ou outros órgãos da estrutura básica da Secretaria de Estado da Educação.

§ 6º. Os cargos de Assistência Técnico de Ensino II ficam incluídos em Jornada Completa de Trabalho, instituída pelo inciso I do art. 70 da Lei Complementar nº 180, de 12 maio de 1978.

§ 7º. O órgão central de recursos humanos fará publicar relação nominal dos funcionários abrangidos por este artigo, indicando a denominação do cargo transformado e a do cargo resultante da transformação.

§ 8º. Para os fins do disposto no *caput* deste artigo, computar-se-á, também, o período em que o funcionário exerceu cargo ou função de direção, chefia, encarregatura, assessoramento ou assistência, bem como cargos de provimento em comissão na área da Administração Pública Estadual.

§ 9º. O disposto neste artigo aplica-se, também, ao funcionário do Quadro da Secretaria da Educação que preencha as condições nele previstas.

Art. 11. (Vetado).

Art. 12. (Vetado).

Art. 13. (Vetado).

Art. 14. (Vetado).

Art. 15. O funcionário que, em 28 de fevereiro de 1978, por ato nomeatório ou designatório, estivesse ocupando e se encontrasse no exercício do cargo em comissão de Delegado Agrícola, ou de função de igual denominação retribuída mediante *pro labore* nos termos do art. 28 da Lei nº 10.168, de 10 de julho de 1968, terá o cargo do qual seja titular efetivo transformado em cargo de Assistente de Planejamento Agropecuário II, desde que contasse, em 13 de maio de 1978, pelo menos 2 (dois) anos, contínuos ou não, de exercício como titular daquele cargo em comissão ou função, e, no mínimo, 5 (cinco) anos de efetivo exercício no serviço público.

§ 1º. Para os fins do disposto no *caput* deste artigo, computar-se-á, também, o período em que o funcionário exerceu cargo ou função de direção, chefia, encarregatura, assessoramento ou assistência, bem como cargos de provimento em comissão na área da Administração Pública Estadual.

§ 2º. A transformação prevista neste artigo dependerá de requerimento a ser formulado dentro de 30 (trinta) dias, contados da data da publicação desta Lei Complementar.

§ 3º. Para fins de enquadramento do cargo resultante da transformação, aplicar-se-á o disposto no art. 119 da Lei Complementar nº 180, de 12 de maio de 1978, considerando-se a situação do funcionário na data da publicação desta Lei Complementar.

§ 4º. As referências inicial e final do cargo de Assistente de Planejamento Agropecuário II, bem como a amplitude da classe e a velocidade evolutiva, são as constantes do Anexo II da Lei Complementar nº 180, de 12 de maio de 1978.

§ 5º. Os cargos decorrentes da transformação prevista neste artigo, ficam integrados na Tabela III (SQC-III) do Quadro da Secretaria de Estado da Agricultura.

§ 6º. O órgão central de recursos humanos fará publicar relação nominal dos funcionários abrangidos por este artigo, indicando a denominação do cargo transformado e a do cargo resultante da transformação.

§ 7º. O disposto neste artigo aplica-se, aos servidores que se encontrem na situação nele prevista, os quais observadas as mesmas condições e prazos, terão as funções-atividades de que são titulares transformadas em funções-atividades de Assistente de Planejamento Agropecuário II.

§ 8º. As funções-atividades de que trata o parágrafo anterior ficam integradas na Tabela II (SQF-II) da Secretaria de Estado da Agricultura.

Art. 16. Ficam incluídos no Anexo V da Lei Complementar nº 180, de 12 de maio de 1978, os cargos constantes do Quadro 5, que faz parte integrante desta Lei Complementar.

Art. 17. Para os funcionários e servidores abrangidos pelo art. 4º desta Lei Complementar, os prazos para a opção fixados nas Disposições Transitórias da Lei Complementar nº 180, de 12 de maio de 1978, serão contados a partir da data da publicação desta Lei Complementar.

Art. 18. Até que seja expedido o decreto a que alude o art. 10 desta Lei Complementar, fica mantido o valor do *pro labore* atribuído com fundamento no art. 24 da Lei nº 10.168, de 10 de julho de 1968.

Art. 19. Fica facultado ao Agente Fiscal de Rendas, titular de vantagem pecuniária fixada em número de quotas, incorporada a remuneração ou integrada no patrimônio, ou, ainda nos cálculos de proventos, decorrentes de função gratificada ou gratificação *pro labore*, extintas pela Lei Complementar nº 112, de 15 de outubro de 1974, ou por leis anteriores, optar pela sua transformação em vantagem pecuniária, em igual número de quotas, a título de prêmio de produtividade, previsto no art. 8º da mencionada lei complementar, que se considerará incorporada à respectiva remuneração ou aos cálculos de proventos.

§ 1º. O disposto neste artigo aplica-se, também, ao Agente Fiscal de Rendas em inatividade.

§ 2º. Para os fins previstos neste artigo, a opção deverá ser promovida dentro do prazo de 30 (trinta) dias, contados da data da publicação desta Lei Complementar.

Art. 20. Ao funcionário que tenha se valido da opção prevista no art. 14 das Disposições Transitórias da Lei Complementar nº 180, de 12 de maio de 1978, fica assegurado o direito de retratação, hipótese em que seu atual cargo ficará transformado no cargo do qual era titular efetivo.

§ 1º. A retratação deverá ser manifestada dentro de 30 (trinta) dias, contados da data da publicação desta Lei Complementar.

§ 2º. O enquadramento do cargo decorrente da transformação prevista neste artigo far-se-á com base na situação do cargo do qual o funcionário era titular em 28 de fevereiro de 1978, aplicadas as regras dos arts. 4º ou 5º das Disposições Transitórias da Lei Complementar nº 180, de 12 de maio de 1978, conforme o caso.

Art. 21. Fica reaberto por 30 (trinta) dias, contados da data da publicação desta Lei Complementar, o prazo para opção fixado no art. 54 das Disposições Transitórias da Lei Complementar nº 180, de 12 de maio de 1978.

Art. 22. (Vetado).

Art. 23. (Vetado).

Art. 24. (Vetado).
Art. 25. (Vetado).
§ 1º. (Vetado).
§ 2º. (Vetado).
Art. 26. (Vetado).
Art. 27. (Vetado).
§ 1º. (Vetado).
§ 2º. (Vetado).
Art. 28. (Vetado).
Art. 29. (Vetado)
Palácio dos Bandeirantes, 17 de janeiro de 1979.
Paulo Egydio Martins

- *Tabela disponível na Imprensa Oficial do Estado.*
- *Informações pelo telefone (11) 6099-9581 – Reprografia.*

DOE de 18.1.1979

LEI COMPLEMENTAR Nº 294, DE 2 DE SETEMBRO DE 1982

Altera o § 1º do art. 110 da Lei nº 10.261, de 28 de outubro de 1968, e o § 1º do art. 20 da Lei nº 500, de 13 de novembro de 1974.

O Governador do Estado de São Paulo,

Faço saber que a Assembleia Legislativa decreta e eu promulgo a seguinte Lei Complementar:

Art. 1º. O § 1º do art. 110 da Lei nº 10.261, de 28 de outubro de 1968, passa a vigorar com a seguinte redação:

- *Alteração já efetuada no corpo da Lei.*

Art. 2º. O §1º do art. 20 da Lei nº 500, de 13 de novembro de 1974, passa a vigorar com a seguinte redação:

- *Alteração já efetuada no corpo da Lei.*

Art. 3º. Esta Lei Complementar entrará em vigor na data de sua publicação.

Palácio dos Bandeirantes, 2 de setembro de 1982.

José Maria Marin

DOE de 3.9.1982

LEI COMPLEMENTAR Nº 318, DE 10 DE MARÇO DE 1983

(Excertos)

Altera disposições da Lei nº 10.261, de 28 de outubro de 1968, da Lei nº 500, de 13 de novembro de 1974, da Lei Complementar nº 180, de 12 de maio de 1978, e dá outras providências.

O Governador do Estado de São Paulo:

Faço saber que, nos termos dos §§ 1º e 3º do art. 24 da Constituição do Estado, promulgo a seguinte Lei Complementar:

Art. 1º. Passam a vigorar com a seguinte redação os dispositivos, adiante enumerados, da Lei nº 10.261, de 28 de outubro de 1968:

I – o art. 76:

- *Alterações já efetuadas no corpo da Lei.*
- *Alterada a vigência deste inciso I pela Lei Complementar nº 437, de 23.12.1985.*

II – o inciso IV do art. 78:

- *Alterações já efetuadas no corpo da Lei.*

III – o art. 81:

- *Alterações já efetuadas no corpo da Lei.*

Art. 2º. O inciso IV do art. 16 da Lei nº 500, de 13 de novembro de 1974, passa a vigorar com a seguinte redação:

- *Alterações já efetuadas no corpo da Lei.*

Art. 3º. Fica acrescentado ao art. 16 da Lei nº 500, de 13 de novembro de 1974, o seguinte parágrafo único:

- *Alterações já efetuadas no corpo da Lei.*

....

Art. 13. Esta Lei Complementar e suas Disposições Transitórias entrarão em vigor na data de sua publicação, retroagindo seus efeitos a 1º de janeiro de 1983, ficando revogadas as disposições em contrário, em especial os arts. 101 e 211 da Lei nº 10.261, de 28 de outubro de 1968.

....

Palácio dos Bandeirantes, 10 de março de 1983.

José Maria Marin

- *Tabela disponível na Imprensa Oficial do Estado.*
- *Informações pelo telefone (11) 6099-9581 – Reprografia.*

DOE de 11.3.1983

LEI Nº 3.917, DE 24 DE NOVEMBRO DE 1983

Dispõe sobre a consignação, na folha de pagamento do funcionalismo, de contribuições devidas a entidades de classe.

O Governador do Estado de São Paulo,

Faço saber que a Assembleia Legislativa decreta e eu promulgo a seguinte lei:

Art. 1º. É assegurado às entidades de classe do funcionalismo público o direito de perceberem as respectivas contribuições por meio de consignação, nas folhas de pagamento dos funcionários e servidores públicos estaduais, mediante expressa autorização destes em cada caso e desde que a entidade satisfaça aos requisitos impostos pelo regulamento do art. 116 da Lei nº 10.261, de 28 de outubro de 1968.

Art. 2º. Esta Lei entrará em vigor na data de sua publicação.

Palácio dos Bandeirantes, 24 de novembro de 1983.

André Franco Montoro

DOE de 25.11.1983

LEI COMPLEMENTAR Nº 367, DE 14 DE DEZEMBRO DE 1984

Concede licença de 120 (cento e vinte) dias ao funcionário público civil do Estado quando adotar menor de até 7 (sete) anos de idade.

O Governador do Estado de São Paulo:

Faço saber que a Assembleia Legislativa decreta e eu promulgo a seguinte lei complementar:

Art. 1º. O servidor público poderá obter licença de 180 (cento e oitenta) dias, com vencimentos ou remuneração integrais, quando adotar menor, de até sete anos de idade, ou quando obtiver judicialmente a sua guarda para fins de adoção.

§ 1º. Em caso de adoção por cônjuges ou companheiros, ambos servidores públicos, a licença de que trata o *caput* deste artigo será concedida na seguinte conformidade:

1 – 180 (cento e oitenta) dias ao servidor adotante que assim o requerer;

2 – 5 (cinco) dias ao outro servidor, cônjuge ou companheiro adotante, que assim o requerer.

§ 2º. O servidor público deverá requerer a licença de que trata este artigo à autoridade competente, no prazo máximo de 15 (quinze) dias a contar da expedição, conforme o caso, do termo de adoção ou do termo de guarda para fins de adoção.

§ 3º. O requerimento de que trata o § 2º deste artigo deverá estar instruído com as provas necessárias à verificação dos requisitos para a concessão da licença, na forma em que requerida.

§ 4º. A não observância do disposto nos §§ 2º e 3º deste artigo implicará indeferimento do pedido de licença.

§ 5º. O período da licença de que trata este artigo será considerado de efetivo exercício para todos os efeitos.

• *Art. 1º com redação dada pela Lei Complementar nº 1.054, de 7.7.2008.*

Art. 2º. Ocorrendo a devolução do menor sob guarda o funcionário deverá comunicar imediatamente o fato, cessando, então, a fruição da licença.

Parágrafo único. A falta de comunicação acarretará a cassação da licença, com a perda total do vencimento ou remuneração correspondente ao período de ausência, sem prejuízo da aplicação das penas disciplinares cabíveis.

Art. 3º. Se a licença for concedida com base em termo de guarda do menor, o funcionário somente poderá pleitear outra licença nos termos desta Lei Complementar após comprovar que a adoção se efetivou.

Parágrafo único. Quando a adoção não se efetivar por motivo relevante, devidamente comprovado, a concessão de outra licença ficará a critério da Administração.

Art. 4º. O disposto nesta Lei Complementar aplica-se nas mesmas bases e condições ao policial militar, ao servidor extranumerário e ao servidor que exerça função-atividade de natureza permanente nos termos do inciso I do art. 1º da Lei nº 500, de 13 de novembro de 1974, alterado pelo art. 203, da Lei Complementar nº 180, de 12 de maio de 1978.

Art. 5º. Esta Lei Complementar entrará em vigor na data de sua publicação.

Palácio dos Bandeirantes, 14 de dezembro de 1984.

Franco Montoro

DOE de 15.12.1984

LEI COMPLEMENTAR Nº 437, DE 23 DE DEZEMBRO DE 1985

Altera a vigência do inciso I do art. 1º da Lei Complementar nº 318, de 10 de março de 1983, que dispõe sobre contagem de tempo de serviço público prestado à União, outros Estados e Municípios, e suas Autarquias

O Governador do Estado de São Paulo:

Faço saber que a Assembleia Legislativa decreta e eu promulgo a seguinte Lei Complementar:

Art. 1º. O inciso I do art. 1º da Lei Complementar nº 318, de 10 de março de 1983, que deu nova redação ao art. 76 da Lei nº 10.261, de 28 de outubro de 1968, fica com a sua vigência fixada a partir de 21 de dezembro de 1984.

Parágrafo único. O tempo de serviço público, prestado até 20 de dezembro de 1984 à União, outros Estados, Municípios, e suas Autarquias, será contado para todos os fins.

Art. 2º. Esta Lei Complementar entrará em vigor na data de sua publicação.

Palácio dos Bandeirantes, 23 de dezembro de 1985.

Franco Montoro

DOE de 24.12.1985

LEI COMPLEMENTAR Nº 575, DE 11 DE NOVEMBRO DE 1988

Extingue a exigência de fiança funcional na Administração Centralizada e Autárquica do Estado.

O Governador do Estado de São Paulo:

Faço saber que a Assembleia Legislativa decreta e eu promulgo a seguinte Lei Complementar:

Art. 1º. Fica extinta a exigência de prestação de fiança para o provimento ou exercício de qualquer cargo ou função-atividade da Administração Centralizada e Autárquica do Estado.

Parágrafo único. As fianças prestadas até a data da publicação desta Lei Complementar continuarão em vigor pelo prazo estabelecido nas respectivas apólices.

Art. 2º. Nos casos de guarda, deslocamento e transporte de bens e valores do Estado, bem como de movimentação de dinheiro público por funcionário ou servidor, pela impossibilidade de operação ser realizada pela rede bancária, será contratado seguro sobre valores em trânsito e de fidelidade funcional.

§ 1º. Caberá ao dirigente da respectiva unidade de despesa identificar os casos em que seja necessária a contratação dos seguros a que se refere o *caput* deste artigo.

§ 2º. A contratação de seguro não isenta o funcionário ou servidor da responsabilidade funcional e criminal inerente ao exercício de seu cargo ou função-atividade.

Art. 3º. A contratação dos seguros de que trata o artigo anterior será feita junto à Companhia de Seguros do Estado de São Paulo – Cosesp, conforme instrução a ser expedida pela Secretaria da Fazenda.

Art. 4º. As despesas resultantes da contratação de seguros correrão à conta do orçamento próprio de cada unidade ou entidade.

Art. 5º. Esta Lei Complementar entrará em vigor na data de sua publicação, revogado o art. 56 da Lei nº 10.261, de 28 de outubro de 1968.

• *Alterações já efetuadas no corpo da Lei.*

Palácio dos Bandeirantes, 11 de novembro de 1988.

Orestes Quércia

DOE de 12.11.1988

LEI COMPLEMENTAR Nº 589, DE 21 DE DEZEMBRO DE 1988

Altera a vigência do inciso IV do art. 4º da Lei Complementar nº 318, de 10 de março de 1983 e dá providências correlatas

O Governador do Estado de São Paulo:

Faço saber que a Assembleia Legislativa decreta e eu promulgo a seguinte Lei Complementar:

Art. 1º. O inciso IV do art. 4º da Lei Complementar nº 318, de 10 de março de 1983, que deu nova redação ao art. 117 da Lei Complementar nº 180, de 12 de maio de 1978, fica com a sua vigência fixada a partir de 1º de março de 1981.

Art. 2º. O funcionário ou servidor que teve o enquadramento do cargo para o qual foi nomeado ou da função-atividade para a qual foi admitido, no período compreendido entre 1º de março de 1981 a 31 de dezembro de 1982, feito nos termos do art. 117 da Lei Complementar nº 180, de 12 de maio de 1978, poderá optar pela manutenção do ajustamento de pontos já procedido na conformidade e nos moldes da legislação que lhe foi aplicada.

Art. 3º. As despesas resultantes da aplicação desta Lei Complementar correrão à conta de dotações consignadas no Orçamento-Programa do Estado.

Art. 4º. Esta Lei Complementar entrará em vigor na data de sua publicação.

Palácio dos Bandeirantes, 21 de dezembro de 1988.

Orestes Quércia

DOE de 22.12.1988

LEI COMPLEMENTAR Nº 644, DE 26 DE DEZEMBRO DE 1989

(Excertos)

Dispõe sobre o pagamento do 13º salário aos Servidores Públicos do Estado, e dá providências correlatas.

O Governador do Estado de São Paulo.

Faço saber que a Assembleia Legislativa decreta e eu promulgo a seguinte Lei Complementar:

....

Art. 12. Ficam expressamente revogados:

I – a Lei Complementar nº 388, de 27 de dezembro de 1983;

II – os arts. 215 e 216 da Lei nº 10.261, de 28 de outubro de 1968;

III – os arts. 122 a 131 da Lei Complementar nº 180, de 12 de maio de 1978.

• *Alterações já efetuadas no corpo da Lei.*

Art. 13. Esta Lei Complementar, entrará em vigor na data de sua publicação, retroagindo seus efeitos a 5 de outubro de 1988, revogadas as disposições gerais ou especiais gerais ou especiais que disponham sobre gratificação de Natal.

Orestes Quércia

DOE de 27.12.1989

LEI Nº 7.702, DE 10 DE JANEIRO DE 1992

Dispõe sobre o direito de livre associação sindical dos servidores públicos.

O Governador do Estado de São Paulo,

Faço saber que a Assembleia Legislativa decreta e eu promulgo a seguinte lei:

Art. 1º. É assegurado aos Servidores Públicos estaduais o direito de livre associação sindical, observados os princípio estabelecidos pela Constituição da República.

Art. 2º. Nenhuma autorização do Poder Público será necessária para a fundação de associação sindical, devendo esta, para sua legitimidade de representação, cumprir o disposto na Constituição da República.

Art. 3º. O servidor sindicalizado não poderá ser desligado, a partir do registro da candidatura a cargo de direção ou representação sindical e, se eleito, até um ano após o final do mandato, conforme inciso VIII do art. 8º da Constituição Federal.

§ 1º. Não se aplica o disposto neste artigo ao servidor que cometer falta grave, devidamente apurada em procedimento disciplinar, ou no caso de exoneração ou dispensa a pedido do próprio servidor.

§ 2º. Não se aplica o *caput* deste artigo ao servidor contratado, por tempo determinado, para atender necessidade temporária de excepcional interesse público.

Art. 4º. Serão descontados em folha de pagamento dos servidores:

I – as contribuições obrigatórias por lei;

II – as contribuições facultativas de Associação Sindical.

Parágrafo único. Os descontos de que trata este artigo obedecerão às normas fazendárias.

Art. 5º. Esta Lei entrará em vigor na data de sua publicação, revogadas as disposições em contrário.

Palácio dos Bandeirantes, 10 de janeiro de 1992.

Luiz Antonio Fleury Filho

DOE de 11.1.1992

LEI COMPLEMENTAR Nº 857 DE 20 DE MAIO DE 1999

Dispõe sobre o gozo de licença-prêmio no âmbito da Administração Pública Direta e Indireta e de outros Poderes do Estado, e dá outras providências.

O Governador do Estado de São Paulo:

Faço saber que a Assembleia Legislativa decreta e eu promulgo a seguinte Lei Complementar:

Art. 1º. Fica vedada a conversão em pecúnia de períodos de licença-prêmio, nos termos desta Lei.

• *Art. 1º com redação dada pela Lei Complementar nº 989, de 17.1.2006.*

Art. 2º. (Revogado).

• *Art. 2º revogado pela Lei Complementar nº 1.048, de 10.6.2008.*

Art. 3º. (Revogado).

• *Art. 2º revogado pela Lei Complementar nº 1.048, de 10.6.2008.*

Art. 4º. O disposto nos arts. 1º e 2º desta Lei Complementar aplica-se:

I – aos servidores públicos da administração direta, ressalvado o disposto no art. 4º-A e, quando submetidos ao regime estatutário, aos servidores das autarquias e das fundações instituídas ou mantidas pelo Poder Público;

• *Inciso I com redação dada pela Lei Complementar nº 989, de 17.1.2006.*

II – aos membros e aos servidores do Poder Judiciário, do Tribunal de Contas e do Ministério Público, bem como aos servidores do Quadro da Secretaria da Assembleia Legislativa.

Art. 4º-A. O Poder Executivo poderá converter, anualmente, em pecúnia, mediante requerimento, uma parcela de 30 (trinta) dias equivalente aos vencimentos mensais do benefício da licença-prêmio aos integrantes das carreiras da Polícia Civil, da Superintendência Técnico Científica e da Polícia Militar do Estado de São Paulo, em efetivo exercício, que a ele tiverem direito.

§ 1º. Os meses restantes do período considerado, somente poderão ser fruídos em ano diverso daquele em que o beneficiário recebeu em dinheiro, até o prazo previsto no art. 213, da Lei nº 10.261, de 28 de outubro de 1968.

§ 2º. O policial que optar pela conversão em pecúnia prevista neste artigo, encaminhará ao órgão gerenciador de pessoal, requerimento devidamente instruído com a publicação que lhe concedeu o benefício e com a indicação de que não fruiu a parcela de licença-prêmio no ano considerado.

• *Art. 4º-A acrescido pela Lei Complementar nº 989, de 17.1.2006.*

Art. 4º-B. O pagamento de que trata o art. 4º-A será autorizado pelo Governador do Estado, mediante Decreto, identificando o período de vigência e tomando por base a necessidade do serviço policial e a disponibilidade do Tesouro.

• *Art. 4º-B acrescido pela Lei Complementar nº 989, de 17.1.2006.*

Art. 5º. Esta Lei Complementar entrará em vigor na data de sua publicação.

Disposição Transitória

Artigo único. O disposto no art. 1º desta Lei Complementar não se aplica aos períodos de licença-prêmio cujo término do respectivo período aquisitivo seja anterior a 31 de dezembro de 1999 e cuja situação reger-se-á, em cada Poder, por normas regulamentadoras próprias.

• *Este artigo único foi vetado Governador do Estado quando da promulgação original da Lei e posteriormente mantido pela Assembleia Legislativa (DOE de 11.9.1999). Finalmente foi Declarado inconstitucional pela ADIn nº 2887, de 4.2.2004 – DOU de 6.8.2004.*

Mário Covas

DOE de 21.5.1999

LEI COMPLEMENTAR Nº 924, DE 16 DE AGOSTO DE 2002

Institui incorporação ao servidor público, nos termos que especifica.

• *Ver Ato nº 0013/1993, da Mesa da Assembleia Legislativa do Estado de São Paulo.*

O Governador do Estado de São Paulo:

Faço saber que a Assembleia Legislativa decreta e eu promulgo a seguinte Lei Complementar:

Art. 1º. O servidor com mais de cinco anos de efetivo exercício, que tenha exercido ou venha a exercer, a qualquer título, cargo ou função que lhe proporcione remuneração superior à do cargo de que seja titular, ou função para a qual foi admitido, incorporará um décimo dessa diferença, por ano, até o limite de dez décimos.

Art. 2º. As despesas decorrentes desta Lei Complementar correrão por conta das dotações orçamentárias próprias, consignadas no orçamento vigente.

Art. 3º. Esta Lei Complementar entra em vigor na data de sua publicação, retroagindo seus efeitos financeiros a 5 de outubro de 1989.

Palácio dos Bandeirantes, 16 de agosto de 2002.

Geraldo Alckmin

DOE de 17.8.2002

LEI COMPLEMENTAR Nº 942, DE 6 DE JUNHO DE 2003

Altera a Lei nº 10.261, de 28 de outubro de 1968, que dispõe sobre o Estatuto dos Funcionários Públicos Civis do Estado de São Paulo, e dá providências correlatas.

O Governador do Estado de São Paulo:

Faço saber que a Assembleia Legislativa decreta e eu promulgo a seguinte Lei Complementar:

Art. 1º. Passam a vigorar com a seguinte redação os dispositivos adiante enumerados da Lei nº 10.261, de 28 de outubro de 1968:

I – os arts. 239 e 240:

II – o inciso II do art. 257, passando o TÍTULO VII a denominar-se “Das Penalidades, da Extinção da Punibilidade e das Providências Preliminares:

III – os arts. 260 e 261:

IV – os arts. 264 a 267, passando o CAPÍTULO II a denominar-se "Das Providências Preliminares":

V – os arts. 268 a 321, agrupados nos títulos e capítulos a seguir indicados:

• *Alterações já foram efetuadas no corpo da Lei.*

Art. 2º. Ficam acrescentados à Lei nº 10.261, de 28 de outubro de 1968, os seguintes dispositivos:

I – ao art. 250, os §§ 1º, 2º e 3º:

II – ao art. 257, os incisos XI, XII e XIII:

• *Alterações já foram efetuadas no corpo da Lei.*

Art. 3º. Esta Lei Complementar entra em vigor na data de sua publicação.

DISPOSIÇÕES TRANSITÓRIAS

Art. 1º. A nova tipificação acrescentada ao art. 257 da Lei nº 10.261, de 28 de outubro de 1968, só se aplica aos atos praticados após a entrada em vigor desta Lei Complementar.

Art. 2º. As disposições de natureza processual desta Lei Complementar aplicam-se imediatamente, sem prejuízo da validade dos atos realizados na vigência da legislação anterior.

Art. 3º. Serão adaptados os procedimentos em curso na data da entrada em vigor desta Lei Complementar, cabendo ao presidente tomar as providências necessárias, ouvido o acusado.

Parágrafo único. O presidente da Comissão Processante assumirá a condução do processo administrativo em curso, sem prejuízo de eventual redistribuição a critério da Procuradoria Geral do Estado.

Art. 4º. Os servidores que tiverem recebido punição da qual ainda caiba recurso ou pedido de reconsideração, terão prazo decadencial de 30 (trinta) dias para a respectiva interposição, na forma desta Lei Complementar.

Parágrafo único. A Administração publicará aviso, por 3 (três) vezes, no Diário Oficial do Estado, quanto ao disposto no *caput*, contando-se o prazo do primeiro dia útil após a terceira publicação.

Palácio dos Bandeirantes, 6 de junho de 2003

Geraldo Alckmin

DOE de 7.6.2003

LEI COMPLEMENTAR Nº 943, DE 23 DE JUNHO DE 2003

Institui contribuição previdenciária para custeio de aposentadoria dos servidores públicos e de reforma dos militares do Estado de São Paulo, e dá outras providências correlatas.

O Governador do Estado de São Paulo:

Faço saber que a Assembleia Legislativa decreta e eu promulgo a seguinte Lei Complementar:

Art. 1º. Fica instituída contribuição previdenciária mensal destinada ao custeio de aposentadoria e reforma, nos termos desta Lei Complementar.

• *Art. 1º tacitamente revogado – Vide art. 15 da Lei Complementar nº 1.012, de 5.7.2007.*

Art. 2º. São contribuintes obrigatórios:

I – os servidores públicos da Administração direta, do Poder Legislativo, do Poder Judiciário, do Ministério Público e do Tribunal de Contas do Estado;

II – os servidores das autarquias, inclusive as de regime especial, não submetidos ao regime da Consolidação das Leis do Trabalho;

III – os membros da Magistratura e do Ministério Público, bem como os Conselheiros do Tribunal de Contas do Estado;

IV – os militares da ativa do Estado;

V – os servidores pertencentes aos Quadros Especiais instituídos pelo art. 7º da Lei nº 10.430, de 16 de dezembro de 1971, pelo art. 7º da Lei nº 119, de 29 de junho de 1973, e pelo art. 3º da Lei nº 6.470, de 15 de junho de 1989;

- *Lei nº 10.430, de 16.12.1971 – Autoriza a transformação da Caixa Econômica do Estado de São Paulo na empresa CEESP – Caixa Econômica do Estado de São Paulo S/A.*
- *Lei nº 119, de 29.6.1973 – Autoriza a constituição de uma sociedade por ações sob a denominação de Companhia de Saneamento Básico do Estado de São Paulo – SABESP, e dá providências correlatas.*
- *Lei nº 6.470, de 15.6.1989 – Autoriza o Poder Executivo a extinguir a entidade autárquica "Fomento de Urbanização e Melhoria das Estâncias – FUMEST" e dá outras providências.*

VI – os servidores extranumerários de que trata o art. 324 da Lei nº 10.261, de 28 de outubro de 1968;

VII – os servidores regidos pela Lei nº 500, de 13 de novembro de 1974;

- *Veja Lei nº 500, de 13.11.1974, nesta Edição.*

VIII – os servidores em disponibilidade.

Parágrafo único. Na hipótese de acumulação remunerada, a contribuição será devida em relação a cada um dos cargos ou das funções-atividades ocupados.

Art. 3º. O custeio das aposentadorias e das reformas será atendido pela contribuição previdenciária mensal dos contribuintes obrigatórios indicados no art. 2º desta Lei Complementar.

Art. 4º. A contribuição previdenciária mensal de que trata esta Lei Complementar corresponderá à alíquota de 5% (cinco por cento) sobre o valor constituído por vencimentos ou salários, vantagens pessoais e demais vantagens de qualquer natureza, incorporadas ou incorporáveis, excetuados o salário-esposa, o salário-família, as diárias, as ajudas de custo, o auxílio-transporte e a gratificação pela prestação de serviço extraordinário.

§ 1º. O décimo-terceiro salário será considerado para fins de incidência da contribuição a que se refere esta Lei Complementar.

§ 2º. Para os casos de acumulação remunerada, considerar-se-á, para fins de contribuição, o somatório das remunerações percebidas, observado o disposto no *caput* deste artigo.

- *Art. 4º tacitamente revogado – Vide Lei Complementar nº 1.010, de 1º.6.2007.*

Art. 5º. A contribuição de que trata esta Lei Complementar será recolhida na data do pagamento dos vencimentos ou salários, mediante desconto mensal na folha de pagamento.

§ 1º. O contribuinte deverá recolher diretamente a contribuição quando:

1 – deixar, por qualquer motivo, temporariamente, de perceber vencimentos ou salários;

2 – afastar-se do cargo ou da função-atividade, com prejuízo de vencimentos ou de salários, para exercer mandato eletivo municipal, estadual ou federal, nos termos do art. 38 da Constituição Federal e do *caput* do art. 125 da Constituição Estadual.

§ 2º. Nas hipóteses mencionadas no item 2 do parágrafo anterior, a alíquota incidirá sobre a remuneração relativa ao cargo ou à função-atividade de que o contribuinte é titular.

• *Art. 5º tacitamente revogado pelo art. 15 da Lei Complementar nº 1.012, de 5.7.2007.*

Art. 6º. Os recursos provenientes da contribuição instituída por esta Lei Complementar serão destinados, exclusivamente, para compor o custeio dos proventos das aposentadorias dos servidores públicos e das reformas dos militares do Estado, consignados em rubrica própria do orçamento.

Art. 7º. Os recursos de que trata esta Lei Complementar serão consignados como receita no orçamento do Estado.

Art. 8º. Esta Lei Complementar entra em vigor na data de sua publicação, produzindo efeitos após decorridos 90 (noventa) dias da data da publicação.

Disposição Transitória

Artigo único. O servidor abrangido por esta Lei Complementar, que tenha completado as exigências para a aposentadoria voluntária ou vier a completá-las, de acordo com a legislação vigente, e que permanecer em atividade no serviço público, ficará isento do pagamento da contribuição previdenciária até a data da aposentadoria compulsória.

Palácio dos Bandeirantes, 23 de junho de 2003

Geraldo Alckmin

DOE de 24.6.2003

LEI COMPLEMENTAR Nº 954, DE 31 DE DEZEMBRO DE 2003

Dispõe sobre a contribuição previdenciária mensal de inativos e pensionistas do Estado e dá providências correlatas.

O Governador do Estado de São Paulo:

Faço saber que a Assembleia Legislativa decreta e eu promulgo a seguinte Lei Complementar:

Art. 1º. Os servidores inativos e os pensionistas do Estado, os Militares reformados e os da reserva, bem como os servidores que recebem complementação de aposentadoria e pensão, incluídas suas autarquias e fundações, passam a contribuir, para o custeio do regime de que trata o art. 40 da Constituição Federal, com a alíquota de 11% (onze por cento) sobre o valor dos proventos, das pensões, das aposentadorias, das vantagens pessoais e demais vantagens de qualquer natureza, excetuados o salário-esposa e o salário-família.

§ 1º. Aplica-se o disposto neste artigo aos membros da Magistratura, do Ministério Público e do Tribunal de Contas do Estado.

§ 2º. O décimo-terceiro salário será considerado para fins de incidência da contribuição a que se refere esta Lei Complementar.

§ 3º. Para os casos de acumulação remunerada, considerar-se-á, para fins de contribuição, o somatório das remunerações percebidas, observado o disposto no *caput* deste artigo.

§ 4º. A contribuição previdenciária a que se refere o *caput* incidirá apenas sobre a parcela dos proventos e das pensões que supere a 50% (cinquenta por cento) do limite estabelecido para os benefícios do regime geral de previdência social de que trata o art. 201 da Constituição Federal.

• *Art. 1º tacitamente revogado pelo art. 15 da Lei Complementar nº 1.012, de 5.7.2007.*

Art. 2º. Considera-se incluído na alíquota de 11% (onze por cento) a que se refere o art. 1º o percentual de 6% (seis por cento) relativo à contribuição prevista no art. 137 da Lei Complementar nº 180, de 12 de maio de 1978.

Parágrafo único. Fica mantida a contribuição pela alíquota de 6% (seis por cento) prevista no art. 137 da Lei Complementar nº 180, de 12 de maio de 1978, até que seja iniciada a cobrança da nova contribuição instituída pelo art. 1º desta Lei Complementar.

• *Art. 2º tacitamente revogado pelo art. 15 da Lei Complementar nº 1.012, de 5.7.2007.*

Art. 3º. Os contribuintes obrigatórios referidos no art. 2º da Lei Complementar nº 943, de 23 de junho de 2003, continuam sujeitos à alíquota total de 11% (onze por cento), que compreende a alíquota de 5% (cinco por cento) instituída pela mesma Lei Complementar e a contribuição de 6% (seis por cento) prevista no art. 137 da Lei Complementar nº 180, de 12 de maio de 1978.

Parágrafo único; (Vetado).

• *Art. 3º tacitamente revogado pelo art. 15 da Lei Complementar nº 1.012, de 5.7.2007.*

Art. 4º. Os recursos arrecadados nos termos desta Lei Complementar, da Lei Complementar nº 943, de 23 de junho de 2003, e da Lei Complementar nº 180, de 12 de maio de 1978, são classificados como receitas de contribuições sociais no orçamento do Instituto de Previdência do Estado – IPESP, quando referentes aos servidores públicos, e na Caixa Beneficente da Polícia Militar – CBPM, quando referentes aos militares, devendo ser destinados ao pagamento de aposentadorias ou pensões.

Parágrafo único. As disposições deste artigo aplicam-se inclusive aos recursos já arrecadados com fundamento na Lei Complementar nº 943, de 23 de junho de 2003.

Art. 5º. Fica vedada a existência de mais de um regime próprio de previdência social para os servidores titulares de cargos efetivos, e de mais de uma unidade gestora do respectivo regime em cada ente estatal, ressalvado o disposto no art. 142, § 3º, inciso X, da Constituição Federal.

Art. 6º. Esta Lei Complementar entra em vigor na data de sua publicação, produzindo efeitos, quanto ao art. 1º, após decorridos 90 (noventa) dias da data da publicação desta Lei Complementar.

Palácio dos Bandeirantes, aos 31 de dezembro de 2003.

Geraldo Alckmin

DOE-I de 1º.1.2004

LEI COMPLEMENTAR Nº 989, DE 17 DE JANEIRO DE 2006

Altera a Lei Complementar nº 857, de 20 de maio de 1999, que dispõe sobre o gozo de licença-prêmio no âmbito da Administração Pública Direta e Indireta e de outros Poderes do Estado e dá outras providências.

O Governador do Estado de São Paulo:

Faço saber que a Assembleia Legislativa decreta e eu promulgo a seguinte Lei:

Art. 1º. A Lei Complementar nº 857, de 20 de maio de 1999, que dispõe sobre o gozo de licença-prêmio, passa a vigorar com as seguintes alterações:

I – O art. 1º com a seguinte redação:

• *Alterações já efetuadas no corpo da lei.*

II – O inciso I do art. 4º com a seguinte redação:

• *Alterações já efetuadas no corpo da lei.*

III – Fica incluído o seguinte art. 4º-A:

• *Alterações já efetuadas no corpo da lei.*

IV – Fica incluído o seguinte art. 4º-B:

• *Alterações já efetuadas no corpo da lei.*

Art. 2º. As despesas decorrentes da execução desta Lei correrão à conta de dotações orçamentárias próprias, consignadas no orçamento vigente.

Art. 3º. Esta Lei Complementar entra em vigor na data de sua publicação.

Palácio dos Bandeirantes, aos 17 de janeiro de 2006.

Geraldo Alckmin

DOE de 18.1.2006

LEI COMPLEMENTAR Nº 1.001, DE 24 DE NOVEMBRO DE 2006

Dispõe sobre a concessão de gratificação de representação aos servidores da administração direta e das autarquias do Estado, admitidos sob o regime da Consolidação das Leis do Trabalho, e dá providências correlatas.

O Governador do Estado de São Paulo:

Faço saber que a Assembleia Legislativa decreta e eu promulgo a seguinte Lei Complementar:

Art. 1º. A gratificação de representação de que trata o inciso III do art. 135 da Lei nº 10.261, de 28 de outubro de 1968, poderá ser concedida ao servidor da administração pública direta e das autarquias admitido sob o regime da Consolidação das Leis do Trabalho.

Art. 2º. A gratificação a que se refere o art. 1º desta Lei Complementar será incorporada à retribuição do servidor, nos termos e nas condições definidos nos arts. 1º e 2º da Lei Complementar nº 813, de 16 de julho de 1996.

Parágrafo único. Não se aplica o disposto no *caput* deste artigo ao servidor que tiver obtido vantagem da mesma natureza, por força de decisão judicial, nos termos da legislação trabalhista.

Art. 3º. Ficam convalidados os atos de concessão de gratificação de representação aos servidores admitidos sob o regime da Consolidação das Leis do Trabalho expedidos até a data da entrada em vigor desta Lei Complementar.

Art. 4º. As despesas resultantes da aplicação desta Lei Complementar correrão à conta das dotações orçamentárias próprias consignadas no orçamento vigente.

Art. 5º. Esta Lei Complementar entra em vigor na data de sua publicação.

Palácio dos Bandeirantes, 24 de novembro de 2006

Cláudio Lembo

DOE-I de 25.11.2006

LEI COMPLEMENTAR Nº 1.010, DE 1º DE JUNHO DE 2007

(Excertos)

Dispõe sobre a criação da SÃO PAULO PREVIDÊNCIA – SPPREV, entidade gestora do Regime Próprio de Previdência dos Servidores Públicos – RPPS e do Regime Próprio de Previdência dos Militares do Estado de São Paulo – RPPM, e dá providências correlatas.

O Governador do Estado de São Paulo:

Faço saber que a Assembleia Legislativa decreta e eu promulgo a seguinte Lei Complementar:

....

Art. 2º. São segurados do RPPS e do RPPM do Estado de São Paulo, administrados pela SPPREV:

I – os titulares de cargos efetivos, assim considerados os servidores cujas atribuições, deveres e responsabilidades específicas estejam definidas em estatutos ou normas estatutárias e que tenham sido aprovados por meio de concurso público de provas ou de provas e títulos ou de provas de seleção equivalentes;

II – os membros da Polícia Militar do Estado, assim definidos nos termos do art. 42 da Constituição Federal.

§ 1º. Aplicam-se as disposições constantes desta Lei aos servidores titulares de cargos vitalícios, efetivos e militares, da Administração direta e indireta, da Assembleia Legislativa, do Tribunal de Contas do Estado e seus Conselheiros, das Universidades, do Poder Judiciário e seus membros, e do Ministério Público e seus membros, da Defensoria Pública e seus membros.

§ 2º. Por terem sido admitidos para o exercício de função permanente, inclusive de natureza técnica, e nos termos do disposto no inciso I deste artigo, são titulares de cargos efetivos os servidores ativos e inativos que, até a data da publicação desta Lei, tenham sido admitidos com fundamento nos incisos I e II do art. 1º da Lei nº 500, de 13 de novembro de 1974.

§ 3º. O disposto no § 2º deste artigo aplica-se aos servidores que, em razão da natureza permanente da função para a qual tenham sido admitidos, estejam na mesma situação ali prevista.

....

Art. 43. Fica suprimida a possibilidade de dispensa imotivada, pelo Estado, dos docentes do magistério público estadual, admitidos até a publicação desta Lei, com fundamento na Lei nº 500, de 13 de novembro de 1974.

Art. 44. Em consequência do disposto no art. 43, fica excluída a aplicabilidade aos docentes do magistério público estadual da hipótese de dispensa prevista no inciso III do art. 35 da Lei nº 500, de 13 de novembro de 1974.

Art. 45. Ficam revogados o art. 25 da Lei nº 452, de 2 de outubro de 1974 e os arts. 133, 140, 141, 142 e 143, todos da Lei Complementar nº180, de 12 de maio de 1978.

• *Alterações já efetuadas no corpo da lei.*

Art. 46. Esta Lei Complementar entra em vigor na data de sua publicação.

Palácio dos Bandeirantes, em 1º de junho de 2007.

José Serra

DOE de 2.6.2007

LEI COMPLEMENTAR Nº 1.012, DE 5 DE JULHO DE 2007

Altera a Lei Complementar nº 180, de 12 de maio de 1978; a Lei nº 10.261, de 28 de outubro de 1968; a Lei Complementar nº 207, de 5 de janeiro de 1979 e dá providências correlatas.

O Governador do Estado de São Paulo:

Faço saber que a Assembleia Legislativa decreta e eu promulgo a seguinte Lei Complementar:

Seção I – Da Pensão

Art. 1º. Os arts. 144, 147, 148, 149, 150, 155 e 158 da Lei Complementar nº 180, de 12 de maio de 1978, passam a vigorar com a seguinte redação:

• *Alterações já efetuadas no corpo da lei.*

Art. 2º. Fica assegurada a continuidade do pagamento aos atuais beneficiários de pensão enquanto mantiverem as condições que, sob a égide da legislação anterior, lhes garantia a percepção do benefício.

Parágrafo único. Na ocorrência de novo rateio do benefício aplicar-se-ão as regras previstas na legislação a que se refere o *caput* deste artigo.

Art. 3º. Para os óbitos ocorridos antes da vigência desta Lei Complementar, o valor do benefício da pensão e a forma de cálculo das quotas devidas a cada um dos dependentes obedecerão às regras previstas na legislação vigente na data do óbito.

Parágrafo único. Na ocorrência de novo rateio do benefício aplicar-se-ão as regras previstas na legislação a que se refere o *caput* deste artigo.

Seção II – Do Salário-Família, do Auxílio-Reclusão e Funeral

Art. 4º. O Título XIII, da Lei Complementar nº 180, de 12 de maio de 1978, fica acrescido do Capítulo I-A e dos arts. 163-A e 163-B, com a seguinte redação:

• *Alteração já efetuada no corpo da Lei.*

Art. 5º. Ao servidor recolhido à prisão antes da data da vigência desta Lei Complementar aplicar-se-ão as regras previstas na legislação então vigente.

Art. 6º. Os arts.s 70 e 168 da Lei nº 10.261, de 28 de outubro de 1968, passam a vigorar com a seguinte redação:

• *Alteração já efetuada no corpo da Lei.*

Art. 7º. O art. 51 da Lei Complementar nº 207, de 5 de janeiro de 1979, passa a vigorar com a seguinte redação:

• *Lei Complementar nº 207, de 5.1.1979 – Lei Orgânica da Polícia do Estado.*

Art. 51. Ao cônjuge, companheiro ou companheira ou, na sua falta, aos filhos de qualquer condição ou aos pais, será concedido auxílio-funeral, a título de assistência à família do policial civil ativo ou inativo falecido, de valor correspondente a 1 (um) mês da remuneração.

§ 1º. Se o óbito do policial civil ocorrer em decorrência de lesões recebidas no exercício de suas funções, o valor do auxílio-funeral corresponderá a 2 (dois) meses da respectiva remuneração.

§ 2º. A concessão do valor do benefício nos termos do § 1º deste artigo dependerá da comprovação da causa do óbito, resultante de competente apuração.

§ 3º. As despesas com o funeral do policial civil ativo ou inativo que tenham sido efetuadas por terceiros serão ressarcidas até o limite previsto no caput deste artigo.

§ 4º. As despesas com o funeral que forem custeadas por entidade prestadora de serviços dessa natureza serão ressarcidas até o limite previsto no caput deste artigo, mediante a apresentação de alvará judicial.

§ 5º. O pagamento do auxílio-funeral será efetuado pela respectiva unidade pagadora, mediante a apresentação, pelo interessado ou por procurador legalmente habilitado, da certidão de óbito, do comprovante das despesas efetivamente realizadas ou do alvará judicial, juntamente com a prova de identidade do requerente.

§ 6º. O pagamento do auxílio-funeral será efetuado uma única vez, nos termos das disposições deste artigo.

§ 7º. Quando as despesas com o funeral do policial civil ativo ou inativo forem efetuadas por terceiros ou por entidade prestadora de serviços dessa natureza, e em valor inferior ao limite previsto no caput ou no parágrafo 1º deste artigo, conforme o caso, a diferença para atingir o limite neles previstos será paga ao cônjuge, companheiro ou companheira, ou, na sua falta, aos filhos de qualquer condição ou aos pais." (NR)

Seção III – Da Contribuição e da Base de Cálculo

Art. 8º. A contribuição social dos servidores públicos titulares de cargos efetivos, ativos e dos militares do governo de São Paulo, para a manutenção do regime próprio de previdência social do Estado, incluídas suas autarquias e fundações, será de 11% (onze por cento) e incidirá sobre a totalidade da base de contribuição.

§ 1º. Para os fins desta Lei Complementar, entende-se como base de contribuição o total dos vencimentos do servidor, incluindo-se o vencimento do cargo efetivo, acrescido das vantagens pecuniárias permanentes estabelecidas em lei ou por outros atos concessivos, dos adicionais de caráter individual e de quaisquer outras vantagens, excluídas:

1. as diárias para viagens;
2. o auxílio-transporte;
3. o salário-família;
4. o salário-esposa;
5. o auxílio-alimentação;
6. as parcelas remuneratórias pagas em decorrência de local de trabalho;
7. a parcela percebida em decorrência do exercício de cargo em comissão ou de função de confiança;
8. as demais vantagens não incorporáveis instituídas em lei; e
9. o abono de permanência de que tratam o § 19 do art. 40 da Constituição Federal, o § 5º do art. 2º e o § 1º do art. 3º da Emenda Constitucional nº 41, de 19 de dezembro de 2003 e referido no art. 4º desta Lei Complementar.

§ 2º. O servidor titular de cargo efetivo poderá optar pela inclusão na base de contribuição de parcelas remuneratórias percebidas em decorrência de local de trabalho, de exercício de cargo em comissão ou de função de confiança, para efeito de cálculo do seu benefício previdenciário, respeitada, em qualquer hipótese, a limitação estabelecida no § 2º do art. 40 da Constituição Federal.

§ 3º. A inclusão das vantagens referidas no parágrafo anterior para efeito de cálculo do benefício previdenciário dependerá do cumprimento de tempo mínimo de contribuição, valores médios observados, dentre outros requisitos a serem previstos na regulamentação desta Lei Complementar.

§ 4º. A regulamentação disciplinará as disposições deste artigo.

§ 5º. A contribuição dos servidores de que trata o *caput* deste artigo entrará em vigor após 90 (noventa) dias da data da publicação desta Lei Complementar.

§ 6º. A contribuição dos servidores de que tratam as Leis Complementares nºs 180, de 12 de maio de 1978, 943, de 23 de junho de 2003 e 954, de 31 de dezembro de 2003 dos servidores civis; bem como a Lei nº 452, de 2 de outubro de 1974 dos militares ficam mantidas, inclusive proporcionalmente aos dias de vigência, quando for o caso, até o início do recolhimento das contribuições a que se refere o *caput* deste artigo.

Art. 9º. Os aposentados e os pensionistas do Estado, inclusive os de suas Autarquias e Fundações, do Poder Judiciário, Poder Legislativo, Universidades, Tribunal de Contas, Ministério Público, Defensoria Pública e Polícia Militar, contribuirão com 11% (onze por cento), incidentes sobre o valor da parcela dos proventos de aposentadorias e pensões que supere o limite máximo estabelecido para os benefícios do regime geral de previdência social.

Parágrafo único. Nos casos de acumulação remunerada de aposentadorias e/ou pensões, considerar-se-á, para fins de cálculo da contribuição de que trata o *caput* deste artigo, o somatório dos valores percebidos, de forma que a parcela remuneratória imune incida uma única vez.

Art. 10. O décimo-terceiro salário será considerado para fins de incidência das contribuições de que tratam os arts. 8º e 9º desta Lei Complementar.

Seção IV – Do Abono de Permanência

Art. 11. O servidor titular de cargo efetivo que tenha completado as exigências para aposentadoria voluntária estabelecidas na alínea "a", do inciso III, do § 1º, do art. 40 da Constituição Federal, ou que tenha cumprido os requisitos do § 5º do art. 2º ou do § 1º do art. 3º, ambos da Emenda Constitucional no 41, de 19 de dezembro de 2003, e que opte por permanecer em atividade, fará jus a um abono de permanência equivalente ao valor da sua contribuição previdenciária até completar as exigências para aposentadoria compulsória contidas no inciso II do § 1º do art. 40 da Constituição Federal.

Parágrafo único. Não será incluído na base de cálculo para fixação do valor de qualquer benefício previdenciário o abono a que se refere o *caput* deste artigo.

Seção V – Dos Afastamentos

Art. 12. O servidor afastado ou licenciado do cargo efetivo, sem direito à remuneração, terá suspenso o seu vínculo com o regime próprio de previdência social do Estado enquanto durar o afastamento ou a licença, não lhe assistindo, neste período, os benefícios do mencionado regime.

§ 1º. Será assegurada ao servidor licenciado ou afastado sem remuneração a manutenção da vinculação ao regime próprio de previdência social do Estado, mediante o recolhimento mensal da respectiva contribuição, assim como da contribuição patronal prevista na legislação aplicável, observando-se os mesmos percentuais e incidente sobre a remuneração total do cargo a que faz jus no exercício de suas atribuições, computando-se, para esse efeito, inclusive, as vantagens pessoais.

§ 2º. O recolhimento de que trata o § 1º deve ser efetuado até o segundo dia útil após a data do pagamento das remunerações dos servidores públicos.

§ 3º. Em caso de atraso no recolhimento, serão aplicados os encargos moratórios previstos para a cobrança dos tributos estaduais, cessando, após 60 (sessenta) dias, as coberturas previdenciárias até a total regularização dos valores devidos, conforme dispuser o regulamento.

Seção VI – Das Disposições Finais

Art. 13. O disposto nesta Lei Complementar aplica-se aos servidores titulares de cargos efetivos da Administração direta e indireta, da Assembleia Legislativa, do Tribunal de Contas do Estado de São Paulo e seus Conselheiros, além das Universidades, Defensoria Pública, Poder Judiciário e seus membros, e Ministério Público e seus membros, abrangidos pela Lei Complementar nº 1.010, de 1º de junho de 2007.

Parágrafo único. Aos servidores militares ativos, da reserva reformada e seus pensionistas aplicam-se somente as regras previstas nos arts. 8º e seguintes desta Lei Complementar.

Art. 14. O Poder Executivo deverá regulamentar esta Lei Complementar no prazo de 180 (cento e oitenta) dias a contar de sua publicação.

Art. 15. Com a entrada em vigor das contribuições previstas nos arts. 8º e 9º desta Lei Complementar, ficam revogadas as contribuições previstas nas Leis Complementares nºs 943, de 23 de junho de 2003, 954, de 31 de dezembro de 2003, e 180, de 12 de maio de 1978, bem como da Lei nº 452, de 2 de outubro de 1974.

Art. 16. Esta Lei Complementar entra em vigor na data de sua publicação.

Palácio dos Bandeirantes, 5 de julho de 2007.

José Serra

DOE-I de 6.7.2007

LEI COMPLEMENTAR Nº 1.043, DE 9 DE MAIO DE 2008

Altera a Lei nº 10.261, de 28 de outubro de 1968, que dispõe sobre o Estatuto dos Funcionários Públicos Civis do Estado de São Paulo, e dá providências correlatas.

O Governador do Estado de São Paulo:

Faço saber que a Assembleia Legislativa decreta e eu promulgo a seguinte Lei Complementar:

Art. 1º. Fica acrescentado ao art. 66 da Lei nº 10.261, de 28 de outubro de 1968, parágrafo único com a seguinte redação:

- *Alteração já efetuada no corpo da Lei.*

Art. 2º. No caso de afastamento, sem prejuízo de vencimentos ou salários, junto a órgãos da administração direta do Estado, de servidores da administração direta e indireta dos Poderes da União, de outros Estados, do Distrito Federal e de Municípios, fica a Fazenda do Estado autorizada a proceder ao reembolso das despesas efetuadas com esses servidores pelo órgão ou pela entidade de origem, desde que previsto em normas próprias que disciplinem a matéria.

Art. 3º. (Vetado).

Art. 4º. (Vetado).

Art. 5º. As despesas resultantes desta Lei Complementar correrão à conta das dotações próprias consignadas nos orçamentos dos órgãos da administração direta e indireta do Estado junto aos quais estejam afastados os servidores de que trata o art. 2º e daqueles de que trata a situação prevista nos arts. 3º e 4º, suplementadas, se necessário, de acordo com o art. 43 da Lei federal nº 4.320, de 17 de março de 1964.

Art. 6º. Esta Lei Complementar entra em vigor na data de sua publicação.

Palácio dos Bandeirantes, 9 de maio de 2008.

José Serra

DOE-I de 10.5.2008

LEI COMPLEMENTAR Nº 1.048, DE 10 DE JUNHO DE 2008

Dispõe sobre o gozo de licença-prêmio no âmbito da Administração Pública Direta, das Autarquias Estaduais e de outros Poderes do Estado, e dá providências correlatas.

O Governador do Estado de São Paulo:

Faço saber que a Assembleia Legislativa decreta e eu promulgo a seguinte Lei Complementar:

Art. 1º. Os arts. 212 a 214 da Lei nº 10.261, de 28 de outubro de 1968 – Estatuto dos Funcionários Públicos Civis do Estado, passam a vigorar com a seguinte redação:

- *Alteração já efetuada no corpo da Lei.*

Art. 2º. O disposto nesta Lei Complementar aplica-se aos servidores da Administração direta e das autarquias, submetidos ao regime estatutário, e aos militares.

Parágrafo único. Os membros e os servidores do Poder Judiciário, do Tribunal de Contas, do Ministério Público e da Defensoria Pública, bem como os servidores do Quadro da Secretaria da Assembleia Legislativa, terão sua situação regida, em cada um desses órgãos, por normas reguladoras próprias.

Art. 3º. Na hipótese de se tornar inviável o gozo de licença-prêmio, na forma prevista nesta Lei Complementar, em virtude de exoneração "ex officio", aposentadoria por invalidez permanente ou falecimento, será paga ao ex-servidor ou aos seus beneficiários, conforme o caso, indenização calculada com base no valor dos vencimentos do cargo ocupado, referente ao mês de ocorrência.

Art. 4º. Os integrantes do Quadro do Magistério e do Quadro de Apoio Escolar abrangidos pela Lei Complementar nº 1.015, de 15 de outubro de 2007 e os integrantes das carreiras da Polícia Civil, da Superintendência Técnico-Científica e da Polícia Militar do Estado de São Paulo abrangidos pela Lei Complementar nº 989, de 17 de janeiro de 2006, seguirão fazendo jus à conversão em pecúnia nos termos dos referidos diplomas legais.

Art. 5º. As despesas decorrentes da aplicação desta Lei Complementar correrão à conta das dotações próprias consignadas no orçamento vigente.

Art. 6º. Esta Lei Complementar e suas disposições transitórias entram em vigor na data de sua publicação, revogando-se os arts. 2º e 3º da Lei Complementar nº 857, de 20 de maio de 1999.

Disposições Transitórias

Art. 1º. O disposto nesta Lei Complementar aplica-se ao gozo dos períodos de licença-prêmio:

I – adquiridos antes da vigência da Lei Complementar nº 857, de 20 de maio de 1999;

II – não usufruídos dentro do prazo previsto pela Lei Complementar nº 857, de 20 de maio de 1999.

Art. 2º. O servidor público ou o militar que já tenham implementado as condições para sua aposentadoria ou inatividade remunerada voluntária e se encontrem no exercício de suas atividades públicas na data de publicação desta Lei Complementar, poderão fruir os períodos de licença-prêmio adquiridos, salvo se forem aposentados ou inativados compulsoriamente, quando então perceberão indenização nos termos do art. 3º desta Lei Complementar.

Palácio dos Bandeirantes, 10 de junho de 2008.

José Serra

DOE-I de 11.6.2008

LEI COMPLEMENTAR Nº 1.054, DE 7 DE JULHO DE 2008

Amplia os períodos da licença à gestante, da licença-paternidade e da licença por adoção, e dá providências correlatas

O Governador do Estado de São Paulo:

Faço saber que a Assembleia Legislativa decreta e eu promulgo a seguinte Lei Complementar:

Art. 1º. Os dispositivos adiante enumerados da Lei nº 10.261, de 28 de outubro de 1968 – Estatuto dos Funcionários Públicos Civis do Estado, passam a vigorar com a seguinte redação:

I – o art. 198, alterado pela Lei Complementar nº 76, de 7 de maio de 1973:

• *Alteração já efetuada no corpo da Lei.*

II – o inciso XVI do art. 78, acrescentado pela Lei Complementar nº 445, de 1º de abril de 1986:

• *Alteração já efetuada no corpo da Lei.*

Art. 2º. O inciso XIV do art. 16 da Lei nº 500, de 13 de novembro de 1974, acrescentado pela Lei Complementar nº 445, de 1º de abril de 1986, passa a vigorar com a seguinte redação:

• *Alteração já efetuada no corpo da Lei.*

Art. 3º. O art. 1º da Lei Complementar nº 367, de 14 de dezembro de 1984, passa a vigorar com a seguinte redação:

• *Alteração já efetuada no corpo da Lei.*

Art. 4º. O disposto no art. 1º desta Lei Complementar aplica-se:

I – aos servidores da Administração direta e das autarquias, submetidas ao regime estatutário, bem como aos militares;

II – aos servidores do Poder Judiciário, do Tribunal de Contas, do Ministério Público e da Defensoria Pública, bem como aos servidores do Quadro da Secretaria da Assembleia Legislativa.

Art. 5º. As despesas decorrentes da aplicação desta Lei Complementar correrão à conta das dotações próprias consignadas no orçamento vigente.

Art. 6º. Esta Lei Complementar e suas disposições transitórias entram em vigor na data de sua publicação, ficando revogadas:

I – a Lei Complementar nº 76, de 7 de maio de 1973;

II – a Lei Complementar nº 445, de 1º de abril de 1986.

DISPOSIÇÕES TRANSITÓRIAS

Art. 1º. A gestante abrangida pelos arts. 1º e 4º desta Lei Complementar que, na data de sua publicação, estiver em gozo da respectiva licença fará jus ao acréscimo de 60 (sessenta) dias de benefício, contados a partir do primeiro dia subsequente ao término do período anteriormente concedido.

Art. 2º. O servidor público que, na data da publicação desta Lei Complementar, estiver em gozo de licença por adoção fará jus ao acréscimo de 60 (sessenta) dias de benefício, contados a partir do primeiro dia subsequente ao término do período anteriormente concedido.

Parágrafo único. Não se aplica o disposto no *caput* deste artigo à adoção por cônjuges ou companheiros, ambos servidores públicos, ficando assegurada a fruição dos períodos de licença concedidos de acordo com a legislação vigente até a edição desta Lei Complementar.

Art. 3º. Caberá à autoridade competente adotar as medidas necessárias ao cumprimento do disposto nos arts. 1º e 2º das Disposições Transitórias desta Lei Complementar.

Palácio dos Bandeirantes, aos 7 de julho de 2008.

José Serra

DOE-I de 8.7.2008

LEI COMPLEMENTAR Nº 1.073, DE 11 DE DEZEMBRO DE 2008

Disciplina o desenvolvimento funcional, mediante progressão e promoção, de que trata o art. 8º, da Lei Complementar nº 1.026, de 20 de dezembro de 2007, aplicável aos servidores do Tribunal de Contas do Estado de São Paulo e dá outras providências

O Governador do Estado de São Paulo:

Faço saber que a Assembleia Legislativa decreta e eu promulgo a seguinte Lei Complementar:

Art. 1º. O desenvolvimento funcional do servidor de que trata o art. 8º da Lei Complementar nº 1026, de 20 de dezembro de 2007, será processado anualmente, de forma alternada entre progressão e promoção.

Parágrafo único. A abertura do procedimento dar-se-á no mês de junho de cada exercício, respeitada a alternância, assegurados os efeitos pecuniários a partir do mês de janeiro do exercício seguinte.

Art. 2º. A progressão funcional dar-se-á automaticamente pelo transcurso do interstício de 1 (um) ano de efetivo exercício do servidor na referência em que o cargo se encontra enquadrado até a última referência do grau da respectiva classe, observado o disposto no art. 6º desta Lei Complementar e desde que atendidos, cumulativamente, os seguintes requisitos:

I – já tenha cumprido o estágio probatório, nos termos do art. 2º da Lei Complementar nº 1026/2007;

II – esteja, na data de abertura do processo de progressão, no exercício de seu cargo efetivo;

III – não se encontre na última referência salarial do grau em que estiver enquadrado;

IV – não tenha falta injustificada ou mais de 3 (três) faltas justificadas; e nem sofrido penalidade disciplinar nos últimos 3 (três) anos, contados da abertura do processo.

Art. 3º. A promoção será processada entre os servidores que já tenham alcançado as últimas referências dos graus A e B do respectivo cargo, mediante inscrição e aprovação na avaliação de desempenho que será realizada, observados:

I – o requisito previsto no inciso IV do art. 2º;

II – o interstício mínimo de 3 (três) anos na carreira.

Parágrafo único. Poderão ser beneficiados até 30% dos integrantes enquadrados na última referência dos graus A e B do respectivo cargo, assegurada a promoção de 1 (um) servidor quando o contingente participante for igual ou inferior a 3 (três) e arredondando-se para mais um, na ocorrência de fração no cálculo do percentual.

Art. 4º. O Tribunal de Contas definirá, por Resolução, as exigências para a participação no processo de promoção, respeitadas as ponderações de pontuação na avaliação de desempenho e de horas/ano de atividades de treinamento e desenvolvimento, bem como as demais condições que entender necessárias.

Art. 5º. Para efeito da promoção, a Escola de Contas Públicas implementará as atividades de treinamento e desenvolvimento, assim como estabelecerá a correspondente programação, o conteúdo e a carga horária compatíveis com o cargo, área e especialidade do servidor.

Art. 6º. Para fins de promoção e de progressão, interromper-se-á o interstício quando o servidor estiver afastado do exercício do cargo de que é ocupante, exceto quando decorrente de:

I – afastamento sem prejuízo dos vencimentos nos termos dos arts. 68 e 69 da Lei nº 10.261, de 28 de outubro de 1968;

II – afastamento nos termos dos arts. 78 a 80 da Lei nº 10.261, de 28 de outubro de 1968;

III – afastamento nos termos do inciso XIX do art. 7º da Constituição Federal;

IV – afastamento nos termos da Lei Complementar nº 367, de 14 de dezembro de 1984.

Art. 7º. A reclassificação para o cargo de Agente da Fiscalização Financeira – Administração, de que trata o art. 3º das Disposições Transitórias da Lei Complementar nº 1.026, de 20 de dezembro de 2007, refere-se somente ao cargo efetivo de Agente da Fiscalização Financeira, do SQC-II.

Art. 8º. Ficam, na vacância, modificadas as formas de provimento dos cargos em comissão de Agente da Fiscalização Financeira, mantida essa denominação ou alterada, mediante apostila, para Agente da Fiscalização Financeira – Administração, e de Auxiliar da Fiscalização Financeira V, este último com a nova denominação de Auxiliar da Fiscalização Financeira II, que passarão a ser providos em caráter efetivo, mediante concurso público.

§ 1º. Para provimento de todos os cargos de Agente da Fiscalização Financeira será exigida a formação de nível superior em Direito, Ciências Contábeis, Economia, Administração de Empresas ou Públicas, Engenharia Civil ou Gestão e Políticas Públicas.

§ 2º. Para provimento dos cargos de Agente da Fiscalização Financeira – Administração será exigida a formação de nível superior prevista no parágrafo anterior, bem como daquelas previstas no § 2º do art. 6º da Lei Complementar nº 1026/2007.

§ 3º. Para provimento dos cargos de Auxiliar da Fiscalização Financeira II será exigida a formação escolar de nível médio.

§ 4º. Ficam expressamente revogadas todas as disposições legais que autorizem a modificação, quando ocorrer a vacância, de cargos efetivos para provimento em comissão do quadro do Tribunal de Contas do Estado.

Art. 9º. Ficam criados, no SQC-II do Quadro da Secretaria do Tribunal de Contas do Estado, os seguintes cargos, que deverão ser providos por meio de concurso público:

I – 10 (dez) cargos de Agente da Fiscalização Financeira – Informática, Padrão 1-A;

II – 10 (dez) cargos de Auxiliar da Fiscalização Financeira – II, Padrão 1-A.

Art. 10. Para o provimento dos cargos criados pelo artigo anterior, serão exigidos:

I – diploma de nível superior na área de computação e informática (Ciência da Computação, Engenharia de Computação, Sistemas de Informação ou habilitação legal correspondente) e pelo menos 2 (dois) anos de experiência comprovada na referida área de atuação, para os casos abrangidos pelo inciso I;

II – diploma de nível médio, para os abrangidos pelo inciso II, com habilitação em informática.

Art. 11. Esta Lei Complementar aplica-se, no que couber, aos servidores admitidos nos termos da Lei nº 500, de 13 de novembro de 1974.

Art. 12. As despesas resultantes da execução desta Lei Complementar correrão à conta das dotações próprias, consignadas no orçamento vigente, suplementadas, se necessário.

Art. 13. Esta Lei Complementar entra em vigor na data de sua publicação.

Palácio dos Bandeirantes, aos 11 de dezembro de 2008.

José Serra

DOU de 12.12.2008

LEI COMPLEMENTAR Nº 1.093, DE 16 DE JULHO DE 2009

Dispõe sobre a contratação por tempo determinado de que trata o inciso X do art. 115 da Constituição Estadual e dá outras providências correlatas.

O Governador do Estado de São Paulo:

Faço saber que a Assembleia Legislativa decreta e eu promulgo a seguinte Lei Complementar:

Art. 1º. A contratação por tempo determinado de que trata o inciso X do art. 115 da Constituição Estadual, para atender a necessidade temporária de excepcional interesse público, será formalizada mediante contrato e nas seguintes hipóteses:

I – urgência e inadiabilidade de atendimento de situação que possa comprometer ou ocasionar prejuízo à saúde ou à segurança de pessoas, obras, serviços, equipamentos e outros bens, públicos ou particulares;

II – necessidade de pessoal em área de prestação de serviços essenciais, em decorrência de:

a) dispensa, demissão, exoneração, falecimento e aposentadoria;

b) criação de novas unidades ou ampliação das já existentes;

c) afastamentos que a lei considere como de efetivo exercício;

d) licença para tratamento de saúde;

III – necessidade justificada de execução de função eventual, transitória e determinada:

a) relativa à consecução de projetos de informatização;

b) de natureza técnica nas áreas de pesquisa científica, tecnológica, educacional e cultural;

c) de natureza técnica especializada, no âmbito de projetos implementados mediante contratos de financiamento externo e acordos de cooperação internacional, desenvolvidos sob a subordinação de órgão público estadual;

IV – para suprir atividade docente da rede de ensino público estadual, que poderá ser feita nas hipóteses previstas no inciso II deste artigo e, ainda, quando:

a) o número reduzido de aulas não justificar a criação de cargo correspondente;

b) houver saldo de aulas disponíveis, até o provimento do cargo correspondente;

c) ocorrer impedimento do responsável pela regência de classe ou magistério das aulas.

Parágrafo único. Observado o disposto no art. 5º desta Lei Complementar, a contratação somente será celebrada, nas hipóteses previstas nas alíneas "a" e "b" do inciso II deste artigo, se estiver em trâmite, conforme o caso, processo para a realização de concurso público ou para a criação de cargos.

Art. 2º. A contratação nos termos desta Lei Complementar será celebrada, em cada área, pelo respectivo Secretário de Estado, pelo Procurador Geral do Estado, ou pelo Dirigente da Autarquia, que poderão delegar a competência para a prática do ato, e:

I – dependerá de autorização do Governador;

II – será precedida de processo seletivo simplificado, submetido às condições estabelecidas em regulamento próprio elaborado pela Secretaria de Gestão Pública, por intermédio do órgão central de recursos humanos;

III – deverá ser objeto de ampla divulgação.

Parágrafo único. Na hipótese referida no inciso I do art. 1º desta Lei Complementar, o processo seletivo poderá ser apenas classificatório, de acordo com os requisitos previstos no respectivo edital.

Art. 3º. Quando houver empate, a classificação resolver-se-á favoravelmente ao candidato que tiver pela ordem:

I – em relação à atividade a ser desempenhada:

a) escolaridade mais compatível;

b) maior tempo de experiência;

II – maior grau de escolaridade;

III – maiores encargos de família.

Parágrafo único. Quando algum candidato, dentre os empatados na ordem de classificação, tiver idade igual ou superior a 60 (sessenta) anos, dar-se-á preferência ao de maior idade, nos termos da Lei federal nº 10.741, de 1º de outubro de 2003 – Estatuto do Idoso.

Art. 4º. Para ser contratado, o candidato deverá preencher as seguintes condições:

I – estar em gozo de boa saúde física e mental;

II – não ser portador de deficiência incompatível com o exercício da atividade a ser desempenhada;

III – não exercer cargo, emprego ou função públicos na Administração direta e indireta da União, dos Estados, do Distrito Federal e dos Municípios, exceto nos casos previstos no inciso XVI do art. 37 da Constituição Federal e inciso XVIII do art. 115 da Constituição Estadual;

IV – possuir escolaridade e experiência compatíveis com a atividade a ser desempenhada, de acordo com os requisitos estabelecidos no edital;

V – ter boa conduta.

Parágrafo único. As condições estabelecidas nos incisos I e II deste artigo deverão ser comprovadas mediante atestados expedidos por órgãos ou entidades integrantes do Sistema Único de Saúde no Estado de São Paulo.

Art. 5º. O órgão ou a autarquia interessada na contratação poderá convocar, previamente à abertura do processo seletivo a que se refere esta Lei Complementar, candidatos remanescentes aprovados em concurso público realizado pela Administração direta e Autarquias do Estado de São Paulo, correspondente à atividade a ser desempenhada e observada a ordem de classificação.

Parágrafo único. O candidato remanescente que atender à convocação, mesmo sendo contratado, não perderá o direito à classificação obtida no concurso público, nem à respectiva escolha de vagas.

Art. 6º. É vedada, sob pena de nulidade, a contratação da mesma pessoa, com fundamento nesta Lei Complementar, ainda que para atividades diferentes, antes de decorridos 200 (duzentos) dias do término do contrato.

Art. 7º. A contratação será efetuada pelo tempo estritamente necessário para atender às hipóteses previstas nesta lei complementar, observada a existência de recursos financeiros e o prazo máximo de 12 (doze) meses.

§ 1º. A contratação para o exercício de função docente poderá ser prorrogada até o último dia letivo do ano em que findar o prazo previsto no "caput" deste artigo.

§ 2º. Os direitos e obrigações decorrentes da contratação para função docente ficarão suspensos sempre que ao contratado não forem atribuídas aulas, sendo-lhe facultado, no período de vigência do contrato, aceitar ou não as que forem oferecidas.

§ 3º. Findo o prazo de vigência, o contrato estará automaticamente extinto.

• *Art. 7º com redação dada pela LC nº 1.132, de 10.2.2011.*

Art. 8º. O contrato celebrado com fundamento nesta Lei Complementar extinguir-se-á antes do término de sua vigência:

I – por iniciativa do contratado;

II – com o retorno do titular, nas hipóteses previstas nas alíneas "c" e "d" do inciso II e alínea "c" do inciso IV do art. 1º desta Lei Complementar;

III – pela extinção ou conclusão do objeto, nas hipóteses previstas nos incisos I e III do art. 1º desta Lei Complementar;

IV – por descumprimento de obrigação legal ou contratual por parte do contratado;

V – com o provimento do cargo correspondente;

VI – com a criação ou classificação do cargo, e respectivo provimento, nas hipóteses das alíneas "a" e "b" do inciso IV do art. 1º desta Lei Complementar;

VII – nas hipóteses de o contratado:

a) preencher a vaga relativa ao concurso para o qual foi aprovado, nos termos do art. 5º desta Lei Complementar;

b) ser convocado para serviço militar obrigatório ou serviço civil alternativo, quando houver incompatibilidade de horário;

c) assumir mandato eletivo que implique afastamento do serviço;

VIII – por conveniência da Administração.

§ 1º. A extinção do contrato com fundamento nos incisos I a VII deste artigo far-se-á sem direito a indenização.

§ 2º. A extinção do contrato com fundamento no inciso VIII deste artigo implicará o pagamento ao contratado de indenização correspondente a 1 (uma) vez o valor da remuneração mensal fixada no contrato, ou, quando for o caso, da média mensal da remuneração fixada no contrato, até o advento da extinção.

§ 3º. Na hipótese do inciso IV deste artigo, previamente ao ato que rescindir o contrato, será assegurada ao contratado a faculdade de exercer o direito de defesa, no prazo de 3 (três) dias úteis, devendo o procedimento ser concluído dentro de 10 (dez) dias contados da data do protocolo das razões de defesa ou do decurso do prazo para apresentá-las.

Art. 9º. O contratado não poderá receber atribuições, funções ou encargos não previstos no respectivo contrato.

Art. 10. O contratado nos termos desta Lei Complementar está sujeito aos mesmos deveres, proibições e responsabilidades previstos na Lei nº 10.261, de 28 de outubro de 1968, aplicando-se aos docentes, subsidiariamente, as disposições da Lei Complementar nº 444, de 27 de dezembro de 1985.

Art. 11. A remuneração do contratado nos termos desta Lei Complementar será fixada:

I – para o desempenho de atividades correspondentes às de cargos públicos, em importância não superior à retribuição inicial destes, acrescida das vantagens pecuniárias inerentes à função, ao horário e ao local de exercício;

II – para o desempenho de função docente por período de 1 (um) até 15 (quinze) dias, em importância correspondente às horas-aula efetivamente ministradas;

III – para o desempenho de outras atividades, em importância não superior:

a) à da remuneração inicial estabelecida pela legislação estadual vigente para servidores que exerçam função assemelhada;

b) ao valor definido pelo Poder Executivo, que não poderá ultrapassar os limites legais, nas demais hipóteses.

Art. 12. Fica assegurado ao contratado nos termos desta Lei Complementar:

I – o décimo terceiro salário, na proporção de 1/12 (um doze avos) por mês trabalhado ou fração superior a 15 (quinze) dias;

II – o pagamento das férias, decorridos 12 (doze) meses de efetivo exercício da função.

Art. 13. Serão consideradas como dias trabalhados as ausências do contratado em virtude de:

I – casamento, até 2 (dois) dias consecutivos;

II – falecimento de pais, irmãos, cônjuge, companheiro ou filhos, até 2 (dois) dias consecutivos;

III – serviços obrigatórios por lei.

Art. 14. O contratado poderá requerer o abono ou a justificação de faltas, observadas as condições estabelecidas em decreto.

Art. 15. As faltas abonadas e as consideradas justificadas pela autoridade competente não serão computadas para os fins do inciso IV do art. 8º desta Lei Complementar.

Art. 16. Os limites de faltas abonadas, justificadas e injustificadas serão fixados em decreto.

Art. 17. O contratado perderá a totalidade da remuneração do dia quando comparecer ou retirar-se do serviço fora de horário, ressalvadas as hipóteses previstas em decreto e os casos de consulta ou tratamento de saúde, previstos em lei.

Art. 18. Sempre que a natureza e a necessidade do serviço assim o exigirem, os Secretários de Estado, o Procurador Geral do Estado e os Dirigentes de Autarquias poderão, com anuência do Secretário de Gestão Pública, expedir normas específicas quanto ao horário de trabalho dos contratados nos termos desta Lei Complementar.

Art. 19. As normas de registro e controle de frequência dos contratados para suprir atividade docente, nas hipóteses previstas no inciso IV do art. 1º desta Lei Complementar, serão estabelecidas em ato específico da Secretaria da Educação.

Art. 20. O contratado na forma do disposto nesta Lei Complementar ficará vinculado ao Regime Geral de Previdência Social, nos termos da legislação federal.

Art. 21. Caberá ao órgão setorial de recursos humanos do órgão ou da autarquia contratante registrar, controlar e acompanhar a execução dos contratos celebrados, observado o disposto no art. 2º desta Lei Complementar.

Parágrafo único. O órgão ou a autarquia contratante encaminhará, mensalmente, ao órgão central de recursos humanos, por intermédio do seu órgão setorial, os dados relativos aos contratos celebrados com base nesta Lei Complementar, para fins de controle.

Art. 22. Sem prejuízo da nulidade do contrato, a inobservância das disposições desta Lei Complementar importará responsabilidade administrativa da autoridade signatária e do contratado, e, se for o caso, solidariedade quanto à devolução de valores percebidos pelo contratado.

Art. 23. Esta Lei Complementar aplica-se aos órgãos da Administração direta e às Autarquias cujo pessoal seja submetido ao regime jurídico próprio dos servidores titulares de cargos efetivos.

Art. 24. Fica vedada, a partir da publicação desta Lei Complementar, a admissão de pessoal com fundamento na Lei nº 500, de 13 de novembro de 1974.

Parágrafo único. Ficam extintas as funções-atividades submetidas ao regime jurídico instituído pela lei de que trata o *caput* deste artigo, na seguinte conformidade:

1 – na vacância, as que se encontrarem preenchidas;

2 – na data da publicação desta Lei Complementar, as que estiverem vagas.

Art. 25. As contratações de pessoal após o advento da Lei Complementar nº 1.010, de 1º de junho de 2007, sob o regime jurídico da Lei nº 500, de 13 de novembro de 1974, estarão automaticamente extintas:

I – findo o prazo de contratação, quando a vigência tiver sido estipulada;

II – após o decurso de 12 (doze) meses, contados da data da publicação desta Lei Complementar, quando o prazo da vigência da contratação não tiver sido definido.

Parágrafo único. No caso de função docente, observado o § 1º do art. 7º desta Lei Complementar e o art. 11 da Lei Complementar nº 836, de 30 de dezembro de 1997, as contratações a que se refere o *caput* deste artigo estarão automaticamente extintas após 2 (dois) anos letivos subsequentes ao que estiver em curso na data da publicação desta Lei Complementar.

Art. 26. O Poder Executivo regulamentará esta Lei Complementar.

Art. 27. As despesas resultantes desta Lei Complementar correrão à conta das dotações consignadas no orçamento vigente, ficando o Poder Executivo autorizado a abrir créditos adicionais, se necessário, nos termos do art. 43 da Lei federal nº 4.320, de 17 de março de 1964.

Art. 28. Esta Lei Complementar e suas disposições transitórias entram em vigor na data de sua publicação, ficando revogados o art. 13 da Lei nº 7.698, de 10 de janeiro de 1992 e a Lei Complementar nº 733, de 23 de novembro de 1993.

DISPOSIÇÕES TRANSITÓRIAS

Art. 1º. Aos servidores ocupantes de funções de docente abrangidas pelo disposto no § 2º do art. 2º da Lei Complementar nº 1.010, de 1º de junho de 2007, será assegurada a atribuição de carga horária equivalente a 12 (doze) horas semanais de trabalho, composta por 10 (dez) horas em atividades com alunos e 2 (duas) horas de trabalho pedagógico na escola, em atividades coletivas, observadas as seguintes condições:

I – os docentes deverão se inscrever e participar obrigatoriamente de processo de avaliação anual, no seu respectivo campo de atuação, na forma a ser disciplinada pela Secretaria da Educação;

II – os docentes que obtiverem índices iguais ou superiores aos mínimos fixados pela Secretaria de Educação ficarão dispensados das avaliações anuais subsequentes e passarão a concorrer, entre seus pares, no processo de atribuição de classes ou de aulas, na Faixa 3 a que se refere o inciso I do art. 45 da Lei Complementar nº 444, de 27 de dezembro de 1985, antes dos demais servidores indicados na mesma faixa e antes dos candidatos à admissão como docentes;

III – a classificação final do docente para o processo de atribuição de classes ou de aulas, no respectivo campo de atuação, observará a ordem decrescente da soma dos pontos referentes ao tempo de serviço e aos títulos com os pontos obtidos na avaliação anual, que terá o limite máximo de 80 (oitenta) pontos;

IV – caso o total de aulas atribuídas no respectivo campo de atuação resulte aquém do limite fixado no *caput* deste artigo, aos docentes serão atribuídas horas de complementação de carga horária, no mínimo até atingir o referido limite, devendo ser cumpridas pelo docente de acordo com as normas expedidas pela Secretaria da Educação;

V – os docentes que não obtiverem os índices mínimos fixados no processo de avaliação não poderão concorrer no processo de atribuição de classes ou aulas e deverão cumprir a totalidade da carga horária prevista no *caput* deste artigo de acordo com as normas expedidas pela Secretaria da Educação, sem prejuízo da participação obrigatória nos subsequentes processos de avaliação anual.

Parágrafo único. A Secretaria de Educação poderá autorizar a participação dos docentes referidos no inciso II deste artigo nas avaliações anuais subsequentes, devendo ser considerada, para fins de classificação no processo de atribuição de classes ou aulas, o melhor índice obtido pelo docente nas avaliações de que participou.

Art. 2º. Aplica-se o disposto no inciso V do art. 1º destas Disposições Transitórias aos docentes que não possuam a habilitação mínima exigida para atribuição de classes ou aulas nos respectivos campos de atuação, estabelecido o prazo de 1 (um) ano, contado da data da vigência desta Lei Complementar, para obtenção da referida habilitação.

Art. 3º. Aos docentes abrangidos pelo disposto no parágrafo único do art. 25 desta Lei Complementar serão atribuídas classes ou aulas disponíveis, conforme condições e limites estabelecidos pela Secretaria da Educação, observados os incisos I e III do art. 1º destas Disposições Transitórias.

Art. 4º. Os docentes abrangidos por estas Disposições Transitórias serão dispensados, caso não se inscrevam ou imotivadamente não participem do processo de avaliação previsto no inciso I de seu art. 1º, sem prejuízo do disposto no art. 35, IV, da Lei nº 500, de 13 de novembro de 1974.

Palácio dos Bandeirantes, 16 de julho de 2009

José Serra

DOE-I de 17.7.2009

LEI COMPLEMENTAR Nº 1.096, DE 24 DE SETEMBRO DE 2009

Altera a Lei nº 10.261, de 28 de outubro de 1968,
Estatuto dos Funcionários Públicos Civis do Estado.

O Governador do Estado de São Paulo:

Faço saber que a Assembleia Legislativa decreta e eu promulgo a seguinte Lei Complementar:

Art. 1º. O inciso VI do art. 241 da Lei nº 10.261, de 28 de outubro de 1968, Estatuto dos Funcionários Públicos Civis do Estado, passa a vigorar com a seguinte redação:

- *Alteração já efetuada no corpo da Lei.*

Art. 2º. Fica revogado o inciso I do art. 242 da Lei nº 10.261, de 28 de outubro de 1968, Estatuto dos Funcionários Públicos Civis do Estado.

Art. 3º. Esta Lei Complementar entra em vigor na data de sua publicação.

Palácio dos Bandeirantes, 24 de setembro de 2009.

José Serra

DOE-I de 25.9.2009

LEI Nº 14.187, DE 19 DE JULHO DE 2010

Dispõe sobre penalidades administrativas a serem aplicadas pela prática de atos de discriminação racial.

O Governador do Estado de São Paulo:

Faço saber que a Assembleia Legislativa decreta e eu promulgo a seguinte Lei:

Art. 1º. Será punido, nos termos desta Lei, todo ato discriminatório por motivo de raça ou cor praticado no Estado por qualquer pessoa, jurídica ou física, inclusive a que exerça função pública.

Art. 2º. Consideram-se atos discriminatórios por motivo de raça ou cor, para os efeitos desta Lei:

I – praticar qualquer tipo de ação violenta, constrangedora, intimidatória ou vexatória;

II – proibir ou impor constrangimento ao ingresso ou permanência em ambiente ou estabelecimento aberto ao público;

III – criar embaraços ou constrangimentos ao acesso e à utilização das dependências comuns e áreas não privativas de edifícios;

IV – recusar, retardar, impedir ou onerar a utilização de serviços, meios de transporte ou de comunicação, inclusive no sítio de rede mundial de computadores, consumo de bens, hospedagem em hotéis, motéis, pensões e estabelecimentos congêneres ou o acesso a espetáculos artísticos ou culturais, ou estabelecimentos comerciais ou bancários;

V – recusar, retardar, impedir ou onerar a locação, compra, aquisição, arrendamento ou empréstimo de bens móveis ou imóveis;

VI – praticar o empregador, ou seu preposto, atos de coação direta ou indireta sobre o empregado;

VII – negar emprego, demitir, impedir ou dificultar a ascensão em empresa pública ou privada, assim como impedir ou obstar o acesso a cargo ou função pública ou certame licitatório;

VIII – praticar, induzir ou incitar, por qualquer mecanismo ou pelos meios de comunicação, inclusive eletrônicos, o preconceito ou a prática de qualquer conduta discriminatória;

IX – criar, comercializar, distribuir ou veicular símbolos, emblemas, ornamentos, distintivos ou propagandas que incitem ou induzam à discriminação;

X – recusar, retardar, impedir ou onerar a prestação de serviço de saúde, público ou privado.

Art. 3º. A prática dos atos discriminatórios a que se refere esta Lei será apurada em processo administrativo, que terá início mediante:

I – reclamação do ofendido ou de seu representante legal, ou ainda de qualquer pessoa que tenha ciência do ato discriminatório;

II – ato ou ofício de autoridade competente.

Art. 4º. Aquele que for vítima da discriminação, seu representante legal ou quem tenha presenciado os atos a que se refere o art. 2º desta Lei poderá relatá-los à Secretaria da Justiça e da Defesa da Cidadania.

§ 1º. O relato de que trata o *caput* deste artigo conterá:

1 – a exposição do fato e suas circunstâncias;

2 – a identificação do autor, com nome, prenome, número da cédula de identidade, seu endereço e assinatura.

§ 2º. A critério do interessado, o relato poderá ser apresentado por meio eletrônico, no sítio de rede mundial de computadores – "internet" da Secretaria da Justiça e da Defesa da Cidadania.

§ 3º. Recebida a denúncia, competirá à Secretaria da Justiça e da Defesa da Cidadania:

I – promover a instauração do processo administrativo devido para apuração e imposição das sanções cabíveis;

II – transmitir notícia à autoridade policial competente, para a elucidação cabível, quando o fato descrito caracterizar infração penal.

Art. 5º. A Secretaria da Justiça e da Defesa da Cidadania, para cumprir o disposto nesta Lei e fiscalizar seu cumprimento, poderá firmar convênios com Municípios, com a Assembleia Legislativa e com Câmaras Municipais.

Art. 6º. As sanções aplicáveis aos que praticarem atos de discriminação nos termos desta Lei serão as seguintes:

I – advertência;

II – multa de até 1.000 UFESPs (mil Unidades Fiscais do Estado de São Paulo);

III – multa de até 3.000 UFESPs (três mil Unidades Fiscais do Estado de São Paulo), em caso de reincidência;

IV – suspensão da licença estadual para funcionamento por 30 (trinta) dias;

V – cassação da licença estadual para funcionamento.

§ 1º. Quando a infração for cometida por agente público, servidor público ou militar, no exercício de suas funções, sem prejuízo das sanções previstas nos incisos I a III deste artigo, serão aplicadas as penalidades disciplinares cominadas na legislação pertinente.

§ 2º. O valor da multa será fixado tendo-se em conta as condições pessoais e econômicas do infrator e não poderá ser inferior a 500 UFESPs (quinhentas Unidades Fiscais do Estado de São Paulo).

§ 3º. A multa poderá ser elevada até o triplo, quando se verificar que, em virtude da situação econômica do infrator, sua fixação em quantia inferior seria ineficaz.

§ 4º. Quando for imposta a pena prevista no inciso V deste artigo, deverá ser comunicada à autoridade responsável pela outorga da licença, que providenciará a sua execução, comunicando-se, igualmente, à autoridade federal ou municipal para eventuais providências no âmbito de sua competência.

Art. 7º. Na apuração dos atos discriminatórios praticados com violação desta Lei, deverão ser observados os procedimentos previstos na Lei nº 10.177, de 30 de dezembro de 1998, que regula o processo administrativo no âmbito da Administração Pública Estadual.

Art. 8º. Esta Lei entra em vigor na data de sua publicação.

Palácio dos Bandeirantes, 19 de julho de 2010.

Alberto Goldman

DOE de 20.7.2010

LEI COMPLEMENTAR Nº 1.123, DE 1º DE JULHO DE 2010

Altera as leis que especifica, e dá providências correlatas.

O Governador do Estado de São Paulo:

Faço saber que a Assembleia Legislativa decreta e eu promulgo a seguinte Lei Complementar:

Art. 1º. Os dispositivos adiante relacionados passam a vigorar com a redação que segue:

....

II – da Lei nº 10.261, de 28 de outubro de 1968:

• *Alterações já efetuadas no corpo da Lei Complementar.*

III – o art. 202 da Lei Complementar nº 180, de 12 de maio de 1978:

• *Alterações já efetuadas no corpo da Lei Complementar.*

....

Art. 3º. As classes de Controlador de Pagamento de Pessoal I a IV e de Controlador de Pagamento de Pessoal Chefe, enquadradas na Escala de Vencimentos – Comissão, de que trata o inciso III do art. 7º da Lei Complementar nº 700, de 15 de dezembro de 1992, do Quadro da Secretaria da Fazenda e das Autarquias, ficam com as denominações alteradas, respectivamente, para Assistente de Administração e Controle do Erário I a IV e Assistente de Administração e Controle do Erário Chefe.

Parágrafo único. Os títulos dos servidores abrangidos por este artigo serão apostilados pela autoridade competente.

Art. 4º. A classe de Técnico de Apoio à Arrecadação Tributária, enquadrada na Escala de Vencimentos – Nível Intermediário, de que trata o inciso I do art. 7º da Lei Complementar nº 700, de 15 de dezembro de 1992, do Quadro da Secretaria da Fazenda, fica com a denominação alterada para Técnico da Fazenda Estadual – TEFE.

§ 1º. Aos integrantes da classe a que se refere este artigo cabe a prestação de apoio técnico e administrativo às atividades relacionadas à administração fazendária, no âmbito da Secretaria da Fazenda.

§ 2º. Os títulos dos servidores abrangidos por este artigo serão apostilados pela autoridade competente.

Art. 5º. Os Anexos XIV, XV e XVIII da Lei Complementar nº 1.080, de 17 de dezembro de 2008, ficam substituídos, respectivamente, pelos Anexos I, II e III, que fazem parte integrante desta Lei complementar.

Art. 6º. O disposto no art. 168 da Lei nº 10.261, de 28 de outubro de 1968, com a redação dada pelo inciso II do art. 1º desta Lei complementar, aplica-se, no que couber, aos servidores titulares de cargos efetivos da Administração direta e indireta, inclusive autarquias de regime especial, da Defensoria Pública e seus membros, da Assembleia Legislativa, do Tribunal de Contas e seus membros, do Poder Judiciário e seus membros e do Ministério Público e seus membros.

Art. 7º. Os recursos arrecadados nos termos do art. 1º da Lei Complementar nº 954, de 31 de dezembro de 2003, dos servidores que recebem complementação de aposentadoria e pensão, serão classificados como receitas no orçamento do Estado, destinados ao custeio dos respectivos benefícios.

Art. 8º. As despesas decorrentes da aplicação desta Lei complementar correrão à conta das dotações próprias consignadas no orçamento vigente.

Art. 9º. Esta Lei Complementar entra em vigor na data de sua publicação, retroagindo seus efeitos, em relação ao inciso VIII do art. 1º, ao art. 2º e ao art. 5º, a 1º de outubro de 2008 e, em relação ao art. 7º, a 1º de outubro de 2007, ficando revogados:

I – os arts. 186, 188 e 189 da Lei nº 10.261, e 28 de outubro de 1968;

II – a Lei Complementar nº 157, de 13 de julho de 1977.

Palácio dos Bandeirantes, em 1º de julho de 2010.

Alberto Goldman

DOE de 2.7.2010 – Retificação DOE de 22.7.2010

LEI COMPLEMENTAR Nº 1.132, DE 10 DE FEVEREIRO DE 2011

Altera a Lei Complementar nº 1093, de 16 de julho de 2009, que dispõe sobre a contratação por tempo determinado de que trata o inciso X do art. 115 da Constituição Estadual.

O Governador do Estado de São Paulo:

Faço saber que a Assembleia Legislativa decreta e eu promulgo a seguinte lei complementar:

Art. 1º. O art. 7º da Lei Complementar nº 1.093, de 16 de julho de 2009, passa a vigorar com a redação que se segue:

• *Alteração já efetuada no corpo da Lei.*

Art. 2º. Esta Lei complementar entra em vigor na data de sua publicação, retroagindo seus efeitos a 17 de julho de 2009.

Palácio dos Bandeirantes, 10 de fevereiro de 2011.

Geraldo Alckmin

DOE de 11.2.2011

LEI COMPLEMENTAR Nº 1.135, DE 1º DE ABRIL DE 2011

Dispõe sobre a concessão de abono complementar aos servidores, na forma que especifica.

O Governador do Estado de São Paulo:

Faço saber que a Assembleia Legislativa decreta e eu promulgo a seguinte lei complementar:

Art. 1º. Quando a retribuição global mensal do servidor for inferior aos valores fixados nos incisos I a III deste artigo, será concedido abono complementar para que sua retribuição global mensal corresponda a esses valores, na seguinte conformidade:

I – R$ 630,00 (seiscentos e trinta reais), quando em Jornada Completa de Trabalho;

II – R$ 472,50 (quatrocentos e setenta e dois reais e cinquenta centavos), quando em Jornada Comum de Trabalho;

III – R$ 315,00 (trezentos e quinze reais), quando em Jornada Parcial de Trabalho.

§ 1º. Para os servidores regidos pela Lei Complementar nº 674, de 8 de abril de 1992, alterada pelas Leis Complementares nº 840, de 31 de dezembro de 1997, e nº 848, de 19 de novembro de 1998, sujeitos a Jornada Básica de Trabalho ou a jornada de 20 (vinte) horas semanais, em decorrência de determinação constante da legislação federal, o abono complementar a que se refere o *caput* deste artigo será calculado com base no valor previsto no inciso I.

§ 2º. Para os fins do disposto neste artigo, considera-se retribuição global mensal o somatório de todos os valores percebidos pelo servidor, em caráter permanente, tais como o vencimento, o salário, as gratificações incorporadas ou não, asseguradas pela legislação, excetuados o salário-família, o salário-esposa, o adicional por tempo de serviço, a sexta-parte, o adicional de insalubridade, o adicional de periculosidade, o adicional noturno, a Gratificação por Trabalho Noturno, o auxílio-transporte, o adicional de transporte, as diárias, a diária de alimentação, a ajuda de custo para alimentação, o reembolso de regime de quilometragem, o serviço extraordinário, a Gratificação pelo Desempenho de Atividades no POUPATEMPO, a Gratificação por Trabalho de Campo e a Gratificação por Atividade de Apoio à Agricultura.

§ 3º. Excetua-se da retribuição global mensal, para os fins do disposto neste artigo, o Prêmio de Incentivo previsto na Lei nº 8.975, de 25 de novembro de 1994, o Prêmio de Incentivo à Qualidade – PIQ, previsto na Lei Complementar nº 804, de 21 de dezembro de 1995, o Prêmio de Incentivo à Produtividade – PIP, previsto na Lei nº 9.352, de 30 de abril de 1996 e o Prêmio de Incentivo à Produtividade e Qualidade – PIPQ, previsto na Lei Complementar nº 907, de 21 de dezembro de 2001.

Art. 2º. O disposto nesta Lei complementar aplica-se nas mesmas bases e condições aos servidores das Autarquias e aos inativos e pensionistas.

Art. 3º. As despesas decorrentes desta Lei complementar correrão à conta das dotações próprias consignadas no orçamento vigente, ficando o Poder Executivo autorizado a abrir créditos suplementares, se necessário, mediante a utilização de recursos nos termos do art. 43 da Lei federal nº 4.320, de 17 de março de 1964.

Art. 4º. Esta Lei complementar entra em vigor na data de sua publicação, ficando revogada a Lei Complementar nº 1.106, de 25 de março de 2010.

Palácio dos Bandeirantes, 1º de abril de 2011.

Geraldo Alckmin

DOE de 2.4.2011

LEI Nº 14.653, DE 22 DE DEZEMBRO DE 2011

Institui o regime de previdência complementar no âmbito do Estado de São Paulo, fixa o limite máximo para a concessão de aposentadorias e pensões de que trata o art. 40 da Constituição Federal, autoriza a criação de entidade fechada de previdência complementar, na forma de fundação, e dá outras providências.

O Governador do Estado de São Paulo:

Faço saber que a Assembleia Legislativa decreta e eu promulgo a seguinte lei:

Capítulo I – Do Regime de Previdência Complementar

Art. 1º. Fica instituído, no âmbito do Estado de São Paulo, o regime de previdência complementar a que se refere o art. 40, §§ 14 e 15, da Constituição Federal.

§ 1º. O regime de previdência complementar de que trata o *caput* deste artigo, de caráter facultativo, aplica-se aos que ingressarem no serviço público estadual a partir da data da publicação desta Lei, e abrange:

1 – os titulares de cargos efetivos, assim considerados os servidores cujas atribuições, deveres e responsabilidades específicas estejam definidas em estatutos ou normas estatutárias e que tenham sido aprovados por meio de concurso público de provas ou de provas e títulos ou de provas de seleção equivalentes;

2 – os titulares de cargos vitalícios ou efetivos da Administração direta, suas autarquias e fundações, da Assembleia Legislativa, do Tribunal de Contas e seus Conselheiros, das Universidades, do Poder Judiciário e seus membros, do Ministério Público e seus membros, da Defensoria Pública e seus membros;

3 – os servidores ocupantes, exclusivamente, de cargo em comissão declarado em lei de livre nomeação e exoneração, bem como de outro cargo temporário ou de emprego junto à Administração direta, suas autarquias e fundações, à Assembleia Legislativa, ao Tribunal de Contas, às Universidades, ao Poder Judiciário, ao Ministério Público, à Defensoria Pública e à Polícia Militar.

§ 2º. O regime de previdência complementar poderá também ser oferecido aos Deputados da Assembleia Legislativa do Estado de São Paulo, desde que não integrem outro regime próprio de previdência pública de qualquer ente da federação.

§ 3º. O regime de previdência complementar poderá ser oferecido também para os servidores titulares de cargos efetivos, servidores ocupantes, exclusivamente, de cargo em comissão declarado em lei de livre nomeação e exoneração, bem como de outro cargo temporário ou de emprego dos municípios do Estado de São Paulo, suas autarquias e fundações, desde que, autorizados por lei municipal, tenham firmado convênio de adesão e aderido a plano de benefícios previdenciários complementares administrados pela Fundação de Previdência Complementar do Estado de São Paulo – SP-PREVCOM.

§ 4º. A integração ao regime de previdência complementar depende de adesão, mediante prévia e expressa opção do interessado por plano de benefícios instituído nos termos desta Lei.

§ 5º. As condições para a adesão de que trata o § 4º deste artigo serão estabelecidas em regulamento.

Art. 2º. Para os efeitos desta Lei, entende-se por:

I – patrocinador:

a) o Estado de São Paulo, por meio dos Poderes Executivo, Legislativo e Judiciário, do Tribunal de Contas, das Universidades, do Ministério Público e da Defensoria Pública;

b) os municípios paulistas, suas autarquias e fundações, mediante prévia autorização do Conselho Deliberativo da SP-PREVCOM, por maioria absoluta, e desde que firmem convênio de adesão e venham a aderir ao plano de benefícios previdenciários complementares administrados pela referida entidade.

II – participante: a pessoa física, assim definida na forma do art. 1º desta Lei, que aderir ao plano de benefícios previdenciários complementares administrado pela SP-PREVCOM;

III – assistido: o participante ou o seu beneficiário em gozo de benefício de prestação continuada;

IV – contribuição: os valores vertidos ao plano de benefícios previdenciários complementares pelos participantes e pelo patrocinador, com o objetivo de constituir as reservas que garantam os benefícios contratados e custear despesas administrativas da SP-PREVCOM;

V – estatuto: o conjunto de regras que define a constituição e funcionamento da SP-PREVCOM;

VI – multipatrocinada: a entidade fechada de previdência complementar que congrega mais de um patrocinador ou instituidor;

VII – multiplano: a entidade fechada de previdência complementar que administra plano ou conjunto de planos de benefícios para diversos grupos de participantes, com independência patrimonial e financeira entre planos;

VIII – multiportfólio: opção oferecida aos participantes para alocação das suas reservas garantidoras em diferentes carteiras de investimentos, observadas as regras constantes no regulamento dos planos de benefícios previdenciários complementares;

IX – plano de benefícios previdenciários complementares: o conjunto de obrigações e direitos derivado das regras do regulamento definidoras do custeio e dos benefícios de caráter previdenciário, que possui patrimônio próprio, independência patrimonial, contábil e financeira com relação aos demais planos de benefícios previdenciários complementares administrados pela SP-PREVCOM, inexistindo solidariedade entre os planos;

X – regulamento: o conjunto de normas disciplinadoras do plano de benefícios previdenciários complementares;

XI – renda: o benefício de renda mensal continuada paga ao assistido, conforme regras estabelecidas no regulamento do plano de benefícios previdenciários complementares;

XII – saldo de conta: o valor acumulado em nome do participante, com o resultado das contribuições vertidas pelo participante e pelo patrocinador acrescido dos resultados dos investimentos e deduzidos os custos dos benefícios não programados, as despesas administrativas, na forma fixada pelo regulamento do plano de benefícios previdenciários complementares e demais despesas previstas no plano de custeio;

XIII – atividade-fim: aquela relacionada à gestão das reservas garantidoras, à gestão do passivo atuarial, à gestão e ao pagamento dos benefícios previdenciários complementares e demais atividades próprias de entidades fechadas de previdência complementar, podendo haver a contratação de gestores de recursos, de pessoas jurídicas especializadas na custódia de valores mobiliários, serviços jurídicos, consultorias atuariais, auditorias externas independentes e serviços de tecnologia da informação;

XIV – atividade-meio: aquela de mero suporte à consecução das finalidades da SP-PREVCOM.

Art. 3º. Aplica-se o limite máximo estabelecido para os benefícios do regime geral de previdência social de que trata o art. 201 da Constituição Federal às aposentadorias e pensões a serem concedidas pelo regime próprio de previdência social do Estado de São Paulo de que trata o art. 40 da Constituição Federal aos servidores e demais agentes públicos e membros de Poder de que trata o § 1º do art. 1º desta Lei, independentemente de sua adesão ao regime de previdência complementar por ela instituído.

Capítulo II – Da Entidade Fechada de Previdência Complementar

Art. 4º. Fica o Poder Executivo autorizado a criar entidade fechada de previdência complementar, de natureza pública, denominada Fundação de Previdência Complementar do Estado de São Paulo – SP-PREVCOM, com a finalidade de administrar e executar plano de benefícios de caráter previdenciário complementar, nos termos das Leis Complementares federais nºs 108 e 109, ambas de 29 de maio de 2001, vinculada à Secretaria da Fazenda.

Parágrafo único. A natureza pública da SP-PREVCOM a que se refere o § 15 do art. 40 da Constituição Federal consistirá na:

1 – submissão à legislação federal sobre licitação e contratos administrativos na atividade-meio;

2 – realização de concurso público para a contratação de pessoal, exceto aqueles de provimento por livre nomeação;

3 – criação de empregos e fixação dos quantitativos e dos salários nos termos do art. 47, inciso XII, da Constituição do Estado de São Paulo;

4 – publicação anual, na Imprensa Oficial do Estado de São Paulo – IMESP e em sítio oficial da administração pública, dos seus demonstrativos contábeis, atuariais, financeiros e de benefícios, sem prejuízo do fornecimento de informações aos participantes e assistidos do plano de benefícios previdenciários complementares e ao órgão regulador e fiscalizador das entidades fechadas de previdência complementar, na forma das Leis Complementares federais nos 108 e 109, ambas de 29 de maio de 2001.

Seção I – Da Estrutura Organizacional da SP-PREVCOM

Art. 5º. A SP-PREVCOM organizar-se-á sob a forma de fundação, sem fins lucrativos, dotada de autonomia administrativa, financeira, patrimonial e de gestão de recursos humanos, e terá sede e foro na Capital do Estado de São Paulo, observado o contido no art. 21 desta Lei.

Art. 6º. A estrutura organizacional da SP-PREVCOM será constituída de Conselho Deliberativo, Conselho Fiscal e Diretoria Executiva.

§ 1º. O Conselho Deliberativo, órgão máximo da estrutura organizacional, é responsável pela definição da política geral de administração da SP-PREVCOM e de seus planos de benefícios previdenciários complementares, podendo criar conselho consultivo com a participação de representantes de cada um dos comitês gestores previstos no § 1º do art. 9º desta Lei.

§ 2º. O Conselho Fiscal é o órgão de controle interno da SP-PREVCOM.

§ 3º. A Diretoria Executiva é o órgão responsável pela administração da SP-PREVCOM, em conformidade com a política de administração traçada pelo Conselho Deliberativo.

Art. 7º. A composição do Conselho Deliberativo, integrado por 6 (seis) membros titulares e respectivos suplentes, e do Conselho Fiscal, integrado por 4 (quatro) membros titulares e respectivos suplentes, será paritária entre representantes eleitos pelos participantes e assistidos e representantes indicados pelo patrocinador, cabendo a estes a indicação do conselheiro presidente, que terá, além do seu, o voto de qualidade.

§ 1º. Os membros do Conselho Deliberativo e do Conselho Fiscal representantes do patrocinador serão designados pelo Governador do Estado.

§ 2º. A presidência do Conselho Deliberativo será exercida por um dos membros designados na forma do § 1º deste artigo, mediante indicação do Governador do Estado.

§ 3º. A escolha dos representantes dos participantes e assistidos dar-se-á por meio de eleição direta entre seus pares, conforme regulamento a ser expedido pelo Poder Executivo.

§ 4º. O presidente do Conselho Fiscal será eleito pelos membros do Conselho devidamente constituído, devendo a escolha recair sobre um dos membros indicados pelos participantes e assistidos.

Art. 8º. A Diretoria Executiva será composta, no máximo, por 6 (seis) membros nomeados pelo Conselho Deliberativo, mediante indicação do Governador do Estado.

Parágrafo único. Compete ao Conselho Deliberativo, mediante decisão fundamentada, a exoneração de membros da Diretoria Executiva, observando-se o disposto no estatuto da SP-PREVCOM.

Art. 9º. Por ato da Diretoria Executiva, deverão ser criados:

I – um Comitê Gestor para cada plano de benefícios previdenciários complementares;

II – um Comitê de Investimentos.

§ 1º. O Comitê Gestor é o órgão responsável pela definição da estratégia das aplicações financeiras e acompanhamento do respectivo plano de benefícios previdenciários complementares da SP-PREVCOM, observadas as diretrizes fixadas pelo Conselho Deliberativo e pelo comitê de investimentos, conforme seja determinado no estatuto dessa entidade.

§ 2º. O Comitê de Investimentos é o órgão responsável por assessorar a Diretoria Executiva na gestão econômico-financeira dos recursos administrados pela SP-PREVCOM, conforme seja determinado no estatuto dessa entidade.

Art. 10. Os membros do Comitê Gestor e do Comitê de Investimentos não poderão integrar o Conselho Deliberativo, o Conselho Fiscal e a Diretoria Executiva, tendo diferentes deveres, atribuições e responsabilidades, conforme seja determinado no estatuto da SP-PREVCOM.

Art. 11. A remuneração e as vantagens de qualquer natureza recebidas pelos membros da Diretoria Executiva da SP-PREVCOM serão fixadas pelo seu Conselho Deliberativo.

Art. 12. A remuneração dos membros do Conselho Deliberativo, do Conselho Fiscal e dos membros de Comitê Gestor será fixada por ato do Governador do Estado e limitada a 20% (vinte por cento), 15% (quinze por cento) e 10% (dez por cento), respectivamente, do valor da remuneração do Diretor Presidente da SPPREVCOM.

Parágrafo único. Os membros do Comitê de Investimentos definidos em regimento interno não serão remunerados.

Art. 13. Os requisitos previstos nos incisos I a IV do art. 20 da Lei Complementar federal nº 108, de 29 de maio de 2001, aplicam-se aos membros da Diretoria Executiva, aos membros dos Conselhos Deliberativo e Fiscal e aos integrantes dos comitês gestores de plano, nos seguintes termos:

I – comprovada experiência no exercício de atividade na área financeira, administrativa, contábil, jurídica, de fiscalização, atuarial ou de auditoria;

II – não ter sofrido condenação criminal transitada em julgado;

III – não ter sofrido penalidade administrativa por infração da legislação da seguridade social, inclusive da previdência complementar ou como servidor público;

IV – ter formação de nível superior.

Art. 14. Aos membros da Diretoria Executiva, nos termos do art. 21 da Lei Complementar federal nº 108, de 29 de maio de 2001, é vedado:

I – exercer simultaneamente atividade no patrocinador;

II – integrar concomitantemente o Conselho Deliberativo ou Fiscal da entidade e, mesmo depois do término do seu mandato na Diretoria Executiva, enquanto não tiver suas contas aprovadas;

III – ao longo do exercício do mandato prestar serviços a instituições integrantes do sistema financeiro.

§ 1º. Nos 12 (doze) meses seguintes ao término do exercício da função, o ex-diretor estará impedido de prestar, direta ou indiretamente, independentemente da forma ou natureza do contrato, qualquer tipo de serviço às empresas do sistema financeiro que impliquem a utilização das informações a que teve acesso em decorrência da função exercida, sob pena de responsabilidade civil e penal.

§ 2º. Durante o impedimento, ao ex-diretor, que não tiver sido destituído, ou que pedir afastamento, será assegurada a possibilidade de prestar serviços à entidade, ou em qualquer órgão da administração pública, desde que não tenha acesso a informações privilegiadas, garantindo-se-lhe remuneração equivalente à função de direção que exerceu.

Seção II – Da Gestão dos Recursos Garantidores

Art. 15. A gestão das aplicações dos recursos da SP-PREVCOM poderá ser própria, por entidade autorizada e credenciada ou mista.

§ 1º. Para os efeitos do disposto no *caput* deste artigo, considera-se:

1 – gestão própria: as aplicações realizadas diretamente pela SP-PREVCOM;

2 – gestão por entidade autorizada e credenciada: as aplicações realizadas por intermédio de instituição financeira ou de outra instituição autorizada nos termos da legislação em vigor para o exercício profissional de administração de carteiras;

3 – gestão mista: as aplicações realizadas parte por gestão própria e parte por gestão por entidade autorizada e credenciada.

§ 2º. A definição da composição e dos percentuais máximos de cada modalidade de gestão constará na política de investimentos dos planos de benefícios a ser fixada anualmente pelo Conselho Deliberativo.

Art. 16. O regulamento do plano de benefícios previdenciários complementares poderá estipular as regras que permitam ao participante optar, a seu exclusivo critério e sob sua responsabilidade, por uma das carteiras de investimentos disponibilizadas pela SP-PREVCOM (multiportfólio), seguindo, para tanto, as diretrizes a serem fixadas pelo Conselho Deliberativo.

Seção III – Das Disposições Gerais

Art. 17. O Conselho Deliberativo aprovará a instituição de código de ética e conduta que deverá conter, dentre outras, as seguintes regras:

I – de confidencialidade, relativa a dados e informações a que seus membros tenham acesso no exercício de suas funções;

II – para prevenir conflito de interesses;

III – para proibir operações dos dirigentes com partes relacionadas.

Parágrafo único. O código de ética e conduta deverá ter ampla divulgação entre conselheiros, dirigentes, empregados e, especialmente, entre os participantes e assistidos.

Art. 18. O regime jurídico de pessoal da SPPREVCOM será o previsto na Consolidação das Leis do Trabalho – CLT.

Art. 19. A Diretoria Executiva editará ato próprio com normas gerais sobre as contratações para a atividade-fim, dando publicidade às mesmas.

Art. 20. Cabe à Diretoria Executiva a prestação de informações de forma regular e imediata a conselheiros, patrocinadores, instituidores, participantes e assistidos.

Parágrafo único. As informações, prestadas em linguagem clara e acessível, com a utilização dos meios adequados, abrangem:

1 – as políticas de investimentos;

2 – as premissas e hipóteses atuariais;

3 – a situação econômica e financeira;

4 – os custos incorridos na administração dos planos de benefícios;

5 – a situação de cada participante ou assistido perante seu plano de benefícios.

Art. 21. A SP-PREVCOM observará os princípios norteadores da administração pública, em especial os da eficiência e da economicidade, bem como adotará mecanismos de gestão operacional que maximizem a utilização de recursos.

§ 1º. As despesas administrativas terão sua fonte de custeio definida no regulamento do plano de benefícios previdenciários complementares, observado o disposto no *caput* do art. 7º da Lei Complementar federal nº 108, de 29 de maio de 2001, e o orçamento anual da SP-PREVCOM.

§ 2º. O montante de recursos destinados à cobertura das despesas administrativas será revisado ao final de cada ano para o atendimento do disposto no *caput* deste artigo.

Art. 22. A SP-PREVCOM será mantida integralmente por suas receitas, oriundas das contribuições dos participantes, assistidos e patrocinadores, dos resultados financeiros de suas aplicações e de doações e legados de qualquer natureza.

§ 1º. A contribuição normal do patrocinador para o plano de benefícios previdenciários complementares, em hipótese alguma, excederá a contribuição individual dos participantes.

§ 2º. Cada patrocinador será responsável pelo recolhimento de suas contribuições e pela transferência à SP-PREVCOM das contribuições descontadas dos seus participantes, observado o disposto nesta Lei, no estatuto da SP-PREVCOM e no regulamento do plano de benefícios previdenciários complementares.

§ 3º. Os recursos previdenciários oriundos da compensação financeira de que trata a Lei federal nº 9.796, de 5 de maio de 1999, pertencerão exclusivamente à unidade gestora do Regime Próprio de Previdência Social – São Paulo Previdência – SPPREV.

Art. 23. A SP-PREVCOM desenvolverá programa de educação financeira e previdenciária destinado a dirigentes, empregados, patrocinadores, instituidores, participantes e assistidos, com os seguintes objetivos:

I – melhorar a qualidade da gestão;

II – oferecer aos dirigentes e empregados a possibilidade de desenvolver habilidades e conhecimentos necessários ao desempenho de suas funções;

III – oferecer aos participantes e assistidos ferramentas úteis para o planejamento e o controle de sua vida econômica e financeira;

IV – oferecer aos participantes e assistidos capacitação para o exercício da fiscalização e acompanhamento do seu patrimônio previdenciário.

Capítulo III
Dos Planos de Benefícios a serem Implementados e Administrados pela SP-PREVCOM

Seção I – Das Condições Gerais dos Planos de Benefícios

Art. 24. Os planos de benefícios da SP-PREVCOM serão criados por ato do Conselho Deliberativo da SP-PREVCOM, mediante solicitação dos patrocinadores.

§ 1º. O Estado de São Paulo, por meio dos Poderes Executivo, Legislativo e Judiciário, do Tribunal de Contas, das Universidades, do Ministério Público e da Defensoria Pública deverão solicitar a criação de plano de previdência complementar para seus membros e servidores, no prazo de 90 (noventa) dias da data do início do funcionamento da SP-PREVCOM, onerando os recursos dos seus respectivos orçamentos.

§ 2º. Caso os Poderes ou instituições referidos no § 1º deste artigo não solicitem a criação de plano de previdência complementar para seus membros e servidores no prazo previsto, será oferecido um dos planos de previdência complementar destinado aos servidores do Poder Executivo, assegurada a portabilidade para o plano próprio quando for instituído.

Art. 25. Os planos de benefícios da SP-PREVCOM serão estruturados na modalidade de contribuição definida, nos termos do disposto nas Leis Complementares federais nos 108 e 109, ambas de 29 de maio de 2001, da regulamentação estabelecida pelos órgãos regulador e fiscalizador das entidades fechadas de previdência complementar, e financiados de acordo com os planos de custeio definidos nos termos do art. 18 da Lei Complementar federal nº 109, de 29 de maio de 2001, observadas as demais disposições da Lei Complementar federal nº 108, de 29 de maio de 2001.

§ 1º. Observado o disposto no § 3º do art. 18 da Lei Complementar federal nº 109, de 29 de maio de 2001, o valor dos benefícios programados será calculado de acordo com o montante do saldo de conta acumulado, devendo o valor do benefício ser permanentemente ajustado ao referido saldo, na forma prevista no regulamento do respectivo plano de benefícios previdenciários complementares.

§ 2º. Os benefícios não programados serão definidos no regulamento do respectivo plano de benefícios previdenciários complementares, devendo ser assegurados, no mínimo, os benefícios decorrentes dos eventos de invalidez e de morte, que poderão ser contratados externamente ou assegurados pelo próprio plano de benefícios previdenciários complementares.

Art. 26. Os requisitos para aquisição, manutenção e perda da qualidade de participante e de assistido, assim como os requisitos de elegibilidade, forma de concessão, cálculo e pagamento dos benefícios deverão constar dos regulamentos dos planos de benefícios previdenciários complementares, observadas as disposições das Leis Complementares federais nos 108 e 109, ambas de 29 de maio de 2001, e a regulamentação dos órgãos regulador e fiscalizador das entidades fechadas de previdência complementar.

Art. 27. Os planos de benefícios não poderão receber aportes patronais a título de serviço passado.

Seção II – Da Manutenção e da Filiação

Art. 28. Poderá permanecer filiado ao respectivo plano de benefícios previdenciários complementares, o participante:

I – afastado a outro órgão ou entidade da administração pública direta ou indireta da União, Estados, Distrito Federal e Municípios, inclusive suas empresas públicas e sociedades de economia mista;

II – afastado ou licenciado do cargo efetivo temporariamente, com ou sem recebimento de remuneração;

III – que optar pelo benefício proporcional diferido ou pelo autopatrocínio, na forma estabelecida pelos órgãos regulador e fiscalizador das entidades fechadas de previdência complementar e no regulamento do plano de benefícios previdenciários complementares.

§ 1º. O regulamento do plano de benefícios previdenciários complementares disciplinará as regras para a manutenção do custeio do plano de benefícios previdenciários complementares, observada a legislação aplicável.

§ 2º. O patrocinador arcará com a sua contribuição somente quando o afastamento ou a licença do cargo efetivo se der sem prejuízo do recebimento de sua remuneração.

Seção III – Da Base de Cálculo

Art. 29. As contribuições do patrocinador e do participante incidirão sobre a parcela da remuneração que exceder o limite máximo a que se refere o art. 3º desta Lei, observado, quanto ao patrocinador, o disposto no inciso XI do art. 37 da Constituição Federal.

§ 1º. Os abrangidos pelo disposto no art. 1º desta Lei, cuja remuneração seja inferior ao valor do teto dos benefícios pagos pelo regime geral de previdência social, poderão optar por contribuir para a SP-PREVCOM, sem a contribuição do patrocinador, sendo que a base de cálculo será fixada no plano de custeio.

§ 2º. Para os efeitos desta Lei e para os planos em que seja patrocinador o Estado de São Paulo, por meio dos Poderes Executivo, Legislativo e Judiciário, do Tribunal de Contas, das Universidades, do Ministério Público e da Defensoria Pública, considera-se remuneração:

1 – o valor do subsídio do participante;

2 – o valor do vencimento ou do salário do participante, acrescido das vantagens pecuniárias permanentes estabelecidas em lei, incorporadas ou incorporáveis, e, mediante opção expressa do servidor, das parcelas remuneratórias não incorporáveis, excluídas:

a) as diárias para viagens;

b) o auxílio-transporte;

c) o salário-família;

d) o salário-esposa;

e) o auxílio-alimentação;

f) o abono de permanência de que tratam o § 19 do art. 40 da Constituição Federal, o § 5º do art. 2º e o § 1º do art. 3º da Emenda Constitucional nº 41, de 19 de dezembro de 2003.

§ 3º. Na hipótese de contribuição do participante sobre parcelas remuneratórias não incorporáveis, não haverá contrapartida do patrocinador.

Art. 30. Para os planos em que seja patrocinador o Estado de São Paulo, por meio dos Poderes Executivo, Legislativo e Judiciário, do Tribunal de Contas, das Universidades, do Ministério Público e da Defensoria Pública, o valor da contribuição do patrocinador será igual à do participante, observado o disposto no regulamento do plano de benefícios previdenciários complementares, não podendo exceder o percentual de 7,5% (sete e meio por cento) sobre a sua remuneração, como definida no § 2º do art. 29 desta Lei.

Parágrafo único. Além da contribuição normal de que trata o *caput* deste artigo, o regulamento poderá admitir o aporte de contribuições extraordinárias, tal como previsto no art. 19, parágrafo único, inciso II, da Lei Complementar federal nº 109, de 29 de maio de 2001, sem aporte correspondente do patrocinador.

Seção IV – Das Disposições Especiais

Art. 31. O plano de custeio previsto no art. 18 da Lei Complementar federal nº 109, de 29 de maio de 2001, discriminará o percentual mínimo da contribuição do participante e do patrocinador, conforme o caso, para cada um dos benefícios previstos no plano de benefícios previdenciários complementares, observado o disposto no art. 6º da Lei Complementar federal nº 108, de 29 de maio de 2001.

Art. 32. A SP-PREVCOM manterá o controle das reservas constituídas em nome do participante, registrando contabilmente as contribuições deste e as do patrocinador.

Art. 33. Durante a fase de percepção de renda programada e atendidos os requisitos estabelecidos no plano de benefícios previdenciários complementares, o assistido poderá portar as reservas constituídas em seu nome para entidade de previdência complementar ou companhia seguradora autorizada a operar planos de previdência complementar, com o objetivo específico de contratar plano de renda vitalícia, observado o disposto no § 2º do art. 33 da Lei Complementar federal nº 109, de 29 de maio de 2001.

Capítulo IV – Do Controle e Fiscalização

Art. 34. A supervisão e fiscalização da SP-PREVCOM e de seus planos de benefícios previdenciários complementares compete ao órgão fiscalizador das entidades fechadas de previdência complementar, sem prejuízo das competências constitucionais do Tribunal de Contas do Estado de São Paulo.

§ 1º. A competência exercida pelo órgão referido no *caput* deste artigo não exime o patrocinador da responsabilidade pela supervisão e fiscalização sistemática das atividades da SP-PREVCOM.

§ 2º. Os resultados da supervisão e fiscalização exercidas pelo patrocinador serão encaminhados ao órgão mencionado no *caput* deste artigo.

Art. 35. Aplica-se, no âmbito da SP-PREVCOM, o regime disciplinar previsto no Capítulo VII da Lei Complementar federal nº 109, de 29 de maio de 2001.

Capítulo V – Das Disposições Gerais

Art. 36. Para atender às despesas decorrentes da execução desta Lei, fica o Poder Executivo autorizado a:

I – abrir, em caráter excepcional, créditos especiais até o limite de R$ 20.000.000,00 (vinte milhões de reais) destinados à cobertura das despesas referentes ao custeio do primeiro ano de implantação da SP-PREVCOM;

II – aportar recursos adicionais para atender as despesas administrativas da SP-PREVCOM, enquanto a taxa de administração fixada nos regulamentos ou respectivos planos de custeio dos benefícios previdenciários for insuficiente ao seu suprimento.

Parágrafo único. Os valores dos créditos adicionais a que se refere este artigo serão cobertos na forma prevista do § 1º do art. 43 da Lei federal nº 4.320, de 17 de março de 1964.

Art. 37. Observado o disposto no art. 33, I, da Lei Complementar federal nº 109, de 29 de março de 2001, o Poder Executivo adotará providências para a constituição e funcionamento da SP-PREVCOM no prazo de até 240 (duzentos e quarenta) dias contados da data da publicação desta Lei.

Parágrafo único. No mesmo prazo previsto no *caput* deste artigo, contado a partir da data em que for publicada a autorização para seu funcionamento, a SP-PREVCOM adotará providências para instituir e operar planos de benefícios previdenciários complementares, que deverão ser oferecidos aos interessados, tão logo concedida a autorização prevista no art. 6º da Lei Complementar federal nº 109, de 29 de março de 2001, mediante ampla divulgação.

Art. 38. Esta Lei e suas Disposições Transitórias entram em vigor na data de sua publicação.

Capítulo VI – Disposições Transitórias

Art. 1º. O Governador do Estado designará os membros que deverão compor provisoriamente o Conselho Deliberativo e o Conselho Fiscal da SP-PREVCOM.

Parágrafo único. O mandato dos conselheiros de que trata o *caput* deste artigo será de até 24 (vinte e quatro) meses, durante os quais será realizada eleição direta para que os participantes e assistidos escolham os seus representantes e o patrocinador indique os seus representantes.

Art. 2º. A SP-PREVCOM poderá, em sua fase de implantação, admitir empregados em caráter temporário, mediante processo seletivo.

Art. 3º. Para o funcionamento inicial da SPPREVCOM poderão ser afastados servidores e empregados do Estado de São Paulo e das pessoas jurídicas integrantes da sua administração direta ou indireta, mediante reembolso.

Parágrafo único. Fica vedada a cessão de empregados da SP-PREVCOM para outros órgãos do Estado de São Paulo.

Art. 4º. Observado o disposto nos arts. 1º, 3º e 27 da parte permanente desta Lei, o regime de previdência complementar poderá ser aplicado aos atuais servidores públicos estaduais admitidos com fundamento na CLT, aos atuais deputados da Assembleia Legislativa do Estado de São Paulo, desde que não integrem outro regime próprio de previdência pública de qualquer ente da federação, bem como aos atuais servidores ocupantes exclusivamente de cargos em comissão, declarados em lei de livre nomeação e exoneração.

Palácio dos Bandeirantes, 22 de dezembro de 2011.

Geraldo Alckmin *DOE de 23.12.2011*

DECRETO Nº 51.165, DE 23 DE DEZEMBRO DE 1968

Regulamenta o item II do art. 135, da Lei nº 10.261, de 28 de outubro de 1968.

O Governador do Estado de São Paulo, usando de suas atribuições legais,

Decreta:

Art. 1º. Pela elaboração ou execução de trabalho técnico ou científico ou de utilidade para o serviço público, poderá ser concedida ao funcionário a gratificação de que trata o item II do art. 135, da Lei nº 10.261, de 28 de outubro de 1968 (Estatuto dos Funcionários Públicos Civis do Estado), nas bases e condições estabelecidas por este Decreto.

Art. 2º. A elaboração ou execução de trabalho técnico ou científico ou de utilidade para o serviço público só poderá ser gratificada quando não constituir tarefa ou encargo que caiba ao servidor executar ordinariamente, no desempenho de suas funções.

Art. 3º. As bases para a concessão da gratificação de que trata o art. 1º serão estabelecidas para cada caso, obedecidos os seguintes limites:

I – 3 (três) a 12 (doze) vencimentos ou salários, quando se tratar:

a) de trabalho de que venha resultar benefício para a humanidade;

b) de trabalho de que venha resultar melhoria das condições econômicas da Nação ou do Estado, ou do bem-estar da coletividade;

c) de trabalho de que venha resultar melhoria sensível para a administração, em benefício do público ou dos próprios serviços;

d) de serviços especiais que não se enquadram entre os realizados por comissões ou grupos de trabalho e remunerados sob qualquer forma, elaborados por determinação ou solicitação do Governador ou de Secretário de Estado, cumulativamente, com as funções do cargo e que venham a se constituir em fundamento de projeto de lei ou de decreto de real importância, aprovado pelo Chefe do Executivo.

II – Bases mensais correspondentes às da Gratificação de Representação de Gabinete atribuída a Assessor Técnico ou Assistente Técnico, de acordo com o nível de encargo e com o tempo médio calculado para a sua execução, quando se tratar de trabalho técnico a ser realizado a curto prazo e que exija para o cumprimento de determinadas tarefas, da colaboração momentânea de número de servidores superior ao daqueles por ele responsáveis.

Parágrafo único. No caso de trabalho realizado por equipe os limites estabelecidos neste artigo serão considerados em relação a cada funcionário, de acordo com a sua participação.

Art. 4º. A gratificação de que trata este Decreto não poderá ser atribuída mais de uma vez pelo mesmo trabalho ainda que realizado por funcionário ou equipe diversa.

Art. 5º. Caberá ao Governador arbitrar o *quantum* da gratificação de que trata este Decreto, à vista de proposta da autoridade sob a qual foi o trabalho realizado e do parecer do Conselho Estadual de Política Salarial, ao qual caberá, obedecido o disposto no art. 3º, sugerir as bases da mesma.

Art. 6º. As despesas com a execução do presente decreto correrão à conta das verbas próprias do orçamento, devendo ser proposta a abertura de crédito suplementar para o pagamento das gratificações devidas, sempre que necessário.

Art. 7º. Somente será devida a gratificação prevista neste Decreto para trabalhos que se enquadrem nas condições por ele estabelecidas realizados a partir de 1º de fevereiro de 1967.

Art. 8º. Este Decreto entrará em vigor na data de sua publicação.

Art. 9º. Revogam-se as disposições em contrário.

Palácio dos Bandeirantes, 23 de dezembro de 1968.

Roberto Costa de Abreu Sodré *DOE de 25.12.1968*

DECRETO Nº 52.322, DE 18 DE NOVEMBRO DE 1969

Regulamenta os arts. 68 e 69 da Lei nº 10.261, de 28.10.1968, que dispõem sobre afastamento de funcionários para participação em congressos e outros certames culturais, técnicos ou científicos, missão ou estudo de interesse do serviço público.

O Governador do Estado de São Paulo, no uso de suas atribuições legais,

Decreta:

Art. 1º. O afastamento de funcionário com base no art. 69 da Lei nº 10.261, de 28 de outubro de 1968, para participar em congressos e outros certames culturais, técnicos ou científicos, só será autorizado de conformidade com o estatuído neste Regulamento.

Art. 2º. O pedido para autorização do afastamento previsto no artigo anterior poderá ser formulado pelas autoridades promotoras do congresso ou do certame, pelos dirigentes dos órgãos administrativos ou pelos funcionários, quando houver relevante interesse para o serviço público.

Art. 3º. Para concessão do afastamento deverão ser observadas as seguintes condições:

I – que os objetivos do congresso ou do certame sejam de relevante interesse para a Administração;

II – que as atribuições do cargo exercido pelo funcionário sejam diretamente relacionadas com o objetivo do conclave;

III – que o afastamento, de um ou mais funcionários, não prejudique o bom andamento dos serviços;

IV – que sobre o afastamento deverá se manifestar no prazo de 5 (cinco) dias o superior imediato, o qual providenciará o encaminhamento ao Senhor Governador;

V – que o funcionário não se afaste por mais de 60 dias num ano.

Art. 4º. Será considerado de efetivo exercício, para todos os efeitos legais, o período fixado para a realização do conclave, incluindo-se os dias necessários ao trânsito do funcionário, quando o mesmo se realizar em localidade diversa de sua sede do exercício ou no exterior.

Art. 5º. O funcionário beneficiado, fica obrigado, dentro de 30 (trinta) dias a partir do término do afastamento, a comprovar sua participação no congresso ou certame, mediante apresentação de atestado ou certificado de frequência fornecido pela entidade patrocinadora, bem como de relatório dos trabalhos ou atividades desenvolvidos durante a realização do conclave.

Parágrafo único. A inobservância do disposto neste artigo acarretará desconto nos vencimentos correspondentes aos dias de afastamento, que serão considerados como faltas injustificadas.

Art. 6º. As disposições deste Decreto aplicam-se, no que couber, aos afastamentos com base no art. 68 da Lei nº 10.261/1968.

Art. 7º. Salvo caso de absoluta conveniência, a juízo do Governador, nenhum funcionário poderá permanecer por mais de 2 (dois) anos em missão ou estudo fora do Estado ou de sua sede de exercício.

Parágrafo único. Só poderá ser autorizado novo afastamento, após decorridos 2 (dois) anos contados do término do afastamento anterior.

Art. 8º. Aplicam-se aos extranumerários as disposições deste Decreto.

Art. 9º. Este Decreto entrará em vigor na data de sua publicação.

Palácio dos Bandeirantes, 18 de novembro de 1969.

Roberto Costa de Abreu Sodré *DOE de 19.11.1969*

DECRETO Nº 52.968, DE 7 DE JULHO DE 1972

Dispõe sobre a readaptação de funcionário público estadual, e dá outras providências.

Laudo Natel, Governador do Estado de São Paulo, no uso de suas atribuições legais,

Decreta:

Art. 1º. A readaptação verificar-se-á sempre que ocorra modificação do estado físico ou mental do funcionário que venha a alterar sua capacidade para o trabalho.

Art. 2º. Nos casos em que a modificação a que se refere o artigo anterior resultar em contra-indicação para o desempenho de todas as tarefas do cargo, a readaptação será feita mediante transferência para cargo de classe diferente mas de igual padrão de vencimentos ou de igual remuneração.

Art. 3º. Nos casos em que a contra-indicação se verificar apenas para algumas tarefas do cargo ou com relação a certas condições ou ambientes de trabalho, a readaptação será feita pela designação de novas tarefas ou pela mudança para setor de trabalho onde as deficiências verificadas não tenham influência.

Art. 4º. Nos casos em que o Departamento Médico do Serviço Civil do Estado (D.M.S.C.E.), julgar necessário, o funcionário deverá ser submetido a um programa de reabilitação que o conduza ao trabalho primitivo ou a um outro adequado à sua condição.

§ 1º. Enquanto perdurarem as condições deste artigo deverão ser concedidas ao funcionário facilidade de horário e distribuição de trabalho que lhe permitam conciliar a permanência em exercício com o tratamento prescrito, ficando sujeito à comprovação de que está sendo submetido a esse tratamento.

§ 2º. Terminado o tratamento a que se refere este artigo deverá o funcionário submeter-se a nova inspeção no D.M.S.C.E. e, de acordo com conclusão do laudo médico, retornar às tarefas do cargo ou ser definitivamente readaptado.

Art. 5º. A readaptação poderá ser sugerida:

I – por qualquer autoridade, relativamente aos seus subordinados, justificando a medida;

II – pelo D.M.S.C.E. quando, através de inspeção de saúde para fins de licença ou aposentadoria, constatar a ocorrência das condições previstas no art. 1º deste Decreto.

Art. 6º. Realizados os exames requeridos para a necessária caracterização das condições físicas e mentais do readaptando, prevalecendo as condições referidas no art. 1º, o D.M.S.C.E. enviará a Comissão Especial de Readaptação, (CER) criada no art. 16 deste Decreto, laudo médico especificando as condições de trabalho ou atividades contraindicadas para o funcionário.

Art. 7º. A CER procederá a todos os estudos necessários a fim de apresentar a melhor solução para cada caso da espécie.

Art. 8º. Enquanto se processarem os estudos determinados no artigo anterior, o readaptando ficará à disposição dos Grupos de Trabalho de Readaptação (G.T.R.), cuja criação proposta no art. 21 deste Decreto.

Parágrafo único. Caberá ao G.T.R. designar o local de trabalho e as atribuições provisórias do servidor.

Art. 9º. Nos casos em que a readaptação possa ser feita na forma definida no art. 3º deste Decreto a CER entrará em entendimento com o G.T.R. da Secretaria interessada, para orientar as novas tarefas e locais de trabalho.

Art. 10. Nos casos em que se recomendar a readaptação por transferência para outro cargo, serão realizadas, pela Divisão de Seleção e Aperfeiçoamento do DAPE as provas de habilitação julgadas necessárias.

Art. 11. Sempre que for possível a readaptação em mais de um cargo, terá o funcionário direito de opção devendo manifestar-se no prazo de 30 (trinta dias) a contar da data em que for consultado.

Art. 12. A readaptação por transferência será precedida de um período experimental de trabalho do readaptando em cargo que for indicado, no órgão de lotação ou em outro da Administração, pelo prazo mínimo de 180 (cento e oitenta) dias prorrogável a critério da CER.

§ 1º. Para efeito deste artigo, quando necessário, será o funcionário colocado a disposição do órgão recomendado pela CER.

§ 2º. Compete aos Secretários de Estado autorizar a medida prevista no parágrafo anterior.

Art. 13. Terminado o prazo previsto no artigo anterior, a CER manifestar-se-á sobre a conveniência ou não de se proceder a readaptação em caráter definitivo.

Art. 14. A transferência poderá ser feita para cargo da mesma Secretaria ou de Secretaria diversa onde houver cargo vago. Neste último caso, deverá ser previamente consultado o titular da Secretaria a que pertence o cargo.

Art. 15. Feita a indicação do cargo, a CER submeterá a proposta de transferência a aprovação do Governador do Estado, sendo, em seguida, o expediente encaminhado à Secretaria ou órgão a que pertence o cargo para a lavratura do necessário decreto.

Art. 16. Fica criada, diretamente subordinada à Coordenadoria de Administração de Pessoal (CAP), a Comissão Especial de Readaptação (CER), encarregada do processamento da readaptação dos servidores civis do Estado.

Art. 17. A CER será presidida pelo Coordenador de Administração de Pessoal tendo como membros:

I – um representante no Departamento Médico do Serviço Civil do Estado (D.M.S.C.E.);

II – um representante da Seção de Planejamento de Provas (S.P.P.) da Divisão de Seleção e Aperfeiçoamento (D.S.A.), no Departamento de Administração de Pessoal, do Estado (DAPE);

III – um representante dos Cursos de Aperfeiçoamento da Divisão de Seleção e Aperfeiçoamento do DAPE;

IV – um representante do Conselho Estadual de Política Salarial (CEPS);

V – um Procurador do Estado, indicado pela Procuradoria Geral do Estado.

§ 1º. Será paga ao Presidente e aos membros da Comissão Especial de Readaptação, por sessão a que comparecem, até o limite de 9 (nove) reuniões mensais, gratificação a ser arbitrada nos termos do Decreto-Lei nº 152, de 18 de setembro de 1969.

• *§ 1º acrescido pelo Decreto nº 3.620, de 3.5.1974.*

§ 2º. A Comissão Especial de Readaptação será composta, ainda, de um Secretário, cujas funções serão Discriminadas no Regimento Interno.

• *§ 2º acrescido pelo Decreto nº 3.620, de 3.5.1974.*

§ 3º. O Secretário, previsto no parágrafo anterior, fará jus a uma gratificação equivalente a 50% (cinquenta por cento) do valor da atribuída aos integrantes da Comissão Especial de Readaptação, por sessão a que comparecer, até o limite de 9 (nove) reuniões mensais.

• *§ 3º acrescido pelo Decreto nº 3.620, de 3.5.1974.*

Art. 18. Além dos membros a que se refere o artigo anterior, participarão da CER representantes dos órgãos da Administração direta e indireta a que pertençam os readaptandos.

Parágrafo único. Para fins do disposto neste artigo, os Secretários de Estado e dirigentes de órgãos autônomos indicarão ao Presidente da CER os nomes dos respectivos representantes e seus suplentes.

Art. 19. Os representantes das Secretarias serão convocados pelo Presidente da CER sempre que houver necessidade de sua colaboração.

Art. 20. O Presidente da CER baixará regulamento disciplinando as atividades da Comissão, bem como dispondo de seus serviços de apoio.

Art. 21. Ficam criados em cada Secretaria de Estado ou órgão autônomo um ou mais Grupos de Trabalho de Readaptação (G.T.R.) diretamente subordinados ao respectivo Secretário de Estado aos quais cumprirá a execução das tarefas relativas à readaptação, no âmbito da Pasta.

Parágrafo único. Caberá aos representantes das Secretarias junto à CER a coordenação dos G.T.R, a que se refere este artigo.

Art. 22. Os casos omissos deste Decreto serão resolvidos pela CER.

Art. 23. Este Decreto entrará em vigor na data de sua publicação.

Palácio dos Bandeirantes, 7 de julho de 1972.

Laudo Natel

DOE de 8.7.1972

DECRETO Nº 3.620, DE 3 DE MAIO DE 1974

Dispõe sobre alteração do Decreto nº 52.968, de 7 de julho de 1972.

Laudo Natel, Governador do Estado de São Paulo, no uso de suas atribuições legais,

Decreta:

Art. 1º. Ficam acrescidos ao art. 17 do Decreto nº 52.968, de 7 de julho de 1972, os seguintes parágrafos:

• *Alterações já efetuadas no corpo do Decreto.*

Art. 2º. Este Decreto entrará em vigor na data de sua publicação.

Palácio dos Bandeirantes, 3 de maio de 1974.

Laudo Natel *DOE de 4.5.1974*

DECRETO Nº 3.806, DE 12 DE JUNHO DE 1974

Regulamenta o Capítulo VI – Do Acesso do Título II, da Lei nº 10.261, de 28 de outubro de 1968.

O Governador do Estado de São Paulo, no uso de suas atribuições legais,

Decreta:

Art. 1º. O processamento do acesso, com fundamento no Capítulo VI, do Título II, da Lei nº 10.261, de 28 de outubro de 1968, será feito de acordo com as normas estabelecidas por este Decreto.

Art. 2º. Acesso é a elevação do funcionário, dentro do respectivo quadro, a cargo da mesma carreira, obedecidos o interstício na classe e as exigências instituídas por este Decreto.

Art. 3º. Carreira é o conjunto de classes da mesma natureza de trabalho, escalonadas segundo o maior grau de responsabilidade e de complexidade de atribuições.

Art. 4º. Linha de acesso é a indicação da classe ou classes para cujos cargos poderá concorrer o funcionário em razão do cargo que ocupa.

Art. 5º. As carreiras serão fixadas por decreto, mediante proposta do Conselho Estadual de Política Salarial, o qual indicará:

I – as classes integrantes de cada carreira e suas respectivas referências;

II – as linhas de acesso;

III – os requisitos mínimos de experiências e escolaridade para provimento do cargo, observadas as disposições legais vigentes.

Art. 6º. O acesso será precedido de processo seletivo, observadas as linhas a serem estabelecidas na forma prevista no artigo anterior.

§ 1º. No caso de carreiras técnicas o processo seletivo poderá ser desdobrado de acordo com a especialidade.

§ 2º. Qualquer que seja o processo seletivo adotado, será obrigatoriamente considerado, juntamente com os outros fatores, o exercício, desde que por prazo superior a 6 (seis) meses consecutivos, nas situações seguintes:

1. de responsável pelo expediente da unidade correspondente a cargo objeto de acesso ou da mesma denominação, computado também o período de substituição anterior à vacância;

2. de substituto de cargos da mesma denominação ou previstos na linha de acesso;

3. de ocupante de cargos em comissão;

4. de funções de direção, chefia ou encarregatura de unidade criada por lei ou decreto, remunerada por *pro labore* de que trata o art. 28 da Lei nº 10.168, de 10 de julho de 1968;

5. de titular e substituto de função gratificada com denominação correspondente a cargo objeto de acesso ou com encargos de assistência, direção, chefia ou encarregatura.

• *Item 5 acrescido pelo Decreto nº 6.615, de 19.8.1975.*

Art. 7º. São condições para que o funcionário possa concorrer ao acesso:

I – ser ocupante efetivo de cargo previsto na linha de acesso e ter interstício mínimo de 3 anos no cargo de que é titular;

II – satisfazer as exigências de habilitação e escolaridade na forma da legislação em vigor;

III – não ter sofrido nenhuma penalidade nos 3 anos anteriores à data da abertura da inscrição.

§ 1º. Na contagem de tempo de serviço para o efeito de interstício de que trata este artigo serão considerados de efetivo exercício os afastamentos previstos nos arts. 78, 79 e 80 da Lei nº 10.261, de 28 de outubro de 1968.

§ 2º. Consideram-se também como exercício, os períodos em que o funcionário permaneceu afastado para:

1. frequentar curso ou estágio de aperfeiçoamento, desde que relacionado com o cargo ocupado ou aquele a ser provido;

2. exercer cargo em comissão, ou cargo de chefia ou direção como substituto ou como responsável pelo expediente, ou ainda funções gratificadas ou funções retribuídas com *pro labore* nos termos do art. 28 da Lei nº 10.168, de 10 de julho de 1968;

3. exercer funções de assistência ou assessoramento junto a Diretorias, Gabinetes de Coordenadores, Gabinetes de Superintendentes de Autarquias, de Secretários de Estado, do Governador e do Vice-Governador do Estado, ou na União, junto a Gabinetes de Ministros ou da Presidência da República.

Art. 8º. O interstício e as demais condições necessárias para concorrer ao acesso serão apurados até a data de abertura das inscrições.

Art. 9º. O funcionário que a pedido tiver sido transferido ou relotado, de um para outro quadro, ou ainda reclassificado nos 2 (dois) anos anteriores à data de abertura da inscrição, não poderá concorrer ao acesso.

Art. 10. Poderão ser criadas, por decreto, diretamente subordinadas aos respectivos Secretários de Estado e dirigentes de Autarquias, Comissões Setoriais de Acesso, com a incumbência de executar o processamento do acesso sob permanente orientação da Divisão de Seleção e Aperfeiçoamento do DAPE.

§ 1º. As comissões a que se refere este artigo serão compostas de acordo com a classe ou classes e extinguir-se-ão após terminado o processamento do acesso para o qual foram criadas.

§ 2º. Compete às Secretarias de Estado ou Autarquias fornecer recursos humanos e materiais necessários das comissões de que trata este artigo.

Art. 11. Caberá ao DAPE, pela sua DAS, com a colaboração do CEPS, propor normas para o processamento do acesso a serem expedidas mediante decreto, bem como a criação de Comissões Setoriais de Acesso, indicando suas atribuições, área de atuação, número de membros, um dos quais, obrigatoriamente, habilitado profissionalmente como técnico de Administração.

Art. 12. Anualmente, até 30 de junho, as Secretarias de Estado e Autarquias indicarão à DSA os cargos vagos pertencentes às classes intermediárias ou finais de várias carreiras, os quais deverão ser providos mediante acesso, bem como o número de funcionários, ocupantes dos cargos previstos nas linhas de acesso dessas mesmas carreiras.

Parágrafo único. Os cargos vagos ora existentes, que devem ser providos por acesso, serão indicados à DAS, no prazo de 30 (trinta) dias, contando a partir da vigência de cada decreto, expedido nos termos do art. 5º.

Art. 13. Caberá à DAS à vista da indicação de que trata o artigo anterior, examinar a conveniência e oportunidade de ser iniciado o processamento de acesso.

Parágrafo único. Obrigatoriamente processar-se-á o acesso para provimento dos cargos que por duas vezes consecutivas tiverem sido indicados como vagos.

Art. 14. Compete às Comissões Setoriais de Acesso, executar o processamento do acesso em todas as suas fases, no âmbito de sua atuação, inclusive:

I – aplicar os processos seletivos determinados pela DAS do DAPE;

II – elaborar e divulgar as Instruções Especiais disciplinadoras da seleção, que deverão conter entre outros, os seguintes elementos:

a) total de cargos da classe que poderão ser providos por acesso;

b) informações gerais sobre o cargo a ser provido por acesso;

c) condições para concorrer à seleção;

d) requisitos para provimento do cargo;

e) forma e critérios de classificação;

f) critérios para desempate;

III – determinar o prazo, horário e local para recebimento das inscrições dos candidatos;

IV – divulgar o resultado da seleção;

V – convocar os habilitados para escolha das vagas;

VI – encaminhar a relação dos funcionários classificados e dos respectivos cargos escolhidos às Secretarias ou Autarquias interessadas, após a homologação.

Parágrafo único. As providências a que se refere este artigo só serão executadas após a aprovação da DSA do DAPE.

Art. 15. A inscrição na seleção para acesso será feita pelo próprio funcionário ou procurador legalmente constituído mediante comprovação dos requisitos exigidos e demais elementos fixados pela DAS do DAPE.

Art. 16. Somente serão convocados nos termos do inciso V do art. 14, os candidatos que obtiverem no mínimo 50% dos pontos atribuíveis.

Art. 17. O provimento por acesso far-se-á por ordem de classificação, cabendo ao funcionário o direito de escolha dentre os cargos que se encontrem vagos ou cuja vacância ocorra no prazo de validade da seleção, que será no máximo de dois anos.

Parágrafo único. O funcionário que, quando convocado, manifestar seu desinteresse pelas vagas existentes, não perderá sua classificação dentro do prazo de validade da seleção.

Art. 18. Compete ao Secretário do Trabalho e Administração a homologação da seleção para acesso, à vista do relatório apresentado pela Comissão Setorial de Acesso, previamente aprovado pela DSA.

Art. 19. Recebida a relação a que se refere o inciso VI do art. 14, as Secretarias e Autarquias tomarão as medidas necessárias para o provimento dos cargos por acesso.

Art. 20. Para as carreiras que a legislação especial atribua a determinado órgão a competência para a realização de concursos de ingresso, caberá a esse mesmo órgão fixar as normas para o processamento do acesso, observadas, no que couber, as disposições deste Decreto.

Art. 21. Para as classes abrangidas pela Lei Complementar nº 75, de 14 de dezembro de 1972, caberá à Comissão Especial de Progressão propor normas para o processamento do acesso, observadas as disposições deste Decreto.

Art. 22. Nos casos omissos poderá a DSA aplicar, no que couber, a legislação em vigor relativa ao processamento de concursos.

Art. 23. As disposições deste Decreto aplicam-se às Autarquias.

Art. 24. Este Decreto entrará em vigor na data de sua publicação.

Palácio dos Bandeirantes, 12 de junho de 1974.

Laudo Natel *DOE de 13.6.1974*

DECRETO Nº 3.807, DE 12 DE JUNHO DE 1974

Regulamenta o Capítulo Único da Promoção do Título III da Lei nº 10.261, de 28 de outubro de 1968 Estatuto dos Funcionários Públicos Civis do Estado.

O Governador do Estado de São Paulo, no uso de suas atribuições,

Decreta:

Art. 1º. O processamento das promoções, com fundamento no Título III, Capítulo Único, da Lei nº 10.261, de 28 de outubro de 1968 Estatuto dos Funcionários Públicos Civis do Estado e art. 23 do Decreto-Lei Complementar nº 11, de 2 de março de 1970, será feito, obedecidos, alternadamente, os critérios de merecimento e antiguidade, de acordo com as normas estabelecidas por este Decreto.

Art. 2º. As promoções serão feitas em junho e dezembro de cada ano, até o limite, por semestre, de 10% (dez por cento) dos funcionários de cada grau, e corresponderão às condições existentes até o último dia do semestre imediatamente anterior.

§ 1º. No resultado da aplicação do percentual, fixado por este artigo não serão consideradas frações.

§ 2º. Quando o número de concorrente de determinado grau for inferior a 10 (dez), será promovido, anualmente, um funcionário, obedecida a alternatividade prevista no art. 1º e desde que atendidas as condições estabelecidas por este Decreto.

Art. 3º. As promoções do primeiro semestre de cada ano se processarão pelo critério de merecimento e as do segundo semestre pelo de antiguidade.

Art. 4º. O merecimento do funcionário resultará da soma algébrica de pontos positivos e negativos.

§ 1º. Os pontos positivos se referem a condições de eficiência no cargo e ao aperfeiçoamento funcional resultante do aprimoramento dos seus conhecimentos, e serão apurados:

1. a eficiência no cargo, até o limite de 45 (quarenta e cinco) pontos, mediante o preenchimento do Boletim de Merecimento, conforme modelo anexo que faz parte integrante deste Decreto, da seguinte forma:

a) as condições essenciais, pelos chefes imediato e mediato do funcionário, no órgão em que se encontre prestando serviço;

b) as condições complementares, pelo órgão de pessoal.

2. o aperfeiçoamento e atualização do funcionário mediante a avaliação, conforme previsto no inciso V do art. 22, pela Comissão de Promoção, dos títulos e dos comprovantes de conclusão de cursos, relacionados com a função exercida, não considerado e exigido para seu provimento, até o limite de 10 (dez) pontos.

§ 2º. Após promovido o funcionário, os títulos já computados não poderão ser novamente considerados.

§ 3º. Os pontos negativos, apurados apenas em relação aos 3 (três) anos imediatamente anteriores à promoção, resultam da falta de assiduidade e da indisciplina, e serão computados na forma estabelecida pelo item 1, letra "b", do § 1º, deste artigo.

Art. 5º. O mérito do funcionário que se encontrar exercendo cargos de provimento em comissão, ou cargos da Tabela II, da Parte Permanente, na qualidade de substituto ou responsável pelo expediente, será avaliado em face das condições de merecimento próprias dessas funções e aproveitado na classe a que pertencer.

Art. 6º. Da apuração do merecimento será dada ciência ao funcionário.

Art. 7º. Não serão atribuídos pontos de merecimento ao funcionário que estiver afastado mais de 18 (dezoito) meses, contínuos ou não, no triênio anterior ao processamento da promoção.

§ 1º. Não se consideram afastamentos, para os efeitos deste artigo, os casos previstos nos arts. 78, 79 e 80 da Lei nº 10.261, de 28 de outubro de 1968.

§ 2º. Consideram-se também como de exercício, os períodos em que o funcionário permaneceu afastado para:

1. frequentar curso ou estágio de aperfeiçoamento, desde que relacionado com o cargo ocupado;

2. exercer cargo em comissão, ou cargo de chefia ou direção como substituto ou como responsável pelo expediente, ou ainda funções gratificadas ou funções retribuídas com o *pro labore*, nos termos do art. 28 da Lei nº 10.168, de 10 de julho de 1968;

3. exercer funções de assistência ou de assessoramento junto a Diretorias, Gabinetes de Coordenadores, Gabinetes de Superintendente de Autarquias, de Secretários de Estado, do Governador e do Vice-Governador do Estado, ou, na União, junto a Gabinetes de Ministros ou da Presidência da República.

Art. 8º. A antiguidade será determinada pelo tempo de efetivo exercício no cargo e no serviço público, prestado ao Estado, apurado em dias e transformado em pontos na seguinte conformidade:

I – tempo no cargo: 4 (quatro) pontos por ano de efetivo exercício:

II – tempo de serviço público prestado ao Estado: 2 (dois) pontos por ano de efetivo exercício.

Parágrafo único. Serão desprezadas as frações de tempo iguais ou inferiores a 6 (seis) meses e computadas como 1 (um) ano as frações superiores a esse limite.

Art. 9º. Os direitos e vantagens que decorrerem da promoção serão contados a partir da publicação do ato, salvo quando publicado fora do prazo legal, caso em que vigorará a contar do último dia do semestre a que corresponder.

Parágrafo único. Ao funcionário que não estiver em efetivo exercício só se abonarão as vantagens a partir da data da reassunção.

Art. 10. Será declarada sem efeito a promoção indevida, não ficando o funcionário, nesse caso, obrigado a restituições, salvo na hipótese de declaração falsa ou omissão intencional.

Art. 11. Só poderão ser promovidos os funcionários que tiverem o interstício mínimo de 3 (três) anos de efetivo exercício no grau.

Parágrafo único. O interstício de que trata este artigo será contado a partir de 1º de janeiro de 1971.

Art. 12. Dentro de cada Quadro, haverá para cada classe, nos respectivos graus, uma lista de classificação, para os critérios de merecimento e antiguidade.

Parágrafo único. Ocorrendo empate terão preferência, sucessivamente:

1. na classificação por merecimento:

a) os títulos e os comprovantes de conclusão de cursos, relacionados com função exercida, não considerando o exigido para seu provimento;

b) a assiduidade;

c) a antiguidade no cargo;

d) os encargos de família; e

e) a idade.

2. na classificação por antiguidade:

a) o tempo no cargo;

b) o tempo de serviço prestado ao Estado;

c) os encargos de família; e

d) a idade.

Art. 13. O funcionário em exercício de mandato efetivo federal ou estadual ou de mandato de Prefeito, somente poderão ser promovidos por antiguidade.

Art. 14. Não serão promovidos por merecimento, ainda que classificados dentro dos limites estabelecidos neste Decreto, os funcionários que tiverem sofrido qualquer penalidade nos 2 (dois) anos anteriores à data da vigência da promoção.

Art. 15. O funcionário submetido a processo administrativo poderá ser promovido, ficando, porém, sem efeito a promoção por merecimento no caso de o processo resultar em penalidade.

Art. 16. Os funcionários transferidos a pedido ou relotados de um para outro Quadro só poderão concorrer à promoção após decorrido um ano da transferência ou relotação.

Art. 17. Para promoção por merecimento é indispensável que o funcionário obtenha número de pontos não inferior à metade do máximo atribuível.

Art. 18. A contagem de tempo de serviço para fins de promoção será feita com observância do disposto nos arts. 78, 79, 80 e 82, da Lei nº 10.261, de 28 de outubro de 1968.

Art. 19. O tempo no cargo será o de efetivo exercício, contado na seguinte conformidade:

I – a partir da data em que o funcionário assumir o exercício do cargo, nos casos de nomeação, acesso, readmissão, transferência a pedido, reversão e aproveitamento;

II – como se o funcionário estivesse em exercício, no caso de reintegração;

III – a partir da data em que o funcionário assumiu o exercício do cargo do qual foi transferido, no caso da transferência *ex officio*;

IV – a partir da reclassificação ou transformação do cargo.

Art. 20. Será contado como tempo no cargo o efetivo exercício que o funcionário houver prestado no mesmo cargo, sem solução de continuidade, desde que por prazo superior a 6 (seis) meses:

I – como substituto ou responsável pelas respectivas funções;

II – no desempenho de função gratificada, em período anterior à criação do respectivo cargo.

Art. 21. As promoções obedecerão à ordem de classificação.

Art. 22. Haverá em cada Secretaria de Estado uma Comissão de Promoção composta de até 7 (sete) membros, designados pelo Titular da Pasta, que terá as seguintes atribuições:

I – eleger o respectivo presidente;

II – decidir as reclamações contra avaliação do mérito, podendo alterar, fundamentalmente, os pontos atribuídos ao reclamante ou a outros funcionários;

III – avaliar o mérito do funcionário quando houver divergência igual ou superior a 20 (vinte) pontos entre os totais atribuídos pelas autoridades avaliadoras;

IV – propor à autoridade competente penalidade que couber ao responsável pelo atraso na expedição e remessa do Boletim de Merecimento, pela falta de qualquer informação ou de elementos solicitados, pelos fatos de que decorram irregularidade ou parcialidade no processamento das promoções;

V – avaliar os títulos e os certificados de cursos apresentados pelos funcionários, obedecidos os critérios fixados pelo órgão competente;

VI – dar conhecimento aos interessados, mediante afixação na repartição:

a) das alterações de pontos feitos nos Boletins de Merecimento;

b) dos pontos atribuídos pelos títulos e certificados de cursos.

Art. 23. Cada Comissão de Promoção, na matéria de sua competência, tem ação extensiva a todos os setores da Secretaria a que pertencer, podendo solicitar esclarecimentos a qualquer autoridade e realizar todas as verificações necessárias à avaliação do mérito.

Art. 24. Ao Presidente da Comissão de Promoção caberá dirigir os trabalhos e representá-la junto às autoridades e órgãos com que tenha de tratar.

Parágrafo único. O Presidente designará substituto para seus impedimentos eventuais.

Art. 25. As Comissões de Promoção funcionarão com a presença de, pelo menos, metade de seus membros, sendo as decisões tomadas por maioria absoluta de votos da totalidade de seus componentes.

Art. 26. No processamento das promoções serão observados os seguintes prazos:

I – nas promoções pelo critério de merecimento:

1. quanto às autoridades imediatas e mediatas:

a) preenchimento dos Boletins de Merecimento, na parte relativa a Condições Essenciais, e afixação da repartição dos resultados até 20 de janeiro;

b) recebimento de pedidos de reconsideração, até 26 de janeiro;

c) decisão dos pedidos de reconsideração e encaminhamento dos Boletins e dos recursos *ex officio* até 5 de fevereiro.

2. quanto às Comissões de Promoção:

a) preenchimento dos Boletins de Merecimento na parte referente a Condições Essenciais, nos casos previstos no inciso III do art. 22, e afixação dos resultados na repartição, até 15 de fevereiro;

b) decisão dos recursos *ex officio* e comunicação dos resultados, até 15 de fevereiro;

c) avaliação dos títulos e dos certificados de cursos, e afixação dos resultados, até 20 de fevereiro;

d) recebimento dos pedidos de reconsideração, até 25 de fevereiro;

e) decisão dos pedidos de reconsideração e afixação dos resultados até 10 de março;

f) remessa dos Boletins de Merecimento e demais documentos, ao órgão de pessoal da Secretaria, e de recursos *ex officio* ao Gabinete do Secretário, até 25 de março.

3. quanto ao órgão de pessoal das Secretarias:

a) preenchimento do Boletim de Merecimento na parte relativa a Condições Complementares, até 15 de abril;

b) publicação de classificação final até 30 de abril;

c) preparo dos atos coletivos de promoção e seu encaminhamento, até 1º de junho.

II – nas promoções pelo critério de antiguidade, ao órgão de pessoal da Secretaria caberá:

a) proceder às apurações de tempo de serviço, sua transformação em pontos segundo os critérios estabelecidos no art. 8º e publicação das classificações, até 31 de outubro;

b) preparo dos atos coletivos de promoção e seu encaminhamento, até 1º de dezembro.

Parágrafo único. No processamento das promoções pelo critério do merecimento, relativas ao primeiro semestre do exercício de 1974, todos os prazos previstos no inciso I do presente artigo ficam prorrogados por 6 (seis) meses, respeitadas as disposições do art. 9º deste Decreto.

Art. 27. No processamento das promoções cabem as seguintes reclamações:

I – da avaliação do mérito;

II – da classificação final.

§ 1º. Da avaliação do mérito podem ser interpostos pedidos de reconsideração e recurso, e, da classificação final, apenas recurso.

§ 2º. Terão efeito suspensivo as reclamações relativas às avaliações do mérito.

Art. 28. O pedido de reconsideração, dirigido às autoridades que houverem atribuído as notas, será encaminhado pelo interessado ao chefe imediato, dentro de 5 (cinco) dias contados da data em que a avaliação se tornar pública, devendo ser decidido no prazo de 10 (dez) dias.

Parágrafo único. Nos casos previstos nos incisos III e V, do art. 22, o pedido de reconsideração será dirigido à Comissão de Promoção, mas sempre encaminhado por intermédio do Chefe imediato.

Art. 29. O recurso relativo à avaliação do mérito será sempre *ex officio*, tendo o funcionário a faculdade de aduzir suas próprias razões, no prazo de 5 (cinco) dias, e terá cabimento:

I – quando o pedido de reconsideração não for totalmente atendido;

II – quando houver divergência entre as autoridades competentes para decidir o pedido de reconsideração.

Parágrafo único. São competentes para decidir o recurso a que se refere este artigo:

1. os Secretários de Estado, quando os pontos houverem sido atribuídos pelas Comissões de Promoção;

2. as Comissões de Promoção, nos demais casos.

Art. 30. O recurso a que se refere o artigo anterior será decidido no prazo de 15 (quinze) dias, sendo irrecorrível a respectiva decisão.

Art. 31. Da classificação final caberá apenas recurso aos Secretários de Estado, no prazo de 15 (quinze) dias da publicação.

Art. 32. Ao órgão de pessoal das Secretarias de Estado compete apurar todos os requisitos indispensáveis à concretização da promoção, excetuados os de competência expressa, nos termos deste Decreto, cabendo-lhe, ainda, o preparo da lista de classificação, sua publicação no *Diário Oficial* e demais providências complementares necessárias.

Art. 33. As dúvidas na execução do presente decreto serão dirimidas pelo Departamento de Administração de Pessoal do Estado (DAPE), mediante solicitação dos respectivos Secretários de Estado.

Art. 34. As disposições deste Decreto aplicam-se às Autarquias.

Art. 35. Este Decreto entrará em vigor na data de sua publicação.

Palácio dos Bandeirantes, 12 de junho de 1974.

Laudo Natel

DOE de 13.6.1974

DECRETO Nº 4.633, DE 1º DE OUTUBRO DE 1974

Regulamenta a transferência de que tratam os arts. 26 a 29 do Estatuto dos Funcionários Públicos Civis do Estado.

O Governador do Estado de São Paulo, no uso de suas atribuições legais,

Decreta:

Art. 1º. A transferência prevista nos arts. 26 a 29 da Lei nº 10.261, de 28 de outubro de 1968 (Estatuto dos Funcionários Públicos Civis do Estado), será processada de conformidade com o presente regulamento.

Art. 2º. Caberá a transferência de um para outro cargo de provimento efetivo, da mesma Secretaria ou de Secretarias diferentes.

Art. 3º. A transferência será feita a pedido do funcionário ou *ex officio*, atendidos sempre a conveniência do serviço e os requisitos necessários ao provimento do cargo.

Art. 4º. A transferência será feita para o cargo da mesma referência, respeitando o grau do funcionário a ser transferido, ressalvados os casos de transferência a pedido, em que a referência poderá ser inferior.

Art. 5º. São condições essenciais para a transferência:

I – quanto ao cargo a ser provido:

a) que seja de provimento efetivo;

b) que pertença à Parte Permanente do Quadro;

c) que não seja destinado à extinção; e

d) que seja da mesma referência do cargo ocupado pelo funcionário de cuja transferência se trata;

II – quanto ao funcionário:

a) que seja efetivo;

b) que conte 730 (setecentos e trinta) dias de efetivo exercício no cargo, salvo quando se tratar de ocupante de cargo destinado à extinção;

c) que esteja aprovado nas provas de habilitação previstas no art. 6º deste Decreto;

d) que não esteja respondendo a processo administrativo, suspenso ou preso disciplinar ou preventivamente; e

e) que possua habilitação profissional para o exercício do cargo.

Parágrafo único. Na transferência de um cargo para outro da mesma denominação, não serão exigidas as condições das alíneas "c" e "e", do inciso II deste artigo e a prova de sanidade e capacidade física.

Art. 6º. As provas de habilitação para fins de transferência não implicarão em critério competitivo e serão realizadas na Divisão de Seleção e Aperfeiçoamento do Departamento de Administração de Pessoal do Estado (DAPE).

Parágrafo único. Quando a realização de concurso para provimento de cargo indicado para transferência não for de competência do DAPE, mas sim de outro órgão, caberá a este último aplicar as provas de habilitação previstas neste Decreto.

Art. 7º. A transferência de um cargo para outro da mesma Secretaria obedecerá ao seguinte processamento:

I – se for a pedido:

a) por intermédio de seu chefe imediato, o funcionário deverá requerer ao Secretário de Estado indicando o cargo pretendido para sua transferência e a repartição onde deseja ser lotado e instruído o pedido com prova de satisfação dos requisitos constantes do inciso II do art. 5º deste Decreto, exceto o constante da alínea "c";

b) o chefe da repartição, após manifestar-se a respeito da conveniência do serviço em atender-se o pedido, encaminhá-lo-a ao serviço de pessoal da Secretaria, que informará sobre as condições no art. 5º deste Decreto;

c) o secretário de Estado, manifestando sua concordância com a transferência, fará encaminhar o processo ao DAPE, através da Secretaria do Trabalho e Administração, ou ao órgão competente a que alude o parágrafo único do artigo anterior; caso contrário, o pedido será indeferido e o processo arquivado;

d) realizadas as provas de habilitação julgadas necessárias, o processo com parecer conclusivo será devolvido à Secretaria de origem para lavratura do decreto; no caso de inabilitação do candidato, o processo será igualmente devolvido para arquivamento.

II – se for *ex officio*:

a) o chefe da repartição, que considerar de interesse para a Administração a transferência do funcionário, fará a proposta ao Secretário de Estado, devidamente justificada;

b) o órgão de pessoal da Secretaria informará sobre as condições estabelecidas no art. 5º deste Decreto e indicará, se já não o tiver sido, o cargo em que poderá ser feita a transferência;

c) instruído o processo e concordando o Secretário de Estado com a transferência, será o mesmo encaminhado ao DAPE ou ao órgão competente, procedendo-se na forma indicada na alínea "d" do inciso anterior.

Art. 8º. A transferência de um cargo para outro de Secretarias diferentes obedecerá ao seguinte processamento:

I – se for a pedido:

a) por intermédio de seu chefe imediato, o funcionário deverá requerer ao Secretário de Estado, observando o disposto na alínea "a", do inciso I do artigo anterior;

b) o chefe da repartição, ao encaminhar o pedido, deverá manifestar-se a respeito;

c) o Secretário de Estado, manifestando-se favoravelmente ao pedido, encaminhará o processo à Secretaria para a qual a transferência é solicitada, caso contrário, o pedido será indeferido e o processo arquivado;

d) tendo prosseguimento o pedido, o órgão de pessoal da Secretaria para a qual a transferência é solicitada informará sobre as condições previstas no inciso I do art. 5º deste Decreto;

e) o processo será, a seguir, encaminhado ao respectivo Secretário de Estado, que o remeterá, no caso de sua manifestação favorável, ao DAPE ou ao órgão competente a que alude o parágrafo único do art. 6º, procedendo-se na forma indicada na alínea "d" do inciso I do art. 7º deste Decreto; se desfavorável a manifestação, o pedido será indeferido e o processo arquivado.

II – se for *ex officio*:

a) o chefe da repartição, que considerar de interesse para a Administração a transferência do funcionário, fará a proposta devidamente justificada ao Secretário de Estado;

b) o órgão de pessoal da Secretaria informará sobre as condições estabelecidas no inciso I, do art. 5º deste Decreto, submetendo em seguida o assunto à decisão do Secretário de Estado;

c) concordando com a proposta, o Secretário encaminhará o processo à Secretaria onde estiver lotado o funcionário cuja transferência é pretendida, informando o serviço de pessoal respectivo sobre as condições contidas no inciso II do art. 5º deste Decreto;

d) o Secretário de Estado, concordando com a medida fará encaminhar o processo ao DAPE ou ao órgão competente que procederá na forma indicada na letra "d" do inciso I do art. 7º deste Decreto; caso contrário o pedido será indeferido e o processo arquivado.

Art. 9º. A transferência por permuta se processará a requerimento de ambos os interessados e de acordo com o prescrito no presente regulamento.

Parágrafo único. Tratando-se de cargos pertencentes a Secretarias diversas caberá à Secretaria de Estado em que se iniciou o processo, a lavratura dos respectivos decretos.

Art. 10. Não poderá ocorrer transferência para cargos que tenham candidatos aprovados em concurso com prazo de validade ainda não esgotado.

Art. 11. O funcionário transferido somente poderá solicitar nova transferência após decorridos três anos de efetivo exercício no cargo.

Art. 12. Das decisões denegatórias da transferência, caberá pedido de reconsideração, na forma do art. 239, da Lei nº 10.261, de 28 de outubro de 1968.

Art. 13. O presente regulamento não se aplica aos membros da Magistratura, do Ministério Público, do Magistério e a outros servidores, que tenham regime próprio de transferência e que continuarão regidos pelos dispositivos especiais em vigor.

Art. 14. As disposições deste Decreto, igualmente, não se aplicam às transferências decorrentes da readaptação, as quais deverão se processar de conformidade com preceitos regulamentares próprios.

Art. 15. Este Decreto entrará em vigor na data de sua publicação, ficando revogado o Decreto nº 52.937, de 15 de maio de 1972.

Palácio dos Bandeirante, 1º de outubro de 1974.

Laudo Natel

DOE de 2.10.1974

DECRETO Nº 7.110, DE 25 DE NOVEMBRO DE 1975

Regulamenta o salário-esposa, de que trata o art. 162 do Estatuto dos Funcionários Públicos Civis do Estado.

O Governador do Estado de São Paulo, no uso de suas atribuições legais,

Decreta:

Art. 1º. O salário-esposa, de que trata o art. 162 da Lei nº 10.261, de 28 de outubro de 1968 (Estatuto dos Funcionários Públicos Civis do Estado), será concedido ao funcionário ou inativo, a requerimento do interessado, que deverá anexar certidão de casamento e declaração da qual conste:

I – o nome completo da esposa;

II – o vencimento ou a remuneração;

III – o esclarecimento de que a esposa não exerce atividade remunerada.

• *Inciso III com redação dada pelo Decreto nº 20.303, de 29.12.1982.*

Art. 2º. Para efeito de concessão do salário-esposa, considerar-se-á como vencimento a importância resultante da soma do valor correspondente ao padrão do cargo, mais adicionais por quinquênios e sexta-parte.

Parágrafo único. No caso do inativo, será considerado, para o mesmo efeito, a importância resultante da soma do valor correspondente ao padrão do cargo em que foi aposentado, mais adicionais por quinquênio e sexta-parte.

Art. 3º. São competentes para deferir os pedidos de salário-esposa as autoridades que concedem o salário-família.

Art. 4º. O salário-esposa será devido a partir do mês em que houver ocorrido o fato que lhe tiver dado origem, embora ocorrido no último dia do mês.

Art. 5º. Deixará de ser devido o salário-esposa no mês seguinte ao fato que determinou a sua supressão, embora ocorrido no primeiro dia do mês.

Art. 6º. A supressão do salário-esposa será determinada *ex officio* pela autoridade concedente, toda vez que tiver conhecimento do fato ou circunstâncias que se deva decorrer a medida.

Art. 7º. Não incidirão sobre o salário-esposa os descontos verificados no vencimento ou remuneração.

Art. 8º. O salário-esposa não será pago quando o funcionário deixar de perceber, o respectivo vencimento ou remuneração.

• *Art. 8º retificado no DOE de 3.12.1975.*

Parágrafo único. O disposto neste artigo não se aplica aos casos disciplinares e penais, nem aos de licença por motivo de doença em pessoa da família.

Art. 9º. Verificada, a qualquer tempo, a inexatidão dos documentos exigidos pelo art. 1º, será revista a concessão do salário-esposa e determinada a reposição da importância indevidamente paga.

Parágrafo único. Provada a má-fé, será aplicada ao funcionário ou ao inativo a pena disciplinar cabível, sem prejuízo da responsabilidade civil e do procedimento criminal que no caso couber.

Art. 10. O funcionário é obrigado a comunicar à autoridade competente, dentro de 15 (quinze) dias, qualquer alteração que implique a supressão do benefício.

Parágrafo único. A inobservância desta disposição determinará as mesmas providências indicadas no artigo anterior.

Art. 11. As disposições deste Decreto aplicam-se aos servidores regidos pela Lei nº 500, de 13 de novembro de 1974 e aos extranumerários.

Art. 12. Este Decreto entrará em vigor na data de sua publicação.

Palácio dos Bandeirantes, 25 de novembro de 1975.

Paulo Egydio Martins

DOE de 26.11.1975

DECRETO Nº 7.332, DE 22 DE DEZEMBRO DE 1975

Regulamenta os arts. 65 e 66 da Lei nº 10.261, de 28 de outubro de 1968, e dá providências correlatas.

O Governador do Estado de São Paulo, no uso de suas atribuições legais,

Decreta:

Art. 1º. Nenhum servidor poderá ter exercício em serviço ou órgão público diferente daquele em que estiver lotado ou classificado, salvo nos casos previstos em lei ou mediante autorização do Governador.

Art. 2º. Poderá ser autorizado o afastamento, sempre no interesse da Administração, para fim determinado e prazo certo, devendo o respectivo expediente estar instruído com os seguintes elementos:

I – justificativa expressa para cada caso;

II – indicação das funções a serem exercidas;

III – comprovação da necessidade do serviço do funcionário cujo afastamento é solicitado;

IV – comprovação de disponibilidade de pessoal da unidade de origem do servidor.

Art. 3º. O afastamento de que trata o artigo anterior será autorizado:

I – com ou sem prejuízo dos vencimentos ou da remuneração quando junto a órgão da administração centralizada ou autárquica do Estado;

II – sempre com prejuízo dos vencimentos ou da remuneração quando junto a fundações ou empresas da administração descentralizada do Estado, bem como junto a outros Poderes do Estado, órgãos ou entidades da União, de outros Estados e dos Municípios.

Parágrafo único. O afastamento de que trata o inciso II deste artigo poderá ser autorizado sem prejuízo dos vencimentos ou da remuneração, quando houver manifesto interesse do Estado.

• *Parágrafo único acrescido pelo Decreto nº 10.312, de 13.9.1977.*

Art. 4º. Nos afastamentos sem prejuízo de vencimentos ou remuneração, observar-se-á o seguinte:

I – o servidor deverá desempenhar atribuições inerentes ao seu cargo ou função, salvo na hipótese de funções de confiança, de chefia e direção e em substituição;

II – o servidor não poderá permanecer afastado de seu órgão de lotação ou classificação por período superior a 1 (um) ano.

Parágrafo único. Além do atestado de frequência deverá ser encaminhado comprovante de que o funcionário, afastado sem prejuízo dos vencimentos, cumpre a jornada correspondente ao regime de trabalho a que está sujeito.

Art. 5º. Ficam vedados quaisquer afastamentos de servidores com menos de 3 (três) anos de efetivo exercício em cargo ou função de serviço público estadual, para prestar serviços em órgão estranho àquele em que se encontrem lotados ou classificados.

Art. 6º. O número de servidores afastados para prestar serviços junto aos Gabinetes de Secretários de Estado não poderá superar o de cargos em comissão nele existentes.

Parágrafo único. Em casos especiais outros servidores poderão ser afastados junto aos Gabinetes, desde que a medida seja plenamente justificada e com autorização do Governador.

Art. 7º. Os afastamentos dos servidores, na área da Administração Centralizada ou Descentralizada do Estado, terão o seguinte processamento:

I – o dirigente do órgão interessado, observando o disposto nos incisos I a III do art. 2º, submeterá o pedido ao respectivo Secretário de Estado, que o encaminhará ao Secretário de Estado, titular da Pasta a que pertença o órgão de lotação ou classificação do servidor;

II – o Secretário de Estado, titular da Pasta a que pertença o órgão de lotação ou classificação do servidor, encaminhará o pedido ao dirigente desse órgão, para manifestação conclusiva, na qual deverá ser observado, ainda, o disposto no inciso IV do art. 2º;

III – o expediente, devidamente instruído, será remetido ao Secretário de Estado, titular da Pasta a que pertença o órgão interessado, que o submeterá à apreciação do Governador do Estado.

- *A competência para autorizar, cessar ou prorrogar o afastamento de funcionários e servidores foi delegada aos Secretários de Estado (Decreto nº 24.688, de 3.1.1986).*

Art. 8º. O disposto no artigo anterior aplica-se aos pedidos de prorrogação de afastamento, os quais somente serão examinados quando somados os períodos autorizados e o pretendido, não ultrapassem um ano.

Parágrafo único. Dos pedidos de prorrogação deverá ainda, constar a data de início do primeiro período de afastamento.

Art. 9º. Havendo interesse na permanência do servidor, por período superior ao previsto no inciso II do art. 4º, será examinada pelo Grupo Executivo da Reforma Administrativa a possibilidade de relotação do cargo ou de redistribuição da função, hipótese em que, em caso positivo, a mesma processar-se-á nos termos do art. 89 da Lei nº 9.717, de 30 de janeiro de 1967.

§ 1º. Para os fins deste artigo adotar-se-á o seguinte procedimento;

1. o dirigente do órgão interessado submeterá a proposta ao respectivo Secretário de Estado, que a encaminhará ao Secretário de Estado, titular da Pasta a que pertença o órgão de lotação ou classificação do servidor;

2. o Secretário de Estado, titular da Pasta a que pertença o órgão de lotação ou classificação do servidor, encaminhará a proposta ao dirigente desse órgão, por manifestação conclusiva;

3. o expediente, devidamente instruído, será remetido ao Secretário de Estado, titular da Pasta a que pertença o órgão interessado, que, no caso de manifestação favorável, o encaminhará ao Grupo Executivo da Reforma Administrativa.

§ 2º. O expediente de que trata o parágrafo anterior deverá ser encaminhado ao Grupo Executivo da Reforma Administrativa, pelo menos 45 (quarenta e cinco) dias antes do término do período de afastamento do servidor.

§ 3º. Nos casos de relotação de cargos ou de redistribuição de funções, na forma prevista no *caput* deste artigo, os vencimentos ou remuneração do servidor deverão continuar onerando as dotações próprias do orçamento do órgão a que pertencia, enquanto não houver previsão no novo órgão.

Art. 10. No caso de manifestação contrária à relotação ou redistribuição, nos termos do artigo anterior, será considerado automaticamente cessado o afastamento do servidor.

Art. 11. A relotação de cargos ou redistribuição de funções, a que se refere o art. 9º, não se aplica:

I – aos ocupantes de cargos de encarregatura, chefia e direção;

II – aos ocupantes de cargos do Quadro do Magistério;

III – aos ocupantes de cargos privativos de determinados órgãos da administração;

IV – aos servidores que se encontram afastados para ter exercício junto aos Gabinetes do Governador, do Vice-Governador, de Secretários de Estado ou junto às Autarquias.

Art. 12. O disposto no art. 9º somente terá aplicação aos servidores de Autarquias que se encontrem afastados junto a Secretarias de Estado, se se tratar de titulares de cargos criados por lei ou de servidores extranumerários.

Art. 13. As relotações de cargos e redistribuição de funções que não decorrerem de prévio afastamento somente poderão continuar a ser processadas em decorrência de reorganização e de implantação de trabalhos de reforma administrativa, efetuadas de acordo com as normas aprovadas pelo Decreto nº 48.132, de 20 de junho de 1967.

Art. 14. Excluem-se das disposições deste Decreto os afastamentos de servidores para terem exercício junto a órgãos da mesma Secretaria de Estado.

Art. 15. Mantidas as disposições dos Decretos nº 6.349, de 27 de junho de 1975 e 6.419, de 17 de julho de 1975 fica, ainda, delegada ao Secretário de Estado Chefe da Casa Civil, competência para autorizar em caráter excepcional, afastamento de que trata este Decreto, sem as restrições previstas no inciso II do art. 3º e inciso II do art. 4º.

• *Caput com redação dada pelo Decreto nº 7.715, de 22.3.1976.*

Art. 16. Este Decreto e suas Disposições Transitórias entrarão em vigor na data de sua publicação, ficando revogado o Decreto nº 6.214, de 23 de maio de 1975.

DISPOSIÇÕES TRANSITÓRIAS

Art. 1º. Respeitado o disposto nos arts. 11 e 12 deste Decreto, os servidores que se encontram atualmente afastados de seus órgãos de lotação ou classificação, sem prejuízo de vencimentos, há mais de 1 (um) ano, terão, no próximo exercício, seus cargos relotados ou suas funções redistribuídas nos órgãos em que se encontrem em exercício e integrados os cargos nos respectivos Quadros.

§ 1º. Os servidores abrangidos por este artigo ficam com seus afastamentos automaticamente prorrogados até 29 de fevereiro de 1976.

§ 2º. Os expedientes relativos à relotação de cargos ou redistribuição de funções deverão ser encaminhados, devidamente instruídos pela Secretaria junto à qual se encontra afastado o servidor, ao Grupo Executivo da Reforma Administrativa (GERA), até 31 de janeiro de 1976.

Art. 2º. O disposto no artigo anterior não se aplica aos servidores afastados junto a órgãos da administração descentralizada, de outros Poderes do Estado, da União, de outros Estados e dos Municípios.

Palácio dos Bandeirantes, aos 22 de dezembro de 1975.

Paulo Egydio Martins

DOE de 23.12.1975

DECRETO Nº 7.715, DE 22 DE MARÇO DE 1976

Dá nova redação ao art. 15 do Decreto nº 7.332, de 22 de dezembro de 1975.

O Governador do Estado de São Paulo, no uso de suas atribuições legais, decreta:

Art. 1º. O art. 15 do Decreto nº 7.332, de 22 de dezembro de 1975, fica com a redação alterada na seguinte conformidade:

- *Alteração já efetuada no corpo da Lei.*

Parágrafo único. A autorização de que trata este artigo somente será concedida quando, analisado cada caso, ficar comprovado que a natureza do afastamento recomenda a adoção de medida excepcional.

Art. 2º. Este Decreto entrará em vigor na data de sua publicação.

Paulo Egydio Martins

DOE de 23.3.1976

DECRETO Nº 11.550, DE 12 DE MAIO DE 1978

Autoriza o pagamento, a título de adiantamento, de importâncias devidas a funcionários e servidores da Administração Centralizada e Autárquica, em decorrência da Lei Complementar nº 180, de 12 de maio de 1978.

Paulo Egydio Martins, Governador do Estado de São Paulo, no uso de suas atribuições legais,

Decreta:

Art. 1º. Até que se processe o enquadramento de cargos e funções ou o reajuste de vencimentos, remuneração ou salários de conformidade com as disposições da Lei Complementar nº 180, de 12 de maio de 1978, fica a Secretaria da Fazenda autorizada a efetuar o pagamento mensal, aos funcionários públicos civis da Administração Centralizada, a título de adiantamento, da quantia que resultar da aplicação do percentual de 38% (trinta e oito por cento) sobre a soma das seguintes parcelas percebidas com base na legislação vigente em 28 de fevereiro de 1978, conforme o caso:

I – padrão ou referência do cargo:

II – gratificação correspondente a regime especial de trabalho ao qual esteja sujeito o funcionário, consoante legislação pertinente;

III – adicional por tempo de serviço previsto no inciso VIII do art. 92 da Constituição do Estado (Emenda nº 2) de que tratam os arts. 13 da Lei nº 6.043, de 20 de janeiro de 1961, 127 da Lei nº 10.261, de 28 de outubro de 1968, e 28 do Decreto-Lei Complementar nº 11, de 2 de março de 1970;

IV – sexta-parte dos vencimentos, prevista no inciso VIII do art. 92 da Constituição do Estado (Emenda nº 2), de que trata o art. 130 da Lei nº 10.261, de 28 de outubro de 1968;

V – gratificação de nível, instituída pela Lei Complementar nº 75, de 14 de dezembro de 1972, com as alterações da Lei Complementar nº 89 de 13 de maio de 1974;

VI – quotas atribuídas aos funcionários sujeitos ao regime de remuneração;

VII – gratificação *pro labore* instituída pelo art. 28 da Lei nº 10.168, de 10 de julho de 1968.

VIII – gratificação *pro labore* de que trata a Lei nº 443, de 24 de setembro de 1974;

IX – aulas excedentes;

X – outras vantagens pecuniárias incorporadas e sobre as quais haja incidência do adicional por tempo de serviço aludido no inciso III ou da sexta-parte referida no inciso IV.

§ 1º. Aplica-se o disposto neste artigo aos servidores extranumerários, aos contratados com base na legislação trabalhista e aos admitidos em caráter temporário nos termos do inciso I do art. 1º da Lei nº 500, de 13 de novembro de 1974.

§ 2º. O pagamento na forma prevista neste artigo é devido a partir de 1º de março de 1978.

Art. 2º. O disposto no artigo anterior aplica-se, nas mesmas bases, aos funcionários e servidores das Autarquias, da Universidade de São Paulo, da Universidade Estadual de Campinas da Universidade Estadual Paulista "Júlio Mesquita Filho", bem com do Quadro Especial sob responsabilidades da Secretaria de Cultura, Ciência e Tecnológica e dos Quadros Especiais integrados na Secretaria da Fazenda e na Secretaria de Obras e do Meio Ambiente.

Art. 3º. Concluídas as medidas a que alude o art. 1º serão deduzidas dos pagamentos delas decorrentes as importâncias percebidas pelos funcionários e servidores com fundamento neste Decreto.

Art. 4º. As disposições deste Decreto aplicam-se aos inativos.

Art. 5º. Este Decreto entrará em vigor na data de sua publicação.

Palácio dos Bandeirantes, 12 de maio de 1978.

Paulo Egydio Martins

DOE de 13.5.1978

DECRETO Nº 11.551, DE 12 DE MAIO DE 1978

Dispõe sobre a extensão, aos funcionários e servidores das Secretarias da Assembléia Legislativa e dos Tribunais das disposições do Decreto nº 11.550, de 12 de maio de 1978.

Paulo Egydio Martins, Governador do Estado de São Paulo, no uso de suas atribuições legais, e

Considerando que vem de ser instituído o Sistema de Administração de Pessoal no âmbito do Poder Executivo, em decorrência da promulgação da Lei Complementar nº 180, de 12 de maio de 1978;

Considerando que a aplicação do aludido Sistema de Administração de Pessoal aos funcionários e servidores das Secretarias do Poder Legislativo e do Poder Judiciário deve resultar de formulação própria, pendendo de ultimação os estudos pertinentes à matéria;

Considerando que o Decreto nº 11.550, de 12 de maio de 1978, autorizou o pagamento aos funcionários e servidores civis na Administração Centralizada e das Autarquias do Estado, a título de adiantamento, da quantia que resultar da aplicação do percentual de 38% sobre a soma das parcelas constitutivas das correspondentes retribuições em 28 de fevereiro de 1978, até que se completem as medidas necessárias à implantação do Sistema em causa;

Considerando, finalmente, que as Presidências da Assembléia Legislativa e dos Tribunais solicitaram ao Poder Executivo que se estendam aos funcionários e servidores das respectivas Secretarias às disposições do mencionado decreto.

Decreta:

Art. 1º. As disposições do Decreto nº 11.550, de 12 de maio de 1978, ficam extensivas aos funcionários e servidores inclusive inativos das Secretarias da Assembléia Legislativa, do Tribunal de Justiça, dos Tribunais de Alçada Civil, do Tribunal de Alçada Criminal, do Tribunal de Justiça Militar e do Tribunal de Contas.

Parágrafo único. Aplicar-se-á o disposto neste artigo nos meses de março a agosto de 1978.

Art. 2º. Este Decreto entrará em vigor na data de sua publicação.

Palácio dos Bandeirantes, 12 de maio de 1978.

Paulo Egydio Martins

DOE de 13.5.1978

DECRETO Nº 11.612, DE 22 DE MAIO DE 1978

Fixa competência para decisão dos requerimentos referentes à aplicação dos dispositivos da Lei Complementar nº 180, de 12 de maio de 1978.

Paulo Egydio Martins, Governador do Estado de São Paulo, no uso de suas atribuições legais,

Decreta:

Art. 1º. Fica atribuída aos Secretários de Estado, a competência para a decisão dos requerimentos relativos às transformações de cargos e funções-atividade, prevista nas Disposições Transitórias, da Lei Complementar nº 180, de 12 de maio de 1978.

Art. 2º. A Secretaria da Administração expedirá instruções a serem observadas quanto ao processamento dos pedidos de que trata o artigo anterior.

Art. 3º. Este Decreto entrará em vigor na data de sua publicação.

Palácio dos Bandeirantes, 22 de maio de 1978.

Paulo Egydio Martins

DOE de 23.5.1978

DECRETO Nº 11.692, DE 7 DE JUNHO DE 1978

Atribui à Secretaria de Estado dos Negócios da Administração competência para implantar o Sistema de Administração de Pessoal instituído pela Lei Complementar nº 180, de 12 de maio de 1978.

Paulo Egydio Martins, Governador do Estado de São Paulo, no uso de suas atribuições legais,

Considerando que a Lei Complementar nº 180, de 12 de maio de 1978 instituiu um novo Sistema de Administração de Pessoal para as administrações centralizada e autárquica do Estado;

Considerando que, para a implantação do referido Sistema, é indispensável a expedição de normas, diretrizes e instruções para a plena consecução de seus fins;

Considerando que, para atingir esses objetivos, é mister estruturar o órgão central de recursos humanos junto à Secretaria de Estado dos negócios da Administração.

Decreta:

Art. 1º. Enquanto não for fixada a estrutura organizacional do órgão central de recursos humanos previsto na Lei Complementar nº 180, de 12 de maio de 1978, competirá à Secretaria de Estado dos Negócios da Administração a implantação do Sistema de Administração de Pessoal, podendo, para tanto, baixar instruções, fixar normas e diretrizes gerais e prestar orientação e supervisão técnica.

Art. 2º. As Secretarias de Estado deverão, no prazo de 5 (cinco) dias, a contar da publicação deste Decreto, designar um funcionário e um suplente para responder pelas atribuições do órgão setorial de recursos humanos da respectiva Pasta e representá-la junto à Secretaria de Estado dos Negócios da Administração.

Art. 3º. Este Decreto entrará em vigor na data de sua publicação.

Palácio dos Bandeirantes, 7 de junho de 1978.

Paulo Egydio Martins

DOE de 8.6.1978

DECRETO Nº 11.700, DE 12 DE JUNHO DE 1978

Estende aos funcionários e servidores titulares de cargos e funções de Pesquisador Científico as disposições do Decreto nº 11.550, de 12 de maio de 1978.

Paulo Egydio Martins, Governador do Estado de São Paulo, no uso de suas atribuições legais, e

Considerando que vem de ser instituído o Sistema de Administração de Pessoal no âmbito do Poder Executivo, em decorrência da promulgação da Lei Complementar nº 180, de 12 de maio de 1978;

Considerando que a aplicação de alguns dos dispositivos do aludido Sistema de Administração de Pessoal aos funcionários e servidores titulares de cargos e funções da carreira de Pesquisador Científico, assim como o reajuste de seus vencimentos ou salários deve resultar de formulação própria, pendendo de ultimação os estudos pertinentes à matéria;

Considerando que o Decreto nº 11.550, de 12 de maio de 1978, autorizou o pagamento aos demais funcionários e servidores civis da Administração Centralizada e das Autarquias do Estado, a título de adiantamento, da quantia que resultar da aplicação do percentual de 38% (trinta e oito por cento) sobre a soma das parcelas constituídas das correspondentes retribuições em 28 de fevereiro de 1978, até que se completem as medidas necessárias à implantação do Sistema em causa,

Decreta:

Art. 1º. As disposições do Decreto nº 11.550, de 12 de maio de 1978, ficam extensivas aos funcionários e servidores, titulares de cargos ou funções de Pesquisador Científico, abrangidos pela Lei Complementar nº 125, de 18 de novembro de 1975, das Secretarias de Estado e da Superintendência de Controle de Endemias.

Art. 2º. Este Decreto entrará em vigor na data de sua publicação.

Palácio dos Bandeirantes, 12 de junho de 1978.

Paulo Egydio Martins

DOE de 13.6.1978

DECRETO Nº 12.176, DE 29 DE AGOSTO DE 1978

Autoriza a Secretaria da Fazenda a efetuar pagamento aos funcionários, servidores e inativos abrangidos pela Lei Complementar nº 180, de 12 de maio de 1978.

Paulo Egydio Martins, Governador do Estado de São Paulo, no uso de suas atribuições legais,

Considerando que, nos termos do disposto nos arts. 3º e 19 das Disposições Transitórias da Lei Complementar nº 180, de 12 de maio de 1978, os cargos e funções dos funcionários e servidores devem ser enquadrados nas referências numéricas da Escala de Vencimentos prevista no art. 64 da mesma lei complementar, e os proventos dos inativos devem ser revistos;

Considerando que tais enquadramentos obrigam à análise de cada caso pelos órgãos de pessoal, o que se constitui em tarefa relativamente morosa;

Considerando que o Departamento de Despesa de Pessoal do Estado, da Coordenadoria de Administração Financeira da Secretaria da Fazenda, em conjunto com a Secretaria de Estado dos Negócios da administração, desenvolveu programas especiais visando a, por meio do sistema de processamento de dados e com aplicação dos coeficientes de enquadramento constantes no Anexo II da precitada lei complementar, efetuar o pagamento de vencimentos, remuneração e salários segundo as disposições daquele diploma legal;

Considerando que, mesmo admitida natural ocorrência de erros e omissões, impõe-se a implantação imediata daqueles programas,

Decreta:

Art. 1º. Fica a Secretaria da Fazenda autorizada, em caráter provisório, a efetuar o pagamento de vencimentos, remuneração, salários e proventos, aos funcionários, servidores e inativos da Administração Direta, nos termos da Lei Complementar nº 180, de 12 de maio de 1978.

Art. 2º. Para o fim previsto no artigo anterior, observar-se-ão os coeficientes de enquadramento constantes do Anexo II da Lei Complementar nº 180, de 12 de maio de 1978, bem como os arts. 3º, 4º, 5º, 6º, 7º, 8º, 9º, 19 e 21 das Disposições Transitórias da mesma lei complementar.

Art. 3º. A Secretaria da Fazenda promoverá, posteriormente, as medidas cabíveis para as reposições ou complementações de pagamento que se tornarem necessárias em decorrência da aplicação do Decreto nº 11.550, de 12 de maio de 1978, dos enquadramentos de cargos e funções pelos órgãos de pessoal, bem como das revisões de proventos dos inativos.

Art. 4º. Este Decreto entrará em vigor na data de sua publicação.

Palácio dos Bandeirantes, 29 de agosto de 1978.

Paulo Egydio Martins

DOE de 30.8.1978

DECRETO Nº 12.961, DE 13 DE DEZEMBRO DE 1978

Regulamenta a aplicação do Instituto de Evolução Funcional, de que trata o Capítulo IV do Título XI, da Lei Complementar nº 180, de 12 de maio de 1978.

Paulo Egydio Martins, Governador do Estado de São Paulo, no uso de suas atribuições legais,

Decreta:

Art. 1º. Aos funcionários e servidores sujeitos ao regime da Lei Complementar nº 180, de 12 de maio de 1978, aplicar-se-á o Instituto da Evolução Funcional, mediante avaliação de desempenho, observadas as normas constantes deste Decreto.

Art. 2º. Haverá anualmente, para cada grupo de classes a que se refere o anexo que integra este Decreto e para cada Secretaria de Estado, um processo avaliatório específico, que se iniciará no primeiro dia útil do mês de agosto.

• *Anexos disponíveis na Divisão de Pesquisa Jurídica – DDI.*

§ 1º. A fixação das quantidades globais de conceitos avaliatórios, bem como sua distribuição para cada unidade administrativa será feita com base no dimensionamento do pessoal existente no primeiro dia útil do mês de agosto.

§ 2º. O processo avaliatório poderá ocorrer em outro período, desde que autorizado pela Secretaria de Estado dos Negócios da Administração, observada a periodicidade de uma avaliação por ano.

Art. 3º. Em cada unidade caberá ao superior imediato proceder ao dimensionamento total de funcionários e servidores de cada grupo de classes a ele subordinados, assim considerados todos os funcionários e servidores dessas classes que, na data estabelecida no artigo anterior, se encontrem em efetivo exercício na unidade, integrantes, ou não, do Quadro da *respectiva* Secretaria.

Art. 4º. Para os fins de que trata o artigo anterior, serão considerados também os funcionários e servidores que, no primeiro dia útil do mês de agosto, estejam afastados do serviço em virtude de:

I – férias;

II – casamento;

III – falecimento de cônjuge, filhos, pais e irmãos;

IV – falecimento dos sogros, padrasto ou madrasta;

V – serviços obrigatórios por lei;

VI – licença quando acidentado no exercício de suas atribuições ou atacado de doença profissional;

VII – licença a funcionária gestante;

VIII – licenciamento compulsório como medida profilática;

IX – falta abonada, por motivo de moléstia comprovada;

X – licença prêmio;

XI – falta para consulta ou tratamento no Instituto de Assistência Médica ao Servidor Público Estadual (IAMSPE) referente à sua própria pessoa;

XII – missão ou estudo de interesse do serviço público dentro do Estado, em outros pontos do território nacional ou estrangeiro, mediante autorização expressa do Governador;

XIII – participação em congressos e outros certames culturais, técnicos ou científicos, desde que concedidos sem prejuízo dos vencimentos ou salários;

XIV – doação de sangue, nos casos previstos em lei;

XV – trânsito em decorrência de mudança de sede de exercício desde que afastamento não tenha excedido o prazo de 8 (oito) dias;

XVI – provas de competição desportivas dentro e fora do Estado com devida autorização do Governador;

XVII – licença para tratamento de saúde, desde que o licenciamento não exceda o prazo de 6 (seis) meses da data do processo avaliatório; e

XVIII – frequência a curso de formação intensiva na Academia de Polícia de São Paulo nos termos do parágrafo único do art. 13 da Lei Complementar nº 58 de 10 de julho de 1972.

• *Art. 4º com redação dada pelo Decreto nº 13.147, de 16.1.1979.*

Art. 5º. Não integrará o contingente a ser avaliado o funcionário ou servidor que se encontrar nas seguintes situações:

I – tenha o seu cargo ou função-atividade atingido a referência final da classe a que pertença;

II – estiver afastado para prestar serviços junto a empresas, fundações, órgãos da União, de outros Estados e dos Municípios;

III – estiver licenciado para tratamento de saúde, por prazo superior a seis meses, nas hipóteses previstas nos arts. 191 e 199, da Lei nº 10.261, de 28 de outubro de 1968 e nos incisos II e III do art. 25 da Lei nº 500, de 13 de novembro de 1974;

V – tenha sido admitido, para exercer funções-atividades integrantes das classes docentes e ainda ocorrer a hipótese prevista no art. 33 da Lei Complementar nº 201, de 9 de novembro de 1978; e

V – tenha sido admitido nos termos dos incisos II e III do art. 1º, da Lei nº 500, de 13 de novembro de 1974.

• *Art. 5º com redação dada pelo Decreto nº 13.147, de 16.1.1979.*

Art. 6º. O funcionário ou servidor ocupante de cargo ou função de Assessor, Chefe de Gabinete, Comandante Geral, Coordenador, Coordenador de Polícia, Delegado Geral, Diretor Geral referência inicial "60", Procurador Geral do Estado, Secretário Particular, Superintendente, Coordenador Geral, Chefe de Gabinete de Superintendente, Chefe de Gabinete do Reitor, Secretário Geral da Universidade, Diretor Superintendente, não integrará o contingente de que trata o art. 3º deste Decreto, sendo-lhe atribuído o número de pontos correspondente ao conceito "muito bom" da classe a que pertence o cargo em comissão.

Parágrafo único. O funcionário ou servidor afastado para o exercício de mandato eletivo federal, estadual e municipal, ou que por nomeação, esteja no exercício do cargo de Prefeito não integrará o contingente de que trata o art. 3º deste Decreto, sendo-lhe atribuído o número de pontos correspondente ao conceito "muito bom" da classe a que pertence o cargo ou função-atividade de que se encontra afastado.

• *Art. 6º com redação dada pelo Decreto nº 13.147, de 16.1.1979.*

Art. 7º. Ao funcionário ou servidor investido em cargo de Secretário de Estado ou Secretário Extraordinário serão atribuídos, anualmente, para fins de evolução no cargo efetivo de que seja titular ou da função-atividade de que seja ocupante, pontos em número correspondente ao conceito "muito bom" previsto para a classe a que pertence o seu cargo efetivo ou a suas função-atividade, não integrando o contingente de que trata o artigo 3º deste Decreto.

• *Art. 7º com redação dada pelo Decreto nº 13.147, de 16.1.1979.*

Art. 8º. O funcionário ou servidor, junto ao TRE, nos termos da Lei Federal nº 4.737, de 15 de julho de 1965, não integrará o contingente de que trata o art. 3º deste Decreto, atribuindo-se-lhe os pontos correspondentes ao conceito "bom", da classe a que pertence o cargo ou função-atividade de que se encontra afastado.

• *Art. 8º com redação dada pelo Decreto nº 13.147, de 16.1.1979.*

Art. 9º. O funcionário que vier a ocupar cargo decorrente de nomeação, transposição, acesso, reintegração, reversão, aproveitamento e readmissão, bem como o servidor que vier a preencher função-atividade decorrente de admissão, transposição, aceso e reversão, somente será avaliado nesta situação se a data do exercício ocorrer até o último dia imediatamente anterior ao início do processo avaliatório.

§ 1º. O funcionário ou servidor que na data do início do processo avaliatório estiver, há mais de 6 (seis) meses, exercendo em caráter de substituição contínua cargo em comissão integrará, para efeitos de avaliação, a classe a que pertença o cargo em comissão.

• *§ 1º acrescido pelo Decreto nº 13.147, de 16.1.1979.*

§ 2º. O funcionário ou servidor que na data do início do processo avaliatório estiver respondendo pelas atribuições de cargo ou função-atividade vagos de direção, chefia ou encarregatura, nos termos do art. 81 da Lei Complementar nº 180, de 12 de maio de 1978, ou no exercício de função desta natureza retribuída mediante *pro labore* de que trata art. 28 da Lei nº 10.168, de 10 de julho de 1968, bem como o funcionário ou servidor que estiver, há mais de 6 (seis) meses, exercendo em caráter de substituição contínua cargo ou função-atividade da mesma natureza será avaliado com integrante da classe a que pertença o cargo ou a função-atividade de direção, chefia ou encarregatura.

• *§ 2º acrescido pelo Decreto nº 13.147, de 16.1.1979.*

Art. 10. Quando, no decorrer do processo avaliatório, ocorrer movimentação do funcionário ou servidor, este será avaliado na unidade em que foi relacionado para fins do disposto no art. 3º.

Art. 11. Entre o 1º e o 10º dia útil a partir do início do processo avaliatório o superior imediato afixará, na unidade e pelo prazo mínimo de 3 (três) dias úteis, a relação nominal dos funcionários e servidores a serem avaliados.

Art. 12. Determinado o contingente de funcionários e servidores, integrantes do mesmo grupo de classes e com exercício na mesma Secretaria, os conceitos avaliatórios serão compulsoriamente atribuídos de acordo com os seguintes percentuais:

I – 20% (vinte por cento) do total de funcionários e servidores o conceito de desempenho "muito bom";

II – 60% (sessenta por cento) do total de funcionários e servidores o conceito de desempenho "bom"; e

III – 20% (vinte por cento) do total de funcionários e servidores o conceito do desempenho "regular".

Parágrafo único. Quando em decorrência do cálculo efetuado na forma deste artigo resultar número fracionário, proceder-se-á ao arredondamento para a unidade imediatamente superior ou inferior, mantido o total do grupo.

Art. 13. Com base nos números obtidos de conformidade com o disposto no artigo anterior, o Secretário de Estado, em conjunto com os dirigentes das unidades a ele diretamente subordinadas, passará a fixar, para cada uma dessas unidades, o número de funcionários e servidores que poderão receber o conceito "Muito Bom", "Bom" e "Regular", dentre os que compõem o grupo sob avaliação.

§ 1º. Caberá aos dirigentes das unidades administrativas dar continuidade ao processo de distribuição quantitativa dos conceitos avaliatórios para as unidades que lhe são subordinadas e, assim sucessivamente, até que os conceitos tenham sido atribuídos a cada integrante do grupo sob avaliação, seja ele funcionário ou servidor.

§ 2º. No decorrer do processo de que trata este artigo, poderão os dirigentes, em virtude do desempenho dos elementos que integram algumas unidades administrativas, destinar-lhes maior incidência de aplicação dos conceitos "Muito Bom", "Bom" ou "Regular", reduzindo, na mesma proporção, a incidência desses conceitos em outras unidades, de forma a manter inalteradas, na Secretaria, as proporções estabelecidas no artigo anterior.

Art. 14. Caberá ao superior imediato e, no seu impedimento, ao seu substituto legal, proceder, anualmente, a avaliação do desempenho dos funcionários e servidores que lhe estejam subordinados, observada a quantidade fixada para cada grupo de classes, para a respectiva unidade, conforme o estabelecido no artigo anterior, aplicando-se-lhes um dos seguintes conceitos:

I – Muito Bom – (MB)

II – Bom (B)

III – Regular (R)

§ 1º. Aplicados os conceitos, o responsável pela avaliação deverá apresentar ao seu superior imediato, relatório justificando os critérios utilizados na avaliação.

§ 2º. É facultado ao funcionário ou servidor conhecer o critério utilizado na avaliação de desempenho de seu grupo de classe.

Art. 15. O resultado da avaliação do desempenho, com a consequente atribuição dos conceitos a cada um dos avaliados, será afixado pelo superior imediato na sua respectiva unidade, entre o 1º e o 10º dia útil, após a distribuição dos conceitos avaliatórios para sua unidade e por um prazo de 3 (três) dias úteis, de acordo com o art. 13 deste Decreto.

Art. 16. O prazo para o recurso a que se refere o art. 114 da Lei Complementar nº 180, de 12 de maio de 1978, será de 5 (cinco) dias úteis a partir da afixação do resultado, da avaliação.

Art. 17. O recurso a que se refere o artigo anterior deverá ser decidido no prazo de 15 (quinze) dias úteis, ouvido o responsável pela avaliação.

Art. 18. Acolhido o recurso, serão revistas pelo superior mediato as avaliações relativas ao grupo de classes do recorrente, mantidos os conceitos avaliatórios atribuídos à unidade, de acordo com o art. 12 deste Decreto.

Parágrafo único. A revisão efetuadas nos termos deste artigo irrecorrível.

Art. 19. O processo avaliatório será considerado concluído em cada unidade, quando:

I – Havendo recurso acolhido, forem revistas as avaliações, nos termos do art. 18 deste Decreto.

II – Não havendo recurso, houver decorrido o prazo a que se refere o art. 15 do presente decreto.

Art. 20. Para cada grupo de classes, no âmbito de cada Secretaria de Estado, caberá ao respectivo Órgão Setorial de Recursos Humanos a homologação do processo avaliatório.

§ 1º. Feita a conferência da distribuição quantitativa dos conceitos avaliatórios de um grupo de classes ao nível das unidades diretamente subordinadas ao Secretário de Estado, o Órgão Setorial de Recursos Humanos confirmará a distribuição daqueles conceitos tendo em vista as proporções estabelecidas no art. 12 através de publicação dos resultados.

§ 2º. A conferência aludida no parágrafo anterior prosseguirá, segundo a hierarquia das unidades da Secretaria na forma indicada no § 1º do art. 13.

§ 3º. Verificada alguma divergência nos totais apurados, o Órgão Setorial de Recursos Humanos determinará a correção aos responsáveis pela distribuição dos conceitos.

§ 4º. As divergências verificadas num grupo de classes não prejudicam a confirmação da distribuição dos conceitos para outros grupos de classes.

§ 5º. Da mesma forma, as divergências relativas à distribuição de conceitos a uma ou mais unidades não prejudicarão a confirmação de resultados de outras unidades não subordinadas àquelas em que ocorrerem as divergências.

§ 6º. A atribuição dos conceitos a um grupo de classes de uma dada unidade só poderá ser confirmada se, para o mesmo grupo de classes, a distribuição de conceitos já tenha sido confirmada, a todas as unidades hierarquicamente superiores.

Art. 21. Os resultados do processo avaliatório serão considerados concluídos para cada grupo de classes nas unidades em que a distribuição de conceitos tenha sido confirmada, observado o disposto no art. 19.

Art. 22. Aplicados os conceitos, atribuir-se-ão, ao funcionário e ao servidor, os pontos que lhes correspondam, de acordo com a velocidade evolutiva da classe e em conformidade com a escala de pontos estabelecida no art. 104 da Lei Complementar nº 180, de 12.5.1978.

Art. 23. A retribuição pecuniária decorrente da evolução funcional será devida a partir do primeiro dia do mês subsequente àquele em que se der a homologação do processo avaliatório.

Art. 24. Sem prejuízo da apuração de responsabilidade, será declarada sem efeito a evolução funcional indevida.

Art. 25. Este Decreto e suas Disposições Transitórias, serão aplicados, nas mesmas bases e condições, aos funcionários e servidores das Autarquias, da Universidade de São Paulo, da Universidade Estadual de Campinas e da Universidade Estadual Paulista "Júlio de Mesquita Filho".

Art. 26. Este Decreto entrará em vigor na da data de sua publicação.

DISPOSIÇÕES TRANSITÓRIAS

Art. 1º. O primeiro processo avaliatório iniciar-se-á a partir do último dia útil de dezembro de 1978.

§ 1º. O dimensionamento do pessoal, previsto nos arts. 3º e 4º deste Decreto, será feito com base nas situações existentes no último dia útil de dezembro de 1978.

§ 2º. Do número apurado, conforme procedimento determinado pelo parágrafo anterior, excluir-se-ão aqueles referidos nos arts. 5º, 6º, 7º e 8º.

§ 3º. Aqueles que se encontrem numa das ações previstas no art. 9º deste Decreto, serão avaliados naquela situação se trata de exercício no novo cargo ou função-atividade ocorrer até o primeiro dia útil de dezembro de 1978.

§ 4º. Aqueles que se encontrem na situação prevista no art. 10 deste Decreto, serão avaliados na unidade em que se encontrem em exercício no último dia útil de dezembro de 1978.

§ 5º. O docente abrangido pela Lei Complementar nº 201, de 9 de novembro de 1978, terá seu desempenho avaliado na unidade designada como sede de controle de frequência.

Art. 2º. Ficam constituídos nas Secretarias de Estado e nas Autarquias e nas Universidades, e enquanto durar o processo avaliatório previsto no art. 1º destas disposições transitórias, Grupos Responsáveis pela Avaliação de Desempenho (GRADs).

Parágrafo único. Os GRADs de que trata este artigo ficam diretamente subordinados aos Secretários de Estado, aos Superintendentes de Autarquias ou aos Reitores das Universidades.

• *Parágrafo único com redação dada pelo Decreto nº 13.147, de 16.1.1979.*

Art. 3º. Caberá aos GRADs a execução, orientação, supervisão e controle do processo avaliatório a que se refere o art. 1º destas exposições transitórias, no âmbito de cada Secretaria de Estado ou Autarquia inclusive as atribuições cometidas no presente decreto aos Órgãos Setoriais de Recursos Humanos, observadas as diretrizes estabelecidas pela Coordenadoria de Recursos Humanos do Estado.

Art. 4º. Cada GRAD será integrado, no mínimo por 5 (cinco) membros escolhidos entre funcionários ou servidores que possuam amplos conhecimentos da estrutura e dos objetivos das respectivas Secretarias e de legislação de pessoal.

Parágrafo único. Ao designar os membros do GRAD o Secretário de Estado, Superintendente ou Reitor, indicará, dentre eles o responsável pelo Grupo.

Art. 5º. Os membros dos GRADs serão designados dentro de 5 (cinco) dias úteis a partir da data da publicação deste Decreto inclusive

Art. 6º. Os GRADs deverão contar com locais recursos materiais e humanos de apoio administrativo necessários ao desenvolvimento de suas atividades e em especial com pessoal treinado para prestar informações.

Art. 7º. Aos GRADs, nas áreas de suas respectivas Secretarias e Autarquias, além da execução, orientação, supervisão e controle do processo avaliatório, compete especificamente:

I – estabelecer os procedimentos necessários à implantação do processo avaliatório, conforme as diretrizes estabelecidas pela Coordenadoria de Recursos Humanos do Estado;

II – fazer cumprir as normas e os critérios estabelecidos pela Coordenadoria de Recursos Humanos do Estado;

III – prestar assistência técnica a todos os responsáveis pela Avaliação de Desempenho e manter postos de informação para prestar os esclarecimentos necessários;

IV – planejar e executar a distribuição dos impressos necessários à implementação do processo avaliatório;

V – supervisionar e controlar o processo avaliatório em todas as suas fases: dimensionamento de pessoal, distribuição de conceitos avaliatórios e avaliação de desempenho propriamente dito;

VI – conferir e controlar o levantamento de pessoal, bem como a distribuição e aplicação de conceitos avaliatórios em todas as linhas hierárquicas;

VII – elaborar relatório final referente ao processo avaliatório da Secretaria de Estado ou Autarquia, do qual deverá constar mapas quantitativos de pessoal, da distribuição e aplicação nos conceitos avaliatórios, para fins de apreciação pelo Secretário de Estado, Superintendente ou Reitor;

VIII – encaminhar ao Grupo de Formulação e Análise de Política Salarial da Coordenadoria de Recursos Humanos do Estado da Secretaria de Estado dos Negócios da Administração, cópias do relatório final e dos formulários adotados para o processo avaliatório;

IX – apresentar ao Grupo de Formulário a Análise de Política Salarial, referido no inciso anterior, os elementos necessários ao aperfeiçoamento do processo avaliatório.

Art. 8º. Para o exercício das competências que lhe são atribuídas, os integrantes dos GRADs deverão receber treinamento específico da Coordenadoria de Recursos Humanos do Estado.

Art. 9º. Os GRADs, no âmbito de suas Secretarias e Autarquias poderão dirigir-se diretamente às autoridades administrativas, a fim obterem informações e elementos de que necessitarem para o cumprimento das atribuições e competências previstas neste Decreto.

Palácio dos Bandeirantes, 13 de dezembro de 1978.

Paulo Egydio Martins

DOE de 14.12.1978

DECRETO Nº 13.105, DE 9 DE JANEIRO DE 1979

Regulamenta a aplicação dos arts. 173, 174 e 176
da Lei Complementar nº 180, de 12 de maio de 1978 e dá providências correlatas.

Paulo Egydio Martins, Governador do Estado de São Paulo, usando de suas atribuições legais,

Considerando que a Lei Complementar nº 180, de 12 de maio de 1978, exige, em seu art. 173, para fins de ingresso na classe inicial e de acesso às classes superiores, cursos específicos com a finalidade de selecionar e qualificar os funcionários e servidores para exercerem atribuições pertinentes aos integrantes da carreira executiva e de assessoramento;

Considerando que o art. 176 da Lei Complementar em referência dispensa destes cursos os atuais ocupantes de cargos de Agente do Serviço Civil, sujeitando-os, porém, a programas especiais de atualização e aperfeiçoamento;

Considerando que o art. 174, da mesma Lei Complementar estabelece que compete à Fundação do Desenvolvimento Administrativo promover a realização dos cursos e programas supra mencionados, em razão dos objetivos para a qual foi criada,

Decreta:

Art. 1º. Caberá à Fundação do Desenvolvimento Administrativo organizar, coordenar e realizar o Programa de Formação e Aperfeiçoamento de Recursos Humanos para a Carreira Executiva e de Assessoramento prevista no art. 171, da Lei Complementar nº 180, de 12 maio de 1978, compreendendo:

I – curso de formação destinado a qualificar recursos humanos para o exercício de funções de direção e assessoramento, requisito exigido para ingresso no nível I do cargo de Agente do Serviço Civil;

II – curso de formação, com o objetivo de qualificar os Agentes do Serviço Civil para o exercício de funções superiores de direção e assessoramento, requisito exigido para acesso ao nível VI do cargo de Agente do Serviço Civil;

III – cursos destinados à atualização e aperfeiçoamento dos Agentes do Serviço Civil, comportando atividades de aprendizado e troca de experiência profissional, constituindo requisito exigido para acesso aos demais níveis do cargo de Agente do Serviço Civil, não previstos nos incisos precedentes.

§ 1º. Os cursos previstos nos incisos I e II serão da responsabilidade direta da Fundação do Desenvolvimento Administrativo, sendo que os do inciso III poderão ser objeto de convênio com outras instituições de ensino de notória qualificação.

§ 2º. As atividades previstas no inciso III serão organizadas de forma a atender, também, o disposto no art. 176 da Lei Complementar nº 180, de 12 de maio de 1978.

§ 3º. A Fundação do Desenvolvimento Administrativo estabelecerá, em regulamentos próprios, a configuração, a clientela a que destina, o processo de seleção e o sistema de avaliação dos cursos previstos neste artigo.

Art. 2º. Para a realização do Programa de Cursos previsto no art. 1º, ficam os Secretários de Estado do Governo e dos Negócios da Administração autorizados a celebrar convênio com a Fundação do Desenvolvimento Administrativo.

Parágrafo único. As despesas decorrentes da execução do convênio serão cobertas com recursos orçamentários das Secretarias de que trata este artigo e, proporcionalmente, das demais Secretarias de Estado.

Art. 3º. Os funcionários e servidores selecionados para frequentar os cursos mencionados no art. 1º, quando for o caso, serão afastados ou dispensados do ponto, por Resolução do Secretário do Governo, sem prejuízo dos vencimentos e das demais vantagens dos seus cargos ou funções.

Art. 4º. Os funcionários e servidores que foram ou venham a ser aprovados nas 1º, 2º e 3º Promoções do Ciclo de Formação em Administração Pública, promovidas pela Fundação do Desenvolvimento Administrativo, ficam dispensados do cursos previstos nos incisos I e II do art. 1º, quando destes necessitarem como requisito de ingresso, acesso, ou ambos, na Carreira Executiva e de Assessoramento.

Art. 5º. Este Decreto entrará em vigor na data de sua publicação, revogadas as disposições em contrário e especificamente o Decreto nº 10.504, de 10 de outubro de 1977.

Palácio dos Bandeirantes, 9 de janeiro de 1979.

Paulo Egydio Martins

DOE de 10.1.1979

DECRETO Nº 13.147, DE 16 DE JANEIRO DE 1979

Altera a redação de dispositivos do Decreto nº 12.961, de 13 de dezembro de 1978 que especifica.

Paulo Egydio Martins, Governador do Estado de São Paulo, no uso de suas atribuições legais,

Decreta:

Art. 1º. Os arts. 4º, 5º, 6º, 7º e 8º do Decreto nº 12.961 de 13 de dezembro de 1978, passam a vigorar com a seguinte redação:

• *Alterações já efetuadas no corpo do Decreto.*

Art. 2º. Ficam acrescentados ao art. 9º do Decreto nº 12.961 de 13 de dezembro de 1978 os seguintes parágrafos.

• *Alterações já efetuadas no corpo do Decreto.*

Art. 3º. O parágrafo único do art. 2º da Disposições Transitórias do Decreto nº 12.961, de 13 de dezembro de 1978, passa a vigorar com a seguinte redação:

• *Alterações já efetuadas no corpo do Decreto.*

Art. 4º. (Revogado).

• *Art. 4º pelo Decreto nº 27.253, de 31.7.1987.*

Art. 5º. Este Decreto entrará em vigor na data de sua publicação retroagindo seus efeitos a 14 de dezembro de 1978.

Palácio dos Bandeirantes, 16 de janeiro de 1979.

Paulo Egydio Martins

DOE de 17.1.1979

DECRETO Nº 13.244, DE 13 DE FEVEREIRO DE 1979

Regulamenta a aplicação do disposto nos arts. 24, 25 e 26 das Disposições Transitórias da Lei Complementar nº 180, de 12 de maio de 1978.

Paulo Egydio Martins, Governador do Estado de São Paulo, no uso de suas atribuições legais,

Decreta:

Art. 1º. As atribuições de pontos previstas nos arts. 24 e 26 das Disposições Transitórias da Lei Complementar nº 180, de 12 de maio de 1978, alterados, respectivamente, pelos incisos IV e VI do art. 1º das Disposições Transitórias da Lei Complementar nº 209, de 17 de janeiro de 1979, serão processadas durante o mês de fevereiro dos exercícios de 1979, 1980, 1981 e 1982 e produzirão efeitos a partir do primeiro dia do mês subseqüente.

Parágrafo único. As atribuições de pontos de que trata este artigo serão feitas:

1. pelos órgãos setoriais das respectivas Secretarias de Estado, relativamente aos funcionários e servidores em atividade;

2. pelo Departamento de Despesa de Pessoal do Estado, da Coordenação da Administração Financeira, da Secretaria da Fazenda, relativamente aos aposentados.

Art. 2º. A atribuição de pontos previstas no art. 25 das Disposições Transitórias da Lei Complementar nº 180, de 12 de maio de 1978, alterado pelo inciso V do art. 1º das Disposições Transitórias da Lei Complementar nº 209, de 17 de janeiro de 1979, far-se-á no momento em que ocorrer a concessão da sexta-parte dos vencimentos ou remuneração e produzirá efeitos a partir da data em que se tornar devida essa vantagem.

Parágrafo único. A atribuição de pontos de que trata este artigo será feita pela autoridade competente para conceder a sexta-parte dos vencimentos ou remuneração.

Art. 3º. As disposições deste Decreto aplicam-se, no que couber, às Autarquias do Estado.

Art. 4º. A Secretaria de Estado dos Negócios da Administração poderá baixar instruções complementares para execução deste Decreto.

Art. 5º. Este Decreto entrará em vigor na data de sua publicação.

Palácio dos Bandeirantes, 13 de fevereiro de 1979

Paulo Egydio Martins

DOE de 14.2.1979

DECRETO Nº 20.303, DE 29 DE DEZEMBRO DE 1982

Dá nova redação ao inciso III do art. 1º do Decreto nº 7.110 de 25 de novembro de 1975.

José Maria Marin, Governador do Estado de São Paulo, no uso de suas atribuições legais,

Decreta:

Art. 1º. O inciso III do art. 1º do Decreto nº 7.110 de 25 de novembro de 1975 passa a vigorar com a seguinte redação:

• *Alterações já efetuadas no corpo do Decreto.*

Art. 2º. Este Decreto entrará em vigor na data de sua publicação, ficando revogadas as disposições em contrário.

Palácio dos Bandeirantes, 29 de dezembro de 1982.

José Maria Marin

DOE de 30.12.1982

DECRETO Nº 20.419, DE 31 DE JANEIRO DE 1983

Dispõe sobre o exercício de atividades profissionais ou particulares remuneradas, por funcionários e servidores sujeitos à Jornada Completa ou Comum de Trabalho.

José Maria Marin, Governador do Estado de São Paulo, no uso de suas atribuições legais,

Decreta:

Art. 1º. Os funcionários e servidores da Administração Centralizada e das Autarquias do Estado, sujeitos à Jornada Comum de Trabalho, de que tratam os arts. 71e 74, da Lei Complementar nº 180, de 12 de maio de 1978, poderão exercer atividades profissionais ou particulares remuneradas, após cumpridas as respectivas jornadas de trabalho no Estado.

Parágrafo único. Excetuam-se do disposto neste artigo os funcionários e servidores que se encontrarem nas seguintes condições:

1. tiverem vedado o exercício das atividades mencionadas no *caput*, em decorrência de dispositivo legal expresso;

2. ficarem sujeitos à restrição de que cuida o art. 72, da Lei Complementar nº 180, de 12 de maio de 1978.

Art. 2º. Este Decreto entrará em vigor na data se sua publicação, ficando revogados os Decretos nº s 11.554, de 12 de maio de 1978 e 11.875, de 10 de julho de 1978.

Palácio dos Bandeirantes, 31 de janeiro de 1983.

José Maria Marin

DOE de 1º.2.1983

DECRETO Nº 27.253, DE 31 DE JULHO DE 1987

Altera o Anexo de que trata o art. 2º do Decreto nº 12.961, de 13 de dezembro de 1978, alterado pelo Decreto nº 13.147, de 16 de janeiro de 1979, e dá providências correlatas.

Orestes Quércia, Governador do Estado de São Paulo, no uso de suas atribuições legais,

Decreta:

Art. 1º. Fica alterado o Anexo de que trata o art. 2º do Decreto nº 12.961, de 13 de dezembro de 1978, modificado pelo Decreto nº 13.147, de 16 de janeiro de 1979, na conformidade do Anexo I que faz parte integrante deste Decreto.

Parágrafo único. A função de Superintendente do Fomento de Educação Sanitária e Imunização em Massa contra Doenças transmissíveis – Fesima de que trata o inciso II do art. 6º da Lei nº 10.108, de 8 de maio de 1968, para os fins deste Decreto, integrará o Grupo de Classe G-9.

Art. 2º. Os funcionários e servidores integrantes das séries de classes ou carreira, quando no exercício das funções de direção, assessoramento, assistência, supervisão, inspeção, julgamento, chefia e encarregatura, específicas, daquelas séries de classes ou carreira, retribuídas mediante *pro labore* ou Gratificação de Desempenho, serão avaliados no desempenho dessas funções e os conceitos a eles atribuídos serão transferidos para os cargos, funções-atividades e funções autárquicas de que são titulares.

§ 1º. As funções a que se refere este artigo são as seguintes:

a) para as séries de classes de Médico e de Cirurgião-Dentista (Cirurgião Buco-Maxilo-Facial), as instituídas pelo art. 12 da Lei Complementar nº 341, de 6 de janeiro de 1984:

b) para série de classes de Médico Sanitarista, as instituídas pelo art. 9º da Lei Complementar nº 342, de 6 de janeiro de 1984;

c) para a série de classes de Assistente Agropecuário, as instituídas pelo art. 13 da Lei Complementar nº 383, de 28 de dezembro de 1984;

d) para as séries de classes de Engenheiro de Arquiteto e de Engenheiro Agrônomo, as instituídas pelo art. 13 da Lei Complementar nº 439, de 26 dezembro de 1985;

e) para as séries de classes de Auxiliar Administrativo Tributário e de Técnico Administrativo Tributário, as instituídas pelos artigos 17 e 18 da Lei Complementar nº 446, de 22 de abril de 1986;

f) para a série de classes de Cirurgião-Dentista, as instituídas pelo art. 12 da Lei Complementar nº 457, de 19 de maio de 1986:

g) para a série de classes de Perito Criminal, as instruídas pelo art. 8º da Lei Complementar nº 474, de 8 de julho de 1986;

h) para a carreira de Procurador do Estado e de Procurador de Autarquia, as instituídas pelo inciso IV do art. 98 da Lei Complementar nº 478, de 18 de julho de 1986 e pelo inciso VI do art. 9º do Decreto nº 26.233, de 17 de novembro de 1986, respectivamente;

i) para a série de classes de Agente de Segurança Penitenciária, as instituições pelo art. 7º da Lei Complementar nº 498, de 29 de dezembro de 1986;

j) para as séries de classes de policiais civis, as instituídas pelo art. 9º da Lei Complementar nº 494, de 24 de dezembro de 1986.

§ 2º. Os funcionários e servidores que, na data base conhecida para a avaliação de desempenho nos termos do art. 2º do Decreto nº 12.961, de 13 de dezembro de 1978, se encontrarem na situação prevista neste artigo, serão relacionados nos Grupos de Classes mencionados no Anexo II que faz parte integrante deste Decreto.

§ 3º. Os funcionários e servidores que, na data do início do processo avaliatório, estiverem há mais de 6 (seis) meses exercendo, em caráter de substituição contínua, uma das funções indicadas no Anexo II integrarão, para efeito de avaliação de desempenho, os Grupos de Classes correspondente às referidas funções.

Art. 3º. Este Decreto entrará em vigor na data de sua publicação, ficando revogado as disposições em contrário especialmente:

I – o art. 4º do Decreto nº 13.147, de 16 de janeiro de 1979;

II – o art. 2º do Decreto nº 20.117, de 8 de dezembro de 1982;

III – o art. 4º do Decreto nº 20.360, de 12 de janeiro de 1983;

IV – o art. 2º do Decreto nº 20.392, de 20 de janeiro de 1983;

V – o art. 4º do Decreto nº 20.837, de 11 de março de 1983;

VI – o Decreto nº 21.105, de 27 de julho de 1983;

VII – o § 6º do art. 18 do Decreto nº 49.954, de 10 de julho de 1968, na nova redação dada pelo art. 1º do Decreto nº 21.422, de 26 de setembro de 1983;

VIII – o Decreto nº 22.555, de 13 de agosto de 1984;

IX – o Decreto nº 23.732, de 31 de julho de 1985;

X – o Decreto nº 25.613, de 1º de agosto de 1986.

DISPOSIÇÃO TRANSITÓRIA

Artigo único. Os integrantes das séries de classes ou carteira previstas no art. 2º deste Decreto, que não tiveram as funções específicas privatizadas, mediante decreto, com fundamento nos diplomas legais referidos no § 1º do mesmo artigo, serão avaliados nos termos da legislação anterior.

Palácio dos Bandeirantes, 31 de julho de 1987.

Orestes Quércia

- *Anexos disponíveis na Imprensa Oficial do Estado. Informações pelo telefone (11) 6099-9581. Reprografia.*

DOE de 1º.8.1987

DECRETO Nº 35.200, DE 26 DE JUNHO DE 1992

Dispõe sobre a aplicação do art. 133 da Constituição do Estado de São Paulo.

O Governador do Estado de São Paulo, no uso de suas atribuições legais,

Decreta:

Art. 1º. O servidor, com mais de 5 (cinco) anos de efetivo exercício, que tenha exercido ou venha a exercer, a qualquer título, cargo ou função que lhe proporcione remuneração superior à do cargo de que seja titular, ou à da função para a qual tenha sido admitido, terá incorporado um décimo dessa diferença, por ano, até o limite de dez décimos.

Art. 2º. Para os fins deste Decreto, considera-se:

I – servidor: o titular de cargo ou o ocupante de função-atividade da administração direta e das autarquias do Estado;

II – ano: o período de 365 (trezentos e sessenta e cinco) dias, contínuos ou não, de efetivos exercício no serviço público estadual, inclusive o prestado anteriormente à data da promulgação da Constituição do Estado de São Paulo;

III – diferença de remuneração:

a) o valor pecuniário resultante da subtração entre vencimentos e/ou salários, de cargos ou funções distintos, excluídas quaisquer vantagens pecuniárias;

b) o valor pecuniário percebido a título de gratificação *pro labore*, disciplinada em legislação específica.

Art. 3º. O servidor fará jus à incorporação do décimo da diferença de remuneração que tenha perdurado ao longo de todo um ano.

Parágrafo único. Na hipótese de exercício sucessivo, durante o ano, de mais de um cargo ou função que gere diferença de remuneração, a incorporação contemplará o décimo da menor diferença apurada.

Art. 4º. O servidor, que tiver incorporados décimos de diferença de remuneração e vier a exercer cargo ou função de remuneração ainda superior, poderá requerer:

I – a cada ano de exercício, a progressiva substituição de décimos de menor diferença, desde que tenha incorporado dez décimos;

II – a recomposição de décimos, incorporados na forma do parágrafo único do artigo anterior, mediante a utilização de novos períodos de exercício em cargo ou função de idêntica denominação.

Parágrafo único. O período de exercício substituído, para efeito do previsto no inciso II deste artigo, não poderá ser reutilizado.

Art. 5º. A incorporação de décimos de diferença de remuneração será processada mediante requerimento do interessado, instruído com a competente certidão que comprove o exercício em cargo ou função de remuneração superior.

Parágrafo único. (Revogado).

• *Parágrafo único revogado pelo Decreto nº 52.833, de 24.3.2008.*

Fica deferida ao Chefe de Gabinete a competência para decidir sobre os requerimentos formulados nos termos deste artigo.

Art. 6º. O valor incorporado, pago sob código específico, será computado no cálculo das vantagens pecuniárias, incidindo sobre eles as contribuições previdenciárias e de assistência médica devidas.

Art. 7º. O valor correspondente aos décimos incorporados somente produzirá efeitos pecuniários quando o servidor se encontrar no exercício do cargo ou da função em que tenha ocorrido a incorporação ou quando optar pelo percebimento do seu vencimento ou salário.

Art. 8º. As diferenças de remuneração, correspondentes aos décimos incorporados pelo servidor, serão recalculadas de acordo com as alterações ocorridas no cargo ou na função de que seja titular ou ocupante e nos cargos ou funções de remuneração superior, que haja exercido, inclusive as decorrentes de promoção, acesso, reenquadramento, transformação ou reclassificação.

Art. 9º. Para o servidor com direito à incorporação anteriormente à promulgação da Constituição do Estado, o benefício produzirá efeitos pecuniários a partir de 5 de outubro de 1989.

Art. 10. As disposições deste Decreto não se aplicam aos servidores regidos pela Consolidação das Leis do Trabalho, nas hipóteses em que tiverem obtido vantagem da mesma natureza com base na legislação trabalhista.

Art. 11. O disposto neste Decreto aplica-se nas mesmas bases e condições:

I – aos inativos;

II – aos componentes da Polícia Militar, naquilo que não colidir com a legislação específica.

Art. 12. Os títulos dos abrangidos por este Decreto serão apostilados pelas autoridades competentes.

Art. 13. A Coordenadoria de Recursos Humanos do Estado, da Secretaria da Administração e Modernização do Serviço Público e a Coordenação da Administração Financeira, da Secretaria da Fazenda, expedirão as instruções necessárias à execução deste Decreto.

Art. 14. A Secretaria da Fazenda verificará, por intermédio do Departamento de Despesa de Pessoal do Estado e do Departamento de Auditoria do Estado, o exato cumprimento das disposições deste Decreto e, se constatadas eventuais irregularidades na incorporação, sustará ou determinará a sustação do pagamento correspondente.

Parágrafo único. Caberá ao Departamento de Auditoria do Estado, com fundamento nos arts. 5º, 6º e 7º do Decreto-Lei Complementar nº 7, de 6 de novembro de 1969, e no Decreto nº 25.098, de 2 de maio de 1986, exercer o controle da legitimidade dos atos praticados nos termos deste Decreto.

Art. 15. Este Decreto entrará em vigor na data de sua publicação.

Palácio dos Bandeirantes, 26 de junho de 1992.

Luiz Antonio Fleury Filho

DOE de 27.6.1992

DECRETO Nº 46.724, DE 25 DE ABRIL DE 2002

Dispõe sobre a aplicação dos §§ 4º a 7º do art. 7º do Decreto-Lei nº 257, de 29 de maio de 1970, que dispõe sobre a finalidade e organização básica do Instituto de Assistência Médica ao Servidor Público Estadual – IAMSPE, alterado pela Lei nº 11.125, de 11 de abril de 2002.

Geraldo Alckmin, Governador do Estado de São Paulo, no uso de suas atribuições legais,

Decreta:

Art. 1º. A inscrição de pais e/ou padrasto e madrasta, como agregados, para fins de assistência médico-hospitalar, junto ao Instituto de Assistência Médica ao Servidor Público Estadual – IAMSPE, nos termos do § 4º do art. 7º do Decreto-Lei nº 257, de 29 de maio de 1970, com a redação alterada pelo art. 1º da Lei nº 11.125, de 11 de abril de 2002, mediante a contribuição adicional de 2% (dois por cento) sobre a remuneração do contribuinte, por agregado, deverá ser solicitada pelos servidores interessados, dentro do prazo de 180 (cento e oitenta) dias a contar da publicação da mencionada Lei.

- *A Lei nº 11.391, de 26.6.2003, altera o prazo citado nos §§ 5º e 6º, do art. 7º, do Decreto-Lei nº 257, de 29.5.1970, por mais 180 (cento e oitenta) dias da data de sua publicação do Diário Oficial, ocorrido em 27.6.2003.*

§ 1º. A inscrição como agregados de contribuintes ativos deverá ser solicitada junto aos respectivos órgãos setoriais ou subsetoriais de recursos humanos.

§ 2º. A inscrição como agregados de contribuintes inativos deverá ser solicitada junto a um dos seguintes órgãos ou entidade:

1. respectiva Divisão Seccional de Despesa de Pessoal, do Departamento de Despesa de Pessoal do Estado, da Coordenação da Administração Financeira – CAF, da Secretaria da Fazenda;
2. Instituto de Assistência Médica ao Servidor Público Estadual – IAMSPE; ou
3. respectivo Centro de Assistência Médico-Ambulatorial – CEAMA, do IAMSPE.

§ 3º. Os servidores que ingressarem no serviço público após a edição da Lei nº 11.125, de 11 de abril de 2002, terão prazo de 180 (cento e oitenta) dias, contados da data da posse, para exercerem o direito de inscrição.

§ 4º. Na ocorrência de afastamento sem vencimentos, deverá o servidor proceder ao recolhimento também da parcela referente a agregados, integrante da sua contribuição devida ao Instituto de Assistência Médica ao Servidor Público Estadual – IAMSPE.

§ 5º. Nos casos de acumulação de cargos/funções-atividades, ainda que em unidades diversas da Administração Direta, a inscrição do agregado deverá ocorrer em apenas um dos vínculos, gerando automaticamente o desconto em ambos.

Art. 2º. O cancelamento da inscrição de que trata o artigo anterior acarretará a perda do direito, pelo agregado, da assistência médico-hospitalar, de forma irreversível.

§ 1º. Em se tratando de cancelamento decorrente de exoneração ou dispensa do contribuinte e ocorrendo o reingresso no serviço público, poderá este proceder na forma prevista no § 3º do art. 1º deste Decreto.

§ 2º. Ocorrendo a mudança de provimento ou preenchimento de cargo ou função-atividade ou a nomeação para ocupar cargo em comissão, a agregação averbada passará automaticamente para a nova situação.

Art. 3º. Os órgãos setoriais ou subsetoriais de recursos humanos e as Divisões Seccionais de Despesa de Pessoal encaminharão ao Instituto de Assistência Médica ao Servidor Público Estadual – IAMSPE ou aos Centros de Assistência Médico-Ambulatorial – CEAMAs pertinentes as solicitações de inscrição ou de cancelamento como agregados feitas pelos contribuintes.

Art. 4º. Os Secretários do Governo e Gestão Estratégica e da Saúde baixarão, mediante resolução conjunta, normas e procedimentos complementares que se fizerem necessários à adequada execução deste Decreto.

Art. 5º. (Revogado).

• *Art. 5º revogado pelo Decreto nº 51.314, de 29.11.2006.*

Art. 6º. Este Decreto entra em vigor na data de sua publicação.

Palácio dos Bandeirantes, 25 de abril de 2002

Geraldo Alckmin

DOE de 26.4.2002

DECRETO Nº 51.314, DE 29 DE NOVEMBRO DE 2006

Dispõe sobre as consignações em folha de pagamento de servidores públicos civis e militares, ativos, inativos e reformados e de pensionistas da administração direta e autárquica e dá providências correlatas.

Cláudio Lembo, Governador do Estado de São Paulo, no uso de suas atribuições legais,

Decreta:

Art. 1º. As consignações em folha de pagamento de servidores públicos civis e militares, ativos, inativos e reformados e de pensionistas da administração direta e autárquica ficam disciplinadas pelas normas constantes neste Decreto.

Art. 2º. Poderão ser admitidos como consignatários:

I – os órgãos da administração direta e indireta do Estado;

II – as cooperativas habitacionais e de consumo formadas por servidores públicos civis e militares, ativos, inativos e reformados ou por pensionistas da administração direta e autárquica, que comprovem o devido registro conforme estabelece a Lei federal nº 5.764, de 16 de dezembro de 1971, mediante certidão atualizada;

III – as cooperativas de crédito constituídas e integradas por servidores públicos civis e militares, ativos, inativos e reformados ou por pensionistas da administração direta e autárquica, que comprovem, mediante certidão atualizada, estar em conformidade com as exigências da Lei federal nº 5.764, de 16 de dezembro de 1971, e devidamente registradas no Banco Central do Brasil;

IV – as entidades de classe representativas de servidores públicos civis e militares, ativos, inativos ou reformados ou de pensionistas da administração direta e autárquica;

V – as entidades constituídas por servidores públicos civis e militares, ativos, inativos ou reformados ou por pensionistas da administração direta e autárquica, sem finalidades lucrativas, com caráter filantrópico, educativo e/ou de assistência social;

VI – os clubes, grêmios ou entidades recreativas constituídas por servidores públicos civis e militares, ativos, inativos ou reformados ou por pensionistas da administração direta e autárquica;

VII – os institutos de seguridade social e os clubes de investimentos dos empregados de empresas sob controle direto ou indireto do Estado de São Paulo, em qualquer época, desde que constituídos na forma da legislação específica aplicável a cada uma de suas atividades;

VIII – o Banco do Brasil S.A..

• *Inciso VIII acrescido pelo Decreto nº 55.357, de 18.1.2010.*

Art. 3º. As entidades referidas nos incisos II, IV, V e VI do art. 2º deste Decreto poderão ser admitidas e mantidas como consignatárias desde que preencham as seguintes condições:

I – estejam regularmente constituídas e registradas nos órgãos competentes;

II – possuam escrituração e registro contábeis exigidos pela legislação específica;

III – que a sua diretoria seja composta por servidores públicos civis e militares, ativos ou inativos ou reformados ou por pensionistas da administração direta e autárquica;

IV – que todas as funções diretivas da entidade sejam exercidas sem remuneração, por disposição estatutária expressa;

V – que não distribuam lucros a qualquer título;

VI – comprovem possuir no mínimo 300 (trezentos) associados contribuintes, servidores públicos civis e militares, ativos, inativos ou reformados ou pensionistas da administração direta e autárquica, que pertençam efetivamente à categoria funcional para a qual a entidade foi criada;

VII – depositem em instituições financeiras oficiais de crédito do Estado, todo o produto da arrecadação efetuada a qualquer título;

VIII – apliquem integralmente os seus recursos na manutenção e desenvolvimento dos seus objetivos sociais;

IX – franqueiem sua contabilidade e demais registros e controles à administração estadual.

§ 1º. Aplicam-se à entidade referida no inciso III do art. 2º deste Decreto as condições estabelecidas nos incisos I, II, III, IV e VI deste artigo.

§ 2º. Aplicam-se à entidade referida no inciso VII do art. 2º deste Decreto as condições estabelecidas nos incisos I, II, IV e VI deste artigo.

Art. 4º. Podem ser consignados em folha de pagamento os seguintes compromissos:

I – contribuições para a seguridade e previdência social, inclusive privada e complementar;

II – contribuições e/ou mensalidades estatutárias das entidades consignatárias;

III – quotas partes de sociedades cooperativas, formadas por servidores públicos civis e militares, ativos, inativos ou reformados ou por pensionistas da administração direta e autárquica;

IV – quotas partes de cooperativas de crédito, formadas por servidores públicos civis e militares, ativos, inativos ou reformados ou por pensionistas da administração direta e autárquica;

V – prestações e amortizações de empréstimos pessoais obtidos junto às cooperativas de crédito;

VI – prestações e amortizações referentes a aquisição de imóvel;

VII – contribuições para planos de seguro em geral e planos de saúde, inclusive odontológicos, contratados pelas entidades consignatárias;

VIII – despesas com a aquisição de gêneros alimentícios e mercadorias de primeira necessidade efetuadas nas cooperativas de consumo;

IX – pagamento de despesas hospitalares, com base em contratos firmados com as entidades consignatárias;

X – pagamento de despesas de assistência funeral, com base em contratos firmados com as entidades consignatárias;

XI – despesas com a prestação de serviços de assistência jurídica, social e recreativa (aquisição de medicamentos, auxílio-mútuo, pecúlio, mensalidade educacional, clube de campo, colônia de férias, título de expansão social, turismo, dentre outros), com base em contratos firmados com as entidades consignatárias;

XII – empréstimos e financiamentos junto ao Banco do Brasil S.A.;

• *Inciso XII com redação dada pelo Decreto nº 55.357, de 18.1.2010.*

XIII – compromissos originários de convênios firmados com órgãos públicos;

XIV – contribuição para o Instituto de Assistência Médica ao Servidor Público Estadual – IAMSPE correspondente à parcela referente a agregados;

XV – despesas de custeio de benefícios e auxílios concedidos pela administração direta e indireta do Estado;

XVI – reposição e indenização ao erário;

XVII – descontos decorrentes de mandado judicial ou por força de lei.

Art. 5º. Os descontos em folha de pagamento de que trata o artigo anterior, salvo os obrigatórios por lei, os decorrentes de ordem judicial, os de custeio de benefícios e auxílios e os de reposição ou indenização ao erário, somente serão admitidos com autorização expressa do consignado junto à entidade, sendo que a autorização deverá ser arquivada pela entidade consignatária, podendo ser requisitada, a qualquer momento, pelo Departamento de Despesa de Pessoal do Estado da Coordenação da Administração Financeira da Secretaria da Fazenda, órgão gestor do sistema.

Art. 6º. As consignações não poderão exceder, em sua totalidade, a 50% (cinquenta por cento) dos vencimentos, proventos, soldos ou pensão do servidor público civil ou militar, ativo, inativo ou reformado ou do pensionista da administração direta e autárquica.

Parágrafo único. Os descontos obrigatórios por força de lei, os decorrentes de ordem judicial, as pensões alimentícias, os de custeio de benefícios e auxílios e os de reposição ou indenização ao erário, terão preferência sobre quaisquer outros.

Art. 7º. Será excluída a consignação, se por 3 (três) meses consecutivos houver insuficiência de vencimentos, proventos, soldos ou pensão para o seu desconto em folha de pagamento do servidor público civil e militar, ativo, inativo ou reformado ou do pensionista da administração direta e autárquica.

Art. 8º. É vedada à entidade consignatária:

I – informar e ceder a terceiros códigos de descontos que lhe tenham sido atribuídos;

II – utilizar os seus códigos para descontos de natureza diversa daqueles que lhe tenham sido autorizados;

III – transferir sua administração ou serviços, total ou parcialmente a terceiros.

Art. 9º. A entidade consignatária que praticar os atos descritos no art. 8º deste Decreto ou outras irregularidades, comprovadas em processo regular, terá seu código de consignação cassado mediante decisão publicada no Diário Oficial do Estado.

§ 1º. Da aplicação da penalidade prevista no *caput* deste artigo caberá pedido de reconsideração, sem efeito suspensivo, no prazo de 15 (quinze) dias contados da publicação da decisão no Diário Oficial do Estado.

§ 2º. Quando apenada com cassação, a entidade não poderá solicitar novo credenciamento pelo período de 2 (dois) anos, contados a partir da data da publicação da decisão no Diário Oficial do Estado.

Art. 10. As entidades admitidas como consignatárias deverão obrigatoriamente, ouvido o Departamento de Despesa de Pessoal do Estado da Coordenação da Administração Financeira da Secretaria da Fazenda, celebrar contrato com a empresa ou órgão encarregado do processamento da folha de pagamento.

Art. 11. No ato do repasse dos valores das consignações previamente autorizadas pelos servidores públicos civis e militares, ativos, inativos ou reformados e pelos pensionistas, serão descontados até 2% (dois por cento) do valor das consignações para custeio do respectivo serviço.

Parágrafo único. O desconto previsto neste artigo far-se-á independentemente do custo dos serviços executados pela empresa ou órgão encarregado do processamento da folha de pagamento.

Art. 12. A autorização para consignações em folha de pagamento de que trata este Decreto, não implica co-responsabilidade da administração pública por quaisquer compromissos assumidos entre os servidores públicos civis e militares, ativos, inativos ou reformados ou pensionistas da administração direta e autárquica junto às entidades consignatárias.

Art. 13. A Secretaria da Fazenda expedirá normas complementares necessárias à execução deste Decreto.

Art. 14. Este Decreto entra em vigor na data de sua publicação, ressalvados os convênios firmados anteriormente e revogadas as disposições em contrário, em especial os Decretos nº 25.253, de 27 de maio de 1986, nº 46.309, de 28 de novembro de 2001, nº 49.156, de 16 de novembro de 2004 e o art. 5º do Decreto nº 46.724, de 25 de abril de 2002.

Palácio dos Bandeirantes, 29 de novembro de 2006

Cláudio Lembo

DOE-I de 30.11.2006

DECRETO Nº 52.031, DE 3 DE AGOSTO DE 2007

Disciplina a aplicação do art. 4º-A da Lei Complementar nº 857, de 20 de maio de 1999, com a redação dada pela Lei Complementar nº 989, de 17 de janeiro de 2006, que dispõe sobre o gozo de licença-prêmio no âmbito da Administração Direta e Indireta e de outros Poderes do Estado.

José Serra, Governador do Estado de São Paulo, no uso de suas atribuições legais e à vista do disposto no art. 4º-B da Lei Complementar nº 857, de 20 de maio de 1999, com a redação dada pela Lei Complementar nº 989, de 17 de janeiro de 2006,

Decreta:

Art. 1º. A conversão de parcela de licença-prêmio em pecúnia, para os integrantes das carreiras da Polícia Civil, da Superintendência da Polícia Técnico-Científica e da Polícia Militar, de que trata o art. 4º-A da Lei Complementar nº 857, de 20 de maio de 1999, com a redação dada pela Lei Complementar nº 989, de 17 de janeiro de 2006, fica disciplinada nos termos deste Decreto.

Art. 2º. Poderá ser convertida, anualmente, em pecúnia, mediante requerimento, uma parcela de 30 (trinta) dias da licença-prêmio a que os integrantes das carreiras da Polícia Civil, da Superintendência da Polícia Técnico-Científica e da Polícia Militar tiverem direito, desde que se encontrem em efetivo exercício:

I – em Unidades Policiais Civis (UPCV);

II – em Unidades da Polícia Técnico-Científica; e

III – em Organizações Policiais Militares (OPM).

Parágrafo único. Os 60 (sessenta) dias de licença-prêmio restantes, do período aquisitivo considerado, somente poderão ser usufruídos em ano diverso daquele em que o beneficiário houver recebido a indenização, observado o prazo de até 4 (quatro) anos e 9 (nove) meses previsto no art. 213 da Lei nº 10.261, de 28 de outubro de 1968, com a redação dada pela Lei Complementar nº 857, de 20 de maio de 1999.

Art. 3º. O pagamento da indenização de que trata este Decreto observará o seguinte:

I – será efetivado no 5º dia útil do mês de aniversário do requerente;

II – corresponderá ao valor da remuneração do servidor ou militar no mês-referência de que trata o inciso anterior.

Art. 4º. O servidor ou militar que optar pela conversão de 30 (trinta) dias de licença-prêmio, em pecúnia, deverá apresentar requerimento, no prazo de 3 (três) meses antes do mês de aniversário.

§ 1º. O órgão de recursos humanos competente deverá instruir o requerimento com:

1. informações relativas à publicação do ato de concessão da licença-prêmio e o período aquisitivo;

2. declaração de não-fruição de parcela de licença-prêmio no ano considerado, relativa ao período aquisitivo, nos termos do art. 2º deste Decreto.

§ 2º. Caberá à autoridade competente, conforme o caso, decidir sobre o deferimento do pedido, com observância:

1. da necessidade do serviço;

2. da disponibilidade orçamentária e financeira;

3. da assiduidade e da ausência de penas disciplinares, no período de 1 (um) ano imediatamente anterior à data do requerimento do servidor ou militar.

• *Art. 4º com redação dada pelo Decreto nº 52.121, de 31.8.2007.*

Art. 5º. Os Secretários de Gestão Pública e da Segurança Pública editarão conjuntamente normas complementares a este Decreto.

Art. 6º. Este Decreto entra em vigor na data de sua publicação, aplicando-se exclusivamente às licenças-prêmio cujos períodos aquisitivos se completem a partir desta data.

Palácio dos Bandeirantes, 3 de agosto de 2007

José Serra

DOE de 4.8.2007

DECRETO Nº 52.054, DE 14 DE AGOSTO DE 2007

Dispõe sobre o horário de trabalho e registro de ponto dos servidores públicos estaduais da Administração Direta e das Autarquias, consolida a legislação relativa às entradas e saídas no serviço, e dá providências correlatas.

José Serra, Governador do Estado de São Paulo, no uso de suas atribuições legais,

Decreta:

Art. 1º. O horário de trabalho e o registro de ponto dos servidores públicos estaduais da Administração Direta e das Autarquias obedecerão às normas estabelecidas neste Decreto.

Art. 2º. As unidades administrativas públicas estaduais deverão manter, durante todo o seu período de funcionamento, servidores para a garantia da prestação dos serviços que lhe são afetos.

Parágrafo único. As unidades que prestam atendimento direto ao cidadão deverão:

1. manter ininterruptamente servidores, garantindo a prestação dos serviços, observada a escala de horário estabelecida pela chefia imediata;

2. afixar em local visível ao público e publicar nos meios de comunicação oficiais o seu horário de funcionamento.

Art. 3º. A jornada de trabalho dos servidores sujeitos à prestação de quarenta horas semanais de serviço será cumprida, obrigatoriamente, em dois períodos dentro da faixa horária compreendida entre oito e dezoito horas, de segunda a sexta-feira, com intervalo de duas horas para alimentação e descanso.

§ 1º. Para atender à conveniência do serviço ou à peculiaridade da função, o horário dos servidores poderá ser prorrogado ou antecipado, dentro da faixa horária compreendida entre sete e dezenove horas, desde que mantida a divisão em dois períodos e assegurado o intervalo mínimo de uma hora para alimentação e descanso.

§ 2º. Nas unidades em que houver necessidade de funcionamento ininterrupto, o horário poderá ser estabelecido para duas ou mais turmas, mantida sempre a divisão em dois períodos com intervalo de, no mínimo, uma hora para alimentação e descanso.

§ 3º. Nas unidades em que, por sua natureza, seja indispensável o trabalho aos sábados, domingos, pontos facultativos e/ou feriados é facultado, sempre que possível, o cumprimento do disposto neste artigo, em até três turmas distintas, observados o descanso semanal remunerado e intervalos para alimentação e descanso.

§ 4º. Para os fins previstos neste artigo, cabe ao dirigente do órgão determinar o sistema que melhor atenda à conveniência e às necessidades do serviço.

Art. 4º. A jornada de trabalho dos servidores sujeitos à prestação de trinta horas semanais, correspondentes a seis horas diárias de serviço, deverá ser cumprida dentro da faixa horária entre sete e dezenove horas, assegurado o intervalo mínimo de quinze minutos para alimentação e descanso.

Parágrafo único. Observadas as disposições do *caput*, aplica-se aos servidores sujeitos à jornada de trabalho de trinta horas semanais as disposições dos §§ 2º, 3º e 4º do art. 3º deste Decreto, no que couber, cabendo ao dirigente do órgão disciplinar o funcionamento do serviço que melhor possa atender ao interesse público.

Art. 5º. A jornada de trabalho nos locais onde os serviços são prestados vinte e quatro horas diárias, todos os dias da semana, poderá ser cumprida sob regime de plantão, a critério da Administração, com a prestação diária de doze horas contínuas de trabalho, respeitado o intervalo mínimo de uma hora para descanso e alimentação, e trinta e seis horas contínuas de descanso.

Parágrafo único. Aplica-se o disposto no *caput* deste artigo aos servidores pertencentes às atividades-fim das áreas de saúde, segurança pública e administração penitenciária.

Art. 6º. A frequência diária dos servidores da Administração Direta e das Autarquias será apurada pelo registro de ponto.

Art. 7º. Do registro do ponto, mediante o qual se verifica, diariamente, a entrada e saída do servidor em serviço, deverão constar:

I – o nome e registro geral do servidor;

II – o cargo ou função-atividade do servidor;

III – a jornada de trabalho do servidor e identificação específica quando o cumprimento se der em regime de plantão;

IV – o horário de entrada e saída ao serviço;

V – o horário de intervalo para alimentação e descanso;

VI – as ausências temporárias e as faltas ao serviço;

VII – as compensações previstas nos arts. 13 e 14 deste Decreto;

VIII – os afastamentos e licenças previstos em lei;

IX – assinatura do servidor e da Chefia imediata.

§ 1º. Para o registro de ponto poderão ser utilizados meios mecânicos, de preferência, eletrônicos ou formulário específico.

§ 2º. A utilização do formulário a que se refere o § 1º deste artigo dar-se-á a partir do primeiro dia do mês subsequente à publicação de Instrução a ser expedida pelo Órgão Central do Sistema de Administração de Pessoal do Estado.

Art. 8º. O servidor que faltar ao serviço poderá requerer o abono ou a justificação da falta, por escrito à autoridade competente, no primeiro dia em que comparecer à repartição, sob pena de sujeitar-se a todas as consequências resultantes da falta de comparecimento.

Parágrafo único. As faltas abonadas e as consideradas justificadas pela autoridade competente não serão computadas para efeito de configuração dos ilícitos de abandono do cargo ou função e de faltas interpoladas.

Art. 9º. Poderão ser abonadas as faltas ao serviço, até o máximo de seis por ano, não excedendo a uma por mês, em razão de moléstia ou outro motivo relevante, a critério do superior imediato do servidor.

Parágrafo único. As faltas abonadas não implicarão desconto da remuneração.

Art. 10. Poderão ser justificadas até vinte e quatro faltas por ano, desde que motivadas em fato que, pela natureza e circunstância, possa constituir escusa razoável do não comparecimento.

§ 1º. No prazo de sete dias o chefe imediato do servidor decidirá sobre a justificação das faltas, até o máximo de doze por ano; a justificação das que excederem a esse número, até o limite de vinte e quatro, será submetida, devidamente informada por essa autoridade, ao seu superior hierárquico, que decidirá em igual prazo.

§ 2º. Nos casos em que o chefe imediato seja diretamente subordinado ao Governador, a Secretário de Estado, ao Procurador Geral do Estado ou a Dirigente de Autarquia, sua competência se estenderá até o limite de vinte e quatro faltas.

§ 3º. O servidor perderá a totalidade do vencimento ou salário do dia nos casos de que trata o *caput* deste artigo.

Art. 11. No caso de faltas sucessivas, justificadas ou injustificadas, os dias intercalados, os sábados, domingos, feriados e aqueles em que não haja expediente serão computados para efeito de desconto dos vencimentos ou salários.

Art. 12. O servidor perderá um terço do vencimento ou salário do dia quando entrar em serviço dentro da hora seguinte à marcada para o início dos trabalhos ou retirar-se dentro da última hora do expediente.

Parágrafo único. Aplica-se o disposto no *caput* deste artigo quando excedidos os limites fixados nos arts. 13 e 14 deste Decreto e não efetuadas as compensações neles previstas.

Art. 13. Poderá o servidor até cinco vezes por mês, sem desconto em seu vencimento, salário ou remuneração, entrar com atraso nunca superior a quinze minutos na unidade onde estiver em exercício, desde que compense o atraso no mesmo dia.

Art. 14. Até o máximo de três vezes por mês, será concedida ao servidor autorização para retirar-se temporária ou definitivamente, durante o expediente, sem qualquer desconto em seus vencimentos ou salários, quando a critério da chefia imediata, for invocado motivo justo.

§ 1º. A ausência temporária ou definitiva, de que trata o *caput* deste artigo, não poderá exceder a duas horas, exceto nos casos de consulta ou tratamento de saúde, previstos em lei.

§ 2º. O servidor é obrigado a compensar, no mesmo dia ou nos três dias úteis subsequentes, o tempo correspondente à retirada temporária ou definitiva de que trata o *caput* deste artigo na seguinte conformidade:

1. se a ausência for igual ou inferior a trinta minutos, a compensação se fará de uma só vez;

2. se a retirada se prolongar por período superior a trinta minutos, a compensação deverá ser dividida por período não inferior a trinta minutos com exceção do último, que será pela

fração necessária à compensação total, podendo o servidor, a critério da chefia imediata, compensar mais de um período num só dia.

§ 3º. Não serão computados no limite de que trata o *caput* os períodos de ausências temporárias durante o expediente para consulta ou tratamento de saúde, previstos em lei.

§ 4º. Entre as hipóteses de ausência previstas no *caput* inclui-se a faculdade de o servidor retirar-se do expediente uma vez por mês, dispensada a compensação, para a finalidade específica de recebimento de sua retribuição mensal em instituição bancária, desde que na unidade de trabalho não se mantenha agência bancária, posto ou caixa de atendimento eletrônico.

Art. 15. O servidor perderá a totalidade de seu vencimento ou salário do dia quando comparecer ou retirar-se do serviço fora de horário, ressalvadas as hipóteses previstas nos arts. 12, 13 e 14 deste Decreto e os casos de consulta ou tratamento de saúde, previstos em lei.

Parágrafo único. A frequência do servidor será registrada desde que permaneça no trabalho por mais de dois terços do horário a que estiver sujeito.

Art. 16. Para a configuração do ilícito administrativo de abandono de cargo ou função, são computados os dias de sábados, domingos, feriados e pontos facultativos.

Parágrafo único. Para os servidores pertencentes às atividades-fim das áreas de saúde, segurança pública e administração penitenciária que trabalham sob o regime de plantão são computados, para os fins previstos no *caput*, além dos dias de sábado, domingos, feriados, pontos facultativos, os dias de folgas subsequentes aos plantões aos quais tenham faltado.

Art. 17. O servidor-estudante, nos termos do art. 121 da Lei nº 10.261, de 28 de outubro de 1968, poderá, a critério da Administração, entrar em serviço até uma hora após o início do expediente ou deixá-lo até uma hora antes do término, conforme se trate de curso diurno ou noturno, respectivamente.

§ 1º. O benefício previsto no *caput* deste artigo somente será concedido quando mediar entre o período de aulas e o expediente da unidade de prestação dos serviços, tempo igual ou inferior a noventa minutos.

§ 2º. Para fazer jus ao benefício de que trata o *caput* deste artigo deverá o servidor apresentar comprovante, anual ou semestral conforme o caso, de que está matriculado em estabelecimento de ensino oficial ou autorizado.

§ 3º. O servidor abrangido por este artigo gozará dos benefícios nele previstos durante os dias letivos, exceto nos períodos de recesso ou férias escolares.

§ 4º. O servidor-estudante fica obrigado a comprovar o comparecimento às aulas, semestralmente, junto à Chefia imediata, mediante apresentação de documento hábil expedido pelo estabelecimento de ensino em que estiver matriculado.

§ 5º. O não cumprimento das disposições do § 4º deste artigo implicará na responsabilização disciplinar, civil e penal.

Art. 18. Os Secretários de Estado, o Procurador Geral do Estado e os Dirigentes de Autarquias fixarão critérios para controle do ponto de servidores que, em virtude das atribuições do cargo ou função, realizem trabalhos externos.

Art. 19. As normas de registro e controle de frequência dos docentes da Secretaria da Educação serão estabelecidas em ato específico da Pasta.

Art. 20. Será disciplinado mediante ato dos respectivos Secretários de Estado e Dirigentes de Autarquias, com anuência do Secretário de Gestão Pública, no prazo máximo de 30 (trinta) dias contados a partir da data de publicação deste Decreto, o horário de trabalho dos seguintes servidores:

I – em exercício nas unidades escolares da Secretaria da Educação e no Centro Estadual de Educação Tecnológica "Paula Souza";

II – em exercício nas unidades de saúde;

III – em regime especial de trabalho nas áreas de segurança pública, do sistema penitenciário e de fiscalização.

Art. 21. Sempre que a natureza e a necessidade do serviço assim o exigirem, os Secretários de Estado, o Procurador Geral do Estado e os Dirigentes de Autarquias poderão, com anuência do Secretário de Gestão Pública, expedir normas específicas quanto ao horário de trabalho de servidores abrangidos por este Decreto.

Art. 22. O disposto nos arts. 8º a 17 deste Decreto não se aplica aos servidores admitidos sob o regime da Consolidação das Leis do Trabalho – CLT.

Art. 23. Serão responsabilizados disciplinarmente os chefes imediatos e mediatos dos servidores que, sem motivo justo, deixarem de cumprir as normas relativas ao horário de trabalho e ao registro do ponto.

Art. 24. Este Decreto entra em vigor na data de sua publicação, ficando revogadas as disposições em contrário e em especial:

I – os arts. 261 a 286 do Decreto nº 42.850, de 30 de dezembro de 1963;

II – o Decreto nº 40.684, de 5 de setembro de 1962;

III – o Decreto nº 49.280, de 6 de fevereiro de 1968;

IV – o Decreto nº 49.603, de 14 de maio de 1968;

V – o Decreto nº 52.810, de 6 de outubro de 1971;

VI – o Decreto nº 902, de 29 de dezembro de 1972;

VII – o Decreto nº 6.288, de 10 de junho de 1975;

VIII – o Decreto nº 7.459, de 19 de janeiro de 1976;

IX – o Decreto nº 8.458, de 6 de setembro de 1976;

X – o Decreto nº 10.135, de 17 de agosto de 1977;

XI – o Decreto nº 13.462, de 11 de abril de 1979;

XII – o Decreto nº 23.490, de 21 de maio de 1985;

XIII – o Decreto nº 40.258, de 9 de agosto de 1995.

Palácio dos Bandeirantes, 14 de agosto de 2007

José Serra

DOE-I de 15.8.2007

DECRETO Nº 52.121, DE 31 DE AGOSTO DE 2007

Altera o art. 4º do Decreto nº 52.031, de 3 de agosto de 2007, que disciplina a aplicação do art. 4º-A da Lei Complementar nº 857, de 20 de maio de 1999, com a redação dada pela Lei Complementar nº 989, de 17 de janeiro de 2006, que dispõe sobre o gozo de licença-prêmio no âmbito da Administração Direta e Indireta e de outros Poderes do Estado.

José Serra, Governador do Estado de São Paulo, no uso de suas atribuições legais e à vista da manifestação da Secretaria de Gestão Pública,

Decreta:

Art. 1º. O art. 4º do Decreto nº 52.031, de 3 de agosto de 2007, passa a vigorar com a seguinte redação:

- *Alteração já efetuada no corpo do Decreto.*

Art. 2º. Este Decreto entra em vigor na data de sua publicação, retroagindo seus efeitos a 4 de agosto de 2007.

Palácio dos Bandeirantes, 31 de agosto de 2007

José Serra

DOE-I de 1º.9.2007

DECRETO Nº 52.859, DE 02 DE ABRIL DE 2008

Regulamenta a Lei Complementar nº 1.012, de 5 de julho de 2007.

(Atualizado até o Decreto nº 56.386, de 9.11.2010)

José Serra, Governador do Estado de São Paulo, no uso de suas atribuições legais e com fundamento no art. 14 da Lei Complementar nº 1.012, de 5 de julho de 2007,

Decreta:

Capítulo I – Disposição Preliminar

Art. 1º. As disposições deste Decreto aplicam-se aos segurados do Regime Próprio de Previdência Social – RPPS de que trata o art. 2º da Lei Complementar nº 1.010, de 1º de junho de 2007.

Capítulo II – Das Contribuições Sociais ao RPPS

Seção I – Da Contribuição do Servidor Ativo

Art. 2º. A contribuição social do servidor ativo ao RPPS é de 11% (onze por cento) e incidirá sobre a totalidade da base de contribuição, nos termos do art. 8º da Lei Complementar nº 1.012, de 5 de julho de 2007.

Art. 3º. A base de contribuição referida no art. 2º deste Decreto corresponde à totalidade do subsídio, da remuneração ou dos vencimentos, incluídas as vantagens pecuniárias permanentes, os adicionais de caráter individual e quaisquer outras vantagens pessoais incorporadas ou suscetíveis de incorporação e excluídos unicamente:

I – as diárias para viagens;

II – o auxílio-transporte;

III – o salário-família;

IV – o salário-esposa;

V – o auxílio-alimentação;

VI – as parcelas remuneratórias pagas em decorrência de local de trabalho;

VII – a parcela percebida em decorrência do exercício de cargo em comissão ou de função de confiança;

VIII – o abono de permanência;

IX – a parcela correspondente a 1/3 (um terço) de férias;

X – outras vantagens não incorporáveis instituídas em lei.

§ 1º. O décimo terceiro salário será considerado para a aferição da base de contribuição de que trata o *caput* deste artigo.

§ 2º. O servidor poderá optar pela inclusão na base de contribuição das parcelas remuneratórias a que se referem os incisos VI e VII deste artigo, para efeito de cálculo do benefício previdenciário, respeitada, em qualquer hipótese a limitação estabelecida no § 2º do art. 40 da Constituição Federal.

§ 3º. A opção de que trata o § 2º deste artigo, admissível depois de se iniciar a percepção da parcela a que se referir, será exercida com o preenchimento de formulário próprio fornecido pela São Paulo Previdência – SPPREV e produzirá efeitos:

1. no mês em que for manifestada, se a comunicação à SPPREV ocorrer até o cadastramento da parcela;

2. no mês seguinte ao da manifestação, quando comunicada à SPPREV em período posterior ao fixado no item anterior.

§ 4º. Os descontos efetuados no subsídio, na remuneração ou nos vencimentos, em razão de faltas justificadas e injustificadas ou perda de vencimentos, somente serão considerados, para a aferição da base de contribuição, quando o servidor tenha ingressado no serviço público após a publicação da Emenda Constitucional nº 41, de 19 de dezembro de 2003.

Seção II – Da Contribuição do Inativo e do Pensionista

Art. 4º. A contribuição social para o RPPS, devida pelos aposentados e pensionistas, será de 11% (onze por cento), incidente sobre a parcela dos proventos de aposentadoria e de pensão que supere o limite máximo estabelecido para os benefícios do Regime Geral de Previdência Social – RGPS.

§ 1º. Quando o inativo ou pensionista seja portador de doença incapacitante e nos termos do § 21 do art. 40 da Constituição Federal, a contribuição prevista no *caput* deste artigo incidirá apenas sobre a parcela dos proventos de aposentadoria e de pensão que supere o dobro do limite máximo estabelecido para os benefícios do RGPS.

§ 2º. Para os fins do disposto no parágrafo anterior e conforme o art. 151 da Lei federal nº 8.213, de 24 de julho de 1991, considera-se portador de doença incapacitante quem seja acometido das seguintes doenças: tuberculose ativa; hanseníase; alienação mental; neoplasia maligna; cegueira; paralisia irreversível e incapacitante; cardiopatia grave; doença de Parkinson; espondiloartrose anquilosante; nefropatia grave; estado avançado da doença de Paget (osteíte deformante); síndrome da deficiência imunológica adquirida-Aids; e contaminação por radiação, com base em conclusão da medicina especializada.

§ 3º. Nos casos de percepção cumulativa de proventos de aposentadoria ou de pensão, considerar-se-á, para o cálculo da contribuição de que trata o *caput* deste artigo, o somatório dos valores percebidos, de forma que o limite máximo estabelecido para os benefícios do RGPS incida uma única vez.

§ 4º. O décimo terceiro salário será considerado para fins de incidência da contribuição de que trata o *caput* deste artigo.

Seção III – Da Contribuição do Estado

Art. 5º. A contribuição previdenciária do Estado de São Paulo para o custeio do RPPS corresponderá ao dobro do valor da contribuição dos servidores, nos termos do parágrafo único do art. 32 da Lei Complementar nº 1.010, de 1º de junho de 2007.

Parágrafo único. O Estado é responsável pela cobertura de eventuais insuficiências financeiras do RPPS, decorrentes do pagamento dos benefícios previdenciários.

Seção IV – Do Recolhimento e da Finalidade das Contribuições

Art. 6º. As contribuições devidas pelos servidores, pelos inativos e pensionistas e pelo Estado, para o custeio do RPPS, serão contabilizadas separadamente e recolhidas em favor da SPPREV na data do pagamento do subsídio, dos vencimentos ou da remuneração, dos proventos de aposentadoria e das pensões.

§ 1º. A contribuição dos servidores ativos, dos inativos e dos pensionistas dar-se-á mediante desconto mensal na respectiva folha de pagamento.

§ 2º. Os recursos provenientes das contribuições a que se refere o *caput* deste artigo:

1. destinam-se exclusivamente ao custeio dos benefícios previdenciários do RPPS;

2. deverão ser contabilizados em contas específicas;

3. serão administrados segundo as regras contidas nas Resoluções do Conselho Monetário Nacional – CMN e sob a orientação, a supervisão e o acompanhamento do Ministério da Previdência e Assistência Social, nos termos do art. 9º, inciso I, da Lei federal nº 9.717, de 27 de novembro de 1998.

§ 3º. Ficam vedados empréstimos e financiamentos de qualquer natureza, para qualquer pessoa física ou jurídica, bem como o pagamento de benefícios previdenciários mediante convênio ou consórcios, nos termos da Lei Complementar nº 1.010, de 1º de junho de 2007.

Capítulo III – Do Servidor Público Afastado ou Licenciado e de sua Vinculação ao RPPS

Art. 7º. O servidor afastado ou licenciado manterá seu vínculo ao RPPS:

I – quando cedido a órgão ou entidade de outro ente da federação, com ou sem ônus para o cessionário, nos termos do art. 1º-A, da Lei federal nº 9.717, de 27 de novembro de 1998, incluído pela Medida Provisória nº 2.817-13, de 2001;

II – quando o tempo de licenciamento seja considerado como de efetivo exercício no cargo;

III – durante o afastamento do cargo efetivo para o exercício de mandato eletivo.

Parágrafo único. O servidor que, durante o exercício do mandato de Vereador, ocupe concomitantemente seu cargo efetivo, permanece vinculado, por este, ao RPPS e filia-se, pelo mandato eletivo, ao RGPS.

Art. 8º. Quando não se tratar de hipótese indicada no art. 7º deste Decreto e ressalvada a opção de que trata o § 1º deste artigo, o servidor afastado ou licenciado do cargo efetivo, sem direito à remuneração, terá suspenso o seu vínculo com o RPPS enquanto durar o afastamento ou a licença, não lhe assistindo, neste período, os benefícios do mencionado regime.

§ 1º. O servidor licenciado ou afastado sem remuneração poderá optar pela manutenção da vinculação ao RPPS.

§ 2º. A manutenção do vínculo com o RPPS dependerá do recolhimento mensal, pelo servidor, da respectiva contribuição e da contribuição do Estado.

§ 3º. O recolhimento de que trata o § 2º deste artigo:

1. observará os mesmos percentuais e incidirá sobre a totalidade da base de cada contribuição, como se o servidor estivesse no exercício de suas atribuições;

2. deverá ser efetuado até o segundo dia útil após a data do pagamento das remunerações dos servidores públicos.

§ 4º. Em caso de atraso no recolhimento, serão aplicados os encargos moratórios previstos para a cobrança dos tributos estaduais, cessando, após 60 (sessenta) dias, as coberturas previdenciárias até a total regularização dos valores devidos.

§ 5º. A opção pela manutenção do vínculo com o RPPS poderá ser feita no momento do afastamento do cargo, ou em até 30 (trinta) dias após a publicação do ato que a tiver deferido.

Art. 9º. Quando o servidor seja cedido a outro ente federativo, e o ônus de pagar sua remuneração seja do órgão ou da entidade cessionária, a este também caberá:

I – realizar o desconto da contribuição devida pelo servidor;

II – pagar a contribuição devida pelo ente de origem;

III – repassar à SPPREV as importâncias relativas às contribuições mencionadas nos incisos I e II deste artigo.

§ 1º. Caso o cessionário não repasse as contribuições à SPPREV no prazo legal, caberá ao órgão ou ente cedente efetuá-lo, sem prejuízo do reembolso de tais valores junto ao cessionário.

§ 2º. O termo ou ato de cessão do servidor com ônus para o cessionário deverá prever a responsabilidade deste pelo desconto, recolhimento e repasse das contribuições previdenciárias à SPPREV, conforme valores informados mensalmente pelo cedente.

Art. 10. Quando o servidor seja cedido a outro ente federativo, sem ônus para o cessionário, o cedente continuará responsável pelo desconto e pelo repasse das contribuições à SPPREV.

Art. 11. Nas hipóteses de cessão, licenciamento ou afastamento de servidor, de que trata o art. 7º, inciso I, deste Decreto, o cálculo da contribuição será feito de acordo com a remuneração do cargo efetivo de que o servidor é titular.

§ 1º. É facultado ao servidor requerer à SPPREV a inclusão na base de contribuição das parcelas remuneratórias complementares, pagas pelo ente cessionário e não componentes da remuneração do cargo efetivo, quando percebidas em decorrência de local de trabalho, de exercício de cargo em comissão ou de função de confiança.

§ 2º. Sobre as parcelas referidas no § 1º deste artigo não incidirão contribuições para o RPPS do ente cessionário, nem para o RGPS.

Capítulo IV – Do Abono de Permanência

Art. 12. Os servidores que tenham completado ou venham a completar as exigências para a aposentadoria voluntária e optem por permanecer em atividade poderão requerer o abono de permanência a que se refere o § 19 do art. 40 da Constituição Federal, acrescido pelo art. 1º da Emenda Constitucional nº 41, de 19 de dezembro de 2003.

Parágrafo único. O requerimento a que se refere o *caput* deste artigo será feito com o preenchimento de formulário próprio e dirigido ao órgão setorial ou subsetorial de recursos humanos ao qual o interessado estiver vinculado.

Art. 13. O valor do abono de permanência será equivalente ao da contribuição social efetivamente descontada do servidor ativo ou recolhida por este ao RPPS.

§ 1º. Deferido o abono de permanência, o órgão no qual o servidor estiver lotado arcará, a partir da data em que o servidor tiver completado os requisitos para aposentadoria, com o pagamento integral do respectivo valor.

- *§ 1º com redação dada pelo Decreto nº 56.386, de 9.11.2010.*

§ 2º. A concessão do abono de permanência não dispensa o órgão ou ente público a que se refere o § 1º deste artigo de reter e recolher à SPPREV a contribuição social do servidor e a contribuição devida pelo Estado.

Art. 14. O direito ao abono de permanência cessará na data da aposentadoria do servidor, em qualquer de suas modalidades.

Art. 15. O abono de permanência não será incluído na base de cálculo para fixação do valor de qualquer benefício previdenciário.

Art. 16. No caso de acúmulo de cargos, o abono de permanência será devido considerando-se cada cargo no qual o servidor tenha implementado as condições para aposentadoria.

Art. 17. Na hipótese de afastamento com prejuízo do subsídio, dos vencimentos ou da remuneração, o abono de permanência será pago pelo órgão ou ente cedente, observado o disposto no § 2º deste artigo.

§ 1º. O pagamento do abono de permanência não dispensa o órgão ou ente cessionário de reter e recolher à SPPREV a contribuição social do servidor e a contribuição do Estado, por ele suportada.

§ 2º. O órgão setorial ou subsetorial de recursos humanos ao qual for apresentado o requerimento a que se refere o artigo 12 deste decreto informará o seu deferimento ao órgão ou ente cessionário, para o devido reembolso ao servidor.

• *§ 2º com redação dada pelo Decreto nº 56.386, de 9.11.2010.*

§ 3º. É do órgão cedente a responsabilidade pelo repasse à SPPREV da contribuição do Estado.

Capítulo V – Da Pensão e da Comprovação da Dependência Econômica

Art. 18. Têm direito à pensão por morte do servidor:

I – o cônjuge ou o companheiro ou companheira, na constância, respectivamente, do casamento ou da união estável;

II – o companheiro ou a companheira, na constância da união homoafetiva;

III – os filhos, de qualquer condição ou sexo, de idade igual à prevista na legislação do regime geral da previdência social e não emancipados, bem como os inválidos para o trabalho e os incapazes civilmente, estes dois últimos desde que comprovadamente vivam sob dependência econômica do servidor;

IV – os pais, desde que comprovadamente vivam sob dependência econômica do servidor, e não existam dependentes das classes mencionadas nos incisos I, II ou III deste artigo, ressalvado o disposto no § 3º deste artigo.

§ 1º. O enteado e o menor tutelado equiparam-se ao filho, desde que comprovadamente vivam sob dependência econômica do servidor.

§ 2º. A pensão atribuída ao filho inválido ou incapaz será devida enquanto durar a invalidez ou incapacidade.

§ 3º. Mediante declaração escrita do servidor, os dependentes enumerados no inciso IV deste artigo poderão concorrer em igualdade de condições com os demais.

§ 4º. A invalidez ou a incapacidade supervenientes à morte do servidor não conferem direito à pensão, exceto se tiverem início durante o período em que o dependente usufruía o benefício.

§ 5º. Considera-se união estável, para os fins do inciso I deste artigo, a convivência pública, contínua e duradoura, com o objetivo de constituição de família, nos termos e condições da lei civil.

• *§ 5º com redação dada pelo Decreto nº 56.373, de. 4.11.2010 – Efeitos desde 3.4.2008.*

§ 6º. Considera-se união homoafetiva, para os fins do inciso II deste artigo, aquela verificada entre pessoas do mesmo sexo, como entidade familiar.

Art. 19. A pensão de que trata o art. 18 deste Decreto será paga aos beneficiários, mediante rateio, em partes iguais.

§ 1º. O pagamento da pensão retroagirá à data do óbito, quando requerido em até 60 (sessenta) dias depois deste e, ultrapassado esse prazo, será feito a partir da data do requerimento.

§ 2º. A pensão será concedida ao dependente que primeiro vier a requerê-la, admitindo-se novas inclusões a qualquer tempo, cujos efeitos financeiros serão produzidos nos termos do § 1º deste artigo.

§ 3º. Com a perda da qualidade de dependente, será extinta a respectiva quota de pensão e esta somente reverterá de filhos para cônjuge ou companheiro ou companheira e destes para aqueles.

§ 4º. Com a extinção da última quota de pensão, extingue-se o benefício.

Art. 20. Quando a pensão seja postulada pelo companheiro ou companheira do servidor, a união estável ou a união homoafetiva será comprovada com a apresentação de requerimento à SPPREV, instruído com, no mínimo, três documentos, relativos a aspectos diferentes, dentre os enumerados a seguir:

I – contrato escrito;

II – declaração de coabitação;

III – cópia de declaração de imposto de renda;

IV – disposições testamentárias;

V – certidão de nascimento de filho em comum;

VI – certidão ou declaração de casamento religioso;

VII – comprovação de residência em comum;

VIII – comprovação de encargos domésticos que evidenciem a existência de sociedade ou comunhão nos atos da vida civil;

IX – procuração ou fiança reciprocamente outorgada;

X – comprovação de compra e venda de imóvel em conjunto;

XI – contrato de locação de imóvel em que figurem como locatários ambos os conviventes;

XII – comprovação de conta bancária conjunta;

XIII – apólice de seguro em que conste o(a) companheiro(a) como beneficiário(a);

XIV – registro em associação de classe no qual conste o(a) companheiro(a) como beneficiário(a);

XV – inscrição em instituição de assistência médica do(a) companheiro(a) como beneficiário(a).

Parágrafo único. A apresentação de decisão judicial irrecorrível reconhecendo a união estável ou a união homoafetiva dispensa a apresentação dos documentos enumerados no *caput* deste artigo.

Art. 21. A comprovação de dependência econômica, necessária para o deferimento de pensão ao filho inválido para o trabalho ou incapaz civilmente, ao enteado, ao menor tutelado e aos pais do servidor, será feita com a apresentação de, no mínimo, três documentos, dentre os enumerados a seguir:

I – declaração pública feita perante tabelião;

II – cópia de declaração de imposto de renda, em que conste nominalmente o interessado como dependente;

III – disposições testamentárias;

IV – comprovação de residência em comum;

V – apólice de seguro em que conste o interessado como beneficiário;

VI – registro em associação de classe onde conste o interessado como beneficiário;

VII – inscrição em instituição de assistência médica do interessado como beneficiário.

Parágrafo único. Sem prejuízo do disposto no *caput* deste artigo, os dependentes que integrem as classes a seguir indicadas também instruirão seus requerimentos:

1. o filho inválido, com laudo fornecido por médico perito designado pela SPPREV, demonstrativo de sua invalidez, e com sua certidão de nascimento;

2. o filho civilmente incapaz, com cópia de sentença declaratória de interdição transitada em julgado, e com sua certidão de nascimento;

3. o enteado, com sua certidão de nascimento e com certidão demonstrativa de que seu genitor era casado com o servidor;

4. o menor tutelado que não possua bens próprios, com sua certidão de nascimento, o termo de tutela definitiva e a declaração, firmada pelo servidor ou por seu responsável, de que não tem bens próprios para seu sustento;

5. o pai e a mãe, com a certidão de nascimento do servidor e a declaração escrita em que este tenha nomeado um deles ou ambos como dependentes, a qual somente terá eficácia quando não tenham bens próprios para seu sustento.

Art. 22. Por decisão motivada, o Diretor Presidente da SPPREV poderá indeferir os requerimentos previstos nos arts. 20 e 21 deste Decreto, quando os documentos exibidos não bastem para demonstrar que o interessado, na data do óbito do servidor, dependia economicamente dele ou atendia aos demais requisitos fixados na lei para a aquisição e o exercício do direito à pensão.

Capítulo VI – Do Salário-Família, do Auxílio-Reclusão e Funeral

Art. 23. Ao servidor ou ao inativo de baixa renda será concedido salário-família por:

I – filho ou equiparado de qualquer condição menor de 14 (quatorze) anos;

II – filho inválido de qualquer idade.

§ 1º. O critério para aferição da baixa renda do servidor ou do inativo será o mesmo utilizado para trabalhadores vinculados ao RGPS.

§ 2º. O pagamento do salário-família será devido a partir da data da apresentação da certidão de nascimento do filho ou da documentação relativa ao equiparado ou ao inválido e estará condicionado à apresentação anual de atestado de vacinação obrigatória, até seis anos de idade, e de comprovação de frequência à escola do filho menor ou equiparado, a partir dos seis anos de idade.

§ 3º. O benefício do salário-família ficará suspenso até que o interessado apresente o atestado de vacinação obrigatória e o comprovante de frequência escolar, referidos no § 3º deste artigo.

§ 4º. A frequência escolar será comprovada com a apresentação de documento, relativo ao aluno e emitido pelo estabelecimento de ensino, na forma da legislação própria.

Art. 24. Aos dependentes de servidor de baixa renda, enquanto permanecer recolhido à prisão, será concedido auxílio-reclusão.

§ 1º. O critério para aferição da baixa renda do servidor a que alude o *caput* deste artigo é o mesmo utilizado para os trabalhadores sujeitos ao RGPS.

§ 2º. O valor do auxílio-reclusão será idêntico ao do salário de contribuição do servidor.

§ 3º. O pagamento do auxílio-reclusão obedecerá aos mesmos critérios estabelecidos no art. 19 deste Decreto.

§ 4º. Consideram-se dependentes, para fins do disposto no *caput* deste artigo, as pessoas mencionadas no art. 18 deste Decreto.

§ 5º. O direito à percepção do benefício cessará:

1. no caso de extinção da pena;

2. se ao servidor, ao final do processo criminal, for imposta a perda do cargo;

3. se da decisão administrativa irrecorrível, em processo disciplinar, resultar imposição da pena demissória, simples ou agravada;

4. por morte do servidor ou do beneficiário do auxílio.

§ 6º. O pagamento do benefício de que trata este artigo será suspenso em caso de fuga, concessão de liberdade condicional ou alteração do regime prisional para prisão albergue e somente será retomado caso se modifiquem essas situações.

§ 7º. O requerimento para obtenção do auxílio-reclusão será instruído com a certidão do efetivo recolhimento do servidor à prisão, expedida por autoridade competente, devendo ser renovada a cada 3 (três) meses e apresentada pelo interessado à SPPREV, para fins de percepção do benefício.

Art. 25. Ao cônjuge, companheiro ou companheira ou, na sua falta, aos filhos de qualquer condição ou aos pais será concedido auxílio-funeral, a título de assistência à família do servidor ativo ou inativo falecido, de valor correspondente a 1 (um) mês da remuneração.

§ 1º. Se o óbito do policial civil, de integrante da carreira de Agente de Segurança Penitenciária e da classe de Agente de Escolta e Vigilância Penitenciária ocorrer em decorrência de lesões recebidas no exercício de suas funções, o valor do auxílio-funeral corresponderá a 2 (dois) meses da respectiva remuneração.

§ 2º. A concessão do valor do benefício nos termos do § 1º deste artigo dependerá da comprovação da causa do óbito, resultante de competente apuração.

§ 3º. As despesas com o funeral do servidor e do inativo que tenham sido efetuadas por terceiros serão ressarcidas até o limite previsto no *caput* deste artigo.

§ 4º. As despesas com o funeral que tenham sido custeadas por entidade prestadora de serviços dessa natureza serão ressarcidas até o limite previsto no *caput* deste artigo, mediante a apresentação de alvará judicial.

§ 5º. O pagamento do auxílio-funeral ficará condicionado à apresentação da prova de identidade do requerente, da certidão de óbito, do comprovante das despesas efetivamente realizadas e do alvará judicial.

§ 6º. O pagamento do auxílio-funeral será efetuado uma única vez, nos termos das disposições deste artigo.

§ 7º. Quando as despesas com o funeral do servidor ou inativo forem efetuadas por terceiros ou por entidade prestadora de serviços dessa natureza, e em valor inferior ao limite previsto no *caput* ou no § 1º deste artigo, conforme o caso, a diferença para atingir o limite neles previstos será paga ao cônjuge, companheiro ou companheira, ou, na sua falta, aos filhos de qualquer condição ou aos pais.

§ 8º. A comprovação de qualidade de companheiro ou companheira, em união estável ou união homoafetiva, para o recebimento do auxílio-funeral, dar-se-á nos termos dos arts. 18 e 20 deste Decreto.

Art. 26. O auxílio-reclusão, o salário-família e o auxílio-funeral serão geridos pela SPPREV, mediante reembolso do órgão de origem, quando o respectivo beneficiário for servidor inativo ou seu dependente.

Capítulo VII – Das Disposições Finais e Transitórias

Art. 27. No prazo de 30 (trinta) dias, a contar da publicação deste Decreto, os órgãos setoriais ou subsetoriais de recursos humanos, ou seus correspondentes, nos órgãos cedentes, fornecerão à SPPREV a relação dos servidores afastados, com a indicação do início de cada afastamento, do órgão ou ente em que estão em exercício e da existência, ou não, de prejuízo para o subsídio, os vencimentos ou a remuneração.

Art. 28. (Revogado).

• *Art. 28 revogado pelo Decreto nº 55.327, de 7.1.2010.*

Art. 29. Os valores das contribuições que não tenham sido recolhidos à SPPREV serão, nos termos do inciso II do art. 26 da Lei Complementar nº 1.010, de 1º de junho de 2007, deduzidos do repasse obrigatório de recursos imediatamente posterior, feito ao órgão ou entidade responsável pela respectiva retenção e pagamento.

Art. 30. A SPPREV manterá um cadastro individualizado para cada contribuinte do RPPS, nos termos do inciso V do art. 3º da Lei Complementar nº 1.010, de 1º de junho de 2007, que será atualizado permanentemente com as informações fornecidas pelos órgãos da Administração direta e indireta do Estado de São Paulo.

Parágrafo único. O contribuinte receberá anualmente, no mês do seu aniversário, as informações constantes do seu cadastro, que lhe serão fornecidas pela SPPREV mediante comprovante impresso ou certidão eletrônica devidamente autenticada, nos termos do § 7º do art. 3º da Lei Complementar nº 1.010, de 1º de junho de 2007.

Art. 31. Compete ao Diretor Presidente da SPPREV, no exercício de sua atribuição de orientar, supervisionar e regulamentar o RPPS, estabelecer e publicar parâmetros, procedimentos e diretrizes gerais, necessários para dar aplicação às disposições deste Decreto.

Art. 32. Este Decreto entra em vigor na data de sua publicação.

Palácio dos Bandeirantes, 2 de abril de 2008

José Serra

DOE de 3.4.2008

DECRETO Nº 53.301, DE 5 DE AGOSTO DE 2008

Fixa o valor do salário-família e define as competências para concessão dos benefícios que especifica, no âmbito da administração direta e autárquica do Estado.

José Serra, Governador do Estado de São Paulo, no uso de suas atribuições legais,

Decreta:

Art. 1º. O valor do salário-família de que tratam o art. 163-A da Lei Complementar nº 180, de 12 de maio de 1978, com redação dada pela Lei Complementar nº 1.012, de 5 de julho de 2007, e o art. 4º da Lei Complementar nº 1.013, de 6 de julho de 2007, fica fixado no mesmo valor pago aos trabalhadores vinculados ao Regime Geral de Previdência Social.

Parágrafo único. A concessão do benefício de salário-família aos servidores e militares ativos será, respectivamente, de competência dos órgãos subsetoriais do Sistema de Administração de Pessoal relativo aos servidores públicos da Administração Direta e das Autarquias do Estado, nos termos do Decreto nº 52.833, de 24 de março de 2008, e da Diretoria de Pessoal da Polícia Militar, nos termos do Decreto nº 7.290, de 15 de dezembro de 1975, alterado pelo Decreto nº 17.658, de 2 de setembro de 1981.

Art. 2º. A concessão do auxílio-reclusão aos servidores e militares ativos de que tratam o art. 163-B da Lei Complementar nº 180, de 12 de maio de 1978, com redação dada pela Lei Complementar nº 1.012, de 5 de julho de 2007, e o art. 29 da Lei nº 452, de 2 de outubro de 1974, com redação dada pela Lei Complementar nº 1.013, de 6 de julho de 2007, será de competência dos órgãos referidos no parágrafo único do art. 1º deste Decreto.

Art. 3º. Cabe à Secretaria de Gestão Pública, por intermédio da Unidade Central de Recursos Humanos, expedir instruções complementares relativas à concessão dos benefícios de que trata o presente decreto, no prazo de 20 (vinte) dias a contar da publicação deste.

Art. 4º. A gestão dos benefícios de que trata este Decreto, até completa assunção pela SPPREV, no caso de inativos ou dependentes, nos termos da lei, se dará conforme disposto no art. 36, da Lei nº 1.010, de 1º de junho de 2007.

Art. 5º. As despesas decorrentes do pagamento dos benefícios de salário-família e auxílio-reclusão correrão por conta do orçamento consignado em cada órgão ou entidade.

Art. 6º. Este Decreto entra em vigor na data de sua publicação, retroagindo seus efeitos a 6 de julho de 2007.

Palácio dos Bandeirantes, 5 de agosto de 2008

José Serra

DOE-I de 6.8.2008 – Retificação DOE-I de 8.8.2008

DECRETO Nº 53.966, DE 22 DE JANEIRO DE 2009

Disciplina a concessão de gratificação de representação, de que trata o inciso III do art. 135 da Lei nº 10.261, de 28 de outubro de 1968, e dá providências correlatas.

Alberto Goldman, Vice-Governador, em Exercício no Cargo de Governador do Estado de São Paulo, no uso de suas atribuições legais,

Decreta:

Art. 1º. As gratificações mensais concedidas a título de representação, nos termos do inciso III do art. 135 da Lei nº 10.261, de 28 de outubro de 1968, ficam fixadas na conformidade dos Anexos I a XVI que fazem parte integrante deste Decreto.

Art. 2º. Os valores da gratificação mensal concedida a título de representação de que trata este Decreto serão calculados mediante a aplicação de coeficiente sobre o valor da Unidade Básica de Valor – UBV, instituída pelo art. 33 da Lei Complementar nº 1.080, de 17 de dezembro de 2008, na seguinte conformidade:

I – a partir de 1º de outubro de 2008:

a) Grupo I – 10,40 (dez inteiros e quarenta centésimos);

b) Grupo II – 6,66 (seis inteiros e sessenta e seis centésimos);

c) Grupo III – 5,82 (cinco inteiros e oitenta e dois centésimos);

d) Grupo IV – 4,99 (quatro inteiros e noventa e nove centésimos);

e) Grupo V – 4,83 (quatro inteiros e oitenta e três centésimos);

f) Grupo VI – 4,58 (quatro inteiros e cinquenta e oito centésimos);

g) Grupo VII – 4,16 (quatro inteiros e dezesseis centésimos);

h) Grupo VIII – 3,75 (três inteiros e setenta e cinco centésimos)

i) Grupo IX – 3,33 (três inteiros e trinta e três centésimos);

j) Grupo X – 3,16 (três inteiros e dezesseis centésimos);

k) Grupo XI – 2,75 (dois inteiros e setenta e cinco centésimos);

l) Grupo XII – 2,50 (dois inteiros e cinquenta centésimos);

m) Grupo XIII – 1,92 (um inteiro e noventa e dois centésimos);

n) Grupo XIV – 1,67 (um inteiro e sessenta e sete centésimos);

o) Grupo XV – 1,42 (um inteiro e quarenta e dois centésimos);

p) Grupo XVI – 1,17 (um inteiro e dezessete centésimos);

q) Grupo XVII – 0,92 (noventa e dois centésimos);

r) Grupo XVIII – 0,50 (cinquenta centésimos);

II – a partir de 1º de janeiro de 2010:

a) Grupo I – 16,64 (dezesseis inteiros e sessenta e quatro centésimos);

b) Grupo II – 14,56 (quatorze inteiros e cinquenta e seis centésimos);

c) Grupo III – 12,90 (doze inteiros e noventa centésimos);

d) Grupo IV – 11,65 (onze inteiros e sessenta e cinco centésimos);

e) Grupo V – 10,40 (dez inteiros e quarenta centésimos);

f) Grupo VI – 9,78 (nove inteiros e setenta e oito centésimos);

g) Grupo VII – 8,32 (oito inteiros e trinta e dois centésimos);

h) Grupo VIII – 6,66 (seis inteiros e sessenta e seis centésimos);

i) Grupo IX – 6,45 (seis inteiros e quarenta e cinco centésimos);

j) Grupo X – 5,41 (cinco inteiros e quarenta e um centésimos);

k) Grupo XI – 5,00 (cinco inteiros);

l) Grupo XII – 3,54 (três inteiros e cinquenta e quatro centésimos);

m) Grupo XIII – 3,33 (três inteiros e trinta e três centésimos);

n) Grupo XIV – 2,70 (dois inteiros e setenta centésimos);

o) Grupo XV – 2,29 (dois inteiros e vinte nove centésimos);

p) Grupo XVI – 1,87 (um inteiro e oitenta e sete centésimos);

q) Grupo XVII – 1,04 (um inteiro e quatro centésimos).

Parágrafo único. O valor da gratificação de representação do cargo de Superintendente da Polícia Técnico-Científica, constante do Anexo I deste Decreto, será calculado na conformidade da alínea "b" do inciso I deste artigo, a partir de 15 de novembro de 2008.

Art. 3º. As gratificações de representação dos membros dos Gabinetes dos Secretários de Estado, do Procurador Geral do Estado e dos Dirigentes de Autarquias, previstas nos Anexos I, II, IV, IX, X e XII deste Decreto, poderão ser concedidas exclusivamente:

I – aos titulares dos cargos ou empregos públicos, constantes dos mencionados anexos;

II – aos servidores designados para exercer funções de Assistente Técnico ou que exerçam funções de Auxiliar, nos aludidos Gabinetes.

Parágrafo único. Para fins de concessão da gratificação de representação pelo exercício da função de Auxiliar de que trata o inciso II deste artigo, os Gabinetes dos Secretários de Estado, do Procurador Geral do Estado e dos Dirigentes de Autarquias compreendem, ainda:

1. as Chefias de Gabinete e suas Assistências Técnicas;
2. as Assessorias das autoridades mencionadas no *caput* deste parágrafo e dos Secretários Adjuntos;
3. as unidades de expediente das unidades aludidas nos itens anteriores.

Art. 4º. Na concessão da gratificação de que trata este Decreto, para os servidores designados para a função de Assistente Técnico nas Secretarias de Estado, na Procuradoria Geral do Estado e nas Autarquias, deverão ser observadas as seguintes condições:

I – que o servidor tenha diploma de nível superior ou habilitação profissional correspondente;

II – que o número de beneficiários não ultrapasse, no âmbito das Secretarias de Estado, os limites a seguir fixados:

a) até 15 (quinze), quando o número de cargos de Assessor Técnico de Gabinete for igual ou inferior a 5 (cinco);

b) até o número de cargos de Assessor Técnico de Gabinete mais 10 (dez) beneficiários, quando o número desses cargos for igual ou superior a 6 (seis).

Parágrafo único. No âmbito da Procuradoria Geral do Estado e das Autarquias, o número de beneficiários não poderá ultrapassar a 10 (dez) e 6 (seis) respectivamente.

Art. 5º. No âmbito da Secretaria da Segurança Pública poderá ser concedida, ainda, gratificação para as funções de Assistente Policial Civil I e II e Assistente Policial Militar I e II, observados os seguintes limites:

I – até 7 (sete) para:

a) Assistente Policial Civil I;

b) Assistente Policial Militar I;

II – até 3 (três) para:

a) Assistente Policial Civil II;

b) Assistente Policial Militar II.

Parágrafo único. A designação para as funções de que trata este artigo são privativas de:

1. integrantes da carreira de Delegado de Polícia, as de Assistente Policial Civil I;

2. Delegado de Polícia de Classe Especial, de 1ª Classe ou de 2ª Classe, as de Assistente Policial Civil II;

3. componentes do Quadro de Oficiais da Polícia Militar, as de Assistente Policial Militar I;

4. oficiais superiores do Quadro de Oficiais da Polícia Militar, as de Assistente Policial Militar II.

Art. 6º. Para atendimento de situações específicas, a critério de cada Secretário de Estado, do Procurador Geral do Estado e de cada Dirigente de Autarquia poderão ser concedidas, ainda, gratificações mensais a título de representação aos ocupantes de cargos, funções ou empregos públicos não previstos nos anexos deste Decreto.

§ 1º. Os valores das gratificações concedidas com fundamento neste artigo serão fixados mediante a aplicação de coeficientes sobre o valor da Unidade Básica de Valor – UBV, instituída pelo art. 33 da Lei Complementar nº 1.080, de 17 de dezembro de 2008, na seguinte conformidade:

1. a partir de 1º de outubro de 2008, de:

a) no máximo, 3,16 (três inteiros e dezesseis centésimos) desde que o servidor tenha diploma de nível superior ou habilitação legal correspondente;

b) no máximo, 2,50 (dois inteiros e cinquenta centésimos) se o servidor não tiver diploma de nível superior ou habilitação legal correspondente;

2. a partir de 1º de janeiro de 2010, de:

a) no máximo, 6,45 (seis inteiros e quarenta e cinco centésimos) desde que o servidor tenha diploma de nível superior ou habilitação legal correspondente;

b) no máximo, 5,00 (cinco inteiros) se o servidor não tiver diploma de nível superior ou habilitação legal correspondente.

§ 2º. Na concessão da gratificação de que trata este artigo o número de beneficiários não poderá ultrapassar os limites a seguir fixados:

1. no âmbito das Secretarias de Estado, até o número de cargos de Assessor Técnico de Gabinete, mais 5 (cinco);

2. no âmbito da Procuradoria Geral do Estado e das Autarquias, até 5 (cinco).

Art. 7º. Os Secretários de Estado, o Procurador Geral do Estado e os Dirigentes de Autarquia poderão conceder gratificações mensais a título de representação aos titulares de cargos, funções ou empregos públicos de coordenação e direção, aos designados para funções retribuídas mediante "pro labore" disciplinado no art. 28 da Lei nº 10.168, de 10 de julho de 1968, e em legislação própria referente a carreiras, classes ou série de classes específicas, ao substituto e ao responsável por cargo vago, na conformidade dos Anexos V a VIII e XIII a XVI.

Parágrafo único. É vedada a concessão da gratificação de que trata este artigo para cargos, funções ou empregos públicos de direção que não estejam classificados em unidades componentes da estrutura organizacional dos respectivos órgãos.

Art. 8º. Para os fins do disposto no inciso VII do art. 3º da Lei Complementar nº 731, de 26 de outubro de 1993, fica fixada para os componentes da Polícia Militar do Estado de São Paulo a gratificação mensal a título de representação, calculada sobre o valor da Unidade Básica de Valor – UBV, instituída pelo art. 33 da Lei Complementar nº 1.080, de 17 de dezembro de 2008, na seguinte conformidade:

I – para a Polícia Militar do Estado de São Paulo, nos termos dos Anexos III e XI;

II – para os Assessores Militares dos Secretários da Segurança Pública, da Administração Penitenciária e da Justiça e da Defesa da Cidadania, em conformidade com o disposto no art. 25, incisos VI, VII e VIII, do Decreto nº 53.733, de 27 de novembro de 2008:

a) quando designados para Assessor Militar II:

1. no Grupo VI, a partir de 1º de outubro de 2008;
2. no Grupo VII, a partir de 1º de janeiro de 2010;

b) quando designados para Assessor Militar I:

1. no Grupo VII, a partir de 1º de outubro de 2008;
2. no Grupo VIII, a partir de 1º de janeiro de 2010.

Parágrafo único. As gratificações de que trata este artigo serão atribuídas:

1. pelo Secretário da Segurança Pública, as referidas no inciso I;
2. pelos Secretários da Segurança Pública, da Administração Penitenciária e da Justiça e da Defesa da Cidadania, as referidas no inciso II.

Art. 9º. O servidor ou o componente da Polícia Militar somente fará jus ao percebimento das gratificações de que trata este Decreto, quando em efetivo exercício do cargo, do emprego público ou da função que justificou a concessão do benefício.

§ 1º. Ao substituto poderá ser concedida, por ato específico, a gratificação devida ao substituído somente quando este se encontrar afastado por período igual ou superior a 15 (quinze) dias em virtude de:

1. férias;
2. licença-prêmio;
3. licença para tratamento de saúde;
4. licença gestante;
5. licença-adoção.

§ 2º. Excetuadas as hipóteses previstas no § 1º deste artigo, a concessão de gratificação ao substituto dependerá de prévia cessação do benefício concedido ao substituído e desde que o período de substituição seja igual ou superior a 15 (quinze) dias.

Art. 10. A Secretaria da Fazenda verificará, por intermédio do Departamento de Despesa de Pessoal do Estado e do Departamento de Controle e Avaliação, o exato cumprimento das disposições deste Decreto, e se constatada a inobservância das condições e exigências por ele determinadas, sustará ou determinará a sustação do pagamento correspondente à gratificação.

§ 1º. As Autarquias encaminharão mensalmente ao Departamento de Despesa de Pessoal do Estado os dados necessários à efetiva verificação de que trata este artigo.

§ 2º. Caberá ao Departamento de Controle e Avaliação, com fundamento nos arts. 5º, 6º e 7º do Decreto-Lei Complementar nº 7, de 6 de novembro de 1969, e no Decreto nº 41.312, de 13 de novembro de 1996, e alterações posteriores, exercer o controle de legitimidade dos atos praticados nos termos deste Decreto.

Art. 11. As disposições deste Decreto não se aplicam às gratificações a título de representação a que se refere o inciso III do art. 135 da Lei nº 10.261, de 28 de outubro de 1968, para:

I – missão ou estudo fora do Estado;

II – exercício de função de confiança do Governador.

Art. 12. Este Decreto entra em vigor na data de sua publicação, ficando revogadas as disposições em contrário, em especial:

I – o Decreto nº 34.666, de 26 de fevereiro de 1992;

II – o Decreto nº 34.757, de 3 de abril de 1992;

III – o Decreto nº 36.774, de 14 de maio de 1993;

IV – o Decreto nº 36.895, de 11 de junho de 1993;

V – o Decreto nº 37.181, de 4 de agosto de 1993;

VI – o Decreto nº 37.655, de 18 de outubro de 1993;

VII – o Decreto nº 38.344, de 21 de janeiro de 1994;

VIII – o Decreto nº 38.388, de 22 de fevereiro de 1994;

IX – o Decreto nº 39.145, de 31 de agosto de 1994;

X – o Decreto nº 39.695, de 16 de dezembro de 1994;

XI – o Decreto nº 39.950, de 8 de fevereiro de 1995;

XII – o Decreto nº 40.166, de 30 de junho de 1995;

XIII – o Decreto nº 40.198, de 18 de julho de 1995;

XIV – o Decreto nº 40.684, de 26 de fevereiro de 1996;

XV – o Decreto nº 40.827, de 10 de maio de 1996;

XVI – o Decreto nº 42.905, de 4 de março de 1998;

XVII – o Decreto nº 42.983, de 30 de março de 1998;

XVIII – o Decreto nº 43.966, de 28 de abril de 1999;

XIX – o parágrafo único do art. 40 do Decreto nº 44.566, de 20 de dezembro de 1999, incluído pelo inciso V, do art. 2º do Decreto nº 46.675, de 9 de abril de 2002;

XX – o inciso V do art. 2º do Decreto nº 46.675, de 9 de abril de 2002;

XXI – o parágrafo único do art. 6º do Decreto nº 46.551, de 18 de fevereiro de 2002;

XXII – o Decreto nº 46.677, de 9 de abril de 2002;

XXIII – o Decreto nº 49.469, de 10 de março de 2005;

XXIV – o Decreto nº 50.080, de 6 de outubro de 2005;

XXV – o Decreto nº 52.307, de 26 de outubro de 2007;

XXVI – o Decreto nº 52.614, de 8 de janeiro de 2008;

XXVII – o Decreto nº 53.697, de 14 de novembro de 2008.

DISPOSIÇÃO TRANSITÓRIA

Artigo único. As gratificações concedidas com fundamento no art. 6º do Decreto nº 34.666, de 26 de fevereiro de 1992, alterado pelo inciso I do art. 3º do Decreto nº 38.388, de 22 de fevereiro de 1994, passarão a ser calculadas nos termos do art. 6º deste Decreto.

Parágrafo único. Se a gratificação de que trata o *caput* deste artigo tiver sido concedida mediante aplicação de percentual inferior a 76% (setenta e seis por cento) ou 60% (sessenta por cento), o seu valor será calculado de modo a observar-se proporcionalidade entre esses limites e os referidos nas alíneas “a” e “b” dos itens 1 e 2 do § 1º do art. 6º deste Decreto.

Palácio dos Bandeirantes, 22 de janeiro de 2009

Alberto Goldman

• *Vide Anexos no site: www.al.sp.gov.br.*

DOE-I de 23.1.2009 – Retificação DOE-I de 6.2.2009

DECRETO Nº 54.050, DE 20 DE FEVEREIRO DE 2009

Regulamenta o art. 271 da Lei nº 10.261, de 28 de outubro de 1968, com a redação dada pela Lei Complementar nº 942, de 6 de junho de 2003, que dispõe sobre o Estatuto dos Funcionários Públicos Civis do Estado de São Paulo, e dá providências correlatas.

José Serra, Governador do Estado de São Paulo, no uso de suas atribuições legais, considerando o disposto no inciso IX do art. 99 da Constituição do Estado e o art. 271 da Lei nº 10.261, de 28 de outubro de 1968, com a redação dada pela Lei Complementar nº 942, de 6 de junho de 2003,

Decreta:

Art. 1º. Os procedimentos disciplinares punitivos, não regulados por lei especial, serão realizados pela Procuradoria Geral do Estado e presididos por Procuradores do Estado confirmados na carreira e designados pelo Procurador Geral do Estado.

Art. 2º. As atividades regulamentadas neste Decreto ficarão subordinadas à Subprocuradoria Geral do Estado da Área da Consultoria, sob a coordenação de Procurador do Estado Chefe, que terá as seguintes competências:

I – coordenar, distribuir e supervisionar os serviços dos Procuradores do Estado designados para presidir processos administrativos disciplinares;

II – manter o controle de registro de entrada e de saída dos autos dos procedimentos disciplinares e do cumprimento dos prazos previstos na Lei nº 10.261, de 28 de outubro de 1968, alterada pela Lei Complementar nº 942, de 6 de junho de 2003;

III – propor à Subprocuradoria Geral do Estado da Área da Consultoria:

a) a edição de instruções de caráter geral para uniformização da jurisprudência administrativa em matéria disciplinar;

b) a adoção de medidas para dar maior celeridade e eficiência ao trâmite dos procedimentos disciplinares;

IV – elaborar relatórios indicando infrações disciplinares recorrentes, visando à adoção de medidas preventivas pelas Secretarias de Estado;

V – superintender as atividades dos servidores afastados nos termos do art. 4º, e seu § 1º, deste Decreto;

VI – executar outras funções que lhe forem conferidas por resolução do Procurador Geral do Estado.

§ 1º. Em casos excepcionais, de forma fundamentada, poderá ser designada comissão de Procuradores do Estado para atuar em determinado procedimento disciplinar.

§ 2º. A oitiva de testemunhas e a realização de diligências poderão ser conduzidas por Procurador do Estado confirmado na carreira e classificado em Procuradoria Regional, mediante a expedição de carta precatória.

Art. 3º. Incumbe às Secretarias de Estado fornecer à Procuradoria Geral do Estado recursos humanos, mobiliário, material, equipamentos e demais recursos indispensáveis à manutenção e ao funcionamento das atividades regulamentadas neste Decreto.

Parágrafo único. O transporte de autos e de materiais é de responsabilidade das Secretarias de Estado.

Art. 4º. A disponibilização de recursos humanos de que trata o art. 3º deste Decreto far-se-á por meio de afastamento, de acordo com a legislação pertinente.

§ 1º. Os servidores das Secretarias de Estado, atualmente à disposição das Unidades Processantes Permanentes, ficam afastados para prestar serviços junto à Procuradoria Geral do Estado, passando a exercer suas funções no local destinado à realização dos trabalhos referentes a procedimentos disciplinares.

§ 2º. Os órgãos setoriais do Sistema de Administração de Pessoal das Secretarias de Estado providenciarão a edição, no prazo de 15 (quinze) dias contados da data de publicação deste Decreto, de relação dos servidores abrangidos pelo § 1º deste artigo, contendo nome, R.G. e cargo ou função-atividade ocupado ou preenchida.

Art. 5º. As autoridades enumeradas no art. 260 da Lei nº 10.261, de 28 de outubro de 1968, alterada pela Lei Complementar nº 942, de 6 de junho de 2003, após editarem o ato determinando a instauração do procedimento disciplinar, encaminharão os autos ao Procurador do Estado Chefe a que se refere o art. 2º deste Decreto, responsável pela coordenação dos trabalhos de procedimentos disciplinares, instruídos com ficha funcional atualizada do servidor a ser processado.

Art. 6º. Ficam extintas as Unidades Processantes Permanentes das Secretarias de Estado e cessadas as designações dos Procuradores do Estado indicados para presidi-las.

Art. 7º. Este Decreto entra em vigor na data de sua publicação, ficando revogadas as disposições em contrário, em especial o Decreto nº 44.322, de 8 de outubro de 1999.

Palácio dos Bandeirantes, 20 de fevereiro de 2009

José Serra

DOE de 21.2.2009

DECRETO Nº 54.682, DE 13 DE AGOSTO DE 2009

Regulamenta a Lei Complementar nº 1.093, de 16 de julho de 2009, que dispõe sobre a contratação por tempo determinado de que trata o inciso X do art. 115 da Constituição Estadual, e dá providências correlatas.

José Serra, Governador do Estado de São Paulo, no uso de suas atribuições legais e com fundamento no art. 26 da Lei Complementar nº 1093, de 16 de julho de 2009,

Decreta:

Art. 1º. A Lei Complementar nº 1.093, de 16 de julho de 2009, que dispõe sobre a contratação por tempo determinado de que trata o inciso X do art. 115 da Constituição Estadual e dá providências correlatas fica regulamentada nos termos deste Decreto.

Art. 2º. A contratação de que trata a Lei Complementar nº 1.093, de 16 de julho de 2009, destina-se a atender a necessidade temporária de excepcional interesse público e será formalizada mediante Contrato por Tempo Determinado – CTD, em conformidade com o presente decreto.

Parágrafo único. O disposto no *caput* deste artigo aplica-se aos órgãos da Administração direta e às Autarquias cujo pessoal seja submetido ao regime jurídico próprio dos servidores titulares de cargos efetivos.

Art. 3º. A contratação por tempo determinado de que trata este Decreto aplica-se exclusivamente nas hipóteses previstas nos incisos I a IV do art. 1º da Lei Complementar nº 1.093, de 16 de julho de 2009, e será celebrada, em cada área, pelo respectivo Secretário de Estado, pelo Procurador Geral do Estado ou pelo Dirigente da Autarquia que poderão delegar a competência para a prática do ato.

Art. 4º. A contratação de que trata o art. 2º deste Decreto dependerá de autorização do Governador, mediante proposta fundamentada do órgão ou entidade interessado, previamente encaminhada à Secretaria de Gestão Pública, para análise técnica, da qual deverá constar:

I – caracterização da necessidade temporária de excepcional interesse público, nos termos do art. 1º da Lei Complementar nº 1.093, de 16 de julho de 2009;

II – período de duração da contratação;

III – quantidade a ser contratada e, no caso de docentes, o número de horas-aulas disponíveis para contratação;

IV – estimativa de despesas no período de contratação;

V – existência de recursos orçamentários e financeiros;

VI – comprovação de trâmite de processo para a realização de concurso público ou para a criação de cargos, quando for o caso;

VII – remuneração fixada por contratado, nos casos previstos no inciso III do art. 1º, observado o disposto no art. 11, ambos da Lei Complementar nº 1.093, de 16 de julho de 2009.

Art. 5º. Autorizada a contratação por tempo determinado será a mesma precedida de processo seletivo simplificado, submetido às condições estabelecidas em regulamento a ser editado pela Secretaria de Gestão Pública, por intermédio do órgão central de recursos humanos.

Art. 6º. O processo de seleção dos candidatos será regido por edital específico, que deverá ser objeto de ampla divulgação compreendendo, preferencialmente, provas, facultada a análise de *curriculum vitae*, sem prejuízo de outras modalidades que, a critério do órgão ou entidade contratante, venham a ser exigidas.

§ 1º. A análise do *curriculum vitae* far-se-á por sistema de pontuação, previamente divulgado, que contemple, entre outros fatores considerados necessários para o desempenho das atividades a serem realizadas, a habilitação ou qualificação profissional exigida, a experiência e habilidades específicas do candidato.

§ 2º. Na hipótese de urgência e inadiabilidade de atendimento de situação que possa comprometer ou ocasionar prejuízo à saúde ou à segurança de pessoas, obras, serviços, equipamentos e outros bens, públicos ou particulares, o processo seletivo poderá ser apenas classificatório, de acordo com os requisitos previstos em edital.

§ 3º. Observada as normas previstas neste Decreto e no regulamento a ser editado pela Secretaria de Gestão Pública, o processo seletivo para contratação de docentes e de profissionais da área de saúde poderá ser regulamentado, respectivamente, pela Secretaria da Educação e Secretaria da Saúde.

Art. 7º. Para realização de processo seletivo simplificado, de que trata o inciso II do art. 2º da Lei Complementar nº 1.093, de 16 de julho de 2009, os órgãos e entidades instituirão Comissão Especial de Contratação por Tempo Determinado – CE-CTD, responsável pela coordenação e andamento do processo, cujos membros serão designados pelas autoridades mencionadas no art. 3º deste Decreto.

Art. 8º. Na hipótese de ocorrer empate no processo seletivo simplificado, a classificação resolver-se-á favoravelmente ao candidato que tiver pela ordem:

I – em relação à atividade a ser desempenhada:

a) escolaridade mais compatível;

b) maior tempo de experiência;

II – maior grau de escolaridade;

III – maiores encargos de família.

Parágrafo único. Quando algum candidato, dentre os empatados na ordem de classificação, tiver idade igual ou superior a 60 (sessenta) anos, dar-se-á preferência ao de maior idade, nos termos da Lei federal nº 10.741, de 1º de outubro de 2003 – Estatuto do Idoso.

Art. 9º. A validade dos processos seletivos de que trata este Decreto será de 1 (um) ano, improrrogável, contado a partir da data de publicação do resultado final.

Art. 10. Publicado o resultado final do processo seletivo, o órgão ou entidade promotor convocará os candidatos, respeitada sempre a ordem de classificação, para:

I – comprovação das condições estabelecidas no art. 4º da Lei Complementar nº 1.093, de 16 de julho de 2009, além das previstas em edital;

II – anuência à contratação.

Art. 11. O órgão ou entidade deverá publicar a contratação por intermédio de ato competente, no prazo de até 30 (trinta) dias, a contar da anuência do candidato, nos termos da Lei Complementar nº 1093, de 16 de julho de 2009.

Art. 12. O candidato terá exaurido os direitos decorrentes dos processos seletivos, executados nos termos deste Decreto e respectiva regulamentação, quando deixar de:

I – comprovar as condições, nos termos do inciso I do art. 10 deste Decreto;

II – anuir à contratação, nos termos do inciso II do art. 10 deste Decreto;

III – iniciar o exercício na data prevista no § 1º do art. 13 deste Decreto.

Parágrafo único. A critério da administração, ao candidato, a que se refere o inciso II deste artigo, poderá ser concedida nova oportunidade de anuir à contratação, desde que esgotados os candidatos constantes do resultado final e respeitado o prazo de validade do processo seletivo.

Art. 13. O Contrato por Tempo Determinado – CTD deverá ser celebrado no 1º dia útil subsequente à publicação de que trata o art. 10 deste Decreto, observado em especial o disposto nos arts. 7º, 9º a 12 da Lei Complementar nº 1.093, de 16 de julho de 2009, e constar:

I – identificação das partes contratantes;

II – descrição do objeto;

III – remuneração;

IV – obrigação das partes contratantes;

V – prazo de vigência;

VI – causas de extinção;

VII – foro eleito pelas partes contratantes.

§ 1º. O contratado deverá iniciar exercício no 1º dia útil subsequente à assinatura do Contrato por Tempo Determinado – CTD, ressalvado o disposto no § 1º do art. 7º da Lei Complementar nº 1.093, de 16 de julho de 2009.

§ 2º. Caberá ao órgão central de recursos humanos orientar os órgãos setoriais na elaboração do Contrato por Tempo Determinado – CTD.

Art. 14. O Contrato por Tempo Determinado – CTD estará extinto findo o prazo de vigência ou antes de seu término, nos termos fixados pelo art. 8º da Lei Complementar nº. 1093, de 16 de julho de 2009.

Art. 15. Em decorrência do disposto no art. 9º da Lei Complementar nº 1.093, de 16 de julho de 2009, fica vedado ao órgão ou entidade contratante:

I – designar o contratado para exercício de outras funções além das previstas em contrato;

II – afastar o contratado para exercício em outras unidades além da prevista em contrato, exceto no que se refere à função docente, a ser objeto de regulamentação pela Secretaria da Educação.

Art. 16. Sobre a remuneração de que trata o art. 11 da Lei Complementar nº 1.093, de 16 de julho de 2009, incidirão os descontos previstos em lei, em especial o relativo ao recolhimento da contribuição previdenciária ao Regime Geral de Previdência Social – RGPS.

Parágrafo único. Sobre a remuneração de que trata o *caput* deste artigo não incidirá o desconto relativo à assistência médica e hospitalar de que trata o art. 164 da Lei Complementar nº 180, de 12 de maio de 1978.

Art. 17. Fica assegurado ao contratado, conforme previsto no art. 12 da Lei Complementar nº 1.093, de 16 de julho de 2009:

I – o décimo terceiro salário, na proporção de 1/12 (um doze avos) por mês trabalhado ou fração superior a 15 (quinze) dias, observado, para fins de cálculo, o disposto no art. 1º da Lei Complementar nº. 644, de 26 de dezembro de 1989;

II – o pagamento de férias, acrescido de 1/3 (um terço), somente quando decorridos 12 (doze) meses de exercício da função, em caráter indenizatório.

Art. 18. O contratado que no prazo de vigência do contrato faltar ao serviço poderá requerer o abono ou a justificação da falta.

§ 1º. Para fins do disposto no *caput* deste artigo, deve o contratado apresentar requerimento por escrito no primeiro dia útil subsequente ao da ausência, para deliberação da autoridade competente.

§ 2º. As faltas abonadas, até o limite de 2 (duas), durante o período contratual, não excedendo a uma por mês, não implicarão em desconto da remuneração.

§ 3º. As faltas justificadas, até o limite de 3 (três), durante o período contratual, não excedendo a uma por mês, implicarão na perda da remuneração do dia.

§ 4º. As faltas abonadas e as consideradas justificadas, pela autoridade competente, não serão computadas para os fins do disposto no inciso IV do art. 8º da Lei Complementar nº 1.093, de 16 de julho de 2009.

§ 5º. A ausência do contratado será considerada falta injustificada ao trabalho no caso da não apresentação do requerimento de que trata o §1º deste artigo.

Art. 19. A falta não abonada ou não justificada será considerada injustificada, não podendo exceder a uma no período contratual, implicando na perda da remuneração.

Parágrafo único. Ultrapassado o limite de que trata o *caput* deste artigo, as faltas injustificadas serão consideradas descumprimento de obrigação contratual por parte do contratado, sendo aplicável a extinção contratual nos termos do art. 8º da Lei Complementar nº 1.093, de 16 de julho de 2009.

Art. 20. No caso de faltas sucessivas, justificada e injustificada, os dias intercalados, os sábados, domingos, feriados e aqueles em que não haja expediente serão computados para efeito de desconto da remuneração.

Art. 21. Poderá o contratado até 3 (três) vezes por mês, sem desconto da remuneração, entrar com atraso nunca superior a quinze minutos na unidade onde estiver em exercício, desde que compense o atraso no mesmo dia.

Art. 22. O contratado perderá a totalidade da remuneração do dia quando comparecer ou retirar-se do serviço fora de horário, ressalvados o disposto no art. 20 deste Decreto e os casos de consulta médica ou tratamento de saúde previstos na Lei Complementar nº 1.041, de 14 de abril de 2008.

Art. 23. Observado o disposto neste Decreto, caberá a Secretaria da Educação, em ato específico, estabelecer as normas de registro e controle de frequência dos contratados para suprir atividade docente, nas hipóteses previstas no inciso IV do art. 1º da Lei Complementar nº 1.093, de 16 de julho de 2009.

Art. 24. Os órgãos setoriais de recursos humanos dos órgãos ou entidades contratantes deverão encaminhar, mensalmente, a Unidade Central de Recursos Humanos, relatório, nos termos do parágrafo único do art. 21 da Lei Complementar nº 1.093, de 16 de julho de 2009, contendo os seguintes dados:

I – quantidade de contratos celebrados e extintos;

II – identificação das funções contratadas e extintas.

Art. 25. Este Decreto entra em vigor na data de sua publicação.

Disposição Transitória

Artigo único. Os processos seletivos realizados com vistas à contratação por tempo determinado, que possuam candidatos classificados ou contêm com os respectivos editais já publicados, poderão ser utilizados em continuidade, devendo a contratação obedecer aos preceitos estabelecidos neste Decreto.

Palácio dos Bandeirantes, 13 de agosto de 2009

José Serra

DOE-I de 14.8.2009

DECRETO Nº 55.327, DE 7 DE JANEIRO DE 2010

Revoga o art. 28 do Decreto nº 52.859, de 2 de abril de 2008, que regulamenta a Lei Complementar nº 1.012, de 5 de julho de 2007.

José Serra, Governador do Estado de São Paulo, no uso de suas atribuições legais,

Decreta:

Art. 1º. Fica revogado o art. 28 do Decreto nº 52.859, de 2 de abril de 2008.

• *Alterações já efetuadas no corpo do Decreto.*

Art. 2º. Este Decreto entra em vigor na data de sua publicação.

Palácio dos Bandeirantes, 7 de janeiro de 2010

José Serra

DOE-I 8.1.2010

DECRETO Nº 55.357, DE 18 DE JANEIRO DE 2010

Dispõe sobre a centralização das operações de natureza financeira da Administração Direta e Indireta do Estado e dá providências correlatas.

José Serra, Governador do Estado de São Paulo, no uso de suas atribuições legais,

Considerando que ações representativas do capital social do Banco Nossa Caixa S.A., de propriedade do Estado, foram alienadas ao Banco do Brasil S.A. nos termos da Lei nº 13.286, de 18 de dezembro de 2008;

Considerando que após a incorporação do Banco Nossa Caixa S.A., fica atribuído ao Banco do Brasil S.A., a condição de agente financeiro do Tesouro do Estado, pelo prazo de 5 (cinco) anos, contados da transferência do controle acionário do Banco Nossa Caixa S.A.;

Considerando o Termo de Compromisso celebrado com o Banco do Brasil S.A., em 25 de novembro de 2008; e

Considerando que as operações de natureza financeira do Estado devem ser registradas no Sistema Integrado de Administração Financeira para Estados e Municípios – SIA-

FEM/SP, em estrita observância ao princípio da unidade de tesouraria, sob o regime de Conta Única do Tesouro,

Decreta:

Art. 1º. Os pagamentos de despesas, obrigações ou responsabilidades de qualquer natureza, inclusive os decorrentes de decisões judiciais, de serviços da dívida pública ou de transferências, processados pelos órgãos que integram a Administração Direta do Estado, deverão ser executados exclusivamente pelo Banco do Brasil S.A., na forma estabelecida por este Decreto.

Parágrafo único. O disposto neste artigo aplica-se às Autarquias, inclusive às Universidades, às Fundações instituídas ou mantidas pelo Poder Público, às Empresas em cujo capital o Estado tenha participação majoritária, aos Fundos Especiais de Despesa e aos Fundos Especiais de Financiamento e Investimento.

Art. 2º. O processamento de todas as movimentações financeiras de pagamentos a credores, incluindo fornecedores, no país e no exterior, bem como de quaisquer pagamentos ou outras transferências de recursos financeiros feitos pela Administração Direta e Indireta do Estado, incluída todas operações de câmbio e comércio exterior, deverão ser efetuados por meio do Banco do Brasil S.A..

Parágrafo único. Excepcionalmente, para credores e fornecedores eventuais, não correntistas, cujo valor das transferências referidas neste artigo, não exceda a 100 (cem) Unidades Fiscais do Estado de São Paulo – UFESPs, poderão ser processadas transferências com a emissão de cheque nominativo cruzado ou ordem de pagamento.

Art. 3º. Os pagamentos de vencimentos, salários, subsídios, proventos ou pensões aos servidores civis e militares, ativos, inativos, pensionistas e beneficiários de pensões especiais do Poder Executivo da Administração Direta e Indireta do Estado, serão feitos exclusivamente no Banco do Brasil S.A.

Parágrafo único. O disposto neste artigo não se aplica aos inativos e pensionistas que residam no exterior ou em municípios que não possuam Agências do Banco do Brasil S.A..

Art. 4º. Excetua-se do disposto no presente decreto as devoluções de cauções, fianças e de impostos, taxas e multas, bem como os pagamentos que, por imposição legal, judicial, regulamentar ou decorrente de cláusulas de convênios ou contratos, não possam ser formalizados por intermédio do Banco do Brasil S.A..

Art. 5º. O Banco do Brasil S.A. deverá dispor de agência centralizadora localizada na cidade de São Paulo, destinada ao repasse e transferência do produto da arrecadação de tributos e demais receitas do Estado, depositado pelas instituições bancárias.

§ 1º. O repasse e a transferência a que se refere o *caput* deste artigo serão efetuados mediante procedimentos definidos pela Secretaria da Fazenda.

§ 2º. Os ingressos de demais receitas públicas estaduais, orçamentárias e extraorçamentárias, deverão ser processados pelo Banco do Brasil S.A., quando autorizado, e depositados nas contas denominadas de tipo "C" dos respectivos órgãos e entidades de que trata o art. 1º e parágrafo único deste Decreto.

Art. 6º. O Banco do Brasil S.A., nos casos em que estiver apto a receber, deverá processar, mediante autorização dos órgãos e entidades de que trata o art. 1º e parágrafo único deste Decreto, as despesas com FGTS, INSS, PIS/PASEP, COFINS, IRRF, CSLL, assim como as operações oficiais de compra e venda de moeda estrangeira, inclusive para fins de fechamento de contratos de câmbio nas importações e exportações.

Art. 7º. As aplicações financeiras dos órgãos e Entidades da Administração Direta e Indireta do Estado, passam a ser centralizadas no Banco do Brasil S.A..

Art. 8º. Ficam mantidos os procedimentos atuais para as aplicações financeiras, por meio da Conta Única do Tesouro, no Sistema Integrado de Administração Financeira para Estados e Municípios – SIAFEM/SP.

Art. 9º. O Banco do Brasil S.A. deverá assumir a administração dos depósitos vinculados à justiça comum do Estado de São Paulo, mantidas, enquanto vigentes, as condições pactuadas entre o Banco Nossa Caixa S.A. e o Tribunal de Justiça do Estado de São Paulo.

Art. 10. O Banco do Brasil S.A. deverá adotar as medidas necessárias para a adequação dos cadastros dos órgãos e entidades citados no art. 1º e parágrafo único deste Decreto.

Art. 11. O Banco do Brasil S.A. deverá manter os sistemas operacionais e de informática capazes de bem operacionalizar os serviços contratados e fornecer ao Estado, prontamente, as informações necessárias ao acompanhamento das movimentações financeiras do Estado e outras que forem requeridas, desde que previamente acordadas, de modo a que os serviços sejam prestados dentro do melhor padrão de qualidade.

Art. 12. Fica a Secretaria da Fazenda autorizada a providenciar o cadastramento de funcionários do Banco do Brasil S.A. no SIAFEM/SP, mediante solicitação formal das áreas competentes do referido agente financeiro do Tesouro, para consulta às operações pertinentes a este Decreto, observadas as regras de segurança de acesso.

Art. 13. Ao Departamento de Controle e Avaliação, da Secretaria da Fazenda, caberá fiscalizar o cumprimento das disposições deste Decreto, sem prejuízo dos demais órgãos de controle.

Art. 14. A Secretaria da Fazenda e suas Coordenadorias poderão baixar normas para aplicação do disposto neste Decreto, decidir sobre casos omissos e adotar providências necessárias à preservação dos procedimentos ora estabelecidos.

Art. 15. Fica acrescentado o inciso VIII ao art. 2º do Decreto nº 51.314, de 29 de novembro de 2006, que dispõe sobre as Entidades que poderão ser admitidas como consignatárias, com a seguinte redação:

• *Alterações já efetuadas no corpo da lei.*

Art. 16. O inciso XII do art. 4º do Decreto nº 51.314, de 20 de novembro de 2006, que trata da concessão de crédito aos servidores ativos e inativos e pensionista do Estado, mediante consignação em folha de pagamento, passa a vigorar com a seguinte redação:

• *Alterações já efetuadas no corpo da lei.*

Art. 17. Este Decreto entra em vigor na data de sua publicação, retroagindo seus efeitos a 1º de dezembro de 2009, sendo que os arts. 1º, 5º e 7º deste Decreto vigorarão até 16 de março de 2014, e os arts. 2º, 3º, 15 e 16 até 27 de março de 2014, ficando revogadas as disposições em contrário, em especial:

I – o Decreto nº 5.141, de 29 de novembro de 1974;

II – o Decreto nº 43.060, de 27 de abril de 1998;

III – o Decreto nº 43.106, de 18 de maio de 1998;

IV – o Decreto nº 50.964, de 18 de julho de 2006.

Palácio dos Bandeirantes, 18 de janeiro de 2010

José Serra

DOE-I de 19.1.2010

DECRETO Nº 55.513, DE 1º DE MARÇO DE 2010

Regulamenta, no âmbito do Poder Executivo, o art. 169 da Lei nº 10.261, de 28 de outubro de 1968, Estatuto dos Funcionários Públicos Civis do Estado de São Paulo.

José Serra, Governador do Estado de São Paulo, no uso de suas atribuições legais,

Decreta:

Art. 1º. Poderá ser concedido prêmio em dinheiro, a que se refere o art. 169 da Lei nº 10.261, de 28 de outubro de 1968 – Estatuto dos Funcionários Públicos Civis do Estado de São Paulo, aos servidores das Secretarias de Estado, da Procuradoria Geral do Estado e das Autarquias, e aos militares, autores dos melhores trabalhos classificados em concursos de monografia de interesse para o serviço público, nas bases e condições estabelecidas neste Decreto.

§ 1º. Para os fins deste Decreto os trabalhos a que se refere este artigo poderão ser realizados individualmente ou em equipe.

§ 2º. Caberá ao respectivo regulamento de concurso de monografia definir os órgãos ou entidades cujos servidores poderão concorrer ao prêmio.

§ 3º. Serão considerados como melhores trabalhos aqueles classificados até a 3ª (terceira) colocação, por categoria, quando for o caso, nos termos do regulamento do respectivo concurso.

Art. 2º. Serão considerados como de interesse para o serviço público, para os fins deste Decreto, os trabalhos que visem:

I – aumentar a eficiência, eficácia e efetividade da gestão pública;

II – contribuir para a inovação e modernização da administração pública.

Art. 3º. Para fins deste Decreto, compreende-se por monografia toda e qualquer obra, individual ou em co-autoria, sistematizada e completa sobre tema específico, na seguinte conformidade:

I – introdução: apresentação sucinta do objeto a ser tratado com a respectiva contextualização e/ou problematização;

II – desenvolvimento: exposição fundamentada, clara e pormenorizada do objeto;

III – conclusão: síntese das reflexões e informações relativas ao objeto do trabalho.

Art. 4º. O prêmio a que se refere este Decreto:

I – tem caráter eventual, desvinculado da remuneração do servidor ou militar;

II – não integra nem se incorpora à remuneração do servidor ou militar para nenhum efeito;

III – não será considerado para cálculo de qualquer vantagem pecuniária ou benefício;

IV – não sofrerá a incidência dos descontos previdenciários e de assistência médica;

V – será concedido apenas ao servidor inscrito no concurso de monografia de que trata este Decreto;

VI – poderá ser concedido ao servidor com exercício em local diverso do órgão ou entidade de origem;

VII – será pago mediante rateio simples entre os integrantes de equipe de servidores, quando for o caso;

VIII – não será considerado para fins de determinação do limite a que se refere o inciso XII do art. 115 da Constituição Estadual.

Art. 5º. Os trabalhos de servidores ou militares abrangidos por este Decreto que forem classificados em concursos promovidos por outras esferas de governo e respectivos poderes, e entes privados, no âmbito nacional e internacional, enquadrados como de interesse para o serviço público, conforme deliberação da Comissão intersecretarial instituída nos termos do art. 9º deste Decreto, farão jus ao prêmio.

Art. 6º. O prêmio de que trata este Decreto somente poderá ser atribuído, pelo mesmo trabalho, no âmbito da administração direta e autárquica do Estado, por uma única vez.

Parágrafo único. Fica facultada a apresentação do trabalho a que se refere o *caput* deste artigo, ainda que realizado por servidor ou equipe diversa, em certame promovido:

1. por outro órgão da administração direta ou autárquica do Estado, observado o disposto no *caput* deste artigo;

2. por órgão ou entidade de qualquer das esferas dos Poderes municipais, estaduais ou federal, ou por organização privada.

Art. 7º. O valor máximo do prêmio em dinheiro a ser concedido nos termos deste Decreto corresponderá a 1.500 (um mil e quinhentas) Unidades Fiscais do Estado de São Paulo – UFESPs, por trabalho no ano.

Parágrafo único. Sobre o valor fixado no *caput* deste artigo incidirão os descontos legais pertinentes à época da entrega do prêmio, observado o disposto no art. 4º deste Decreto.

Art. 8º. Alternativa ou complementarmente ao pagamento em dinheiro estipulado no art. 7º deste Decreto, poderá ser concedido o custeio de bolsa de estudos em tema de interesse e relevância para a administração pública, ao servidor ou militar, ou equipe responsável pela elaboração da monografia classificada nos termos deste Decreto, sem limite de valor.

Art. 9º. Fica instituída Comissão a ser integrada pelos titulares da Casa Civil, das Secretarias de Gestão Pública, da Fazenda e de Economia e Planejamento, com o fim de deliberar sobre:

I – os concursos cuja participação seja de interesse do serviço público;

II – aprovação da concessão do prêmio em dinheiro.

Parágrafo único. Na Comissão de que trata este artigo os Secretários de Estado serão substituídos, nas suas ausências, pelos respectivos Secretários Adjuntos.

Art. 10. Caberá ao titular da Pasta interessada ou dirigente de Autarquia, via tutelar, encaminhar, para aprovação da Comissão instituída nos termos do art. 9º deste Decreto:

I – a relação de concursos cuja participação seja de interesse da Pasta ou da Autarquia;

II – a proposta do valor do prêmio em dinheiro de que trata este Decreto.

Art. 11. Será obrigatória a divulgação dos trabalhos classificados nos termos deste Decreto, nos sítios eletrônicos do Governo do Estado, das instituições responsáveis por concursos no âmbito do governo estadual, e da Secretaria, Procuradoria Geral do Estado ou Autarquia, a qual pertencer o servidor ou militar premiado, e conterá, no mínimo:

I – nome do servidor ou militar beneficiado;

II – cargo do servidor ou posto ou graduação do militar beneficiado;

III – órgão e unidade de exercício;

IV – síntese do trabalho;

V – impacto do trabalho para a administração direta ou indireta do Estado.

Art. 12. O pagamento do prêmio em dinheiro de que trata este Decreto somente poderá ser concedido para trabalhos cuja classificação se dê após a vigência deste Decreto.

Art. 13. As despesas decorrentes da aplicação deste Decreto correrão à conta das dotações próprias consignadas no orçamento vigente da Secretaria, Procuradoria Geral do Estado ou Autarquia, a qual pertencer o servidor ou militar premiado.

Art. 14. Este Decreto entra em vigor na data de sua publicação.

Palácio dos Bandeirantes, 1º de março de 2010

José Serra

DOE-I de 2.3.2010

DECRETO Nº 56.373, DE 4 DE NOVEMBRO DE 2010

Altera a redação do § 5º do art. 18 do Decreto nº 52.859, de 2 de abril de 2008, que regulamenta a Lei Complementar nº 1.012, de 5 de julho de 2007.

Alberto Goldman, Governador do Estado de São Paulo, no uso de suas atribuições legais,

Decreta:

Art. 1º. O § 5º do art. 18 do Decreto nº 52.859, de 2 de abril de 2008, passa a vigorar com a seguinte redação:

• *Alterações já efetuadas no corpo do Decreto.*

Art. 2º. Este Decreto entra em vigor na data de sua publicação, retroagindo seus efeitos a 3 de abril de 2008.

Palácio dos Bandeirantes, 4 de novembro de 2010.

Alberto Goldman

DOE de 5.11.2010

DECRETO Nº 56.386, DE 9 DE NOVEMBRO DE 2010

Altera dispositivos do Decreto nº 52.859, de 2 de abril de 2008, que regulamenta a Lei Complementar nº 1.012, de 5 de julho de 2007.

Alberto Goldman, Governador do Estado de São Paulo, no uso de suas atribuições legais e à vista da exposição de motivos do Procurador Geral do Estado e da iterativa jurisprudência do Tribunal de Justiça acerca do termo inicial de pagamento do abono de permanência,

Decreta:

Art. 1º. Os dispositivos adiante numerados do Decreto nº 52.859, de 2 de abril de 2008, passam a vigorar com a seguinte redação:

I – o § 1º do art. 13:

II – o § 2º do art. 17:

• *Alterações já efetuadas no corpo do Decreto.*

Art. 2º. Este Decreto entra em vigor na data de sua publicação.

Palácio dos Bandeirantes, 9 de novembro de 2010.

Alberto Goldman

DOE de 10.11.2010

DECRETO Nº 56.721, DE 3 DE FEVEREIRO DE 2011

Fixa o valor da gratificação de representação, de que trata o inciso III do art. 135 da Lei nº 10.261, de 28 de outubro de 1968, para os ocupantes dos cargos que especifica e dá providências correlatas.

Geraldo Alckmin, Governador do Estado de São Paulo, no uso de suas atribuições legais,

Decreta:

Art. 1º. A gratificação mensal concedida a título de representação, nos termos do inciso III do art. 135 da Lei nº 10.261, de 28 de outubro de 1968, para os ocupantes dos cargos de Secretário Adjunto e de Chefe de Gabinete, fica fixada em importância correspondente a aplicação do coeficiente 44,70 (quarenta e quatro inteiros e setenta centésimos) sobre a Unidade Básica de Valor - UBV, instituída pelo art. 33 da Lei Complementar nº 1.080, de 17 de dezembro de 2008.

Art. 2º. Ficam excluídos do Anexo IX a que se refere o art. 1º do Decreto nº 53.966, de 22 de janeiro de 2009, os cargos de Secretário Adjunto e de Chefe de Gabinete.

Art. 3º. Este Decreto entra em vigor na data de sua publicação, retroagindo seus efeitos a 1º de janeiro de 2011.

Palácio dos Bandeirantes, 3 de fevereiro de 2011.

Geraldo Alckmin

DOE de 4.2.2011

DECRETO Nº 57.020, DE 25 DE MAIO DE 2011

Fixa valor de gratificação de representação, de que trata o inciso III do art. 135 da Lei nº 10.261, de 28 de outubro de 1968, para o atendimento de situação que especifica e dá providências correlatas.

Geraldo Alckmin, Governador do Estado de São Paulo, no uso de suas atribuições legais,

Decreta:

Art. 1º. Além das previstas no art. 6º do Decreto nº 53.966, de 22 de janeiro de 2009, o Secretário de Gestão Pública poderá, em caráter excepcional, conceder gratificação de representação de que trata o inciso III do art. 135 da Lei nº 10.261, de 28 de outubro de 1968, para atendimento de situação específica, mediante a aplicação de coeficientes de, no máximo, 10,00 (dez inteiros) sobre o valor da Unidade Básica de Valor – UBV, instituída pelo art. 333 da Lei Complementar nº 1.080, de 17 de dezembro de 2008, desde que o servidor:

I – tenha diploma de nível superior ou habilitação legal correspondente;

II – esteja em exercício na Assistência Técnica da Coordenadoria responsável pelo desenvolvimento das atividades do Departamento Estadual de Trânsito – DETRAN, prevista no inciso II do art. 6º do Decreto nº 56.843, de 17 de março de 2011, com a redação dada pelo Decreto nº 56.963, de 28 de abril de 2011.

Parágrafo único. O número de beneficiários de que trata este artigo não poderá ultrapassar a 6 (seis).

Art. 2º. Este Decreto entra em vigor na data de sua publicação.

Palácio dos Bandeirantes, 25 de maio de 2011

Geraldo Alckmin

DOE de 26.5.2011

DECRETO Nº 58.276, DE 7 DE AGOSTO DE 2012

Disciplina a apuração preliminar atinente a enriquecimento ilícito de agentes públicos estaduais e dá providências correlatas.

Geraldo Alckmin, Governador do Estado de São Paulo, no uso de suas atribuições legais,

Considerando que a República Federativa do Brasil é signatária da Convenção Interamericana contra a Corrupção e da Convenção das Nações Unidas contra a Corrupção, já promulgadas (Decretos federais nº 4.410, de 7 de outubro de 2002, e nº 5.687, de 31 de janeiro de 2006), as quais propugnam pela adoção de medidas capazes de qualificar como delito, quando cometido intencionalmente, o enriquecimento ilícito;

Considerando que a Administração Pública é regida pelos princípios da legalidade, impessoalidade, moralidade, publicidade e eficiência, conforme o art. 37 da Constituição Federal;

Considerando a previsão de sistema integrado de controle interno, estipulado pelo art. 35 da Constituição Estadual, a obrigação de apresentação de declaração de bens e rendimentos, conforme os Decretos nº 41.865, de 16 de junho de 1997, e nº 54.264, de 23 de abril de 2009, e as atribuições da Corregedoria Geral da Administração, previstas no Decreto nº 57.500, de 8 de novembro de 2011,

Decreta:

Art. 1º. Para os fins deste Decreto, considera-se enriquecimento ilícito, no âmbito da Administração Direta, Indireta e Fundacional do Estado de São Paulo, a evolução patrimonial do agente público incompatível com os recursos e disponibilidades que compõem seu patrimônio, na forma prevista pela Lei federal nº 8.429, de 2 de junho de 1992.

Art. 2º. A Corregedoria Geral da Administração procederá à análise da evolução patrimonial a que alude o art. 1º deste Decreto, mediante apuração preliminar a ser instaurada:

I – por determinação do Governador do Estado;

II – de ofício, pelo Presidente da Corregedoria Geral da Administração, em razão de:

a) denúncia ou notícia que aponte indícios de ocorrência de enriquecimento ilícito, nos termos do art. 1º deste Decreto;

b) análise de declarações de bens e demonstrativos de variação patrimonial apresentados por autoridades ou dirigentes nos termos do art. 10 do Decreto nº 41.865, de 16 de junho de 1997;

III – em virtude de representação de Secretário de Estado ou do Procurador Geral do Estado, respeitados os respectivos âmbitos de atribuições.

Parágrafo único. A tramitação da apuração preliminar a que alude o *caput*:

1. revestir-se-á de reserva, sob pena de responsabilidade, se contiver informações de caráter pessoal cobertas por sigilo determinado em lei;

2. não inibirá a competência atribuída por lei para o mesmo fim a outros órgãos correicionais.

Art. 3º. Instaurada a apuração preliminar, o Presidente da Corregedoria Geral da Administração notificará o interessado, que poderá apresentar justificativa para a evolução patrimonial constatada, no prazo de 10 (dez) dias contados do recebimento da comunicação, prorrogáveis por idêntico período mediante despacho da mesma autoridade, à vista de requerimento fundamentado.

Parágrafo único. A justificativa a que alude o *caput* deste artigo poderá ser instruída com documentos considerados hábeis e necessários a comprovar a compatibilidade da evolução patrimonial.

Art. 4º. Apresentada a justificativa pelo interessado, ou diante do decurso do prazo sem manifestação, os autos respectivos serão distribuídos a Corregedores designados, com prazo fixado para apresentação de relatório conclusivo.

§ 1º. Constatada a necessidade de ser trazida aos autos documentação complementar para o esclarecimento dos fatos, poderá ser determinado que o interessado o faça no prazo de 5 (cinco) dias.

§ 2º. Sendo necessária à análise correcional a colaboração de agentes públicos externos ao quadro de pessoal da Corregedoria Geral da Administração, a requisição se processará nos termos dos arts. 27 a 30 do Decreto nº 57.500, de 8 de novembro de 2011, e será tratada de modo preferencial e urgente.

Art. 5º. O Presidente da Corregedoria Geral da Administração, à vista do relatório que constate evolução patrimonial incompatível com os recursos e disponibilidades que compõem o patrimônio do respectivo agente público, expedirá ofício à autoridade detentora de competência para:

I – exoneração de cargo em comissão, rescisão do contrato de trabalho, no caso de emprego de confiança, ou cessação de designação para exercício de função de confiança;

II – instauração do procedimento disciplinar punitivo previsto pela respectiva legislação de regência, inclusive no caso de agentes públicos contratados mediante relação de emprego;

III – adoção de medidas administrativas e judiciais com vistas ao ressarcimento do erário, na hipótese de prejuízos causados ao Estado;

IV – decisão pelo afastamento preventivo, nas situações estabelecidas na legislação estatutária;

V – instauração de inquérito civil;

VI – ajuizamento de ação penal, nos casos em que a conduta possa caracterizar infração dessa natureza.

Art. 6º. Ante a ausência de indícios de enriquecimento ilícito, ou sendo considerada suficiente a justificativa apresentada pelo interessado, o Presidente da Corregedoria Geral da Administração dará ciência do apurado ao Secretário-Chefe da Casa Civil, e, após, procederá ao arquivamento dos autos.

Art. 7º. O art. 3º do Decreto nº 41.865, de 16 de junho de 1997, passa a vigorar acrescido do inciso V, com a seguinte redação:

"V – os titulares de cargo em comissão e os ocupantes de função ou emprego de confiança responsáveis por:

a) órgãos de controle interno;

b) unidades com atribuições diretivas vinculadas ao gabinete do dirigente máximo dos respectivos órgãos ou entidades.".

Art. 8º. Este Decreto entra em vigor na data de sua publicação.

Palácio dos Bandeirantes, 7 de agosto de 2012.

Geraldo Alckmin

DOE de 8.8.2012

ATO MESA DA ASSEMBLEIA LEGISLATIVA DO ESTADO DE SÃO PAULO Nº 13, DE 2 DE JUNHO DE 1993

A Mesa da Assembleia Legislativa do Estado de São Paulo, no uso de suas atribuições,

Considerando que, o art. 133 da Constituição do Estado, promulgada em 05 de outubro de 1989, assegurou ao servidor, com mais de 5 anos de efetivo exercício, que tenha exercido ou venha a exercer, a qualquer título, cargo ou função que lhe proporcione remuneração superior à do cargo de que seja titular, ou função para a qual foi admitido, a incorporação de um décimo dessa diferença por ano, até o limite de dez décimos;

Considerando que no âmbito da Secretaria da Assembleia Legislativa, foram editados, pela Mesa, os Atos de nºs 20/1990 e 24/1991, que acolheram os Pareceres de nºs 8/1989 e 4/1991, exarados pelo Grupo de Trabalho/Constituição os quais estabeleceram regras e critérios para a aplicação, aos servidores deste Poder, do referido mandamento constitucional;

Considerando, entretanto, que em 26 de junho em 1992, o Poder executivo editou o Decreto nº 35.200, regulamentando a aplicação do supracitado art. 133 no âmbito da Administração Direta e nas autarquias do Estado, contemplando regras que em alguns casos diferem daquelas que vêm sendo adotadas na Secretaria da Assembleia Legislativa;

Considerando que motivado pelas indagações em epígrafe contidas às fls. 01 do presente expediente, foi exarado pelo Gabinete da Assessoria Técnica o parecer de fls. 03/06; e

Considerando que o parecer do referido órgão jurídico, pelos seus próprios fundamentos e conclusões, foi acolhido nas manifestações dos ilustres 1º e 2º Secretários, respectivamente às fls. 12 e 13, que a Presidência acolhe,

Decide adotar em caráter normativo, no âmbito da Secretaria da Assembleia Legislativa, as seguintes regras:

Art. 1º. O servidor com mais de 5 (cinco) anos de efetivo exercício, que tenha exercido ou venha a exercer, a qualquer título, cargo ou função que lhe proporcione remuneração superior à do cargo de que seja titular, ou à função para a qual tenha sido admitido, terá incorporado um décimo dessa diferença, por ano, até o limite de 10 (dez) décimos.

§ 1º. Para os fins deste artigo considera-se:

a) servidor: titular de cargo no QSAL ou ocupante de função-atividade na Secretaria da ALESP;

b) ano: o período de 365 (trezentos e sessenta e cinco) dias, contínuos ou não, de efetivo exercício no serviço público estadual, inclusive o tempo prestado anteriormente à promulgação da Constituição do Estado, de 5 de outubro de 1989;

c) remuneração: a soma de todas as parcelas pagas ao funcionário ou servidor pelo exercício de cargo ou função para os quais foi desviado, sem exclusão de quaisquer delas, independente de estarem ou não incorporadas e de natureza eventual ou permanente; e

d) diferença de remuneração: o valor pecuniário percebido pelo servidor resultante da subtração entre vencimentos e/ou salários de cargos ou funções distintos, incluídas as vantagens pecuniárias.

§ 2º. Em se tratando de décimos referentes à vantagem pecuniária que tenha disciplina própria de incorporação prevista em lei, fica vedada a incorporação cumulativa, devendo apurar-se as diferenças de valores motivados pelas duas situações, isto é, em decorrência do dispositivo constitucional e em virtude da legislação pertinente.

Art. 2º. O servidor fará jus à incorporação de décimo da diferença de remuneração que tenha perdurado, no mínimo, pelo prazo de um ano.

Parágrafo único. Ocorrendo a hipótese de exercícios sucessivos, durante o ano, de mais de um cargo ou função, que gere diferença de remuneração, a incorporação contemplará o décimo da menor diferença apurada.

Art. 3º. A incorporação de décimos dar-se-á somente quando o funcionário ou servidor deixar o cargo ou função que gerou a diferença de remuneração e retornar ao exercício do cargo de que seja titular ou função para a qual tenha sido admitido.

Art. 4º. Sobre os valores referentes aos décimos incorporados incidirão os adicionais quinquenais, a sexta-parte, o 13º salário, bem como outras vantagens pecuniárias concedidas por lei.

Art. 5º. Os valores decorrentes dos décimos incorporados evoluirão e deverão ser recalculados de conformidade com as alterações ocorridas no cargo ou função que tenha gerado o benefício, inclusive em decorrência de promoção, acesso, reenquadramento, transformação ou reclassificação.

Art. 6º. O servidor que já tiver incorporado dez décimos e vier a exercer cargo ou função de remuneração ainda superior ao vencimento ou salário a que faz jus, poderá vir a incorporar novos décimos, atendidas as regras contidas no presente ato.

Art. 7º. A concessão do benefício da incorporação de décimos é automática e independe de requerimento do interessado.

Art. 8º. As disposições deste Ato aplicam-se, nas mesmas bases e condições, aos inativos que estiverem abrangidos pelo art. 133 da Constituição do Estado.

Parágrafo único. O disposto neste artigo surtirá efeitos pecuniários a partir da data da publicação do presente Ato.

Art. 9º. Para o servidor com direito a incorporação anteriormente à promulgação da Constituição do Estado de 5 de outubro de 1989, o benefício de que trata o presente Ato produzirá efeitos pecuniários a partir daquela data.

Art. 10. Os títulos dos servidores abrangidos pelas disposições do presente Ato serão apostilados pelo Secretário Diretor Geral.

Art. 11. Este Ato entrará em vigor na data de sua publicação, ficando revogados os Atos nºs 20/1990 e 24/1991, da Mesa.

À Diretoria Geral, para os devidos fins.

Palácio 9 de Julho, em 2 de junho de 1993.

Presidente / 1º Secretário / 2º Secretário

DAL de 2.6.1993 – Retificação DOE-I 9.6.1993

ATO MESA DA ASSEMBLEIA LEGISLATIVA DO ESTADO DE SÃO PAULO Nº 12, DE 12 DE MAIO DE 2008

A Mesa da Assembleia Legislativa do Estado de São Paulo, no uso de suas atribuições, atentando às disposições da Lei Complementar nº 813, de 16 de julho de 1996, no intuito de estabelecer diretrizes quanto à adequada aplicação dos dispositivos da Lei Complementar nº 986, de 29 de dezembro de 2005, atinentes à incorporação de gratificação de representação incorporada aos vencimentos dos servidores dos demais Poderes do Estado que venham a ocupar cargo de provimento efetivo na Assembleia Legislativa do Estado de São Paulo,

Delibera:

Art. 1º. As parcelas remuneratórias de mesma natureza, deferidas sob o fundamento jurídico consubstanciado no art. 135, inciso III, da Lei nº 10.261, de 28 de outubro de 1968, incorporadas aos vencimentos de servidores dos demais Poderes do Estado que ocupam, ou venham a ocupar, cargo efetivo na Assembleia Legislativa do Estado de São Paulo, deverão ter seu valor fixado e vinculado ao valor de referência da respectiva gratificação do próprio cargo ocupado, ou que venha a ser ocupado, pelo servidor no QSAL, constante do Anexo I da Lei Complementar nº 986/2005.

§ 1º. Na hipótese de servidores efetivos que já se encontravam em exercício neste Poder na data de 1º de setembro de 2005, a integração aos seus vencimentos das parcelas remuneratórias de que trata o parágrafo único do art. 1º da Lei Complementar nº 986/2005, deverá ocorrer a partir de 1º de setembro de 2005.

§ 2º. Na hipótese de servidores efetivos que ingressaram, ou que vierem a ingressar neste Poder, após a data de 1º de setembro de 2005, a integração aos seus vencimentos das parcelas remuneratórias de que trata o parágrafo único do art. 1º da Lei Complementar nº 986/2005, deverá ocorrer a partir da data do início de seu efetivo exercício no cargo do QSAL.

§ 3º. A efetivação da incorporação das parcelas remuneratórias mencionadas nos §§ 1º e 2º deste artigo fica condicionada à apresentação, pelo interessado, de Certidão expedida pelo Poder que deu origem à incorporação das parcelas consideradas.

Art. 2º. Este Ato entra em vigor a partir de sua publicação, revogando-se disposições em contrário.

DOE de 13.5.2008

ATO MESA DA ASSEMBLEIA LEGISLATIVA DO ESTADO DE SÃO PAULO Nº 4, DE 5 DE MARÇO DE 2009

A Mesa da Assembleia Legislativa do Estado de São Paulo, no uso de suas atribuições, considerando o disposto no art. 168 da Lei nº 10.261, de 1968, com a redação conferida pela Lei Complementar nº 1.012 de 5.7.2007, vem dispor, para fins de postulação do auxílio-funeral, pelo companheiro ou companheira do servidor, o quanto segue:

Art. 1º. A união estável ou a união homoafetiva será comprovada com a apresentação de requerimento à Administração instruído com, no mínimo, três documentos relativos a aspectos distintos, dentro os enumerados a seguir:

I – contrato escrito;

II – declaração de coabitação;

III – cópia de declaração de imposto de renda do segurado, em que conste o companheiro (a) como seu dependente; ou se trate de declaração conjunta;

IV – disposições testamentárias;

V – certidão de nascimento de filho em comum;

VI – certidão ou declaração de casamento religioso;

VII – comprovação de residência em comum;

VIII – comprovação de encargos domésticos que evidenciem a existência de sociedade ou comunhão nos atos da vida civil;

IX – procuração ou fiança reciprocamente outorgada;

X – comprovação de compra e venda de imóvel em conjunto;

XI – contrato de locação de imóvel em que figurem como locatários ambos os conviventes;

XII – comprovação de conta bancária conjunta;

XIII – apólice de seguro em que conste o (a) companheiro (a) como beneficiário (a);

XIV – registro em associação de classe no qual conste o (a) companheiro (a) como beneficiário (a);

XV – inscrição em instituição de assistência médica do (a) companheiro (a) como beneficiário (a).

Parágrafo único. A apresentação de decisão judicial irrecorrível reconhecendo a união estável ou a união homoafetiva dispensa a apresentação dos documentos enumerados acima.

Art. 2º. Este Ato entra em vigor na data de sua publicação.

DAL de 6.3.2009

GRÁFICA PAYM
Tel. (011) 4392-3344
paym@terra.com.br